# 史記

全本 全注 全译

四

世家(一)

〔汉〕司马迁 著

杨燕起 译注

岳麓書社 · 长沙

# 世 家

世家是《史记》的重要组成部分。我们决不可全然以刘知幾所说"诸侯曰世家"来看待世家的本意，必须注意司马迁自己在《太史公自序》中所说："二十八宿环北辰，三十辐共一毂，运行无穷，辅拂股肱之臣配焉，忠信行道，以奉主上，作三十世家。"这是在承认天子所象征的天下统一的基础上，强调臣民"拱辰共毂"的意义与作用。因此，三十世家所叙并不都是诸侯，了解这一点，对于认识司马迁的思想特别重要。三十世家可分五类：一、十六篇诸侯世家，分别展示春秋、战国时重要诸侯国的发展大势；二、《孔子世家》，颂扬孔子在周王室衰微时为维护其天子地位在礼制上所做的贡献；三、《陈涉世家》，肯定陈涉为汉家天子的立国起了开路先锋的作用；四、汉初五篇勋臣世家，自然是"忠信行道，以奉主上"的；五、汉室皇后宗亲七篇世家，吴王濞、淮南王、衡山王不在其列。世家形式上有编年记事的，亦有撰为传记的，并非一律。二、三、四类世家，多为人们所注意。

# 史记卷三十一

## 吴太伯世家第一

原文

吴太伯，太伯弟仲雍，皆周太王之子，而王季历之兄也。[1] 季历贤，而有圣子昌，太王欲立季历以及昌，于是太伯、仲雍二人乃奔荆蛮，文身断发，示不可用，以避季历。[2] 季历果立，是为王季，而昌为文王。[3] 太伯之奔荆蛮，自号句吴，荆蛮义之，从而归之千余家，立为吴太伯。[4]

太伯卒，无子，弟仲雍立，是为吴仲雍。仲雍卒，子季简立。季简

译文

吴太伯和太伯的弟弟仲雍，都是周太王的儿子，又都是季历的哥哥。季历很贤能，并有一个德才出众的儿子姬昌，太王想立季历做国君，以便以后王位能传给姬昌，因此太伯、仲雍两个人就逃往荆蛮，在身上刺上花纹，剪断头发，表示自己已不可能做国君，以让位给季历。季历果真被立为国君，这就是王季，而姬昌成为了文王。太伯逃到荆蛮后，把自己所在的地方叫作句吴，荆蛮人认为他有节义，追随而归顺于他的有一千多家，尊立他为吴太伯。

太伯去世，没有儿子，弟弟仲雍继位，这就是吴仲雍。仲雍去世，儿子季简继位。季简去世，儿子叔达继位。叔达去世，儿子周章继位。这时正值

卒，子叔达立。叔达卒，子周章立。是时周武王克[5]殷，求太伯、仲雍之后，得周章。周章已君吴，因而封之。[6]乃封周章弟虞仲于周之北故夏虚[7]，是为虞仲，列为诸侯。

周武王战胜了殷商，寻找太伯、仲雍的后代，找到了周章。周章做了吴国国君后，武王就此把吴地封给他。又封周章的弟弟虞仲于周朝北面的夏朝都城旧址，这就是虞仲，被列在诸侯的行列。

注释 1 吴:春秋时的诸侯大国，始创于太伯，后亡于越。 太伯:《史记索隐》引范宁解《论语》曰:"太者，善大之称;伯者，长也。周太王之元子故曰太伯。"元子，在这里指诸侯的嫡长子。 仲雍:周太王的次子。又称"虞仲""吴仲"。雍，为名。 周太王:即周族的古公亶父。《周本纪》称他"复修后稷、公刘之业，积德行义，国人皆戴之"，周后来能推翻殷商，建立周朝，其祥瑞兴起于他。太王，为武王即天子位后对他的追尊。 王季历:周太王之少子。伯、仲、叔、季，为古代兄弟排次的称呼。季历又称"公季"，武王即位后追尊他为"王季"。历，为其名。 2 圣:指道德才智极高。 及:至，到达。 荆蛮:这是中原人对楚地的贬称。荆，即楚之旧号。 文身断发:在身上刺花纹，剪断头发不束冠。这是荆蛮之地的习俗。 示不可用:文身断发，有悖于肤发受之父母不可伤毁的儒家教诲，故不可立为国君。 避:让。 3 果:果真，果然。 文王:公季卒后，昌立，称西伯。西伯谥为文王。 4 句吴:又作"勾吴"。《史记索隐》:"吴名起于太伯……颜师古注《汉书》，以吴言'句'者，夷语之发声，犹言'于越'耳。"《史记新证》:"勾吴亦作攻吴，盖勾攻二字，为一声之转。" 义之:认为他有节义。 吴太伯:太伯始立吴国号，居于梅里。《史记索隐》引《吴地记》曰:"泰伯居梅里，在阖闾城北五十里许。" 5 克:战胜。周武王克殷建立起周王朝。 6 君吴:做吴国国君。 因:就此，依此。 7 虞仲:周章之弟字仲，始封于虞，所以称虞仲。这与太伯弟仲雍称虞仲为祖孙同号。盖仲雍是虞之始祖。　周之北：时周王室都于宗周，亦营建雒邑，虞处黄河北岸，故为“周之北”。　故夏虚：夏朝都城旧址。虚，“墟”的本字，故城遗址。

周章卒，子熊遂立。熊遂卒，子柯相立。柯相卒，子彊鸠夷立。彊鸠夷卒，子余桥疑吾立。余桥疑吾卒，子柯卢立。柯卢卒，子周繇立。周繇卒，子屈羽立。屈羽卒，子夷吾立。夷吾卒，子禽处立。禽处卒，子转立。转卒，子颇高立。颇高卒，子句卑立。是时晋献公灭周北虞公，以开晋伐虢也。[1]句卑卒，子去齐立。去齐卒，子寿梦立。寿梦立而吴始益大，称王。

自太伯作吴，五世而武王克殷，封其后为二：其一虞，在中国；[2]其一吴，在夷蛮。十二世[3]而晋灭中国之虞。中国之虞灭二

周章去世，儿子熊遂继位。熊遂去世，儿子柯相继位。柯相去世，儿子彊鸠夷继位。彊鸠夷去世，儿子余桥疑吾继位。余桥疑吾去世，儿子柯卢继位。柯卢去世，儿子周繇继位。周繇去世，儿子屈羽继位。屈羽去世，儿子夷吾继位。夷吾去世，儿子禽处继位。禽处去世，儿子转继位。转去世，儿子颇高继位。颇高去世，儿子句卑继位。这时晋献公灭掉了周王室北面的虞公，是因为他借道给晋国去讨伐虢国。句卑去世，儿子去齐继位。去齐去世，儿子寿梦继位。寿梦继位后，吴国开始强大，并从此自称为王。

自从太伯创建吴国起，经过五代之后武王灭掉殷商，吴太伯的后代被封在两个地方：其一是虞国，处在中原地区；其一是吴国，处在夷蛮地区。经过十二代而晋国灭掉了中原地区的虞国。中原地区的虞国被灭掉后过了二代，夷蛮地区的吴国兴盛起来。总计从太伯到寿梦一共

世，而夷蛮之吴兴。大凡[4]从太伯至寿梦十九世。

是十九代。

王寿梦二年，楚之亡大夫申公巫臣怨楚将子反而奔晋，自晋使吴，教吴用兵乘车，令其子为吴行人，吴于是始通于中国。[5]吴伐楚。十六年，楚共王伐吴，至衡山[6]。

吴王寿梦二年，楚国逃亡在外的大夫申公巫臣怨恨楚国将领子反而逃到了晋国，由晋国出使到吴国，教导吴国人用兵和乘车布阵的方法，使他的儿子担任吴国掌管朝觐聘问接待宾客的行人官职，吴国从此才开始和中原各国交往。吴国派兵讨伐楚国。十六年，楚共王派兵讨伐吴国，到达了衡山。

二十五年，王寿梦卒。寿梦有子四人，长曰诸樊，次曰余祭，次曰余昧，次曰季札。季札贤，而寿梦欲立之，季札让不可，于是乃立长子诸樊，摄[7]行事当国。

二十五年，吴王寿梦去世。寿梦有四个儿子，长子叫诸樊，次子叫余祭，第三子叫余昧，第四子叫季札。季札贤能，因此寿梦想立他做国君，季札辞让不同意，于是就立长子诸樊为继承人，总理各项事务，代为执掌国政。

注释　1 事在公元前655年。晋献公假道于虞以伐虢，灭虢后返途中亦灭虞。详见《晋世家》《左传·僖公二年》及《僖公五年》。　开：让开道路。　2 作：创立。　世：代。此以太伯、仲雍为二代。　中国：指中原地区。　3 十二世：自熊遂至句卑为十二代。　4 大凡：总计，总共。　5 王寿梦：公元前585年—前561年在位。　亡：逃亡。　巫臣：人名。本姓屈，因为申县之尹，于楚称公，故曰申公巫臣。子反杀巫臣之族而分其室，巫臣由是怨子反。其子名狐庸。　行人：官名，掌管朝觐聘问接待宾客。　6 衡山：古山名，钱大昕以为是“横山”，在今安徽芜湖北。　7 摄：代理，兼理。

王诸樊元年，诸樊已除丧[1]，让位季札。季札谢[2]曰："曹宣公之卒也，诸侯与曹人不义曹君，将立子臧，子臧去之，以成曹君，君子曰'能守节矣'。[3]君义嗣[4]，谁敢干君！有国，非吾节也。札虽不材，愿附[5]于子臧之义。"吴人固立季札，季札弃其室而耕，乃舍之。[6]秋，吴伐楚，楚败我师。

王诸樊元年，诸樊已经服丧期满，要把国君的位置让给季札。季札辞绝，说："曹国宣公去世了，诸侯各国国君和曹国人都认为新立的曹君的行为不符合道义，想要扶立子臧做国君，子臧逃去了，以此来成全新立的曹君，君子们评论说子臧'能够恪守节义呀'。您从礼义上讲是嫡长子，应该继位做国君，谁敢反对您！做国君，不是我的操行所允许的。季札虽然不成材，但愿意依从子臧的道义。"吴国人坚持要季札继位做国君，季札放弃他的家室财产而去耕种，他们这才作罢。秋天，吴国讨伐楚国，楚国打败了吴国军队。

注释　1 王诸樊：公元前560年—前548年在位。在位期间，徙都于吴，即今江苏苏州市。　除丧：服丧一年期满，除去丧服。　2 谢：辞绝。　3 曹君：此指负刍。负刍与子臧都是曹宣公的庶子。负刍杀宣公太子而自立，故为不义。负刍即位，为曹成公。　成：成全。　守节：恪守节义。　4 义嗣：从礼义上说是继承人。《史记集解》引王肃曰："义，宜也。嫡子嗣国，得礼之宜。"又引杜预曰："诸樊嫡子，故曰义嗣。"　5 附：依从。　6 固：坚持。　室：指家室财产。　舍(shě)：舍弃，放弃。

四年，晋平公初立。

十三年，王诸樊卒。有命授弟余祭，欲传以次，

四年，晋平公刚开始继位。

十三年，王诸樊去世。他留下遗命要把君位授给弟弟余祭，想按

必致国于季札而止，以称先王寿梦之意，且嘉季札之义，兄弟皆欲致国，令以渐至焉。[1]季札封于延陵[2]，故号曰延陵季子。

兄弟的排行次序传下去，一定要把君位传递到季札才停止，以便合乎先王寿梦的心意，同时，兄弟们都赞赏季札的品行，都想把王位渐次传给季札。季札被封在延陵，所以他的称号叫延陵季子。

王余祭三年，齐相庆封[3]有罪，自齐来奔吴。吴予庆封朱方之县，以为奉邑，以女妻之，富于在齐。[4]

吴王余祭三年，齐国国相庆封有罪过，从齐国来投奔吴国。吴国给予庆封一块朱方县的封地，作为他收取租税以当俸禄的乡邑，还把公主嫁给他做妻，使他比在齐国的时候还富足。

注释　1 有命:有遗嘱。　余祭:公元前547年—前531年在位。　以次:按兄弟排行次序。　致:达到。　称(chèn):适宜，相当。　2 延陵:地名，赐给季札的采邑。在今江苏常州市。　3 庆封:齐国大夫。与崔杼拥立齐景公，后灭崔氏专国政，景公及齐人欲诛之，故先奔鲁，后奔吴。事详《齐太公世家》。　4 朱方:邑名，秦改名为丹徒。在今江苏镇江市东。　奉:通“俸”，俸禄。

四年，吴使季札聘于鲁，请观周乐。[1]为歌《周南》《召南》。[2]曰:“美哉，始基之矣，犹未也，然勤而不怨。[3]”歌《邶》《鄘》《卫》。[4]曰:“美哉，渊乎，忧而不困

四年，吴国派遣季札去鲁国访问，季札请求观看、聆听周代的舞蹈和音乐。鲁国乐工给他演唱《周南》《召南》。季札听了以后就说:“美好啊，这是开始为王业奠定基础了，只是还没有完成，但百姓们勤劳而不怨恨。”给他演唱《邶》《鄘》《卫》。季札说:“美好啊，非常深厚，虽然有忧思，但从容不迫。我

者也。[5]吾闻卫康叔、武公之德如是[6]，是其《卫风》乎？”歌《王》[7]。曰：“美哉，思而不惧，其周之东乎？[8]”歌《郑》。曰：“其细已甚，民不堪也，是其先亡乎？[9]”歌《齐》。曰：“美哉，泱泱乎，大风也哉！[10]表东海者，其太公乎？国未可量也。”歌《豳》[11]。曰：“美哉，荡荡乎，乐而不淫，其周公之东乎？[12]”歌《秦》。曰：“此之谓夏声[13]。夫能夏则大，大之至也，其周之旧乎？[14]”歌《魏》[15]。曰：“美哉，沨沨乎，大而宽，俭而易行，以德辅此，则盟主也。[16]”歌《唐》[17]。曰：“思深哉，其有陶唐氏之遗风乎？不然，何忧之远也？非令德之后，谁能若是！[18]”歌《陈》。曰：“国无主[19]，其能久乎？”

听说卫康叔、武公的品德就像这样，这大概是《卫风》表现的内容吧？”给他演唱《王风》。他说：“美好啊，有忧思但不畏惧，大概是周室东迁以后的乐曲吧？”给他演唱《郑风》。他说：“诗词讲男女间琐碎的事太过分了，这样下去民众会不堪忍受，这样的国家恐怕要先灭亡吧？”给他演唱《齐风》。他说：“美好啊，非常宏大，有大国风度呀！能做东海一带诸侯表率的，大概就是姜太公的国家吧？国家的前途不可限量。”给他演唱《豳风》。他说：“美好啊，坦荡无邪呀，欢乐而不过度，大概是周公东征时的诗歌吧？”给他演唱《秦风》。他说：“这就叫作夏声。能发夏声事业就会发达，而且能发达到顶点，这大概是周王室的旧地的音乐吧？”给他演唱《魏风》。他说：“美好啊，轻飘浮动呀，宏大而婉约，朴实又容易施行，再用德教来辅助，就是贤明的君主了。”给他演唱《唐风》。他说：“思虑很深远啊，大概是唐尧的遗风吧？不然的话，为什么会有这么深的忧虑呢？不是有德之人的后代，谁能像这样啊！”给他演唱《陈风》。他说：“淫声放荡，无所畏忌，这样的国家还能长久吗？”给他演唱从《郐风》以下自《郐》以下，无讥焉。[20]　的诗歌，他没有进行评论。

注释　1 聘：诸侯国之间遣使访问。　周乐：鲁国因周公之故，受周室虞、夏、商、周四代的乐舞，周乐为其中之一。依礼，诸侯使者可请求观听。　2 歌：此指弦歌，就是用各国的乐曲伴奏歌唱。《史记集解》引杜预曰："此皆各依其本国歌所常用声曲。"　《周南》《召(shào)南》：此及以下之《邶》至《郐》，均为《诗经·国风》之篇名，均指从其地所采集的歌诗。　3 基之：为王业奠定基础。　勤：劳。　怨：怨恨。　4《邶(bèi)》《鄘(yōng)》《卫》：邶、鄘、卫，本为三国，后并入卫，故下文季札只言卫。　5 渊：深厚。　忧：忧虑，忧愁。指康叔时周遭管叔、蔡叔及殷民之叛，武公时周又遭幽王宠姬褒姒之难。　不困：不困乏、疲乏。指武公曾领兵帮助周朝平定戎族之乱。　6 卫康叔：康叔，周武王弟弟，封于卫。　武公：康叔之九世孙。因平犬戎有功，被周平王命为公。　7《王》：这是指东周雒邑王城的乐曲。　8 思而不惧：《史记集解》引杜预曰："宗周殒灭，故忧思；犹有先王之遗风，故不惧也。"　其：副词，大概，恐怕，也许。　周之东：指周东迁以后的乐曲。　9 细：指郑诗之词多言男女间琐碎之事。　已：太。　民不堪：民众不能忍受。　10 泱(yāng)泱：水势浩邈之状。此处用来形容齐国之音乐宽厚雄浑。　大风：大国之风。　11《豳(bīn)》：西周祖地之歌谣。豳是周祖先之故地，公刘在此建都。今本《诗经》，《豳》在十五"国风"之最后，与此鲁歌诗次序不同。　12 荡荡：水势浩大之状。　乐而不淫：欢乐而不过度。　周公之东：《史记集解》引杜预曰："周公遭管、蔡之变，东征，为成王陈后稷先公不敢荒淫，以成王业，故言其周公东乎。"此"东"，指东征。　13 夏声：西方之声。古指西方为夏。一说夏声谓诸夏之声。《史记集解》引杜预曰："秦仲始有车马礼乐，去戎狄之音，而有诸夏之声，故谓之夏声。"　14 能夏则大：能发夏声就会宏大。此指秦为夏声是文化上的进步。　周之旧：指秦襄公辅佐周平王东迁之后而尽有周之故地。　15《魏》：春秋初魏国之歌谣。魏，本是一个姬姓小国，在今山西芮城县北，公元前661年晋献公灭了它。故《魏风》即晋国之歌谣。 16 沨(fēng)沨：浮貌，指轻飘浮动。 宽：《左传》作“大而婉”。婉，婉约。 盟：《史记索隐》引徐广曰：“盟，一作‘明’。”按：《左传》亦作“明”，此以听声知政，言其明听耳，非盟会也。 17《唐》：唐地之歌谣，周成王之弟名虞始封于唐。 18 陶唐氏：指尧。尧本封于陶，后徙于唐，故称。唐旧为尧都，所以说“有陶唐氏之遗风”。 忧之远：指情发于声所表现出的忧深思远。 令德：美德，盛德。 19 国无主：《史记集解》引杜预曰：“淫声放荡，无所畏忌，故曰国无主。” 20《史记集解》引服虔曰：“《郐》以下，及《曹风》也。其国小，无所刺讥。”《郐》，亦作《桧》。郐国相传为祝融之后，周初封此，地在今河南郑州市南。曹，周武王弟叔振铎所封，在今山东菏泽市定陶区北。 讥：讥刺。

歌《小雅》[1]。曰：“美哉，思而不贰，怨而不言，其周德之衰乎？[2]犹有先王之遗民也。”歌《大雅》[3]。曰：“广哉，熙熙乎，曲而有直体，其文王之德乎？[4]”歌《颂》[5]。曰：“至矣哉，直而不倨，曲而不诎，近而不逼，远而不携，迁而不淫，复而不厌，哀而不愁，乐而不荒，用而不匮，广而不宣，施而不费，取而不

给他演唱《小雅》。他说：“美好啊，忧愁但没有二心，怨恨但不形于言语，大概是周德衰败时的诗歌吧？其中还有文、武、成、康等先王的遗民之情啊。”给他演唱《大雅》。他说：“宽广啊，和乐啊，乐曲表现得抑扬顿挫，但总体上刚健劲直，这大概是文王的德行吧！”给他演唱《颂》。他说：“达到了最高的境界啊，正直而不倨傲，曲折而不屈挠，亲近而不侵逼，疏远而不离贰，迁徙而不淫靡，反复而不厌倦，悲哀而不愁恨，欢乐而不荒淫，广用智慧而不感到匮乏，圣德宽宏而不自我显露，能够施惠而不耗损，以义取用而不贪婪，静处而不停滞，行动而不流

贪，处而不底，行而不流。[6]五声和，八风平，节有度，守有序，盛德之所同也。[7]"

荡。五声和谐，八音协调，节拍有一定的尺度，乐器有一定的次序，无论《周颂》《鲁颂》还是《商颂》，它们所体现的盛德是相同的。"

注释 1《小雅》:《诗经》中的乐歌篇章名。雅，正。 2 思:哀思，忧愁。 贰:背叛，二心。 不言:指表现在言语上。 3《大雅》:《诗经》中的乐歌篇章名，体现周王朝的正统音乐，多为贵族作品。 4 熙熙:和乐的样子。 曲:指乐曲的抑扬顿挫。 直体:本体刚健劲直。 5《颂》:《诗经》中的乐歌篇章名，为宗庙祭祀乐歌。《史记集解》引杜预曰:"颂者，以其成功告于神明。"《风》《雅》《颂》为《诗经》的三个组成部分。 6 直:正直无私。 倨:倨傲不逊。 曲:曲折。 诎:屈挠。 近:指与君王亲近。 逼:侵迫。指不侵犯君王。 携:离贰，即有叛离的心意或想法。 迁:迁徙。《史记集解》引服虔曰:"迁，徙也。文王迁酆，武王居鄗。" 淫:淫乱，倾邪。 复:反复往来。 厌:厌倦。 哀而不愁:《史记集解》引杜预曰:"知命也。" 荒:荒淫。意思是"节之以礼"。 不匮:是说道德宏大。匮，缺乏。 广:指心地宽广。 宣:自我显示。 施:施惠。 费:耗损。 处而不底(zhǐ):是说"守之以道"。处，静处，不动。底，终止，停滞。 行而不流:是说"制之以义"。行，行动。流，流荡。 7 五声:宫、商、角、徵(zhǐ)、羽。 和:和谐。 八风平:指乐曲协调。八风，八方之风。《史记集解》引杜预曰:"八音克谐，节有度也。无相夺伦，守有序也。" 盛德之所同:指《颂》中无论《周颂》《鲁颂》《商颂》，其乐曲体现的盛德是相同的。《史记新证》:"吴秋声云:吴季札观周乐，乐工所歌《风》《雅》《颂》名称，完全与今本《诗经》相同，知《诗》之原本即如此，孔子删《诗》，其说不确。吴说是也。"

见舞《象箾》《南籥》者，曰："美哉，犹有感。"[1]见舞《大武》[2]，曰："美哉，周之盛也，其若此乎？"见舞《韶护》者，曰："圣人之弘也，犹有惭德，圣人之难也！"[3]见舞《大夏》，曰："美哉，勤而不德！非禹，其谁能及之？"[4]见舞《招箾》，曰："德至矣哉，大矣，如天之无不焘也，如地之无不载也，虽甚盛德，无以加矣。观止矣，若有他乐，吾不敢观。"[5]

季札观看了《象箾》《南籥》的舞蹈，说："美好啊，但还是有点儿缺憾。"看到《大武》的舞蹈，他说："美好啊，周朝的兴盛，大概就像这样吧？"看到《韶护》的舞蹈，他说："像圣人那样的伟大呀，但还有缺点，可见要做圣人是很难的呀！"看到《大夏》的舞蹈，他说："美好啊，为天下勤劳而不以德自居！不是大禹，又有谁能达到这样的程度？"见到《招箾》的舞蹈，他说："功德达到了极点啊，伟大呀，像天一样无所不包，像地一样无所不载，这种高尚品德，没有人能超过。到这里可以停了，假若还有其他的乐、舞，我是不敢再去看了。"

注释　1《象箾》：奏箫而跳象舞。象，歌颂周文王的武舞。箾，通"箫"。《南籥》：歌颂周文王的文舞，大约是奏南乐以配箾舞，舞时左手执箾。箾，形状似笛。　感：通"憾"。《史记集解》引服虔曰："憾，恨也。恨不及己以伐纣而致太平也。"　2《大武》：周武王之乐，相传为周公所作。　3《韶护》：亦作《韶濩(hù)》，又名《大濩》，相传为商汤之乐舞。　弘：大，伟大。　惭德：尚有缺点。《史记集解》引服虔曰："惭于始伐而无圣佐，故曰圣人之难也。"　4《大夏》：夏禹之乐。　勤：为天下勤劳。　不德：不自以为德。　5《招箾》：亦作《韶箾》，又名《大韶》，相传为虞舜之乐舞。焘(dào，又读 tāo)：同"帱"，覆盖。　载：承载。　虽：通"唯"。

去鲁，遂使齐。说晏平仲[1]曰："子速纳邑与政。[2]无邑无政，乃免于难。齐国之政将有所归；未得所归，难未息也。"故晏子因陈桓子以纳政与邑，是以免于栾高之难。[3]

季札离开鲁国，出使到齐国。他劝说晏平仲道："您快些交还封邑与职权。没有封邑没有职权，才能免除祸患。齐国的政权将要另有所属；没有转变归属之前，祸乱是不会停息的。"所以晏子通过陈桓子交还了职权和封邑，因而免除了栾施、高强发动的变乱之灾。

去齐，使于郑。见子产[4]，如旧交。谓子产曰："郑之执政[5]侈，难将至矣，政必及子。子为政，慎以礼[6]。不然，郑国将败。"

季札离开齐国，出使到了郑国。见到子产，就好像他们是老朋友一般。他对子产说："郑国掌管政权的人很奢侈，祸难将会来到，政权一定会落到您身上。您掌握政权后，要谨慎地以礼治国。不然的话，郑国将会衰败。"

去郑，适卫。说蘧瑗、史狗、史鰌、公子荆、公叔发、公子朝曰："卫多君子，未有患也。"[7]

季札离开郑国，去到卫国。游说蘧瑗、史狗、史鰌、公子荆、公叔发、公子朝等人说："卫国有很多有教养的君子，国家是不会有祸患的。"

注释 **1** 晏平仲：即晏婴（？—前500），字平仲，齐国大夫。事详《管晏列传》。 **2** 纳：交纳。指交还给国君。 邑：封邑。 政：职权。时晏婴任齐景公国相，掌握重权。 **3** 因：通过。 陈桓子：即田桓子无宇，田敬仲完的后代，甚得齐君宠幸。 栾高之难：齐景公十六年（公元前532年），齐国两大族栾施（字子旗）、高强（字子良）发动部下进攻国君，齐景公派齐大夫王黑领兵击之，栾、高大败，逃奔鲁国。或谓此难系齐景公十四年栾、高二氏拟相攻事，非。 **4** 子产：即公孙侨（？—前522），公孙成子，时为郑卿。 5 执政：此指郑大夫伯有。 6 礼：指以礼治国。《史记集解》引服虔曰："礼，所以经国家，利社稷也。" 7 蘧瑗：即蘧伯玉，卫国大夫。 史狗：即史朝之子文子，卫国大夫。 史鰌(qiū)：即史鱼，卫国大夫。 公子荆：字南楚，卫国群公子。 公叔发：即卫献公之孙公叔文子。 公子朝：卫国群公子。《史记志疑》疑为"公孙朝"之误。

自卫如晋，将舍于宿，闻钟声，[1]曰："异哉！吾闻之，辩而不德，必加于戮。[2]夫子获罪于君以在此，惧犹不足，而又可以畔乎？夫子之在此，犹燕之巢于幕也。[3]君在殡[4]而可以乐乎？"遂去之。文子闻之，终身不听琴瑟。[5]

适晋，说赵文子、韩宣子、魏献子曰："晋国其萃于三家乎！"[6]将去，谓叔向曰："吾子勉之！君侈而多良，大夫皆富，政将在三家。吾子直，必思自免于难。"[7]

季札之初使，北过徐君[8]。徐君好季札剑，口弗敢言。季札心知之，为

季札从卫国到了晋国，将在戚邑停宿，听到了用钟鼓作乐的声音，说："很奇怪啊！我听说，一个人有辩才而无德行，必将遭受杀戮。孙文子就因此而从国君那里获罪，他就算小心谨慎恐怕还不够，怎么可以去享受音乐？孙文子住在戚邑，就像燕子把鸟巢筑在帐幕上，太危险了。国君刚死还在停柩待葬怎么可以演奏音乐呢？"就离开了卫国。孙文子听说后，终身再也没听过音乐。

季札来到晋国，对赵文子、韩宣子、魏献子说："晋国的权力将要集中到三位大夫之家吧！"将要离开，对叔向说："您好好保重吧！国君奢侈而有很多良臣，大夫都很富足，政权将会落到赵、韩、魏三家手中。您为人刚直，一定要想出使自己免于祸难的办法。"

季札刚出使的时候，在往北的途中造访过徐国国君。徐君很喜欢

使上国[9],未献。还至徐,徐君已死,于是乃解其宝剑,系之徐君冢树[10]而去。从者曰:“徐君已死,尚谁予乎?”季子曰:“不然。始吾心已许之,岂以死倍吾心哉!”

季札身上带的一把剑,但嘴里没敢说出来。季札心里明白,但因为要出使中原的齐晋各国,就没有把剑送给徐君。归途中到达徐国,徐君已经去世,季札就从身上解下宝剑,把它系在徐君坟墓所植的树上而离去。跟从他的人说:“徐君已经去世,您把剑留给谁呀?”季子说:“不能这么说。当初我心里已经答应人家了,难道能够因为他死了就背弃我心中的许诺吗?”

注释 1 宿:应作“戚”。戚,卫邑,卫国执政大夫孙文子旧所食地。在今河南濮阳市东北。 钟声:孙文子正在鼓钟作乐,故有此声。 2 辩:《史记会注考证》:“此辩谓才干智略能治辨者,后世所谓有才而无德者。” 加于戮:遭到杀戮。 3 夫子:指孙文子。 获罪:指孙文子以戚叛卫,赶走卫献公。 畔:通“般(pán)”。据《尔雅·释诂》,般,乐也。此指享乐。 巢:筑巢。 幕:帐幕。随时可撤,不可筑巢。 4 殡:停柩待葬。 5《史记集解》引服虔曰:“闻义而改也。琴瑟不听,况于钟鼓乎!” 6 赵文子:赵武。 韩宣子:韩起。《世本》云,名秦。 魏献子:魏舒。 萃:集。 家:私家,指大夫家。 7 叔向:羊舌肸(xī)的字,晋国大夫。 吾子:对人的敬称。 良:良臣。 直:刚直。《史记集解》引服虔曰:“直,不能曲挠以从众。” 8 过:造访。 徐:古国名。周初所建嬴姓国,故城在今江苏泗洪县南。 9 上国:时吴楚称齐晋等中原国家为上国。 10 冢树:坟上所植的树木。冢,指坟墓。

七年,楚公子围弑其王夹敖而代立[1],是为灵王。十年,楚灵王会诸侯而以伐

七年,楚国的公子围杀死他的国王夹敖而自立,这就是楚灵王。十年,楚灵王会合诸侯国的军

吴之朱方，以诛齐庆封。吴亦攻楚，取三邑而去。十一年，楚伐吴，至雩娄。十二年，楚复来伐，次于乾溪，楚师败走。

队来攻伐吴国的朱方，为的是诛杀齐国的庆封。吴国也去攻击楚国，获取三个邑后而离开了。十一年，楚国伐吴，到达了雩娄。十二年，楚国再次伐吴，驻扎在乾溪，楚国军队失败逃跑。

十七年，王余祭卒，弟余眜[2]立。王余眜二年，楚公子弃疾[3]弑其君灵王代立焉。

十七年，吴王余祭去世，弟弟余眜继位。吴王余眜二年，楚国的公子弃疾杀了他的国君而自立。

四年，王余眜卒，欲授弟季札。季札让，逃去。于是吴人曰："先王有命，兄卒弟代立，必致季子。季子今逃位，则王余眜后立。今卒，其子当代。"乃立王余眜之子僚[4]为王。

四年，吴王余眜去世，想把君位传授给弟弟季札。季札避让，逃走了。于是吴国人说："先王有命令，哥哥做国君去世了，由弟弟继位，一定要把君位传给季子。季子如今逃走不愿继位，那么要由余眜的后代继位。现在余眜去世了，他的儿子应当继位。"就扶立了余眜的儿子僚做君王。

注释　1 围：楚共王子，康王宠弟。　夹敖：亦作"郏敖"。楚康王子，被立为楚君，以其季父公子围为令尹，主管军队。四年，公子围绞弑夹敖并杀其子，自立为灵王。　2 余眜（mò）：公元前530年—前527年在位。3 弃疾：楚共王子，康王、灵王、楚王子比之弟，后以诈弑灵王、子比而自立为平王。　4 僚：公元前526年—前515年在位。

王僚二年，公子光伐楚，败而亡王舟[1]。光惧，

吴王僚二年，公子光攻伐楚国，失败之后将乘坐的王舟丢了。公子

袭楚，复得王舟而还。

五年，楚之亡臣伍子胥[2]来奔，公子光客之。公子光[3]者，王诸樊之子也。常以为“吾父兄弟四人，当传至季子。季子即[4]不受国，光父先立。即不传季子，光当立”。阴纳贤士[5]，欲以袭王僚。

八年，吴使公子光伐楚，败楚师，迎楚故太子建母于居巢以归[6]。因北伐，败陈、蔡之师。

光害怕，偷袭楚国，重新夺得了王舟才回国。

五年，楚国逃亡的臣子伍子胥来投奔，公子光以客礼对待他。公子光是诸樊的儿子。他常常认为“我父辈兄弟四人，应当把国君之位传到季子。季子如果不接受国君之位，我的父亲应当是最先继位的。如果国君之位不能传给季子，我应当继位”。他暗中招纳贤能之士，想要利用他们袭击王僚。

八年，吴国派遣公子光攻伐楚国，打败了楚国军队，从居巢把楚国从前的太子建的母亲迎回了吴国。吴国又乘机向北进行攻伐，打败了陈国、蔡国的军队。

注释 1 王舟：据《左传》，舟名“余皇”。 2 伍子胥：名员(yún)。楚臣伍奢之子、伍尚之弟。楚平王杀害其父兄，故来奔吴。吴封其于申，故又称申胥。其事详《伍子胥列传》。 3 公子光：《左传》《世本》均以为系夷昧(即余眛)之子，与《史记》不同。杨伯峻《春秋左传注》持此说。 4 即：如果。 5 阴：暗中。 纳：接纳，招纳。 6 太子建母：楚平王之蔡姬。 居巢：古邑名。《左传》作“巢”。春秋时为吴楚交争之地。旧说即殷周时巢国，在今安徽六安市东北，或作在今巢湖市东北。一说其时以居巢为名的不只一邑，殷周的居巢只是其中之一。

九年，公子光伐楚，拔居巢、钟离[1]。初，楚边邑卑梁[2]氏之处女与吴边邑之女争桑，二女家怒相灭，两国边邑长闻之，怒而相攻，灭吴之边邑。吴王怒，故遂伐楚，取两都[3]而去。

伍子胥之初奔吴，说吴王僚以伐楚之利。公子光曰："胥之父兄为僇[4]于楚，欲自报其仇耳。未见其利。"于是伍员知光有他志，乃求勇士专诸，见之光。[5]光喜，乃客伍子胥。子胥退而耕于野，以待专诸之事。

九年，公子光率军伐楚，攻占了居巢、钟离。当初，楚国边邑卑梁氏的少女和吴国边邑的女子因为采桑发生争执，引起两个女子的家族互相残杀，两国边邑的长官听说此事，也愤怒地互相攻击，最终楚国吞灭了吴国的边邑。吴王发怒，就出兵伐楚，取得了居巢、钟离后离去了。

伍子胥当初投奔吴国，用攻伐楚国能获得的益处劝说吴王僚。公子光说："伍子胥的父兄被楚王杀了，他是想报自家的仇怨呀。我看不出攻伐楚国会有什么好处。"就这样伍员知道公子光有夺取国君之位的志向，就求得刺客专诸，将他引见给公子光。公子光很高兴，就以客礼对待伍子胥。子胥退出朝堂而到山野耕种，来等待专诸将要去做的事的结果。

注释　1 钟离：邑名。在今安徽凤阳县东北。　2 卑梁：邑名。在今安徽天长市西北。　3 两都：即居巢、钟离。　4 僇：通"戮"，杀戮。5 他志：欲夺国君之位。　专诸：《左传》作"鱄设诸"，吴国堂邑（在今江苏南京市六合区北）人。事详《刺客列传》。

十二年冬[1]，楚平王卒。十三年春，吴欲因楚丧而伐之，使公子盖余、烛

十二年冬天，楚平王去世。十三年春天，吴国想借着楚国有丧事去攻伐它，吴王僚派公子盖余、烛

庸以兵围楚之六、灊。[2]使季札于晋，以观诸侯之变[3]。楚发兵绝吴兵后，吴兵不得还。于是吴公子光曰："此时不可失也。"告专诸曰："不索何获[4]！我真王嗣，当立，吾欲求之。季子虽至，不吾废也。"专诸曰："王僚可杀也。母老子弱，而两公子将兵攻楚，楚绝其路。方今吴外困于楚，而内空无骨鲠[5]之臣，是无柰我何。"光曰："我身，子之身也。"四月丙子，光伏甲士于窟室，而谒王僚饮。[6]王僚使兵陈于道，自王宫至光之家，门阶户席，皆王僚之亲也，人夹持铍。[7]公子光详为足疾，入于窟室，使专诸置匕首于炙鱼之中以进食。[8]手匕首刺王僚，铍交于匈[9]，遂弑王僚。公子光竟代立为王，

庸领兵围困了楚国的六邑、灊邑。派遣季札到晋国，以便观察诸侯各国的动向。结果楚国出兵切断了吴军的后路，吴国军队不能返还。这时吴国公子光说："时不可失。"告诉专诸说："不去索取怎么能有所得！我是真正的王位继承人，应当继位，我想得到国君之位。季子即便回来了，也不会废除我。"专诸说："王僚是可以刺杀的。王僚的母亲已老，儿子亦弱，而两位公子领兵在攻打楚国，楚国切断了他们的后路。现在吴国在外受到楚国困迫，而内部空虚，没有刚强正直的大臣，他们不能把我们怎么样。"光说："我的身躯，也就是您的身躯。"四月丙子日，光在地下室埋伏披甲持械的兵士，而请王僚来宴饮。王僚派兵陈列在道路上，从王宫到光的家中，院门、堂前台阶、堂后室的门户、坐席等地方，都是王僚的亲信，人人都夹带着两刃刀。公子光假装脚疼，进入地下室，让专诸把匕首放在烤熟的全鱼腹中端去向王僚进献食物。专诸到了王僚跟前就随手取出匕首刺杀王僚，两旁兵士也用两刃刀插入专诸的胸膛，就这样刺死了王僚。公子光最终

是为吴王阖庐[10]。阖庐乃以专诸子为卿[11]。

继位当上了吴王，这就是吴王阖庐。阖庐就任命专诸的儿子为卿。

注释 1 十二年冬：据《左传》及《十二诸侯年表》，当为“十一年秋”。2 十三年：《十二诸侯年表》：“十二年，公子光使专诸杀僚，自立。”《左传》亦在十二年。 盖余、烛庸：王僚同母弟。 六：邑名，在今安徽六安市东北。 灊(qián)：邑名，在今安徽霍山县东北。 3 变：指动静变化。4 索：求索，索取。 获：得。 5 骨鲠(gěng)：刚强正直。鲠，直。6 窟室：地下室。 谒：请。 7 门、户：泛指房屋的出入口。一扇曰户，两扉曰门。 阶：堂前台阶。 席：地上所铺坐席。 铍(pī)：两刃小刀。8 详：通“佯”，假装。 炙鱼：熏烤的全鱼。 9 铍交于匈：此指专诸同时为两旁之铍兵刺胸而死。匈，同“胸”。 10 阖庐：亦作“阖闾”，公元前514年—前496年在位。 11 卿：古代天子、诸侯下属的高级大臣。

季子至，曰：“苟先君无废祀，民人无废主，社稷有奉，乃吾君也。[1]吾敢谁怨乎？哀死事生，以待天命。[2]非我生乱，立者从之，先人之道也。”[3]复命，哭僚墓，复位而待。[4]吴公子烛庸、盖余二人将兵遇围于楚者，闻公子光弑王僚自立，乃以其兵降楚，楚封之于舒[5]。

季子回到吴国，说：“假若对先君的祭祀没有废止，民众不至于丧失君王，社稷之神有侍奉，这就是我的君主。我敢去怨谁呢？哀伤死去的，侍奉活着的，来等待天命的安排。不是我发动的变乱，我顺从立为君主的人，这是先人的原则啊。”然后他到吴王僚墓前报告出使的情况，并痛哭一场，回到朝廷自己的位置上而等待命令。吴国公子烛庸、盖余二人被围困在楚国，听说公子光杀害了僚而自立为王，就率领士兵投降了楚国，楚国把他们封在舒邑。

注释 1 废主:丧失君主。 奉:侍奉。 2 哀死:为死去的人(指王僚)哀伤。 事生:侍奉活着的人(指阖庐)。 以待天命:《史记集解》引服虔曰:"待其天命之终也。" 3 按:《史记集解》引杜预曰:"吴自诸樊以下,兄弟相传而不立適,是乱由先人起也。季子自知力不能讨光,故云。" 4 复命:季札是由王僚派遣出使晋国的,故回国后到王僚坟前去报告任务完成情况。 复位:指回到朝廷中自己的本位上。 待:等待光的命令。 5 舒:邑名,在今安徽庐江县西南。

王阖庐元年,举伍子胥为行人而与[1]谋国事。楚诛伯州犁[2],其孙伯嚭亡奔吴,吴以为大夫。

三年,吴王阖庐与子胥、伯嚭将兵伐楚,拔舒,杀吴亡将二公子[3]。光谋欲入郢,将军孙武曰:"民劳,未可,待之。"[4]四年,伐楚,取六与灊。五年,伐越,败之。六年,楚使子常囊瓦[5]伐吴。迎而击之,大败楚军于豫章,取楚之居巢而还。

吴王阖庐元年,举拔伍子胥做主管朝觐聘问的礼宾官而使他参与谋划国家政事。楚国诛杀了伯州犁,伯州犁的孙子伯嚭逃奔到吴国,吴国任命他为大夫。

三年,吴王阖庐和伍子胥、伯嚭领兵攻打楚国,占领了舒地,杀死了吴国逃亡的将领盖余、烛庸。光想进入楚国的郢都,将军孙武说:"民众劳苦,还不可以,等待着吧。"四年,吴国攻打楚国,取得了六邑和灊邑。五年,吴国攻打越国,打败了它。六年,楚国派子常囊瓦攻打吴国。吴国迎击楚国,在豫章把楚军打得大败,取得楚国的居巢以后返回。

注释 1 与(yù):参与,参加。 2 伯州犁:原为晋人,逃入楚,任太宰,后为楚灵王所杀。 3 二公子:即盖余、烛庸。 4 郢:楚都。在今湖北江陵北的古纪南城。 孙武：齐人，事于吴王阖庐，作《兵法》十三篇。
5 囊瓦：字子常，为楚令尹。

九年，吴王阖庐谓伍子胥、孙武曰："始子之言郢未可入，今果如何？"二子对曰："楚将子常贪，而唐、蔡皆怨之[1]。王必欲大伐，必得唐、蔡乃可。"阖庐从之，悉兴师，与唐、蔡西伐楚，至于汉水。楚亦发兵拒吴，夹水陈[2]。吴王阖庐弟夫槩欲战，阖庐弗许。夫槩曰："王已属[3]臣兵，兵以利为上，尚何待焉？"遂以其部五千人袭冒[4]楚，楚兵大败，走。于是吴王遂纵兵追之。比[5]至郢，五战，楚五败。楚昭王亡出郢，奔郧。[6]郧公弟欲弑昭王，昭王与郧公奔随[7]。而吴兵遂入郢。子胥、伯嚭鞭平王之尸以报父仇。

九年，吴王阖庐对伍子胥、孙武说："当初您说过郢都还不可进入，现在攻打会怎么样？"二人回答说："楚国将领子常贪婪，而唐国、蔡国都怨恨他。大王一定想大举攻伐，必须联合唐国、蔡国才可以。"阖庐听从了这个意见，出动全国军队，和唐国、蔡国一道往西去攻打楚国，到达了汉水地界。楚国也发兵抵抗吴国，两国在汉水两岸摆开阵势。吴王阖庐的弟弟夫槩想开战，阖庐不答应。夫槩说："您已经把军队托付给我指挥，战事以打赢为最终目的，还等待什么呢？"就用他的部属五千兵力袭击楚国，楚国军队大败而逃。这时吴王纵兵追击楚军。等到抵达郢都，吴楚两军五次交战，楚国五次失败。楚昭王从郢都逃出，奔往郧县。郧县长官的弟弟想杀昭王，昭王和郧县长官又奔往随地。于是吴国军队就进入郢都。子胥、伯嚭鞭笞楚平王的尸体来报杀父之仇。

注释 1 唐:姬姓国。在今湖北随州市西北。 蔡:姬姓国。建都上蔡,在今河南上蔡西南。昭侯迁州来,在今安徽凤台县,称之为“下蔡”。 2 陈:通“阵”,阵势。 3 属:通“嘱”,托付。 4 冒:干犯。 5 比:及。 6 楚昭王:公元前515年—前489年在位。 郧(yún):楚县名。古为国,在今湖北安陆市。 7 郧公:郧县长官斸辛。其弟名怀。 随:姬姓国。在今湖北随州一带。

十年春,越闻吴王之在郢,国空,乃伐吴。吴使别兵击越。楚告急秦,秦遣兵救楚击吴,吴师败。阖庐弟夫槩见秦越交[1]败吴,吴王留楚不去,夫槩亡归吴而自立为吴王。阖庐闻之,乃引兵归,攻夫槩。夫槩败,奔楚。楚昭王乃得以九月复入郢,而封夫槩于堂谿[2],为堂谿氏。十一年,吴王使太子夫差伐楚,取番。[3]楚恐而去郢徙鄀[4]。

十年春天,越国听说吴王在郢都,国内空虚,就进伐吴国。吴国派出另外一支军队迎击越军。楚国向秦国告急,秦国派遣军队援救楚国攻击吴国,吴国军队战败。阖庐的弟弟夫槩看到秦国和越国都打败了吴国,吴王留在楚国不能撤离,夫槩逃回吴国而自立为王。阖庐听到了这个消息,就领兵回国,攻击夫槩。夫槩兵败,投降楚国。楚昭王才得在九月重新回到郢都,并把夫槩封在堂谿,称作堂谿氏。十一年,吴王派太子夫差攻打楚国,取得番地。楚国恐惧,就离开郢城而把国都迁徙到上鄀。

注释 1 交:共,俱。 2 堂谿:邑名,一作“棠溪”。在今河南西平县西。 3 据《左传》,吴王之太子为终累,夫差兄。此年伐楚,败楚舟师,获其帅潘子臣、小惟子等人。后又败楚陆师于繁阳(邑名,在今河南新蔡北)。 4 鄀(ruò):又称“上鄀”,在今湖北宜城市东南。

十五年，孔子相鲁[1]。

十九年夏，吴伐越，越王句践迎击之槜李[2]。越使死士挑战，三行造吴师，呼，自刭。[3]吴师观之，越因伐吴，败之姑苏，伤吴王阖庐指，军却七里。[4]吴王病伤而死。阖庐使立太子夫差，谓曰："尔而[5]忘句践杀汝父乎？"对曰："不敢！"三年[6]，乃报越。

十五年，孔子代行鲁国国相职务。

十九年夏天，吴国攻打越国，越王句践在槜李进行迎击。越国派出勇战之士挑战，排成三行冲到吴国阵前，大呼着，然后自杀身亡。吴军都在注目呆视这种情景，越军就趁机攻打吴军，在姑苏打败吴军，击伤了吴王阖庐的大脚趾，吴军退却了七里远。吴王因为伤病就去世了。阖庐临死时，让太子夫差继位，对他说："你能忘记句践杀死了你的父亲吗？"夫差回答说："不敢忘记！"三年之后，夫差向越国报了杀父之仇。

注释　**1** 相(xiàng)：指"摄行相事"，即代行国相职务。　**2** 越王句践：公元前497年—前465年在位。　槜(zuì)李：又称"醉李"，邑名。在今浙江嘉兴市西南。　**3** 死士：敢死之士。　三行：排成三行。　**4** 观之：指注目视之。吴军被此种自杀式的行为惊呆。　姑苏：山名。在今江苏苏州市西。　指：据《左传》，阖庐所伤为"将指"，即大脚趾。　**5** 而：通"能"。　**6** 三年：三个年头，即今年、明年、后年。

王夫差元年，以大夫伯嚭为太宰。[1]习战射，常以报越为志。二年，吴王悉精兵以伐越，败之夫椒[2]，报姑苏也。

吴王夫差元年，任用大夫伯嚭做太宰。他练习战术和射击，总是把向越国报仇放在心上，以报复越国作为志向。二年，吴王出动全部精兵去攻伐越国，在夫椒把越国打败，报了吴国姑苏战败的耻辱。越王句践率领带甲之兵

越王句践乃以甲兵五千人栖于会稽，使大夫种因吴太宰嚭而行成，请委国为臣妾。[3] 吴王将许之，伍子胥谏曰："昔有过氏杀斟灌以伐斟寻，灭夏后帝相。[4] 帝相之妃后缗方娠，逃于有仍，而生少康。[5] 少康为有仍牧正[6]。有过又欲杀少康，少康奔有虞[7]。有虞思夏德，于是妻之以二女而邑之于纶，有田一成，有众一旅。[8] 后遂收夏众，抚其官职。[9] 使人诱之，遂灭有过氏，复禹之绩，祀夏配天，不失旧物。[10] 今吴不如有过之强，而句践大于少康。今不因此而灭之，又将宽之，不亦难乎！[11] 且句践为人能辛苦，今不灭，后必悔之。"吴王不听，听太宰嚭，卒许越平[12]，与盟而罢兵去。

五千人驻扎在会稽山上，派出大夫文种通过吴国太宰伯嚭去讲和，请求把越国交给吴国统治，其民众尽为吴王的奴隶。吴王将要答应，伍子胥劝谏说："从前有过氏杀了斟灌又去讨伐斟寻，灭掉了夏朝的君王帝相。帝相的妃子后缗正怀有身孕，逃亡到有仍部落，就生下了少康。少康做了有仍部落的牧官首领。有过氏又想杀死少康，少康逃奔到有虞。有虞念及夏朝的恩德，就把两个女子嫁给少康做妻，并把他封在纶邑，有田地方十里，有人众五百人。后来少康就招集夏朝遗民，按照夏朝的官制给他们委任官职。少康派人从内部进行刺探诱惑，就灭亡了有过氏，恢复了夏禹的业绩，祭祀时以夏的先祖配享天神，没有丧失夏禹的天下。如今吴国不如有过氏那么强大，而句践的力量又比少康要大。现在不借着当前的有利形势彻底灭掉它，反而要宽赦它，这不是要让越国成为吴国的祸患吗？而且句践的为人是能经受辛苦，现在不消灭他，以后一定会后悔的。"吴王不听伍子胥的劝谏，听从太宰嚭的意见，最终答应同越国媾和，同越国盟誓后就撤兵离去了。

注释 1 夫差:阖庐之子。公元前495年—前473年在位。 太宰:官名。在王左右佐助治理国家。 2 夫椒:山名。时为越地。在今江苏太湖中的岛上。 3 栖:本为鸟所止宿,此为依托于山林而居住。 会(kuài)稽:山名。在今浙江绍兴市南。 种:人名。《吴越春秋》以为姓"文"。字禽,楚国南郢人。 因:通过。 行成:讲和。 委国:把国家的政权交给别人。4 有过氏:据《左传·襄公四年》,夏时,有穷部落酋长羿,任用谗人寒浞(寒部落酋长伯明之子),寒浞诈烹羿,据其妻妾而生浇,置浇于过,即为有过氏。过,部落名,在今山东莱州市西北近海处。 斟灌:夏代禹所封之部落国家。 斟寻:夏代禹所封之部落国家。 后:君。 帝相:夏启之孙,仲康之子。相之君位为羿所代,失国之后,依赖于斟灌、斟寻,后复为浇所灭。 5 后缗:相妻。 娠:怀孕。 有仍:夏代部落名。后缗为有仍氏(部落酋长家族)之女,逃回本部落。 少康:后缗遗腹子。 6 牧正:牧官之长。 7 有虞:传说中远古部落名,舜为其领袖,居于蒲阪,在今山西永济市西南蒲州镇。 8 思:怀念。 二女:有虞姚姓酋长之女,故又称"二姚"。 纶:虞邑。在今河南虞城县东南。 成:方十里为成。 旅:五百人为旅。 9 夏众:指夏朝的人。 抚:循,按。此指按着夏朝的官制。 10 诱之:据《左传》,是派了间谍女艾去刺探,从而进行诱惑。 祀夏:祭祀夏朝的祖先。 配天:古礼,祭天时以先祖配之。此指祭夏祖时同时祭天帝。 旧物:指夏禹的天下。 11 宽:宽恕,宽赦。 难:患难,祸难。 12 平:媾和。

七年,吴王夫差闻齐景公死而大臣争宠,新君弱,乃兴师北伐齐。[1] 子胥谏曰:"越王句践食不重味,衣不重采,吊死问疾,

七年,吴王夫差听说齐景公去世后齐国大臣们争夺权力,新立的国君晏孺子软弱,就兴军北攻齐国。伍子胥劝谏说:"越王句践每顿饭不吃两种以上的菜肴,不穿两种颜色的衣服,吊唁死伤者,慰问疾病者,

且欲有所用其众。[2] 此人不死，必为吴患。今越在腹心疾而王不先，而务[3]齐，不亦谬乎！”吴王不听，遂北伐齐，败齐师于艾陵[4]。至缯，召鲁哀公而征百牢。[5] 季康子使子贡以周礼说太宰嚭，乃得止。[6] 因留略[7]地于齐鲁之南。九年，为驺[8]伐鲁，至，与鲁盟乃去。十年，因伐齐而归。十一年，复北伐齐。

是想有朝一日利用这些民众攻打吴国。此人不死，一定会成为吴国的祸患。如今越国是吴国的心腹之疾而您却不先加处置，反倒致力于去攻打齐国，不是很荒谬吗？”吴王不听从，就北上攻打齐国，在艾陵打败了齐军。到达缯邑，召见鲁哀公并向他征取牛羊猪各百头。季康子派子贡拿周礼去游说太宰嚭，此事才得以停止。吴王就此留下来攻取齐鲁南部地区的土地。九年，吴国为驺国的事讨伐鲁国，抵达鲁国，和鲁国盟誓后返回。十年，吴国趁势攻打齐国而归。十一年，吴国再次北上攻打齐国。

注释　1 齐景公：名杵臼。公元前 547 年—前 490 年在位。死后大臣争权之事，详见《齐太公世家》。　新君：即晏孺子，名姜荼，本齐景公少子。2 重味：两种以上的菜肴。　重采：两种以上的颜色。　3 务：致力于。4 艾陵：齐邑。在今山东莱芜市东北。　5 缯(zēng，又读 céng)：亦作“鄫”，邑名。在今山东枣庄市东。　牢：牛羊猪各一只为一牢，用于祭祀或宴会。古礼，天子用十二牢，上公九牢，侯伯七牢，子男五牢。吴时仅为子爵，索百牢，显然违礼。　6 季康子：鲁国执政大夫季氏。　子贡：即端木赐，孔子弟子，有口才，善货殖。　止：《鲁周公世家》记载，季康子使子贡说吴王及太宰嚭，以礼诎之。吴王曰：“我文身，不足责礼。”乃止。7 略：攻取。　8 驺(zōu)：同“邹”，《左传》作“邾”，古曹姓国。在今山东邹城市东部一带。

越王句践率其众以朝吴，厚献遗[1]之，吴王喜。唯子胥惧，曰："是弃吴[2]也。"谏曰："越在腹心，今得志于齐，犹石田[3]，无所用。且《盘庚之诰》有颠越勿遗，商之以兴。[4]"吴王不听，使子胥于齐，子胥属其子于齐鲍氏[5]，还报吴王。吴王闻之，大怒，赐子胥属镂[6]之剑以死。将死，曰："树吾墓上以梓，令可为器。[7]抉吾眼置之吴东门[8]，以观越之灭吴也。"

越王句践率领他的部众来吴国朝觐，给吴王及其臣子进献了很丰厚的礼物，吴王非常高兴。只有伍子胥感到恐惧，说："这是在抛弃吴国呀。"他进谏说："越国是吴国的心腹之患，如今吴国虽夺取了齐国，可那就像获取不可耕种的田地一样，没有什么用处。而且《盘庚之诰》说过，有狂妄不听命的人不要使其遗下后裔，殷商就是采用这个办法才兴盛起来的。"吴王不听从，派伍子胥出使齐国，子胥把他的儿子托付给齐国的鲍息，回来向吴王报告任务完成的情况。吴王听说了此事，大怒，把属镂剑赐给伍子胥，让他自裁。子胥临死时，说："请在我坟墓上种植梓树，将来可以做棺材。我死后，把我的眼珠挖出来放在吴国都城的东门上，让我看看越国是怎样灭掉吴国的。"

注释　1 遗(wèi)：赠送。《左传》记句践对"王及列士皆有馈赂"。事在夫差十二年。　2 弃吴：《左传》作"豢吴"。豢，养。杜预注："若人养牺牲，非爱之，将杀之。"　3 石田：不可耕种之田地。　4《盘庚之诰》：载于《尚书·盘庚中》，语有节略。　颠越：指狂妄不听命的人。　遗：指遗留其后裔。　商：殷商。　5 属：通"嘱"，托付。　鲍氏：齐大夫鲍息。6 属镂：剑名。　7 梓：《左传》作"槚(jiǎ)"。槚，即楸(qiū)，落叶乔木，高达30米，树干端直，古人常用以做棺椁。　器：器具。此意为梓树长大到让它可以做器具时，吴国就要灭亡了。一说器指棺材。　8 抉：挖。　东门:意指越将由东门入灭吴。

齐鲍氏弑齐悼公[1]。吴王闻之,哭于军门外三日,乃从海上攻齐。齐人败吴,吴王乃引兵归。

十三年,吴召鲁、卫之君会于橐皋[2]。

十四年春,吴王北会诸侯于黄池[3],欲霸中国以全周室。六月丙子[4],越王句践伐吴。乙酉[5],越五千人与吴战。丙戌,虏吴太子友。丁亥,入吴。吴人告败于王夫差,夫差恶其[6]闻也。或泄其语,吴王怒,斩七人于幕下。七月辛丑,吴王与晋定公争长。[7]吴王曰:“于周室我为长[8]。”晋定公曰:“于姬姓我为伯[9]。”赵鞅怒,将伐吴,乃长晋定公。[10]

齐国的鲍牧杀死了齐悼公。吴王听说这件事,在军帐门外哭了三天,就从海上去进攻齐国。齐国人打败了吴军,吴王才领兵回国。

十三年,吴国召集鲁国、卫国的国君在橐皋会盟。

十四年春天,吴王往北在黄池同各诸侯会盟,想在中原地区称霸,并获得保全周王室的名声。六月十一日,越王句践进伐吴国。二十日,越国用五千人同吴国开战。二十一日,越国俘虏了吴国太子友。二十二日,越军进入吴国。吴国人把失败的事报告给王夫差,夫差厌恶别人知道越军进入吴国的事。有人把这件事泄露出去,吴王大怒,把七个人斩杀在军帐下。七月六日,吴王和晋定公争当盟主。吴王说:“论周家宗族的辈分,我的祖先居长。”晋定公说:“论姬姓诸国的势力,只有我晋国当过霸主。”晋国正卿赵鞅大怒,他准备进攻吴国,吴王只好让晋定公当这次会盟的盟主。

注释 1 鲍氏:大夫鲍牧。 齐悼公:景公子阳生,公元前 488 年—前 485 年在位。 2 橐(tuó)皋:邑名。在今安徽巢湖市西北。 3 黄池:地名。在今河南封丘西南,济水故道南岸。《史记新证》载,清代同治时,山西代州出土有"攻吴王鉴",疑为吴王夫差黄池会盟时所遗留。 4 丙子:十一日。 5 乙酉:二十日。 6 其:指越入吴事。 7 辛丑:六日。 晋定公:公元前 511 年—前 475 年在位。 争长:争当盟主。即争歃(shà)血的先后,能先歃血者就是盟主。 8 长:吴为古公亶父之长子太伯之后,季历之长兄,文王之大伯父,故言"长"。 9 姬姓:晋之始封者为唐叔虞,是周武王子,成王弟,故与吴均为周族之后,为姬姓。 伯(bà):通"霸"。晋文公之后,历襄公以至悼公、平公皆称霸。 10 赵鞅:即赵简子,晋之正卿。 乃长晋定公:此说与《公羊传》《国语》同。然《左传》《秦本纪》,《晋世家》《赵世家》均言"长吴"。同说一事,记载有分歧。《史记志疑》云:"以情势揆之,晋人不竞已历数世,自宋之会即为楚所先,而况其能与吴争乎?"

吴王已盟,与晋别,欲伐宋[1]。太宰嚭曰:"可胜而不能居也。"乃引兵归国。国亡太子,内空,王居外久,士皆罢敝,于是乃使厚币以与越平。[2]

十五年,齐田常杀简公[3]。

十八年,越益强。越王句践率兵复伐败吴师

吴王参加完会盟,同晋国分别,回国途中想进攻宋国。太宰嚭说:现在即使战胜了它,也不能留下来占有它。"于是吴王就领着军队回国。吴国损失了太子,内部权位空虚,吴王在外面的时间太长,士兵们都很疲惫,于是吴王就派使者带着厚重的礼物去和越国媾和。

十五年,齐国的田常杀死了国君简公。

十八年,越国更加强大。越王句践统率军队再次伐吴,并在笠泽于笠泽[4]。楚灭陈。

二十年，越王句践复伐吴。二十一年，遂围吴。二十三年十一月丁卯[5]，越败吴。越王句践欲迁吴王夫差于甬东[6]，予百家居之。吴王曰：“孤老矣，不能事君王也。吾悔不用子胥之言，自令陷此。”遂自刭死。越王灭吴，诛太宰嚭，以为不忠，而归。

打败了吴国军队。同年，楚国灭亡了陈国。

二十年，越王句践又一次进攻吴国。二十一年，越军包围了吴国首都。二十三年十一月二十七日，越国打败了吴国。越王句践想把吴王夫差迁徙到甬东地方，给他百户人家让他住在那里。吴王说：“我老了，不能够来侍奉君王了。我后悔没采纳伍子胥的意见，结果让自己落到这个地步。”就自刭而死。越王灭亡了吴国，诛杀掉太宰嚭，他认为这个人是不忠诚的，然后回国了。

注释 **1** 宋：国名，都商丘，故城在今河南商丘市南。黄池为吴王回国途中所经之地，其欲伐之，因宋国没有去参加黄池会盟。 **2** 亡：损失。 罢：通“疲”。 **3** 田常：即陈恒、陈成子，齐相国。 简公：姜壬，景公子，公元前484年至前481年在位。 **4** 笠泽：水名，即今吴淞江。 **5** 丁卯：二十七日。 **6** 甬东：地名，今浙江舟山市定海区之翁山。

太史公曰：孔子言“太伯可谓至德矣，三以天下让，民无得而称焉”。[1]余读《春秋》古文[2]，乃知中国之虞与

太史公说：孔子讲到“太伯可以称得上是具有最高尚的道德了，多次把君位让给季历，民众简直不知怎么赞扬他才好”。我读到用古代文字写成的《春秋》，才知道中原地区的虞国和荆蛮地区的句吴是兄弟国家。延陵季子的仁

荆蛮句吴兄弟也。延陵季子之仁心，慕义无穷，见微而知清浊。[3]呜呼，又何其闳览博物君子也[4]！

爱之心，使他有无尽的向慕正义的品质，他看到事物细微的表征就可以分辨出它们的清浊本质。唉呀，这又是一个何等识见深广、通晓众物的君子啊！

注释 **1** 孔子言：所引见《论语·泰伯》。 至德：最高尚的道德。 三：泛指多次。 **2**《春秋》古文：《史记会注考证》以为即《左氏春秋传》。 **3** 慕义：向慕正义。 微：微小的事物表象。 清浊：指美丑、善恶、治乱等事物之本质。 **4** 闳览：识见深广。 博物：通晓许多事物。

# 史记卷三十二

## 齐太公世家第二

原文

太公望吕尚者，东海上人[1]。其先祖尝为四岳，佐禹平水土甚有功。[2]虞夏之际封于吕，或封于申，姓姜氏。[3]夏商之时，申、吕或封枝庶子孙，或为庶人，尚其后苗裔也。[4]本姓姜氏，从其封姓，故曰吕尚。

译文

太公望吕尚，是东海岸边之人。他的祖先曾经做过尧、舜时代掌管四时及方岳巡守的官长，辅佐夏禹治理水土特别有功劳。舜、禹执政的时期，他的祖先有的封在吕地，有的封在申地，姓姜。夏朝、商朝时，申地、吕地的宗族成员，有的旁支子孙受封了，有的却沦为平民百姓，吕尚是这个宗族的后代。他本姓姜，后来以他的封地为姓，所以叫作吕尚。

注释　1 东海：指我国东方今江苏、山东一带滨海地区。　上：岸上，岸边。　2 四岳：古时掌管四时、方岳巡守之官。　平：治理。　3 吕：地名，在今河南南阳市西。　申：地名，在今河南南阳市北。　4 枝庶：即支庶，宗族旁出支派。　庶人：老百姓，平民。　苗裔(yì)：后代。

吕尚盖尝穷困，年老矣，以渔钓奸周西伯[1]。西伯将出猎，卜之，曰“所获非龙非彲，非虎非罴；[2]所获霸王之辅”。于是周西伯猎，果遇太公于渭之阳，与语，大说，曰：“自吾先君太公曰‘当有圣人适周，周以兴’。子真是邪？吾太公望子久矣。”[3]故号之曰“太公望”，载与俱归，立为师[4]。

吕尚曾经生活穷困，年老了，用钓鱼的办法企图结识周西伯。西伯将要出外打猎，进行占卜，卦辞说“打猎所能获得的不是龙不是螭，不是虎不是罴；所能获得的是成就霸王之业的辅佐之人”。于是周西伯出猎的时候，果然在渭水的北岸遇到了太公，和他谈得非常高兴，说：“自从我的先代君主太公讲‘当有圣人来到周族，周族从此以后就会兴盛’。您真是这位圣人吗？我的太公盼望您已经很久了。”所以称他为“太公望”，用车载着他一块回去，拜他为太师。

注释　1 奸(gān)：求取，此指结识。　周西伯：即周文王姬昌。
2 彲(chī)：同“螭”，传说中为无角之龙。　罴(pí)：兽名，亦名马熊。
3 阳：河之北岸。　说：通“悦”。　先君：先代君主。　太公：此指周西伯之曾祖公叔祖类。《三代世表》作“公祖类”，号曰“太公”。　4 师：即“太师”，统帅军队之最高长官。

或曰，太公博闻，尝事纣。[1]纣无道，去之。[2]游说诸侯，无所遇，而卒西归周西伯。或曰，吕尚处士[3]，隐海滨。周西伯拘羑里，散宜生、闳夭素

有人说，太公见闻广博，曾经侍奉过商纣王。商纣王暴虐无德，他就离开了。他去游说各个诸侯，没有遇到能赏识而任用他的人，最终往西归附于周西伯。有人说，吕尚是位处士，隐居在海边的某个地方。周西伯被商纣王囚禁在羑里，散宜生、闳夭平

知而招吕尚[4]。吕尚亦曰"吾闻西伯贤,又善养老,盍往焉"[5]。三人者为西伯求美女奇物,献之于纣,以赎西伯。西伯得以出,反[6]国。言吕尚所以事周虽异,然要之为文武师。

素就了解吕尚,就招他来。吕尚也说"我听说西伯贤能,又善于以礼敬养老人,何不前往他那里呢?"这三个人就去寻找美女和奇物,把美女和奇物都献给商纣王,这样来赎取西伯。西伯因此能从囚牢出来,返回周国。记述吕尚如何归附周的原因虽有不同,但都说他是文王、武王的太师。

注释 1 博闻:见闻广博。 纣:即商纣王。 2 无道:暴虐无德。 去:离开。 3 处士:有才德而不任仕宦之士人。 4 散宜生:西周开国大臣,与闳夭等同辅周文王、周武王。 闳夭(hóng yāo):西周初年大臣。 5 养老:古礼,对老而贤者按时享以酒食以敬礼之,谓之养老。 盍(hé):何不。 6 反:同"返"。

周西伯昌之脱羑里归,与吕尚阴谋修德以倾商政,其事多兵权与奇计,故后世之言兵及周之阴权皆宗太公为本谋。[1]周西伯政平,及断虞芮之讼,而诗人称西伯受命曰文王。[2]伐崇、密须、犬夷,大作丰邑。[3]天下三分,其二归周者,太公之谋计居多。

周西伯昌如何能逃脱羑里的拘囚回国,和吕尚如何秘密计谋修治德政以便推翻商朝政权,这些事涉及很多用兵的权谋和奇妙的计策,所以后世谈论军事和周朝密谋的都崇奉太公是最早的谋划人。周西伯施政公平,等到他裁断了虞、芮两国之间的争讼,而诗人称说西伯是接受了天命,号文王。讨伐崇侯虎、密须国、犬夷族,大规模营建丰邑。把天下划分为三,其中三分之二归周所有,这些举措大多出于太公的计谋。

注释 1 周西伯昌:即周文王姬昌。 阴谋:秘密计谋。 倾商政:使商政倾,即推翻商朝。 兵权:用兵之权谋。 宗:尊法,崇奉。 本谋:原始的策划人。本,原本,最先。 2 政平:治政公正持平。 虞芮之讼:虞,国名,姬姓,在今陕西省宝鸡市北。芮,国名,姬姓,在今甘肃华亭县一带。周文王时,虞、芮二国争执,文王为之解决争端,使两国归附于周。 3 崇:《周本纪》:"伐崇侯虎。"《史记正义》:"虞夏商周皆有崇国,崇国盖在丰镐之间。" 密须:古国名,在今甘肃灵台县西南。 犬夷:又作犬戎、严允,古部族名,在今甘肃环县与陕西延安市安塞区之间。 大作:大兴营建。丰邑:西周之京都,在今西安市西南,丰水畔。

文王崩,武王即位。九年,欲修文王业,东伐以观诸侯集否。[1]师行,师尚父左杖黄钺,右把白旄以誓,曰:"苍兕苍兕,总尔众庶,与尔舟楫,后至者斩!"[2]遂至盟津。诸侯不期[3]而会者八百诸侯。诸侯皆曰:"纣可伐也。"武王曰:"未可。"还师,与太公作此《太誓》。

文王去世,武王就位。九年,武王想要继承文王的事业,向东进行征伐来观察诸侯是否听从。军队启行的时候,师尚父左手执持着黄钺,右手把着白色旄旗进行宣誓,说:"苍兕苍兕,集合您的部众,率领您的船只,迟到的要斩首!"于是到达盟津。各诸侯国没有事先约期而来聚会的有八百位诸侯。诸侯们都说:"纣王可以讨伐了。"武王说:"还不可以。"率领军队回国,和太公一起写成这篇《太誓》。

注释 1 九年:武王即位后第九年。 集否:聚集与否。实指人心之向背。 2 师尚父:即吕尚,武王时号师尚父。 杖:执持。 黄钺(yuè):以黄金为饰之斧钺。古为帝王所专用,或赐予专司征伐之大臣,以示威重。 白旄(máo):古代的军旗或指挥旗,因竿顶用白旄牛尾装饰而名。　苍兕(sì):本为水兽名,善奔突,能覆舟。此指以苍兕名之官。　总:集合。　3 期:事先约定时间。

居二年,纣杀王子比干,囚箕子。[1]武王将伐纣,卜,龟兆不吉,风雨暴至。[2]群公尽惧,唯太公强[3]之劝武王,武王于是遂行。十一年正月甲子,誓于牧野,伐商纣。纣师败绩。纣反走,登鹿台[4],遂追斩纣。明日,武王立于社,群公奉明水,卫康叔封布采席,师尚父牵牲,史佚策祝,以告神讨纣之罪。[5]散鹿台之钱,发钜桥之粟,以振贫民。[6]封[7]比干墓,释箕子囚。迁九鼎,修周政,与天下更始。[8]师尚父谋居多。

过了两年,商纣王杀死了王子比干,囚禁了箕子。武王将要讨伐商纣王,占卜,龟甲上的裂纹显示不吉利,又有暴风雨突然到来。群臣们都很恐惧,只有太公坚决劝说武王进军,武王于是出兵。十一年正月甲子日,在牧野誓师,讨伐商纣王。纣王的军队彻底崩溃。纣王转身逃跑,登上鹿台,被追兵斩杀了。第二天,武王站立在社庙前,群臣有人捧着明水,卫康叔姬封铺展彩席,师尚父牵着祭牲,史佚拿着占卜用的蓍草向神祷告,来向神禀报讨伐纣王罪行的事。散发积聚在鹿台的钱币,发放屯留在钜桥的粮食,拿它们赈济贫民。加筑比干的坟墓,释放囚禁着的箕子。把九鼎迁往周,修明周朝的政治,和天下民众一起开创新的时代。这些事情多数出自师尚父的谋划。

注释　1 比干:商纣王之叔,曾力谏纣王修善行仁,被纣王剖腹验心。　箕子:商纣王之叔。纣杀比干后,他惧而佯狂为奴,被纣囚禁。
2 龟兆:占卜时,灼龟甲所见之裂纹,占卜者以此视吉凶。　暴:突然。
3 强:坚决。　4 鹿台:古台名,商纣王所筑,位于朝歌,内藏大量金银财宝。 5 社:即社神,此指祭祀土地神之场所。 奉:捧。 明水:祭祀所用的净水。《周本纪》作“毛叔郑奉明水”。 卫康叔:即姬封,周文王少子,史称卫康叔封,后建立卫国,所以又称卫康叔。 布:铺展。 采席:有彩色花纹之席。 史佚(yì):西周初期史官。 策祝:拿着占卜用的蓍草向神祷告。策,占卜用的蓍草。祝,向神祷告。 6 钜桥:商粮仓所在地,在今河北曲周县东北。 振:“赈”的本字,救济。 7 封:聚土筑坟。 8 九鼎:古代象征国家政权的传国之宝,铸九鼎,象九州。 更始:除旧布新,重新开始。

于是武王已平商而王天下,封师尚父于齐营丘[1]。东就国,道宿行迟。[2]逆旅之人曰:“吾闻时难得而易失。客寝甚安,殆非就国者也。”[3]太公闻之,夜衣而行,犁明至国。莱侯来伐,与之争营丘。营丘边莱。[4]莱人,夷也,会纣之乱而周初定,未能集[5]远方,是以与太公争国。

这时武王已经平定商朝而在天下称王,把师尚父分封在齐地营丘。太公东行到封国去就位,途中住宿客舍,行走迟缓。客舍里的人说:“我听说时机很难得到却容易丧失。您睡得特别安稳,恐怕不像一个要到封国去就位的人吧。”太公听说了,连夜穿好衣服就行进,黎明时分到达封国。莱夷族的首领正来攻伐,和齐国争夺营丘。营丘地界靠近莱国。莱国人,是夷族,趁商纣为乱而周国刚刚建立,还没有来得及安定远方各国,所以来和太公争夺土地。

注释 1 营丘:古地名,在今山东淄博市东北临淄故城。 2 东就国:向东到封国去就位。 道宿行迟:行进途中住宿,行动迟缓。 3 逆旅:迎止宾客之处,客舍。 殆(dài):恐怕。 4 犁明:即黎明。 莱:殷商古国名，即莱夷，在今山东半岛东部，后为齐所灭。　边莱：靠近莱夷。
5 集：通“辑”，安定。

太公至国，修政，因其俗，简其礼，通商工之业，便鱼盐之利，而人民多归齐，齐为大国。[1] 及周成王少时，管蔡作乱，淮夷畔周，乃使召康公命太公曰：“东至海，西至河，南至穆陵，北至无棣，五侯九伯，实得征之。”[2] 齐由此得征伐，为大国。都营丘。

太公到达封国，修明政治，因袭当地的习俗，简化办事的礼仪，促进工商业发展，从鱼盐的生产中获利，人民大都归附于齐，齐国因此成了一个大国。到周成王年少的时候，管叔、蔡叔作乱，淮夷部族背叛周朝，就派遣召康公命令太公说：“东边到大海，西边到黄河，南边到穆陵，北边到无棣，五等诸侯九州之伯若有罪过，您都可以征伐他们。”齐国从此得以四处征伐，成为一个大国。定都营丘。

注释　1 因：顺应，沿袭。　简：简约，简化。　2 周成王：即姬诵，武王之子。　管蔡：即管叔、蔡叔，因封于管、蔡两地，故称。管叔、蔡叔是周武王之弟，成王之叔。　淮夷：商周时居于淮河流域之部族。《史记正义》引孔安国云：“淮浦之夷，徐州之戎。”　畔：通“叛”。　召康公：即姬奭(shì)，西周初政治家，一作邵公、召伯，周文王之庶子，因封国在召(shào)，故名。　穆陵：地名，亦称穆陵关，在今山东沂源县正东。　无棣(dì)：地名，在今山东无棣县北。　五侯：公、侯、伯、子、男五等诸侯。　九伯：九州之伯。

盖太公之卒百有余年，子丁公吕伋立。丁公卒，子

太公一百多岁时去世，儿子丁公吕伋继位。丁公去世，儿子

乙公得立。乙公卒，子癸公慈母立。癸公卒，子哀公不辰立。[1]

乙公得继位。乙公去世，儿子癸公慈母继位。癸公去世，儿子哀公不辰继位。

哀公时，纪侯谮之周[2]，周烹哀公而立其弟静，是为胡公。胡公徙都薄姑[3]，而当周夷王之时。

哀公的时候，纪侯在周王那里诬陷他，周王烹杀了哀公，扶立他的弟弟静，这就是胡公。胡公把国都迁往薄姑，当时正值周夷王之时。

哀公之同母少弟山怨胡公，乃与其党率营丘人袭攻杀胡公而自立，是为献公。[4]

哀公的同母所生的小弟弟山怨恨胡公，就和他的同党率领营丘人袭击攻杀胡公，自立为王，这就是献公。

注释 1 丁公吕伋(jí)、乙公得、癸公慈母、哀公不辰：以上人名中“哀公”为谥号。《史记集解》引《礼记》曰：“太公封于营丘，比及五世，皆反葬于周。”引郑玄曰：“太公受封，留为太师，死，葬于周。五世之后乃葬齐。”《史记索隐》引宋忠曰：“哀公荒淫田游，国史作《还诗》以刺之也。”《通志·氏族略》云：“齐五世后称谥，则知所谓‘丁公’者，长第之次也。”《史记会注考证》引中井积德曰：“哀侯始用谥，谥始起于此时。” 2 纪侯：纪国国君。纪，在今山东寿光市南。 谮(zèn)：说别人的坏话。 3 薄姑：地名，亦作“蒲姑”“亳姑”，在今山东博兴县东南。 4 怨：怨恨。 其党：《史记索隐》引宋忠曰：“其党周马繻人将胡公于贝水杀之，而山自立也。”

献公元年，尽逐胡公子，因徙薄姑都，治临菑[1]。九年，献公卒，子武公寿立。

献公元年，献公把胡公的儿子全都驱逐，把国都从薄姑迁到临菑。九年，献公去世，儿子武公武公九年，周厉王出奔，居彘[2]。十年，王室乱，大臣行政，号曰"共和"[3]。二十四年[4]，周宣王初立。

二十六年，武公卒，子厉公无忌[5]立。厉公暴虐，故胡公子复入齐，齐人欲立之，乃与攻杀厉公。胡公子亦战死。齐人乃立厉公子赤为君，是为文公，而诛杀厉公者七十人。[6]

文公十二年卒，子成公脱立。成公九年卒，子庄公购立。[7]

寿继位。武公九年，周厉王从都城逃亡，居住在彘地。十年，周王室发生内乱，由大臣主持国政，号称"共和"。二十四年，周宣王即位。

二十六年，武公去世，儿子厉公无忌继位。厉公暴虐，从前胡公的儿子重新进入齐国，齐国人想扶立他，就和他一起进击杀死厉公。胡公的儿子也战死了。齐国人就立厉公的儿子赤做国君，这就是文公，文公诛斩了七十个参与杀害厉公的人。

文公十二年去世，儿子成公脱继位。成公九年去世，儿子庄公购继位。

注释　1 临菑：地名，在今山东淄博市东北。　2 彘(zhì)：地名，在今山西霍州市东北。　3 共和：即国人暴动后的"共和行政"，这一年为公元前 841 年。　4 二十四年：当为公元前 827 年。　5 厉公无忌：齐厉公，名无忌，公元前 824 年—前 816 年在位。　6 文公：齐文公，名赤，公元前 815 年—前 804 年在位。　杀厉公者：此指杀害厉公的人。　7 成公：齐成公，名脱，公元前 803 年—前 795 年在位。　庄公：齐庄公，名购，公元前 794 年—前 731 年在位。

庄公二十四年，犬戎杀幽王，周东徙雒。[1]秦始列为诸侯。五十六年，晋弑其君昭侯[2]。六十四年，庄公卒，子釐公禄甫[3]立。

庄公二十四年，犬戎族杀死了周幽王，周王朝将都城往东迁徙到雒邑。秦国开始列位于诸侯。五十六年，晋人弑杀了国君昭侯。六十四年，庄公去世，儿子釐公禄甫继位。

釐公九年，鲁隐公[4]初立。

釐公九年，鲁隐公刚刚继位。

十九年，鲁桓公[5]弑其兄隐公而自立为君。

十九年，鲁桓公弑杀了兄长隐公而自立为君。

二十五年，北戎[6]伐齐。郑使太子忽来救齐，齐欲妻之。忽曰："郑小齐大，非我敌[7]。"遂辞之。

二十五年，北戎部族攻伐齐国。郑国派遣名忽的太子来救助齐国，齐国想把女子嫁给他做妻。忽说："郑国小，齐国大，我配不上齐国的女子。"就辞谢了。

三十二年，釐公同母弟夷仲年死。其子曰公孙无知，釐公爱之，令其秩服奉养比太子。[8]

三十二年，釐公同母所生的弟弟夷仲年去世。他的儿子叫公孙无知，釐公喜欢他，让他的车服、宫室等生活用品的规格跟太子一样。

三十三年，釐公卒，太子诸儿立，是为襄公[9]。

三十三年，釐公去世，太子诸儿继位，这就是襄公。

注释　1 庄公二十四年：即公元前771年。　犬戎：又称"畎夷""犬夷"，西方戎人的一支。　幽王：即周幽王，姬宫涅（一作"湼"），西周最后一个国君。　雒：东周都城，在今洛阳市。　2 弑（shì）：古人称子杀父、臣杀君为"弑"。　昭侯：即晋昭侯，公元前745年—前740年在位。　3 釐（xī）

公禄甫:即齐釐公,名禄甫,公元前730年—前698年在位。 4 鲁隐公:即姬息,公元前722年—前712年在位。《春秋》开始于鲁隐公元年。 5 鲁桓公:鲁隐公弟,公元前711年—前694在位。 6 北戎:亦名山戎,春秋时散布在今河北省和山西省北部的部族。 7 敌:匹配。 8 秩:俸禄。此当指规格、级别。 服:此指衣服、车马、宫室等一切生活用品。 奉养:供养,赡养。 比:等同。 9 襄公:齐襄公,名诸儿,公元前697年—前686年在位。

襄公元年。始为太子时,尝与无知斗,及立,绌无知秩服,无知怨。[1]

四年,鲁桓公与夫人如[2]齐。齐襄公故[3]尝私通鲁夫人。鲁夫人者,襄公女弟也,自釐公时嫁为鲁桓公妇,及桓公来而襄公复通焉。[4]鲁桓公知之,怒夫人,夫人以告齐襄公。齐襄公与鲁君饮,醉之,使力士彭生抱上鲁君车,因拉杀鲁桓公,桓公下车则死矣。[5]鲁人以为让,而齐襄公杀彭生以谢鲁。[6]

八年,伐纪[7],纪迁去其邑。

襄公元年。襄公当初做太子的时候,曾经和无知争斗,等到他继位了,就降低无知的衣服、车马等生活用品的等级,无知怨恨他。

四年,鲁桓公和夫人来到齐国。齐襄公过去曾经和鲁桓公夫人私通。鲁桓公夫人,是襄公的妹妹,在釐公时就嫁给了鲁桓公为妻,等到桓公来到齐国,襄公又重新和她私通。鲁桓公知道这件事,对夫人发怒,夫人把此事告诉齐襄公。齐襄公和鲁君一同饮酒,襄公把他灌醉,派力士彭生把他抱上鲁君自己的车子内,乘机折断鲁桓公的肋骨而杀害了他,等有人请鲁桓公下车的时候,才发现他已经死了。鲁国人因此责备齐国,齐襄公杀了彭生来向鲁国道歉。

八年,讨伐纪国,纪国迁都避祸。

注释 1 尝:曾经。 无知:即前文所言公孙无知。 绌(chù):减少。 2 如:到,前往。 3 故:过去。 4 女弟:妹妹。 焉:兼词,于之,即和鲁夫人。 5 醉之:使之醉,此指使鲁桓公醉。 彭生:齐襄公手下之力士。 拉杀:折断肋骨致死。 6 让:责备,指责。 谢:道歉。 7 伐纪:《史记会注考证》引徐孚远曰:"纪侯谮烹齐哀公,故齐伐之。所谓'襄公复九世之仇'也。"《史记索隐》:"《春秋·庄四年》'纪侯大去其国',《左传》云'违齐难'是也。"

十二年。初,襄公使连称、管至父戍葵丘,瓜时而往,及瓜而代。[1]往戍一岁,卒瓜时而公弗为发代[2]。或为请代,公弗许。[3]故此二人怒,因公孙无知谋作乱。连称有从妹在公宫,无宠,使之间襄公,曰"事成以女为无知夫人"。[4]冬十二月,襄公游姑棼,遂猎沛丘。[5]见彘[6],从者曰"彭生"。公怒,射之,彘人立而啼[7]。公惧,坠车伤足,失屦[8]。反而鞭主屦者茀三百[9]。茀出宫。而无知、连称、管至父等闻公伤,乃遂率

十二年。当初,襄公派遣连称、管至父去戍守葵丘,瓜熟时前往戍地,襄公承诺等下一年瓜熟时派人去替代他们。他们前去戍守了一年,结果瓜熟时襄公并没有派人去代替他们。有人替他们请求派人替代,襄公不答应。所以这两个人大怒,与公孙无知谋划发动叛乱。连称有个堂妹在襄公内宫,没有受到宠幸,就让她监视、刺探襄公的行踪,说"事情成功就让你做无知的夫人"。冬天十二月,襄公去游览姑棼,到沛丘打猎。见到一只猪,跟随襄公的人哄骗惊吓他说是"彭生"。襄公发怒,用箭去射,猪像人一样站起来啼哭。襄公恐惧,从车上坠下来伤了脚,把鞋丢了。返回宫后,他将主持保管鞋的茀鞭打了三百下。茀从宫中出来。而无知、连称、管至父等人听说襄公受了伤,于

其众袭宫。逢主屦茀，茀曰："且[10]无入惊宫，惊宫未易入也。"无知弗信，茀示之创[11]，乃信之。待宫外，令茀先入。茀先入，即匿襄公户[12]间。良久，无知等恐，遂入宫。[13]茀反与宫中及公之幸臣攻无知等，不胜，皆死。无知入宫，求公不得。或见人足于户间，发[14]视，乃襄公，遂弑之，而无知自立为齐君。

是就率领兵众袭击王宫。遇到主持保管鞋的茀，茀说："暂且不要进去惊动王宫中的人，惊动了王宫的人就不容易进去了。"无知不相信他的话，茀把受鞭笞的伤口给他们看，他们才相信了。他们等在王宫外面，让茀先进去。茀先进去后，就把襄公隐藏在门后面。过了很久，无知他们怕会出事，就进入宫中。茀反过来和宫里面以及襄公的宠幸之臣来攻击无知等人，没能取胜，都被杀死了。无知进入宫中，搜寻襄公，没有找到。有人看见从门后露出人的脚，推门一看，正是襄公，就把他杀了，然后无知自立为君。

注释 1 连称、管至父：皆齐国大夫。 戍：防守。 葵丘：地名，在今山东淄博市境。 瓜时：瓜熟的时候，当为阴历七月。 及瓜：到第二年瓜熟时，即经过一年。 代：叫人替代。 2 卒瓜时：瓜成熟时。 发：派遣。 3 或：有人。 弗：不。 4 从妹：叔伯妹或堂妹。 无宠：没有得到宠幸。 间(jiàn)：监视、探测襄公的行踪。 女：通"汝"，你。 5 姑棼(fén)：即薄姑。 沛丘：亦称贝丘，在今山东博兴县东南。 6 彘(zhì)：猪。 7 人立：忽举前足，如人站立。 啼：放声哭。 8 屦(jù)：鞋。 9 主屦者：主持保管鞋的人。 茀(fú)：人名。 10 且：暂且。 11 创：创伤，即鞭伤。 12 户：门。 13 良久：很长时间。 恐：担心。 14 发：打开。

桓公元年春，齐君无知游于雍林。[1]雍林人尝有怨无知，及其往游，雍林人袭杀无知，告齐大夫曰："无知弑襄公自立，臣谨[2]行诛。唯大夫更立公子之当立者，唯命是听[3]。"

桓公元年春天，齐君无知在雍林游览。雍林人中有人怨恨无知，等到无知去那里游览，雍林人就攻袭杀死了无知，通告齐国的大夫说："无知弑杀襄公自立为君，我们将他诛杀了。希望大夫们重新扶立一位应当继位的公子，我们一定听从命令。"

注释　1 桓公元年：此指齐桓公（小白）元年，以下是桓公立前发生之事。齐桓公于公元前685年—前643年在位。　雍林：此当为地名，亦作雍廪，可能为当时齐都附近的一个游览区。　2 谨：副词，表示尊敬。3 唯命是听：即唯听命。唯，在此强调行为的单一性。是，结构介词，为强调宾语"命"而将其提前。

初，襄公之醉杀鲁桓公，通其夫人，杀诛数不当，淫于妇人，数欺大臣，群弟恐祸及，故次弟纠奔鲁。[1]其母鲁女也。管仲、召忽[2]傅之。次弟小白奔莒，鲍叔傅之。[3]小白母，卫女也，有宠于釐公。小白自少好善大夫高傒[4]。及雍林人杀无知，议立君，高、国先阴召小白于莒[5]。

当初，襄公灌醉并杀害了鲁桓公，和鲁桓公的夫人私通，多次杀害不该杀的人，又和妇人淫乱，多次欺侮大臣，他的弟弟都担心祸难落到自己身上，襄公的二弟纠逃奔到鲁国。他的母亲是鲁国的女子。管仲、召忽辅佐他。襄公的三弟小白逃奔到莒地，鲍叔牙辅佐他。小白的母亲，是卫国的女子，受到了釐公的宠幸。小白从小就与大夫高傒很友好。等到雍林人杀了无知，商量要扶立国君，高氏、国氏先行暗中从莒地召

鲁闻无知死，亦发兵送公子纠，而使管仲别将兵遮莒道，射中小白带钩。[6]小白详[7]死，管仲使人驰报鲁。鲁送纠者行益迟，六日至齐，则小白已入，高傒立之，是为桓公。

回小白。鲁国听说无知死去，也发兵送公子纠回国，而使管仲另外带一支军队去拦住通往莒地的大道，管仲因而用箭射中了小白腰上的金属挂钩。小白就假装死去了，管仲派人飞奔去报告鲁国。鲁国送公子纠回国的人，行动就更加迟缓，经过六日才到达齐国，那时小白已经进入齐国，高傒扶立他做国君，这就是桓公。

注释 1 数(shuò)：屡次，多次。 纠：人名，又名公子纠，齐公子，齐襄公弟。 2 召忽：齐大夫，曾辅佐公子纠。 3 小白：即姜小白，齐襄公之弟，后来的齐桓公。 莒(jǔ)：地名，在今山东莒县。 鲍叔：即鲍叔牙，齐国大夫，曾力谏管仲佐齐桓公。 4 高傒(xī)：齐国大夫。 5 国：即国懿仲，齐国大夫。 6 别：另，另外。 遮：拦阻。 带钩：系在腰带上的金属挂钩。 7 详：通“佯”。

桓公之中钩，详死以误管仲，已而载温车中驰行，亦有高、国内应，故得先入立，发兵距鲁。[1]秋，与鲁战于乾时，鲁兵败走，齐兵掩绝鲁归道。[2]齐遗鲁书曰：“子纠，兄弟，弗忍诛，请鲁自杀之。召忽、管仲，仇

桓公的带钩中了箭，用假装死去的计策来误导管仲，然后自己乘在温车中奔驰行进，也是因为有高氏、国氏做内应，所以能够先进入齐国继位，然后发兵在边界上抗拒鲁国。秋天，和鲁国在乾作战，鲁国失败逃走，齐国军队在鲁军回归的道路上进行截击。齐桓公写信给鲁国国君说：“公子纠是我的兄弟，我不忍心亲自诛杀他，请鲁国把他杀了。召忽、管仲是我的仇人，请

也,请得而甘心醢之。不然,将围鲁。”[3]鲁人患之,遂杀子纠于笙渎[4]。召忽自杀,管仲请囚。

将他们二人送回,我要将他们剁成肉酱才称心。你们不照我说的办,我将派兵包围鲁国。”鲁国人害怕,就在笙渎把公子纠杀死了。召忽自杀了,管仲请求把自己拘囚起来。

注释 1 已而:然后。 温车:亦作“辒车”,设有帐幕之卧车。 距:通“拒”,抗拒,抵御。 2 乾(gān)时:地名。在今山东青州市市境。 掩绝:截击。掩,乘人不备而袭击对方。 3 遗(wèi):致,送。 书:指信。 甘心:称心,快意。 醢(hǎi):一种酷刑,将人剁成肉酱。 4 笙渎(dòu):鲁地名,亦作“句渎”“生窦”。在今山东菏泽市北。

桓公之立,发兵攻鲁,心欲杀管仲。鲍叔牙曰:“臣幸得从君,君竟[1]以立。君之尊,臣无以增君。君将治齐,即高傒与叔牙足也。君且欲霸王[2],非管夷吾不可。夷吾所居国国重[3],不可失也。”于是桓公从之。乃详为召管仲欲甘心,实欲用之。管仲知之,故请往。鲍叔牙迎受管仲,及堂阜而脱桎梏,斋祓而见桓

桓公继位,发兵攻打鲁国,想要杀管仲。鲍叔牙说:“我很荣幸能够跟着您,您终于得以继位。您的尊贵地位,我没有办法再帮助您提高。您若只是治理齐国,有高傒和叔牙就足够了。您将来想称霸天下,非有管夷吾的辅佐不可。夷吾在哪个国家,哪个国家就会强大,不可失掉这个人才。”于是桓公听从了他的意见。假装召回管仲要杀掉他,其实是想任用他。管仲猜到了这一点,所以请求将他遣送齐国。鲍叔牙迎接管仲,等他到了堂阜就给他去掉脚镣手铐,令他斋戒祈福后去见桓公。

公。[4]桓公厚礼以为大夫,任政。

桓公以礼相待,封他为大夫,委任他主持政务。

桓公既得管仲,与鲍叔、隰朋、高傒修齐国政,连五家之兵,设轻重鱼盐之利,以赡贫穷,禄贤能,齐人皆说。[5]

桓公得到管仲后,就和鲍叔、隰朋、高傒一起整治齐国之政,建立以五家为基层单位的军制,设置货币流通和促进鱼盐生产的有利措施,用以救济贫穷民众,任用贤能之士,齐国人都很高兴。

注释 1 竟:终于。 2 霸王:在各诸侯王中间成为霸主,即称霸天下。 3 国重:国家的分量重,即强大。 4 迎受:迎接。 桎梏(zhì gù):古代的木制刑具,相当于今之脚镣手铐。 斋:斋戒。进行沐浴更衣,服素食以示诚敬。 祓(fú):古代除灾祈福的仪式。 5 隰(xí)朋:春秋时齐国大夫,主外交。 五家之兵:管子制定的一种兵民结合的军事行政组织,平时五家为轨,设轨长。战时每家出兵一人,五人为伍,由轨长兼任伍长。《史记集解》引《国语》曰:"管子制国,五家为轨,十轨为里,四里为连,十连为乡,以为军令。" 轻重:管子著有《轻重》之法七篇。轻重指钱。此意即铸钱币,控制物价流通。 禄:给予俸禄。此处代指任用。

二年,伐灭郯[1],郯子奔莒。初,桓公亡时,过郯,郯无礼,故伐之。

二年,齐国讨伐并灭掉了郯国,郯子逃往莒地。当初,桓公出国逃亡时,经过郯国,郯国对他无礼,所以讨伐它。

五年,伐鲁,鲁将师败。鲁庄公请献遂邑以平,桓公许,与鲁会柯而盟。[2]鲁将盟,曹沬以匕首劫桓

五年,齐国攻打鲁国,鲁国将领所率领的军队战败。鲁庄公请求献出遂邑来讲和,桓公答应了,和鲁君在柯地会盟。鲁君将要盟誓的时候,

公于坛上，曰："反鲁之侵地！"[3]桓公许之。已而曹沫去匕首，北面就臣位。[4]桓公后悔，欲无与鲁地而杀曹沫。管仲曰："夫劫许之而倍信杀之，愈一小快耳，而弃信于诸侯，失天下之援，不可。"[5]于是遂与曹沫三败所亡地[6]于鲁。诸侯闻之，皆信齐而欲附焉。

曹沫拿着匕首在盟坛上劫持桓公，说："把你们侵占的土地归还给鲁国！"桓公答应了。然后曹沫扔掉匕首，面朝北站在臣下的位置上。桓公后悔了，不想退还鲁国土地，还想杀了曹沫。管仲说："在被劫持的时候答应了而又违背承诺并杀了他，是满足了一时的快意，却在诸侯面前抛弃了信誉，失掉了天下的援助，不可以这么做。"齐国于是把曹沫三次失败中所丢失的土地归还给鲁国。诸侯各国听说，都信任齐国而愿意归附于它。

注释　1 郯(tán)：古国名，在今山东南部郯城县西北。　2 鲁庄公：鲁国国君，公元前 693 年—前 662 年在位。　遂邑：鲁地名，在今山东肥城市南。　柯：齐地名，在今山东阳谷县东。　3 曹沫(huì)：春秋时鲁人，又作"曹刿(guì)"。　劫：劫持，胁迫。　坛：土筑之高台，古人用以祭祀、盟会等。《史记集解》引何休曰："土基三尺，阶三等，曰坛。会必有坛者，为升降揖让，称先君以相接也。"　反：归还。　侵地：侵夺之土地。　4 去：抛弃，丢掉。　北面：面向北。　5 劫：此指遭劫时。　倍：通"背"。　愈：满足。　小快：一时之痛快。　6 三败所亡地：即曹沫三次战败所丢失之土地。

七年，诸侯会桓公于甄[1]，而桓公于是始霸焉。

十四年，陈厉公子完[2]，

七年，诸侯各国和桓公在甄地会盟，齐桓公从这时开始称霸。

十四年，陈厉公的儿子完，号

号敬仲，来奔齐。齐桓公欲以为卿，让；于是以为工正。[3] 田成子常[4] 之祖也。

敬仲，前来投奔齐国。齐桓公想任命他做卿，他推辞，于是任命他做百工之长。他就是以后田成子常的祖先。

二十三年，山戎伐燕，燕告急于齐。齐桓公救燕，遂伐山戎，至于孤竹[5] 而还。燕庄公[6] 遂送桓公入齐境。桓公曰："非天子，诸侯相送不出境，吾不可以无礼于燕。"于是分沟割燕君所至与燕，命燕君复修召公之政，纳贡于周，如成康之时。[7] 诸侯闻之，皆从齐。

二十三年，山戎部族攻伐燕国，燕国向齐国告急。齐桓公救援燕国，就去讨伐山戎部族，到达孤竹以后才回来。燕庄公就此送桓公进入了齐国境内。桓公说："不是天子，诸侯国之间相送不能出国境，我对燕国是不可以无礼的。"于是划分沟界而割出燕君所到达的地块给燕国，让燕君重新修明召公的政治，向周王朝交纳贡赋，要和周成王、康王的时候一样。诸侯们听说这件事，都愿意服从齐国。

注释　1 甄：卫地名，在今山东鄄城县。　2 陈厉公子完：即陈完，陈厉公子，名完。陈国内乱时奔齐，后任齐国大夫，改姓田，死后，谥为敬仲，所以又名田敬仲，或田敬仲完。　3 让：推辞。　工正：齐国官名，为百工之长。　4 田成子常：田成子，又名陈恒、陈成子，名常，陈完六世孙，齐国正卿，其为田氏代齐打下了基础。　5 孤竹：地名，在今河北卢龙县东南，同时亦为春秋时小国名。　6 燕庄公：燕国君王，公元前 690 年—前 658 年在位。　7 召公：即姬奭，为周公得力助手，周成王时任太保，其长子为燕国之始祖。　成康：周成王、周康王。

二十七年，鲁湣公[1]母曰哀姜，桓公女弟也。哀姜淫于鲁公子庆父，庆父弑湣公，哀姜欲立庆父，鲁人更立釐公。[2]桓公召哀姜，杀之。

二十七年，鲁湣公的母亲叫哀姜，是桓公的妹妹。哀姜和鲁国的公子庆父发生淫乱，庆父弑杀了湣公，哀姜想扶立庆父，鲁国不听从她的主意，扶立了釐公。桓公召回哀姜，杀了她。

二十八年，卫文公有狄乱[3]，告急于齐。齐率诸侯城[4]楚丘而立卫君。

二十八年，卫文公遭受狄族侵扰之乱，向齐国告急。齐国率领诸侯在楚丘修筑城池，并在那里安置卫君。

二十九年，桓公与夫人蔡姬戏船中。蔡姬习水，荡公，公惧，止之，不止，出船，怒，归蔡姬，弗绝。[5]蔡亦怒，嫁其女。桓公闻而怒，兴师往伐。

二十九年，桓公和夫人蔡姬在船中嬉戏。蔡姬熟悉水性，故意摇晃船只，桓公害怕，让她停下来，她不停，桓公生气地下了船，把蔡姬送回娘家，但又不断绝婚姻关系。蔡国也很生气，把这位女子嫁给别人。桓公听说后更加生气，兴师前去讨伐蔡国。

注释　1 鲁湣公：鲁国国君，公元前661年—前660年在位。　2 庆父：鲁桓公庶子。　釐公：即鲁釐公，鲁国国君，公元前659年—前627年在位。　3 卫文公：卫国国君，公元前659年—前635年在位。　狄(dí)：或作“翟”，古部族名，长期活动于今山西、河北北部一带。　4 城：筑城。　5 归：即让女方归娘家。　弗绝：没有正式断绝婚姻关系。

三十年春，齐桓公率诸侯伐蔡，蔡溃。遂伐楚。楚成王兴师问曰：

三十年春天，齐桓公率领诸侯国军队讨伐蔡国，蔡军溃散。接着攻打楚国。楚成王兴师问道：“为什

"何故涉吾地?"[1]管仲对曰:"昔召康公命我先君太公曰:'五侯九伯,若实征之,以夹辅周室。'[2]赐我先君履[3],东至海,西至河,南至穆陵,北至无棣。楚贡包茅不入,王祭不具,是以来责。[4]昭王[5]南征不复,是以来问。"楚王曰:"贡之不入,有之,寡人罪也,敢不共[6]乎!昭王之出不复,君其问之水滨。"齐师进,次[7]于陉。夏,楚王使屈完将兵捍齐[8],齐师退,次召陵。桓公矜[9]屈完以其众。屈完曰:"君以道则可;若不,则楚方城以为城,江、汉以为沟,君安能进乎?[10]"乃与屈完盟而去。过陈,陈袁涛涂诈齐,令出东方,觉。[11]秋,齐伐陈。是岁,晋杀太子申生[12]。

么来侵犯我国的土地?"管仲对答说:"从前召康公命令我的先代君主太公说:'五等诸侯,九州方伯,你都可以征讨他们,来辅佐周王室。'颁赐我的先代君主可以执行命令的区域,东边到大海,西边到黄河,南边到穆陵,北边到无棣。楚国应该进贡的包茅没有送到,周王祭祀时器物不完备,因此来责问。周昭王南征时没有回去,因此来质问。"楚王说:"贡品没有送到,若真有此事,那是寡人的罪过,我岂敢不供!昭王南出而没有回去,您还是到汉水边上去问吧。"齐国军队前进,驻军陉地。夏天,楚王派遣屈完领兵抵御齐国,齐军后退,驻扎在召陵。桓公向屈完夸耀自己兵强势众。屈完说:"您如果以道义行动就可以达到目的;假若不是,那么楚国以方城山作为城墙,以长江、汉水作为护城河,您怎么能进来呢?"齐桓公就和屈完盟誓后离去。经过陈国,陈国的袁涛涂欺骗齐军,让他们从东边绕道出境,齐国发觉了。秋天,齐国讨伐陈国。这一年,晋国杀了太子申生。

注释 1 楚成王:楚国国君,公元前671年—前626年在位。 涉:进入,侵犯。 2 召康公:即指召公,康为其谥号。 若:你。 夹辅:在左右辅佐。 3 履:本为鞋,此指足迹所到的范围。 4 贡:此指进贡周天子的物品。 包茅:古人祭祀时,用以滤酒去渣的束成捆的青茅草,当时为楚特有。 具:完备。 5 昭王:即周昭王,名瑕,成王之孙,康王之子。相传昭王南巡,在渡汉水时,因船坏溺死。 6 共(gōng):通"供",供给。《史记集解》引杜预曰:"昭王时汉非楚境,故不受罪。" 7 次:临时驻扎。《左传》曰:"凡师一宿为舍,再宿为信,过信为次。" 8 屈完:楚国大夫。 捍(hàn):抵御。 9 矜:夸耀。 10 方城:山名,楚之重要边界地。一说,为春秋时楚国北部之长城,为当时我国九塞之一。 沟:护城河。 11 袁涛涂:陈国大夫,不详。 令出东方:欺诈让齐国军队从陈国东方绕行。 12 申生:即姬申生,晋献公太子,后被骊姬所害自杀。

三十五年夏,会诸侯于葵丘[1]。周襄王使宰孔赐桓公文武胙、彤弓矢、大路[2],命无拜。桓公欲许之,管仲曰"不可",乃下拜受赐。秋,复会诸侯于葵丘,益有骄色。周使宰孔会。诸侯颇有叛者。[3]晋侯病,后,遇宰孔。宰孔曰:"齐侯骄矣,弟无行。"[4]从之。是岁,晋献公卒,里克杀奚齐、卓子,秦穆公以夫人入

三十五年夏天,齐桓公在葵丘大会诸侯。周襄王派遣太宰孔把祭祀文王、武王所用的祭肉、朱红色的弓箭和诸侯朝服的车乘赏赐给桓公,特许桓公接受赐品时不要下拜。桓公本想同意不下拜,管仲说"不可以这样",就下堂跪拜接受赐品。秋天,齐桓公再次在葵丘大会诸侯,表现得更加骄傲。周王派太宰孔来与会。诸侯中逐渐开始有叛离的人。晋侯病重,迟到了,途中遇见了太宰孔。太宰孔说:"齐侯太骄傲了,您暂时不要前往。"晋侯听从了他的话。这一年,晋献公去世,里克杀了

公子夷吾为晋君。[5]桓公于是讨晋乱，至高梁，使隰朋立晋君，还。

奚齐、卓子，秦穆公因自己的夫人是夷吾的姐姐，就送公子夷吾回国做晋君。桓公这时去讨伐晋国内乱，到了高梁，派隰朋立夷吾做晋君，然后撤军回国。

注释 1 葵丘：地名，在今河南兰考县东。 2 宰孔：周朝大夫，官太宰，名孔。 文武：周文王、周武王。 胙(zuò)：祭祀用的肉，祭祀后分送予人。 彤弓矢：朱红色的弓箭，天子赏赐此弓箭，使诸侯具有征伐大权。 大路：或谓之金路，诸侯朝服之车。 3《史记集解》引《公羊传》曰："葵丘之会，桓公震而矜之，叛者九国。" 4 病：病重。 后：耽误了时间。 弟：此当通"第"，有"但""且"之意。 无行：不要前往。 5 里克、奚齐、卓子：皆晋大夫。 夷吾：晋献公之子。

是时周室微，唯齐、楚、秦、晋为强。晋初与会，献公死，国内乱。[1]秦穆公辟远，不与中国会盟。[2]楚成王初收荆蛮有之，夷狄自置。[3]唯独齐为中国会盟，而桓公能宣其德，故诸侯宾会。[4]于是桓公称曰："寡人南伐至召陵，望熊山[5]；北伐山戎、离枝[6]、孤竹；西伐大夏，涉流沙；[7]束马悬车登太行，至卑耳山[8]

这时周王室衰弱，天下只有齐国、楚国、秦国、晋国强盛。晋国刚开始参加盟会，献公便去世了，国内混乱。秦国所处地区偏僻又遥远，不参加中原各国的会盟。楚成王刚刚收服荆蛮各族，以夷狄自居。只有齐国来主持中原各国的会盟，而桓公又确实能够发扬其威德，所以各国诸侯无不服从齐国而来参加盟会。于是桓公声称："寡人南面讨伐到了召陵，望到了熊山；北面讨伐了山戎、离枝、孤竹各国；西面讨伐了大夏，远涉流沙；包裹马脚挂牢战车登上了太行山，直到卑耳山才回来。

而还。诸侯莫违寡人。寡人兵车之会三，乘车之会六，九合诸侯，一匡天下。[9]昔三代受命，有何以异于此乎？吾欲封泰山，禅梁父。[10]”管仲固谏，不听；乃说桓公以远方珍怪物[11]至乃得封，桓公乃止。

诸侯们没有谁违抗寡人。寡人召集过三次军事会盟，六次和平会盟，多次会合诸侯，一次安定周室。从前夏、商、周三代承受天命，跟我现在的情况有什么不同呢？我想到泰山去祭天，到梁父去祭地。”管仲极力劝阻，桓公不听从；管仲就告诉桓公必须得到极远之地的珍奇异物才能去封禅，桓公这才停止。

注释　1 与(yù):参加。　献公:晋国国君，公元前676—前651年在位。　2 辟:同“僻”，偏僻。　中国:中原诸国。　3 楚成王:楚国国君，公元前671年—前626年在位。　荆蛮:古代中原地区对江南楚地之民的泛称。　夷狄:泛指中原以外的民族或部族。　4 宣:宣扬。　宾:归服，服从。　5 熊山:山名，又称熊耳山，在今河南卢氏县东。　6 离枝:小国名，在今河北唐山市东北。　7 大夏:地名，在今山西太原市南。　流沙:沙漠，在今山西境内平陆县东。　8 卑耳山:山名，即辟耳山，在今山西芮城县东北。　9 兵车之会三:为战争而举行的盟会有三次。《史记正义》引《左传》云:“鲁庄十三年，会北杏，以平宋乱；僖四年，侵蔡，遂伐楚；六年，伐郑，围新城也。”　乘车之会六:为和平而举行的盟会有六次。《史记正义》引《左传》云:“鲁庄十四年，会于鄄；十五年，又会鄄；十六年，同盟于幽；僖五年，会首止；八年，盟于洮；九年，会葵丘是也。”　九合:多次会合。　匡:正，扶正。《史记正义》:“一匡天下，谓定襄王为太子之位也。”　10 三代:指夏、商、周。　封泰山，禅梁父:天子或帝王在泰山上祭天，在梁父山上祭地的典礼。　11 珍怪物:珍奇怪异之物。事详《封禅书》。

三十八年，周襄王弟带与戎、翟合谋伐周[1]，齐使管仲平戎于周。周欲以上卿礼管仲，管仲顿首曰："臣陪臣，安敢！"[2]三让，乃受下卿礼以见。三十九年，周襄王弟带来奔齐。齐使仲孙[3]请王，为带谢。襄王怒，弗听。

四十一年，秦穆公虏晋惠公[4]，复归之。是岁，管仲、隰朋皆卒。管仲病，桓公问曰："群臣谁可相者？"管仲曰："知臣莫如君。"公曰："易牙[5]如何？"对曰："杀子以适君，非人情，不可。"公曰："开方[6]如何？"对曰："倍亲以适君，非人情，难近。"公曰："竖刀[7]如何？"对曰："自宫[8]以适君，非人情，难亲。"管仲死，而桓公不用管仲言，卒近用三子，三子专权。

三十八年，周襄王的弟弟带和戎、狄部族合谋袭击周王室，齐国派遣管仲在周王室平定了戎族的叛乱。周王室想用上卿的礼仪接待管仲，管仲叩头拜谢说："我是一个诸侯的臣子，哪里敢呢！"多次辞让，才接受用下卿的礼仪拜见天子。三十九年，周襄王的弟弟带前来投奔齐国。齐国派出仲孙去请求周王宽恕带，替带谢罪。襄王大怒，不答应。

四十一年，秦穆公虏获了晋惠公，又将他放回。这一年，管仲、隰朋都去世了。管仲生病的时候，桓公问他说："群臣当中谁可以做相国？"管仲说："没有谁比国君更了解臣子。"桓公说："易牙怎样？"管仲回答说："杀死自己的儿子来迎合国君，不符合人之常情，不可以。"桓公说："开方怎么样？"管仲回答说："背叛自己的亲人来迎合国君，不符合人之常情，难以亲近。"桓公说："竖刀怎么样？"管仲回答说："阉割自己的生殖器来迎合国君，不符合人之常情，难以亲信。"管仲去世，而桓公不采纳管仲的意见，最终亲近任用这三个人，他们专断了齐

四十二年,戎伐周,周告急于齐,齐令诸侯各发卒戍周。是岁,晋公子重耳来,桓公妻之。[9]

国大权。

四十二年,戎族进攻周王室,周王室向齐国告急,齐国命令诸侯们各自发兵去戍守周王室。这一年,晋国的公子重耳来到齐国,桓公把族女嫁给他为妻。

注释 1 周襄王:周朝天子,东周第六个君主,公元前651年—前619年在位。 带:人名,周襄王弟。 2 顿首:头叩地而拜。 陪臣:诸侯之大夫,对天子自称陪臣。 3 仲孙:齐国大夫。 4 秦穆公:即嬴任好,秦国国君,公元前659年—前621年在位。 晋惠公:晋国国君,公元前650年—前637年在位。 5 易牙:齐国大夫,又名雍巫,雍人名巫,传说他曾烹子为羹献桓公。 6 开方:原为卫国公子,弃而事齐桓公。曾离家十五年未归。 7 竖刁(diāo):齐国大夫。 8 宫:阉割生殖器。 9 重耳:即后来的晋文公,公元前636年—前628年在位。 妻之:将族女嫁给他为妻。

四十三年。初,齐桓公之夫人三,曰王姬、徐姬[1]、蔡姬,皆无子。桓公好内,多内宠,如夫人者六人:长卫姬,生无诡;少卫姬,生惠公元;郑姬,生孝公昭;葛嬴,生昭公潘;密姬,生懿公商人;宋华子,生公子雍。[2]桓公与管仲属孝公于宋襄

四十三年。当初,齐桓公的夫人有三位,分别是王姬、徐姬、蔡姬,都没有生儿子。桓公好色,有多个宠爱的姬妾,待遇与夫人一样的姬妾有六人:年长的卫姬,生了无诡;年少的卫姬,生了惠公元;郑姬,生了孝公昭;葛嬴,生了昭公潘;密姬,生了懿公商人;宋华子,生了公子雍。桓公和管仲把孝公委托给宋襄公,让他做太子。雍巫受到

公[3],以为太子。雍巫有宠于卫共姬[4],因宦者竖刀以厚献于桓公,亦有宠,桓公许之立无诡。管仲卒,五公子[5]皆求立。冬十月乙亥[6],齐桓公卒。易牙入,与竖刀因内宠杀群吏,而立公子无诡为君。太子昭奔宋。

桓公病,五公子各树党争立。及桓公卒,遂相攻,以故宫中空,莫敢棺[7]。桓公尸在床上六十七日,尸虫出于户。十二月乙亥,无诡立,乃棺,赴。[8]辛巳夜,敛殡。[9]

卫共姬的宠爱,通过宦者竖刀向桓公献上厚礼,也受到宠幸,桓公又答应让无诡继位。管仲去世,除无诡外其他五位公子都要求继位。冬天十月七日,齐桓公去世。易牙进入宫中,和竖刀通过桓公所宠爱的姬妾杀害了许多官吏,而扶立公子无诡为君。太子昭逃奔宋国。

桓公生病时,五位公子各自组织党羽争着要继位。等到桓公去世,他们就互相攻击,因此宫内空无一人,没有谁敢把桓公的尸体装进棺材。桓公的尸体停在床上有六十七日,尸虫都爬到了户外。十二月八日,无诡继位,其尸体才入棺,并向各国发出讣告。十四日夜间,装殓入棺停柩待葬。

注释 1 徐姬:当依《左传》作“徐嬴”。《史记索隐》:“礼,妇人称国及姓。”姬,众妾之总称。 2 好内:贪女色。 内宠:宠爱的姬妾。 无诡:人名,长卫姬之子,亦作无亏。 惠公元:人名,少卫姬之子。 孝公昭:即太子昭,郑姬之子。 昭公潘:人名,葛嬴之子。 懿公商人:人名,密姬之子。 宋华子:宋华氏之女,子姓。 公子雍:人名,宋华子之子。 3 属(zhǔ):通“嘱”,委托,交付。 宋襄公:宋国国君,公元前650年—前637年在位。 4 卫共姬:齐桓公的另一位宠姬,与长卫姬、少卫姬当同为卫国人。 5 五公子:除无诡以外的其他五位公子。 6 乙亥:七日。 7 棺:将尸体入棺。 8 乙亥:八日。 乃棺,赴:入棺报丧。赴,报丧,讣告。

9 辛巳：十四日。 [10]敛殡：将死者装殓入棺，将棺材停在堂上以拜祭。

桓公十有余子，要其后立者五人：无诡立三月死，无谥；次孝公[1]；次昭公[2]；次懿公；次惠公。孝公元年三月，宋襄公率诸侯兵送齐太子昭而伐齐。齐人恐，杀其君无诡。齐人将立太子昭，四公子之徒攻太子，太子走宋，宋遂与齐人四公子战。五月，宋败齐四公子师而立太子昭，是为齐孝公。宋以桓公与管仲属之太子，故来征之。以乱故，八月，乃葬齐桓公。

六年春，齐伐宋，以其不同盟于齐也。夏，宋襄公卒。

七年，晋文公立。

十年，孝公卒，孝公弟潘因卫公子开方杀孝公子而立潘，是为昭公。昭公，桓公子也，其母曰葛嬴。

桓公有十多个儿子，在他死后继位的总共有五个：无诡继位三个月去世，没有谥号；其次是孝公；其次是昭公；其次是懿公；其次是惠公。孝公元年三月，宋襄公率领诸侯军队送来齐国的太子昭而讨伐齐国。齐国人很恐惧，杀了他们的国君无诡。齐国人准备扶立太子昭，其他四位公子的党徒进攻太子，太子逃往宋国，宋国就和四位公子开战。五月，宋国打败四位公子的军队而让太子昭继位，这就是齐孝公。宋国因桓公与管仲把太子委托给了它，所以来进行征讨。因为齐国混乱的缘故，八月，齐桓公才被安葬。

六年春天，齐国讨伐宋国，是因为宋国不参加在齐国的盟会。夏天，宋襄公去世。

七年，晋文公继位。

十年，孝公去世，孝公的弟弟潘通过卫国的公子开方杀了孝公的儿子而扶立潘继位，这就是昭公。昭公，是桓公的儿子，他母亲叫葛嬴。

昭公元年，晋文公败楚于城濮，而会诸侯践土，朝周，天子使晋称伯。[3]

昭公元年，晋文公在城濮打败楚国，并在践土大会诸侯，朝见周天子，天子让晋国做诸侯的霸主。

六年，翟侵齐。晋文公卒。秦兵败于殽[4]。

六年，狄族侵犯齐国。晋文公去世。秦国军队在殽地战败。

十二年，秦穆公卒。

十二年，秦穆公去世。

十九年五月，昭公卒，子舍立为齐君。舍之母无宠于昭公，国人莫畏。昭公之弟商人以桓公死争立而不得，阴交贤士，附爱百姓，百姓说。[5]及昭公卒，子舍立，孤弱，即与众十月即墓上弑齐君舍，而商人自立，是为懿公[6]。懿公，桓公子也，其母曰密姬。

十九年五月，昭公去世，儿子舍继位为齐君。舍的母亲没有得到昭公宠爱，齐国人都不敬畏她。昭公的弟弟商人由于桓公去世后争夺君位没有得手，暗中交结贤能之士，抚爱百姓，百姓很高兴。等到昭公去世，儿子舍继位，孤立弱小，商人就和众人于十月在墓地弑杀了齐国君舍，自立为君，这就是懿公。懿公，是桓公的儿子，他的母亲叫作密姬。

注释　1 孝公：即太子昭，公元前 642 年—前 633 年在位。　2 昭公：即昭公潘，公元前 632 年—前 613 年在位。　3 城濮：地名，晋楚城濮之战地，在今山东鄄城县西南。　践土：地名，在今郑州市黄河北岸。　伯：通“霸”。　4 殽(xiáo)：山名，亦作“崤”，在今河南三门峡市东南。　5 阴：暗中。　附爱：即抚爱。　6 懿公：齐懿公，名商人，公元前 612 年—前 609 年在位。

懿公四年春。初,懿公为公子时,与丙戎之父猎,争获不胜,及即位,断丙戎父足,而使丙戎仆。[1]庸职之妻好,公内之宫,使庸职骖乘。[2]五月,懿公游于申池[3],二人浴,戏。职曰:“断足子!”戎曰:“夺妻者!”二人俱病[4]此言,乃怨。谋与公游竹中,二人弑懿公车上,弃竹中而亡去。

懿公四年春天。当初,懿公为公子的时候,和丙戎的父亲一起打猎,争夺猎获物没有取胜,等到他即位为国君,就斩断了丙戎父亲的脚,并让丙戎给他驾车。庸职的妻子长得漂亮,懿公把她收进宫中,让庸职做他乘车时的陪乘。五月,懿公在申池游乐,丙戎和庸职两人在洗浴,相互开玩笑。庸职说:“断脚人的儿子!”丙戎说:“妻子被夺的人!”两人都觉得对方说出了自己的耻辱,就怨恨懿公。他们谋划和懿公一起到竹林中游乐,在车上杀了懿公,将尸体抛弃在竹林中逃走了。

注释 1 断丙戎父足:据《左传》和杜预所云,当时丙戎父已死,是掘墓断其尸足也。丙戎,齐国人,后为齐懿公仆从。 仆:御,驾车。 2 庸职:齐国人,后为齐懿公骖乘。 好:貌美。 内:同“纳”,收进。 骖(cān)乘:乘车时居于车右,即陪乘,以备车倾侧。 3 申池:杜预云,齐城无池,唯申门(齐南城西门)左右有池,疑此是也。有人认为此为齐国海边一沼泽。 4 病:不满,责备。

懿公之立,骄,民不附。齐人废其子而迎公子元于卫,立之,是为惠公[1]。惠公,桓公子也。其母卫女,曰少卫姬。避齐乱,故

懿公继位后,很骄傲,民众不归附。齐国人废黜他的儿子而从卫国迎来公子元,让他继位,这就是惠公。惠公,是桓公的儿子。他母亲是卫国女子,叫少卫姬。为躲避齐国的内乱,所以他在卫国。

在卫。

惠公二年，长翟来，王子城父攻杀之，埋之于北门。[2]晋赵穿弑其君灵公。[3]

十年，惠公卒，子顷公[4]无野立。初，崔杼有宠于惠公，惠公卒，高、国畏其逼也，逐之，崔杼奔卫。[5]

惠公二年，长翟来侵，王子城父攻击并杀死其首领，把他埋在北门一带。晋国赵穿杀了国君灵公。

十年，惠公去世，儿子顷公无野继位。当初，崔杼受到惠公的宠幸，惠公去世，高氏、国氏害怕被他逼迫，就驱逐了他，崔杼逃奔到卫国。

注释 1 惠公：齐国国君，公元前 608 年—前 599 年在位。 2 长翟：即长狄，狄族之一支，因其身体高大而名。一传为防风氏之后。 王子城父：齐大夫。 3 赵穿：晋国大夫，赵宣子赵盾之族弟。 灵公：晋国国君，公元前 620 年—前 607 年在位。 4 顷公：齐国国君，名无野，公元前 598 年—前 582 年在位。 5 崔杼(zhù)：齐大夫。 高、国：当时齐国的两个大家族。 逼：侵逼，逼迫。

顷公元年，楚庄王[1]强，伐陈。二年，围郑，郑伯降，已[2]复国郑伯。六年春，晋使郤克[3]于齐，齐使夫人帷中而观之。郤克上，夫人笑之。郤克曰："不是报，不复涉河！"归，请伐齐，晋侯弗许。齐使至晋，郤克执齐使者四人河

顷公元年，楚庄王强大，攻打陈国。二年，包围郑国，郑伯投降，随即又恢复了郑伯的君位。六年春天，晋国派遣郤克出使齐国，顷公让母亲萧同叔子在帷帐里偷看。郤克上阶，讥笑他。郤克说："不报这次的仇，不再过黄河！"他回了国，请求讨伐齐国，晋侯没有答应。齐国使者到达晋国，郤克在黄河以北地区捉住齐国的四位使者，杀掉了他

内[4]，杀之。八年，晋伐齐，齐以公子强[5]质晋，晋兵去。十年春，齐伐鲁、卫。鲁、卫大夫如晋请师，皆因郤克。晋使郤克以车八百乘为中军将，士燮将上军，栾书将下军，以救鲁、卫，伐齐。[6]六月壬申，与齐侯兵合靡笄下。[7]癸酉，陈于鞍[8]。逄丑父为齐顷公右。[9]顷公曰："驰之，破晋军会食[10]。"射伤郤克，流血至履。克欲还入壁，其御[11]曰："我始入，再伤，不敢言疾，恐惧士卒，愿子忍之。"遂复战。战，齐急，丑父恐齐侯得，乃易处，顷公为右，车絓于木而止。[12]晋小将韩厥伏齐侯车前，曰"寡君使臣救鲁、卫"，戏之。丑父使顷公下取饮，因得亡，脱去，入其军。晋郤克欲杀丑父。丑父曰："代君死而见僇[13]，后人臣

们。八年，晋国讨伐齐国，齐国让公子强到晋国做人质，晋国军队撤走了。十年春天，齐国攻打鲁国、卫国。鲁国、卫国的大夫到晋国请求出师，都是通过郤克的关系。晋国派郤克率领八百乘兵车，为中军统帅，士燮率领上军，栾书率领下军，去救援鲁国、卫国，攻打齐国。六月壬申日，和齐侯的军队在靡笄山下会战。癸酉日，在鞍地排阵。逄丑父做齐顷公的车右。顷公说："奔马前进，打败晋军以后会餐。"郤克被箭射伤，血流到鞋上。他想退回军营，他的战车的御手说："我刚刚进入战斗，就已两次受伤，但不敢说痛苦，害怕使士卒们恐惧，希望您忍耐着。"于是郤克又开始战斗。交战中，齐军危急起来，丑父担心齐侯被俘获，就让两人交换位置，顷公成为车右，战车被树木绊住停下来。晋国的小将韩厥伏在齐侯的战车前，说"我国国君派我来援救鲁国、卫国"，以戏弄他。丑父让顷公下车去取水饮，顷公借这个机会逃脱，进入了自己的军中。晋国郤克想杀死丑父。丑父说："因为代替国君去死而被杀，以后做人臣的再没有忠诚于国君的

无忠其君者矣。”克舍之，丑父遂得亡归齐。于是晋军追齐至马陵。齐侯请以宝器谢，不听；必得笑克者萧桐叔子，令齐东亩。[14] 对曰：“叔子，齐君母。齐君母亦犹晋君母，子安置之？且子以义伐而以暴为后，其可乎？”于是乃许，令反鲁、卫之侵地。

了。”郤克放了他，丑父就得以逃回齐国。当时晋军追击齐军到了马陵。齐侯请求献上宝器谢罪，晋军不听从；一定要得到讥笑郤克的萧桐叔子，并让齐国的田垄、沟渠一律东西向。齐侯回答说：“叔子，是齐君的母亲。齐君的母亲也就等于晋君的母亲，您怎么去处置她？而且您依据道义来讨伐而最后却以暴行结束，难道这样做是可以的吗？”于是晋国就答应了齐国的要求，令齐国归还了侵占的鲁国、卫国的土地。

注释　**1** 楚庄王：楚国国君，公元前613年—前591年在位。　**2** 已：已而，随即。　**3** 郤(xì)克：又称“郤克献子”，晋大夫，齐晋鞌之战中晋军主帅。　**4** 河内：春秋时指黄河以北地区。　**5** 公子强：齐国公子，名强。　**6** 中军、上军、下军：即晋之三军。　士燮、栾书：皆为晋国将领。　**7** 壬申：十六日。　靡笄(jī)：山名，在今山东济南市东北的华不注山。一说即历山，又名千佛山，在今济南市东南。　**8** 陈：“阵”之古字，排阵。　鞌(ān)：在今济南市附近。　**9** 逄(páng)丑父：齐国大夫。　右：即车右，古时乘车位于御者右边的武士。　**10** 会食：相聚而食。　**11** 御：御手，当时为解张(亦名张侯)。　**12** 得：得到，此意为被俘。　絓(guà)：绊住，阻碍。　**13** 僇(lù)：通“戮”。　**14** 萧桐叔子：即齐顷公之母，为萧国国君桐叔之女儿，故名。　东亩：指要使田垄、沟渠一律东西向，利于晋军攻齐。《史记索隐》：“垄亩东行，则晋车马东向齐行易也。”

十一年，晋初置六卿[1]，赏搴之功。齐顷公朝晋，欲尊王晋景公[2]，晋景公不敢受，乃归。归而顷公弛苑囿，薄赋敛，振孤问疾，虚积聚以救民，民亦大说。厚礼诸侯。竟顷公卒，百姓附，诸侯不犯。

十七年，顷公卒，子灵公[3]环立。

十一年，晋国开始设置六卿，奖赏搴之战的功臣。齐顷公朝觐晋国，想尊崇晋景公称王，晋景公不敢接受，就回国了。顷公回国后放宽苑囿的禁令，减轻赋税，赈救孤寡，问候废疾，拿出全部积聚来救助民众，民众十分高兴。他还用厚礼交结诸侯。一直到顷公去世，百姓都依附他，诸侯国也不来侵犯齐国。

十七年，顷公去世，儿子灵公环继位。

注释 **1** 六卿：此处当依《左传》作“六军”。上文言晋已有三军，今又新增三军，共六军。新三军将为中军韩厥、上军巩朔、下军荀骓。春秋末，晋之六卿为范、中行、智、赵、韩、魏六氏。 **2** 晋景公：晋国国君，公元前 599 年—前 581 年在位。 **3** 灵公：齐灵公，名环，公元前 581 年—前 554 年在位。

灵公九年，晋栾书弑其君厉公[1]。十年，晋悼公[2]伐齐，齐令公子光质晋。十九年，立子光为太子，高厚[3]傅之，令会诸侯，盟于钟离。二十七年，晋使中行献子[4]伐齐。齐师败，灵公走入临菑。晏婴[5]止灵公，灵公弗从。

灵公九年，晋国栾书杀了国君厉公。十年，晋悼公讨伐齐国，齐国让公子光到晋国去做人质。十九年，立公子光做太子，高厚辅佐他，让他大会诸侯，在钟离盟誓。二十七年，晋国派遣中行献子讨伐齐国。齐国军队失败，灵公逃入临菑城。晏婴制止灵公，灵公不听从。晏子说：“我们的国

曰:“君亦无勇矣!”晋兵遂围临菑,临菑城守不敢出,晋焚郭[6]中而去。

君也太没有勇气了!”晋兵就围住临菑,齐兵据守临菑城,不敢出战,晋军焚烧了外城后离去了。

注释 1 厉公:晋厉公,晋国国君,公元前580年—前573年在位。 2 晋悼公:晋国国君,公元前572年—前558年在位。 3 高厚:齐国大夫,曾为齐灵公太子光之老师。 4 中行献子:即荀偃,晋国大夫。《史记索隐》:“荀偃。祖林父代为中行,后改姓为中行氏。献子名偃。” 5 晏婴:春秋时齐国正卿,执政五十余年,后人集其言行作《晏子春秋》,今存。 6 郭:外城。

二十八年。初,灵公取鲁女,生子光,以为太子。仲姬,戎姬。戎姬嬖[1],仲姬生子牙,属之戎姬。戎姬请以为太子,公许之。仲姬曰:“不可。光之立,列于诸侯[2]矣,今无故废之,君必悔之。”公曰:“在我耳。”遂东[3]太子光,使高厚傅牙为太子。灵公疾,崔杼迎故太子光而立之,是为庄公[4]。庄公杀戎姬。五月壬辰,灵公卒,庄公即位,执太子牙于句窦之丘,杀之。[5]八月,

二十八年。当初,灵公娶了鲁国女子,生了儿子光,立他做太子。又有仲姬和戎姬。戎姬受到宠爱,仲姬生了儿子牙,把他托付给了戎姬。戎姬请求立他做太子,灵公允许了。仲姬说:“不可以这样做。光作为太子,多次参加诸侯征伐会盟,现在无缘无故废除他,您一定会后悔的。”灵公说:“让我来做决定吧。”于是把太子光流放到东部,让高厚辅佐牙做太子。灵公生病,崔杼把原来的太子光迎回来让他继位,这就是庄公。庄公杀了戎姬。五月壬辰日,灵公去世,庄公即位,在句窦丘上捉住太子牙,将他杀掉。八月,崔杼杀了高厚。晋国听

崔杼杀高厚。晋闻齐乱，伐齐，至高唐[6]。

说齐国内乱，讨伐齐国，到达了高唐。

注释 1 嬖(bì)：宠爱。 2 列于诸侯：多次跟随诸侯征伐会盟。 3 东：流放于齐国东部边境。 4 庄公：齐庄公，名光，公元前553年—前548年在位。 5 壬辰：二十九日。 句(gōu)窦：亦名句渎，今山东菏泽市句阳店。 6 高唐：地名，在今山东高唐县东。

庄公三年，晋大夫栾盈奔齐，庄公厚客待之。晏婴、田文子谏，公弗听。四年，齐庄公使栾盈间入晋曲沃为内应，以兵随之，上太行，入孟门。[1]栾盈败，齐兵还，取朝歌[2]。

庄公三年，晋国大夫栾盈逃奔齐国，庄公用隆重的客礼接待他。晏婴、田文子谏阻，庄公不听从。四年，齐庄公派栾盈秘密进入晋邑曲沃做内应，发兵跟随其后，登上太行山，进入孟门关。栾盈失败，齐兵撤回，攻取了晋邑朝歌。

六年。初，棠公[3]妻好，棠公死，崔杼取之。庄公通之，数如崔氏，以崔杼之冠赐人。侍者曰："不可。"崔杼怒，因其伐晋，欲与晋合谋袭齐而不得间[4]。庄公尝笞[5]宦者贾举，贾举复侍，为崔杼间公以报怨。五月，莒子朝齐，齐以甲戌飨之。[6]

六年。当初，棠公的妻子长得漂亮，棠公去世，崔杼娶了她。庄公和她通奸，多次来到崔杼家，把崔杼的帽子送人。侍从的人说："不可以这样做。"崔杼恼怒，借着攻打晋国，想和晋国合谋袭击齐国，但得不到机会。庄公曾经鞭笞过宦者贾举，贾举仍旧侍奉他，替崔杼暗中监视庄公的行动以便找机会来报仇。五月，莒子来朝觐齐国，齐国在甲戌日备酒宴款待。崔杼称病不上朝办事。乙亥日，庄公来探视崔杼的病情，借机与崔杼

崔杼称病不视事[7]。乙亥,公问崔杼病,遂从崔杼妻。崔杼妻入室,与崔杼自闭户不出,公拥柱而歌。宦者贾举遮公从官[8]而入,闭门,崔杼之徒持兵从中起。公登台而请解[9],不许;请盟,不许;请自杀于庙,不许。皆曰:"君之臣杼疾病,不能听命。[10]近于公宫[11]。陪臣争趣有淫者,不知二命。[12]"公逾墙,射中公股,公反坠,遂弑之。晏婴立崔杼门外,曰:"君为社稷死则死之,为社稷亡则亡之。若为己死己亡,非其私昵[13],谁敢任之!"门开而入,枕公尸而哭,三踊[14]而出。人谓崔杼:"必杀之。"崔杼曰:"民之望也,舍之得民。[15]"

的妻子偷情。崔杼的妻子进入内室,和崔杼关起门不出来,庄公抱着庭柱歌唱。宦者贾举挡住庄公的侍从人员自己进来,关上庭院的门,崔杼的徒众拿着兵器从内庭里一拥而上。庄公登上高台请求和解,未被准许;请求盟誓,也不准许;请求到自己祖庙去自杀,仍不准许。他们都说:"您的臣子崔杼病得很重,不能亲自来听命。这座庭院和您的王宫很近。我们这些陪臣只知道争着来捉拿有奸淫行为的人,除崔杼的命令以外不知道还有什么其他的命令。"庄公要越墙逃走,徒众射中了庄公的大腿,庄公坠落在墙内,徒众就把他杀了。晏婴站在崔杼家门外,说:"国君是为社稷而死的,那么臣子也要去死;是为社稷逃亡的,那么臣子也要逃亡。假若是为自己的私事而死去或逃亡的,那么除非他宠幸的私臣,谁敢去为他殉身呢!"打开大门,晏婴进去,枕着庄公的尸体大哭,跳起三次,之后走出去了。有人对崔杼说:"一定要杀了他。"崔杼说:"他是众望所归之人,放了他会取得民心。"

**注释** 1 曲沃:地名,在今山西闻喜县东北。 孟门:太行山要塞名,在今河南焦作市东北。 2 朝歌:地名,在今河南淇县。 3 棠公:齐国大夫,因其居地为棠邑,所以称棠公。 4 间(jiàn):空隙,机会。 5 笞(chī):用竹板、荆条打。 6 莒子:莒国国君,因受封子爵,所以称莒子。 甲戌:此指甲戌日,即十六日。 飨(xiǎng):备酒食招待。 7 视事:任职、办事。称"不视事",是想让庄公前来。 8 遮公从官:挡住了庄公的随从人员。9 解:和解。 10 疾病:病重。 听命:此指亲听君命。 11 公宫:王宫。12 陪臣:崔杼之臣于庄公为陪臣。 争趣(qū):争着奔赴(捉拿)。 二命:其他的命令。此句是说只知执行崔杼的命令。 13 私昵(nì):私下宠爱、亲近之人。 14 三踊:跳起三次,以示哀痛。 15 望:民心仰望。 舍之得民:指释放了晏婴可以得到民心。

丁丑,崔杼立庄公异母弟杵臼,是为景公[1]。景公母,鲁叔孙[2]宣伯女也。景公立,以崔杼为右相,庆封[3]为左相。二相恐乱起,乃与国人盟曰:"不与崔庆者死!"[4]晏子仰天曰:"婴所不获[5],唯忠于君利社稷者是从!"不肯盟。庆封欲杀晏子,崔杼曰:"忠臣也,舍之。"齐太史书曰"崔杼弑庄公",崔杼杀之。其弟复书,崔杼复杀之。少弟复书,崔杼乃舍之。

丁丑日,崔杼扶立庄公异母弟杵臼,这就是景公。景公的母亲,是鲁国叔孙宣伯的女儿。景公继位,任崔杼做右相,庆封做左相。二位相国恐怕有祸乱发生,就和国人盟誓说:"不拥戴崔杼、庆封的人要处死!"晏子仰面朝天叹息说:"晏婴之所以不肯参与盟誓,是因为我只听从忠于国君、有利社稷的人!"不肯盟誓。庆封想杀掉晏子,崔杼说:"这是忠臣,放过他。"齐国的太史记事时写道"崔杼杀了庄公",崔杼把他杀了。太史的弟弟也这样写,崔杼又杀了他。太史的小弟弟还这样写,崔杼这才放过他。

注释 1 景公:齐景公,齐国国君,名杵臼。公元前547年—前490年在位。 2 叔孙:春秋鲁桓公叔牙儿子兹称叔孙,是鲁国一大家族,其后以此为姓。 3 庆封:人名,齐国大夫。 4 国人:指住在国都内的人。 与(yù):赞成,拥戴。 5 不:同“否”。此指不肯和崔、庆盟誓。 获:应为衍文,不译。

景公元年。初,崔杼生子成及彊,其母死,取东郭女,生明。东郭女使其前夫子无咎与其弟偃相崔氏。[1]成有罪,二相急治之,立明为太子。成请老于崔[2],崔杼许之,二相弗听,曰:“崔,宗邑,不可。”成、彊怒,告庆封。庆封与崔杼有郤[3],欲其败也。成、彊杀无咎、偃于崔杼家,家皆奔亡。崔杼怒,无人,使一宦者御,见庆封。庆封曰:“请为子诛之。”使崔杼仇卢蒲嫳[4]攻崔氏,杀成、彊,尽灭崔氏,崔杼妇自杀。崔杼毋归,亦自杀。庆封为相国,专权。

景公元年。当初,崔杼有儿子成和彊,他们的母亲去世了,崔杼又娶了东郭氏之女,生下了明。东郭氏之女让她前夫的儿子无咎和她的弟弟偃辅佐崔杼。成犯有罪过,二位相国严厉地惩治了他,立明做太子。成请求让他终老于崔邑,崔杼答应了他,二位相国不听从,说:“崔地,是宗族的封邑,不可让他去。”成、彊发怒,告诉庆封。庆封和崔杼之间有隔阂,希望崔杼败落。成、彊在崔杼家里把无咎、偃杀死了,其家人都四散逃亡。崔杼恼怒,家中无人,让一个宦官驾车,去见庆封。庆封说:“请让我替您去诛杀他们。”庆封派崔杼的仇人卢蒲嫳攻击崔氏,杀死了成、彊,消灭了整个崔氏家族,崔杼之妻自杀。崔杼无家可归,也自杀了。庆封一个人做了相国,专擅大权。

注释 1 无咎:人名,东郭女与前一个丈夫所生的儿子。 偃:人名,东郭女之弟。 相:辅佐。下文“二相”,即指无咎与偃。 2 老:养老。 崔:此指地名,崔杼之食邑。 3 郤(xì):通“隙”,裂缝,隔阂。 4 卢蒲嫳(piè):齐国大夫,庆封之亲信,崔杼之仇人。

三年十月,庆封出猎。初,庆封已杀崔杼,益骄,嗜酒好猎,不听政令。庆舍[1]用政,已有内郤。田文子谓桓子曰:“乱将作。”[2]田、鲍、高、栾氏相与谋庆氏。[3]庆舍发甲[4]围庆封宫,四家徒共击破之。庆封还,不得入,奔鲁。齐人让鲁,封奔吴。吴与之朱方,聚其族而居之,富于在齐。其秋,齐人徙葬庄公,僇崔杼尸于市[5]以说众。

三年十月,庆封出外打猎。当初,庆封杀掉崔杼后,更加骄傲,嗜爱饮酒,酷好打猎,不处理政务。庆舍执政,父子之间已经有了隔阂。田文子对桓子说:“祸乱将会兴起。”田氏、鲍氏、高氏、栾氏四族共同策划清除庆氏。庆舍出动士兵包围了庆封的宫室,四个家族的徒众一起将其击破了。庆封打猎回来,不能进入自己的宫室,逃奔到鲁国。齐国人责备鲁国,庆封奔逃到吴国。吴国给了他朱方的土地,他聚集自己的族人居住在那里,比在齐国的时候还要富足。这年秋天,齐国人迁葬了庄公,把崔杼的尸体陈列在街市上来取悦民众。

注释 1 庆舍:人名,庆封之子。庆封活着的时候,将执政权传与其子。 2 田文子:名须无,谥文子,齐国大夫。 桓子:名无宇,谥桓子,田文子之子。 3 田、鲍、高、栾氏:齐国当时有权势的四大家族。 4 甲:军队,士兵。 5 僇崔杼尸于市:将崔杼诛戮后陈尸于市。僇,通“戮”。

九年，景公使晏婴之晋，与叔向私语曰："齐政卒归田氏。田氏虽无大德，以公权私，有德于民，民爱之。"[1] 十二年，景公如晋，见平公[2]，欲与伐燕。十八年，公复如晋，见昭公[3]。

二十六年，猎鲁郊，因入鲁，与晏婴俱问鲁礼。三十一年，鲁昭公辟季氏难[4]，奔齐。齐欲以千社封之，子家止昭公，昭公乃请齐伐鲁，取郓以居昭公。[5]

九年，景公派遣晏婴出使晋国，晏婴和叔向私下谈论说："齐国的政权最终会归属田氏。田氏虽然没有大的功德，但他利用办公事的名义对民众施加恩德，民众获得了实惠，因而爱戴他。"十二年，景公到达晋国，见到了晋平公，想和他一起讨伐燕国。十八年，景公再次到达晋国，见到了晋昭公。

二十六年，景公打猎到达了鲁都的郊外，顺便进入鲁国都城，和晏婴一起询问鲁国的礼仪。三十一年，鲁昭公为躲避季氏的叛乱，逃奔到齐国。齐国想拿出有二万五千户的土地封给他，鲁大夫子家制止昭公，昭公就请求齐国讨伐鲁国，齐国占领了郓地，让昭公居住在那里。

注释　1 叔向：人名。晋国大夫，名叔肸(xī)、羊舌肸、杨肸。　以公权私：即假公济私。利用办公事的名义来谋取私利。　2 平公：晋平公，晋国国君，公元前 557 年—前 532 年在位。　3 昭公：晋昭公，晋国国君，公元前 531 年—前 526 年在位。　4 鲁昭公：鲁国国君，公元前 541 年—前 510 年在位。　辟：通"避"。　季氏：鲁国有权势的"三桓"（即孟孙、叔孙、季孙）之一，后独专国政。　5 社：二十五家为一社。　子家：鲁国大夫，随鲁昭公出奔。　止：制止。　郓(yùn)：鲁地名，在今山东郓城县东。

三十二年,彗星见。景公坐柏寝,叹曰:“堂堂!谁有此乎?”[1]群臣皆泣,晏子笑,公怒。晏子曰:“臣笑群臣谀甚。”景公曰:“彗星出东北,当齐分野[2],寡人以为忧。”晏子曰:“君高台深池,赋敛如弗得,刑罚恐弗胜,茀星[3]将出,彗星何惧乎?”公曰:“可禳[4]否?”晏子曰:“使神可祝而来,亦可禳而去也。百姓苦怨以万数,而君令一人禳之,安能胜众口乎?”是时景公好治宫室,聚狗马[5],奢侈,厚赋重刑,故晏子以此谏之。

四十二年,吴王阖闾[6]伐楚,入郢。

三十二年,彗星出现。景公坐在柏寝台上,叹息着说:“高大的台呀!谁将会占有这里呢?”群臣都抽泣起来,晏子却发笑,景公大怒。晏子说:“我笑群臣太阿谀奉承。”景公说:“彗星出现在东北方向,对应的正是齐国的疆域,寡人就是因为这件事而忧虑。”晏子说:“您建了高台深池,赋税唯恐会收得少,刑罚唯恐会不严酷,更厉害的茀星都将要出现,彗星有什么可怕的呢?”景公说:“可不可以祭祷消灾呢?”晏子说:“神灵假若可以祝祷而来,也就可以禳祭而去。百姓中痛苦愁怨的人数以万计,而您只让一个人去祭祷消灾,怎么可以胜得过众人的责难呢?”当时景公喜欢建造宫室,聚养狗马,生活非常奢侈,赋税很重,刑罚严厉,所以晏子借着这件事来进谏。

四十二年,吴国阖闾攻打楚国,进入了郢都。

注释 1 柏寝:春秋时齐国台名,在今山东广饶县境。 堂堂:巨大,高显。《史记集解》引服虔曰:“景公自恐德薄不能久享齐国,故曰‘谁有此’也。” 2 分野:古人将天上十二星辰的位置跟地上州、国的位置相对应,就天文而言称分星，就地域而言称分野。 3 茀(bèi)星：彗星的一种，一说为侵害主星的妖星。一说为客星侵近边侧欲相害。 4 禳(ráng)：祭祷消灾。 5 狗马：指玩好之物。 6 阖闾(hé lǘ)：亦作阖庐，吴国国君，前514年—前496年在位。

四十七年，鲁阳虎[1]攻其君，不胜，奔齐，请齐伐鲁。鲍子[2]谏景公，乃囚阳虎。阳虎得亡，奔晋。

四十八年，与鲁定公好会夹谷[3]。犁鉏[4]曰："孔丘知礼而怯，请令莱人为乐，因执鲁君，可得志。"景公害[5]孔丘相鲁，惧其霸，故从犁鉏之计。方会，进莱乐，孔子历阶上，使有司执莱人斩之，以礼让景公。[6]景公惭，乃归鲁侵地以谢，而罢去。是岁，晏婴卒。

五十五年，范、中行[7]反其君于晋，晋攻之急，来请粟。田乞欲为乱，树党于逆臣，说景公曰："范、中行数有德于齐，不

四十七年，鲁国的阳虎攻击他的国君，没能取胜，逃奔到齐国，请求齐国讨伐鲁国。鲍子向景公进谏，就把阳虎拘囚起来。阳虎逃出来，奔往晋国。

四十八年，和鲁定公在夹谷友好盟会。犁鉏说："孔丘这个人懂得礼仪但是胆怯，请让莱夷部族的人奏乐，趁机拘执鲁君，可以达到目的。"景公忌妒孔丘辅佐鲁国，害怕鲁国会称霸，所以听从了犁鉏的计策。正在会晤时，进献上莱夷演奏之乐，孔子连跨台阶而上，让负责官员把莱夷人抓起来斩了，用礼制原则谴责景公。景公惭愧，就归还侵占了的鲁国土地谢罪，然后罢兵离去了。这一年，晏婴去世了。

五十五年，范氏、中行氏在晋国反叛他们的国君，晋国对他们攻得紧急，他们来请求齐国支援粮食。田乞想要作乱，与外国的叛臣结为党羽，劝说景公道："范氏、中行氏多次对齐

可不救。”[8]乃使乞救而输之粟。

国施有恩惠，不能不援救他们。”景公就派田乞去援救，并将粮食运送给他们。

注释 1 阳虎：又称阳货，原为鲁国季孙氏家臣，专权克主。 2 鲍子：又名鲍国，谥文子，齐国大臣。 3 鲁定公：鲁国国君，前 509 年—前 495 年在位。 好会：友好盟会。 夹谷：古地名，又名祝其，在今山东莱芜东南。 4 犁鉏(chú)：又称“犁弥”，齐国人。 5 害：忌妒。 6 历：越过，跨越。 执：捉拿。 7 范、中行：即前边所讲晋六卿之二。范，范吉射。中行，中行寅。 8 田乞：齐大夫，田无宇之子。 乱：此指准备代姜齐而自立。 党：此指相互支援的势力。

五十八年夏，景公夫人燕姬適子[1]死。景公宠妾芮姬生子荼，荼少，其母贱，无行[2]，诸大夫恐其为嗣，乃言愿择诸子长贤者为太子。景公老，恶言嗣事，又爱荼母，欲立之，惮发之口，乃谓诸大夫曰：“为乐耳，国何患无君乎？”[3]秋，景公病，命国惠子、高昭子立少子荼为太子[4]，逐群公子，迁之莱。景公卒，太子荼立，是为晏孺子。冬，未葬，而群公子

五十八年夏天，景公的夫人燕姬所生的嫡长子去世。景公的宠妾芮姬生了儿子荼，荼年纪还小，他母亲出身低贱，又没有好的品行，诸大夫担心他会成为继承人，就说希望选择一个在景公儿子中年纪大并且贤能的人做太子。景公老了，讨厌提起继承人的事，又喜爱荼的母亲，想让荼继位，但怕群臣反对，不敢说出来，就对诸大夫说：“及时享乐吧，国家哪里会怕没有君主呢？”秋天，景公生病，命令国惠子、高昭子扶立小儿子荼做太子，驱逐其他所有的公子，把他们迁往莱夷地区。景公去世，太子荼继位，这就是晏孺子。冬天，景公还没有安葬，而其他所有

畏诛,皆出亡。荼诸异母兄公子寿、驹、黔奔卫,公子驵、阳生奔鲁。莱人歌之曰:"景公死乎弗与埋,三军事乎弗与谋,师乎师乎,胡党之乎?[5]"

的公子害怕被诛杀,都逃出国去。荼的异母兄长公子寿、驹、黔逃奔卫国,公子驵、阳生逃奔鲁国。莱夷人歌唱着说:"景公去世不能参与埋葬,三军之事不能参与谋划,各位公子的徒众们呀,你们的安身之地会在何方?"

注释 1 適子:即嫡长子。適,通"嫡"。 2 无行:无善行。 3 恶(wù):讨厌。 惮:害怕。 4 国惠子:齐国大夫,名夏,谥惠子。 高昭子:齐国大夫,名张,谥昭子。 5 师:众人,此指群公子之部下。 胡党:言群公子徒众何所适也。胡,何,哪里。党,处所,归宿。

晏孺子元年春,田乞伪事高、国者,每朝,乞骖乘,言曰:"子得君[1],大夫皆自危,欲谋作乱。"又谓诸大夫曰:"高昭子可畏,及未发[2],先之。"大夫从之。六月,田乞、鲍牧乃与大夫以兵入公宫[3],攻高昭子。昭子闻之,与国惠子救公。公师败,田乞之徒追之,国惠子奔莒,遂反杀高昭子。晏圉[4]奔鲁。八月,齐秉意兹[5]。田乞

晏孺子元年春天,田乞假装忠诚侍奉着高氏、国氏,每次朝会,田乞都为他们做陪乘,对他们说:"你们得到国君的宠幸,大夫们人人自危,想谋划作乱。"又对大夫们说:"高昭子很可怕,趁他还没有开始行动迫害我们,我们要先下手除掉他。"大夫们听从他的建议。六月,田乞、鲍牧就和大夫们带兵进入国君宫室,攻击高昭子。昭子听说了,和国惠子去救国君。国君的军队败走,田乞等人的徒众去追击,国惠子逃往莒地,他们就返回来杀了高昭子。晏圉逃奔到鲁国。八月,齐国的秉意兹逃奔

败二相，乃使人之鲁召公子阳生。阳生至齐，私匿田乞家。十月戊子，田乞请诸大夫曰："常之母有鱼菽之祭[6]，幸来会饮。"会饮，田乞盛阳生橐中，置坐中央，发橐出阳生，曰："此乃齐君矣！"[7]大夫皆伏谒。将与大夫盟而立之，鲍牧醉，乞诬大夫曰："吾与鲍牧谋共立阳生。"鲍牧怒曰："子忘景公之命乎？"诸大夫相视欲悔，阳生前，顿首曰："可则立之，否则已。"鲍牧恐祸起，乃复曰："皆景公子也，何为不可！"乃与盟，立阳生，是为悼公[8]。悼公入宫，使人迁晏孺子于骀[9]，杀之幕下，而逐孺子母芮子。芮子故贱而孺子少，故无权，国人轻之。

鲁国。田乞打败了二位辅佐国君的人，就派人到鲁国去召回公子阳生。阳生到了齐国，私自藏匿在田乞家中。十月戊子日，田乞向各位大夫发出请帖说："常的母亲今天在家将准备菜肴，敬请各位光临饮酒。"相聚饮酒时，田乞把阳生盛在一个大口袋中，放置在坐席的中央，打开口袋让阳生出来，说："这位就是齐国的君主啦！"大夫们都伏在地上拜见。田乞将要和大夫们盟誓而扶立阳生，鲍牧这时喝醉了，田乞就哄骗大夫们说："我和鲍牧谋划共同拥立阳生做国君。"鲍牧生气地说："您忘了景公的遗命吗？"诸大夫面面相觑想反悔，阳生向前，叩头而拜说："可以的话就立我，不可以就算了。"鲍牧害怕会有祸乱发生，就又说："都是景公的儿子，有什么不可以！"就和大家盟誓，拥立阳生为君，这就是悼公。悼公进入王宫，派人把晏孺子迁到骀地，杀死在帐幕下，并驱逐了孺子的母亲芮子。芮子本来就低贱，加上孺子年纪小，所以没有威权，国中的人轻视她。

注释　1 得君：得到君主的赏识、宠幸。　2 及未发：趁着还未发动。

3 鲍牧：齐国大夫。 以兵：率领军队。 4 晏圉(yǔ)：晏婴之子。 5 秉意兹：人名，又名邴意兹，齐国大夫。下文缺“奔鲁”二字。 6 常：指田常，田乞之子。 鱼菽之祭：《史记集解》引何休曰：“齐俗，妇人首祭事。言鱼豆者，示薄陋无所有也。” 7 橐(tuó)：古人之口袋。 发：打开。 8 悼公：齐国国君，公元前 488 年—前 485 年在位。 9 骀(tái)：齐地名，在今山东临朐县境。

悼公元年，齐伐鲁，取讙、阐[1]。初，阳生亡在鲁，季康子[2]以其妹妻之。及归即位，使迎之。季姬与季鲂侯通，言其情，鲁弗敢与，故齐伐鲁，竟[3]迎季姬。季姬嬖，齐复归鲁侵地。

鲍子与悼公有郤，不善。四年，吴、鲁伐齐南方。鲍子弑悼公，赴于吴。吴王夫差哭于军门外三日，将从海入讨齐。齐人败之，吴师乃去。晋赵鞅伐齐，至赖而去。[4]齐人共立悼公子壬，是为简公[5]。

悼公元年，齐国讨伐鲁国，取得了讙、阐二地。当初，阳生逃亡在鲁国，季康子把妹妹嫁给他为妻。等到他回国即位，派人去迎接她。季姬和季鲂侯通奸，说出了其中实情，鲁国就不敢把她送给齐国，所以齐国来讨伐鲁国，最终接回了季姬。季姬受到宠爱，齐国又把侵占的土地归还鲁国。

鲍子和悼公之间有嫌隙，关系不好。四年，吴国、鲁国攻打齐国南部。鲍子杀了悼公，讣告送到吴国。吴王夫差在军门外哭了三天，就从海上讨伐齐国。齐国人打败了吴军，吴军就撤走了。晋国的赵鞅来攻打齐国，到了赖地而回去了。齐国人共同拥立悼公的儿子壬继位，这就是简公。

注释 1 讙(huān)：地名，在今山东宁阳县北，汶水北岸。 阐：地名，在今山东宁阳县西北，汶水南岸。 2 季康子：鲁国大夫，下文季鲂侯是他的叔父。 3 竟：终于，后来。 4 赵鞅：晋国将领。 赖：地名，在今山东济阳县东南。 5 简公：齐简公，名壬，公元前484年—481年在位。

简公四年春。初，简公与父阳生俱在鲁也，监止[1]有宠焉。及即位，使为政。田成子惮之，骤顾于朝。[2]御鞅[3]言简公曰："田、监不可并也，君其择焉。"弗听。子我夕[4]，田逆杀人，逢之，遂捕以入。田氏方睦，使囚病而遗守囚者酒，醉而杀守者，得亡。[5]子我盟诸田于陈宗[6]。初，田豹欲为子我臣，使公孙言豹，豹有丧而止。[7]后卒以为臣，幸于子我。子我谓曰："吾尽逐田氏而立女[8]，可乎？"对曰："我远田氏矣。且其违者不过数人，何尽逐焉！"遂告田氏。

简公四年春天。当初，简公和父亲阳生都在鲁国时，监止得到了他们的宠幸。等到简公即位，就让他主持政事。田成子忌惮他，在朝堂频繁回头看他。仆御之官田鞅对简公说："田、监不可能同时并存，您还是从中选择一位吧。"简公不听从。子我夜间来见国君，田逆杀了人，让他碰上了，他就把田逆逮捕并带到朝上。田氏家族正非常和睦，就让田逆装病而探监时送酒给看守他的人喝，等看守的人喝醉了就杀了他们，田逆得以逃脱。子我和各位田氏族人在陈氏宗主家里盟誓而和解。当初，田豹想做子我的家臣，让公孙大夫引荐，因为田豹有丧事停下来了。后来他终于成为了家臣，受到子我的宠幸。子我对他说："我把田氏全都驱逐了而扶立你做田氏之长，可以吗？"田豹回答说："我在田氏宗族中是疏远的一支。而且他们中违背您意志的不过几个人，何必都驱逐呢？"就把这件事告知田氏。子行说："他正得到国君的宠幸，如果不先下

子行曰："彼得君，弗先，必祸子。[9]"子行舍[10]于公宫。

手，一定会招致灾祸。"子行就到简公的宫中居住以便为田氏做内应。

注释 1 监止：又作"阚止"，即下文子我，鲁国人。 2 田成子：即田常，亦名陈恒、陈成子，齐国正卿。 骤顾：频繁地回头看。《礼记·曲礼下》云："辍朝而顾，不有异事，必有异虑。" 3 御：仆御之官，主管车马驾驶。 鞅：人名，田氏之族，齐国大夫。《史记索隐》引《系本》云，陈桓子无宇产子亹，亹产子献，献产鞅也。 4 夕：此为动词，夜间省事于君。 5 田氏方睦：以田常为首的田氏家族因预谋篡夺齐国政权，所以全族正和睦团结。 使囚病：让囚犯田逆装病。 遗(wèi)：赠送。 6 陈宗：陈氏宗主之家。因失去陈逆，惧其反为患，故盟。 7 田豹：田氏家族成员。 公孙：人名，齐国大夫。 8 女：通"汝"，你。 9 先：先下手。 祸：招致灾祸。 10 舍：住。《史记集解》引服虔曰："止于公宫，为陈氏作内间也。"

夏五月壬申，成子兄弟四乘如公。[1]子我在幄[2]，出迎之，遂入，闭门。宦者御之，子行杀宦者。公与妇人饮酒于檀台，成子迁诸寝。[3]公执戈将击之，太史子余[4]曰："非不利也，将除害也。"成子出舍于库[5]，闻公犹怒，将出，曰："何所无君！"子行拔剑曰：

夏天五月壬申日，成子兄弟四人乘车到了简公那里。子我在帐幕中，出来迎接他们，他们进去，把门闭上。宦者进行抵御，子行把宦者杀了。简公和妇女正在檀台饮酒，成子把他们迁移到寝宫。简公拿起戈将要攻击他们，太史子余说："田常不是要做对您不利的事，而是将要替您除去祸害。"成子出来待在军库里面，听说简公还在生气，就想出逃，并说："哪里没有国君！"子行拔

"需[6],事之贼也。谁非田宗[7]?所不杀子者,有如田宗[8]!"乃止。子我归,属徒攻闱与大门[9],皆弗胜,乃出。田氏追之。丰丘人执子我以告,杀之郭关。[10]成子将杀大陆子方[11],田逆请而免之。以公命取车于道,出雍门[12]。田豹与之车,弗受,曰:"逆为余请,豹与余车,余有私焉。事子我而有私于其仇,何以见鲁、卫之士[13]?"

出剑对他说:"迟疑最能坏大事。姓田的谁不能做田氏的宗主?您如果怯懦出逃不顾大家,我不杀了您,怎么对得起田氏的先君!"成子就留下来了。子我跑回家中,聚集徒属攻击宫中侧门和正门,都不能取胜,就外出奔逃。田氏追击他。丰丘人捉住子我来报告,就在郭关杀了他。成子将要杀死大陆子方,田逆为他求情才使他被赦免。大陆子方用简公的名义在路上截到车,驰出雍门。田豹给他车子,他不接受,说:"田逆替我求情,田豹又要给我车子,人家会认为我和他们有私交。侍奉子我又和他的仇人有私交,我有何面目去见鲁国、卫国的士人呢?"

注释 1 壬申:十三日。 乘(shèng):古四马拉一车为一乘。此句当为兄弟四人乘车而入。 2 幄:帐幕,公卿听政之处。 3 檀台:齐国台名,在今山东淄博市东北。 寝:寝宫。 4 子余:齐国太史,属于田常一党。 5 库:储藏军械、车马的地方。 6 需:迟疑。 7 谁非田宗:言田氏宗族众多。时田常为陈氏宗主,如田常出奔,则人人都可为陈氏宗主。 8 有如:誓词常用语。 田宗:犹言"先君",指陈氏自陈完以下的历代宗主。 9 属:聚集,会合。 闱(wéi):宫中两侧之小门。 大门:正面之公门,或曰君主之门。 10 丰丘:田氏之封邑名。 郭关:齐国之东门。 11 大陆子方:即齐大夫东郭贾也,子我之党徒。因其先为齐太公之后,姜姓,食邑陆乡,因号大陆氏。 12 雍门:齐国城门名。 13 何以见鲁、卫之士:子方欲奔鲁、卫,所以他这样讲。

庚辰,田常执简公于俆州。[1]公曰:“余蚤[2]从御鞅言,不及此。”甲午[3],田常弑简公于俆州。田常乃立简公弟骜,是为平公[4]。平公即位,田常相之,专齐之政,割齐安平[5]以东为田氏封邑。

平公八年,越灭吴。二十五年卒,子宣公[6]积立。

宣公五十一年卒,子康公贷立。田会反廪丘。[7]

康公二年,韩、魏、赵始列为诸侯。十九年,田常曾孙田和[8]始为诸侯,迁康公海滨。

二十六年,康公卒,吕氏遂绝其祀[9]。田氏卒有齐国,为齐威王[10],强于天下。

庚辰日,田常在俆州捉住了简公。简公说:“我早听从御仆之官田鞅的话,就不会落到这个地步。”甲午日,田常在俆州弑杀了简公。田常就让简公的弟弟骜继位,这就是平公。平公即位,田常辅佐他,专断了齐国的政权,割出齐国安平以东的地区作为田氏的封邑。

平公八年,越国灭亡了吴国。二十五年,平公去世,他的儿子宣公积继位。

宣公五十一年去世,他的儿子康公贷继位。田会在廪丘反叛。

康公二年,韩、赵、魏开始成为诸侯。十九年,田常的曾孙田和开始成为诸侯,把康公迁徙到海滨。

二十六年,康公去世,吕氏就断绝了对先祖的祭祀。田氏终于占有了齐国,拥立齐威王,齐国在天下称雄。

注释 1 庚辰:二十一日。 俆(shū)州:又作“舒州”,田氏封邑。《说文》作“郐”。盖在今山东滕州市南,为齐之极北国土,与燕国交界处。

2 蚤:通“早”。 3 甲午:六月五日。 4 平公:齐平公,名骜,公元前480年—前456年在位。 5 安平:今山东淄博市东。 6 宣公:齐宣公,名积,公元前455年—前405年在位。 7 康公:齐康公,名贷,公元前404年—前379年在位。 田会:齐国大夫。 廪丘:地名,在今山东鄄城县东北。 8 田和:齐大夫,田常曾孙。 9 吕氏:即姜尚及其后代。 绝其祀:断绝了对祖先的祭祀,即亡了国。 10 齐威王:姓田,名因齐,齐国国君,桓公之子,公元前356年—前320年在位。

太史公曰:吾适齐,自泰山属之琅邪,北被于海,膏壤二千里,其民阔达多匿知,其天性也。[1]以太公之圣,建国本,桓公之盛,修善政,以为诸侯会盟,称伯[2],不亦宜乎?洋洋[3]哉,固大国之风也!

太史公说:我到过齐国,发现它从泰山一直延伸到琅邪山,北部被大海所环绕,肥沃的土壤有二千里长,当地民众大多豁达不拘小节而且深藏智慧,这是他们的天性。齐国依靠太公的明圣,建立了国家的基础,桓公时达到鼎盛,推行善政,组织诸侯会盟,称霸天下,这不也是应该的吗?盛大呀,齐国原本就有大国的风度!

注释 1 适:到,去。 属(zhǔ):连接。 琅邪(láng yá):地名,在今山东青岛市黄岛区西南海边。 被:覆盖,环绕。 膏:肥沃。 阔达:豁达而不拘小节。 匿知:聪明才智不外露。 2 伯:通“霸”。 3 洋洋:盛大貌。

# 史记卷三十三

## 鲁周公世家第三

原文

周[1]公旦者，周武王弟也。自文王在时，旦为子孝，笃仁[2]，异于群子。及武王即位，旦常辅翼武王，用事居多。[3]武王九年，东伐，至盟津[4]，周公辅行。十一年，伐纣，至牧野，周公佐武王，作《牧誓》[5]。破殷，入商宫。已杀纣，周公把大钺，召公把小钺，以夹武王，衅社，告纣之罪于天，及殷民。[6]释箕子[7]之囚。封纣子武庚禄父，使管叔、蔡叔傅之，以续殷祀。[8]遍封功臣同姓

译文

周公旦是周武王的弟弟。文王在世的时候，旦作为儿子就非常孝顺，笃实仁厚，与其他儿子不同。等到武王即位，旦辅佐武王，主要负责处理政务。武王九年，往东征伐，到了盟津，周公也辅佐而行。十一年，讨伐纣王，到了牧野，周公仍佐助武王，发布了《牧誓》。随即打败殷军，进入商朝宫中。杀了纣王以后，周公手持着大钺，召公手持着小钺，护卫在武王左右，杀牲以祭社神，将纣王所犯的罪行告诉上天，以及殷朝的民众。将箕子从拘囚中释放出来。把一块土地封给纣的儿子武庚禄父，派管叔、蔡叔二人去辅助他，以便接续殷朝的祭祀。又大规模封赏功臣和同姓亲属及亲近之人。把周

戚者[9]。封周公旦于少昊之虚曲阜[10],是为鲁公。周公不就封,留佐武王。

公旦封在东夷族少昊氏的故墟曲阜,这就是鲁公。周公不去封地就位,留在京师辅佐武王。

注释 1 周:商时地名,在今陕西岐山县东北,岐山之南。《史记索隐》:"周,地名,在岐山之阳,本太王所居,后以为周公之菜邑,故曰周公。即今之扶风雍东北故周城是也。谥曰周文公,见《国语》。"菜,通"采"。 2 笃仁:笃实而仁厚。笃,诚笃,忠实。 3 辅翼:辅佐。二字同义。 用事:处理政务。 4 盟津:黄河渡口。盟,邑名,在今河南孟州市西南。 5《牧誓》:《尚书》篇名。《周本纪》录有其文。 6 召公:即召公奭,后封于燕。 夹:在左右护卫。 衅社:在社坛杀牲以祭。 纣:商纣王。 7 箕子:纣王的叔父,因谏被囚。《殷本纪》载,纣"剖比干,观其心。箕子惧,乃详狂为奴,纣又囚之"。 8 武庚:纣王之子,字禄父,后因叛乱被诛。 管叔、蔡叔:均周武王弟。事详《管蔡世家》。 傅之:辅助。 9 戚者:亲近的人,当指异姓。 10 少昊:传说中东夷族之首领。 虚:"墟"的本字,旧址。

武王克殷二年,天下未集,武王有疾,不豫,群臣惧,太公、召公乃缪卜。[1]周公曰:"未可以戚[2]我先王。"周公于是乃自以为质,设三坛,周公北面立,戴璧秉圭,告于太王、王季、文王。[3]史策祝[4]曰:"惟尔元孙王发,勤劳阻疾。若尔三王是

武王战胜殷纣的次年,天下还没有安定,武王生了病,身体不适,群臣们都很担忧,太公、召公就恭敬地卜问吉凶。周公说:"不可使我们的先王忧恼。"周公于是就用自身为抵押,设立三个祭坛,面朝着北方站立,捧着璧拿着圭,向太王、王季、文王祷告。史官诵读了写在简书上的祝词:"你们的长孙君王姬发,因为勤劳国事而患病。假若这是因为

有负子之责于天，以旦代王发之身。[5]旦巧能，多材多蓺，能事鬼神。乃[6]王发不如旦多材多蓺，不能事鬼神。乃命于帝庭，敷佑四方，用能定汝子孙于下地，四方之民罔不敬畏。[7]无坠天之降葆命，我先王亦永有所依归。[8]今我其即命于元龟，尔之许我，我以其璧与圭归，以俟尔命。[9]尔不许我，我乃屏[10]璧与圭。”周公已令史策告太王、王季、文王，欲代武王发，于是乃即三王而卜。卜人皆曰吉，发书视之，信吉。[11]周公喜，开籥[12]，乃见书遇吉。周公入贺武王曰：“王其[13]无害。旦新受命三王，维长终是图[14]。兹道能念予一人[15]。”周公藏其策金縢匮[16]中，诫守者勿敢言。明日，武王有瘳[17]。

你们需要他去侍奉，可以让我去代替他。我灵巧能干，多才多艺，能够侍奉鬼神。你们的君王姬发不如我多才多艺，不能侍奉鬼神。他刚刚被上帝任命于帝庭，敷布其德泽去护佑四方土地，能够在人间安定你们的子子孙孙，四方的民众没有谁不敬重畏惧他。不要让上天所降下的宝贵任命中途毁弃，而你们也会因姬发在位而永享奉祀。现在我将听命于大龟，你们如果答应我，我就将璧和圭献上，来等待你们的命令。你们如果不答应我，我就把璧和圭隐藏起来。”周公让史官用策书祝告太王、王季、文王，想代替武王姬发去死，于是就到三王的神主前进行占卜。占卜的人都说吉利，打开占兆书一看，果真吉利。周公很高兴，开启锁钥，看到藏于柜中占兆书上的卜辞也是吉利的。周公进宫向武王贺喜说：“大王将不会有什么灾害。我刚刚从三位先王那里接受了命令，你可以只管考虑周室国运的长远之计。这是上天让您圆满完成天子的职责。”周公把祷告的策书收藏在金属装束的匣子里，告诫守匣子的人不许泄露。第二天，武王就病愈了。

注释 1 克:战胜。 集:安集,安定。 不豫:《尚书·金縢》作"弗豫",是指身体不安适。汉代以后,天子生病叫作"弗豫"。 缪:通"穆",恭敬。《史记集解》引徐广曰:"古书'穆'字多作'缪'。" 2 戚:忧恼。 3 质:抵押。 三坛:太王、王季、文王各一坛,故为三坛。 戴:捧,举。 璧:圆形的玉。 秉:拿着。 圭:上圆下方形状的玉。《史记集解》引孔安国曰:"璧以礼神,圭以为贽。" 按:古代祈祷必以圭璧。贽,礼物。 太王、王季、文王:分别为武王的曾祖父、祖父、父亲。 4 史:在君王左右的史官,主作策之事。 策:此指简书,周公所作。策,本为竹简之册。 祝:读此简书,以告三王,即祝告。 5 元孙:长孙。 阻:困厄。 是:表示加重语气之词。 负子:据《史记索隐》,《尚书》作"丕子",郑玄言"丕"读曰"负"。《尚书正读》以为丕子当读为布兹。布兹,即弟子助祭以侍奉鬼神之职役。故负子之责,就是助祭的职责。 6 乃:你们的。 7 乃:始初。 命于帝庭:被命于帝庭。 敷佑:敷布德泽以佑助百姓。 罔:无。 8 坠:丧失。 葆命:《尚书》作"宝命",指上文"命于帝庭,敷佑四方"之使命。葆,通"宝"。 永:长久。 9 即命:就而听命。即,靠近。 元龟:大龟。 之:助词。用在主语和谓语之间,取消句子独立性。 归:通"馈",奉送。 俟:等候,等待。 10 屏(bǐng):隐藏。 11 书:占兆书。 信:果真。 12 籥:同"钥",锁钥。 13 其:将。 14 维:只。 长终:指国运长远。 15 念:考虑。 予一人:古代天子之自称。此处是指武王。16 金縢匮:金属装束的匣子。经近人考证,已定《尚书·金縢》为伪作。17 瘳(chōu):痊愈。

其后武王既崩,成王少,在强葆之中。[1]周公恐天下闻武王崩而畔,周公乃践阼代成王摄行政当

后来武王去世,成王年纪小,还在襁褓中。周公恐怕天下听说武王去世而背叛,就即君王之位代替成王处理行政事务主持国政。管叔和其他几个弟弟在国内散布流

国。[2]管叔及其群弟流言[3]于国曰:“周公将不利于成王。”周公乃告太公望、召公奭曰:“我之所以弗辟[4]而摄行政者,恐天下畔周,无以告我先王太王、王季、文王。三王之忧劳天下久矣,于今而后成。武王蚤终,成王少,将以成周,我所以为之若此。”于是卒相[5]成王,而使其子伯禽代就封于鲁。周公戒[6]伯禽曰:“我文王之子,武王之弟,成王之叔父,我于天下亦不贱矣。然我一沐三捉发,一饭三吐哺,起以待士,犹恐失天下之贤人。[7]子之鲁,慎无以国骄人[8]。”

言说:“周公将要做对成王不利的事。”周公就告诉太公望、召公奭说:“我之所以不避开嫌隙而代为主持行政事务,是担心天下背叛周王室,没有办法去向我们的先王太王、王季、文王禀告。这三位先王为天下的事情忧劳已久,到现在才算最后完成。武王去世过早,成王年纪小,我完全是为周王朝的稳定才这样做的。”周公始终留在镐京辅佐成王,而让自己的儿子伯禽到鲁国就封君之位。周公告诫伯禽说:“我是文王的儿子,武王的弟弟,成王的叔父,我在天下的地位也算是不低了。然而我洗头发和吃饭时,总是被打断好几次,起身去接待士人,这样做还唯恐失掉了天下的贤人。你到了鲁国,千万要谨慎,不要因为自己是国君就以骄傲的态度待人。”

注释 **1** 崩:古天子或皇后去世称“崩”。 强葆:亦作“襁褓”。古代襁阔八寸,长八尺,用来束小儿于背而负行。褓,指小儿被。 **2** 畔:通“叛”。 践阼:亦作“践祚”,此指君王即位。践,履。阼,即阼阶,古代之庙,寝堂前之东阶为主阶,其上为主位,故称即位为“践阼”。 摄,代理。 **3** 流言:《史记集解》引孔安国曰:“放言于国,以诬周公,以惑成王也。” 不利于成王:意指要篡夺成王的天子之位。 **4** 弗辟:指不避开嫌隙。辟,通"避"。 5 相:辅佐。周公因要留在京师辅佐成王,所以让儿子代替自己到鲁地就封君之位。 6 戒:告诫。 7 沐:洗头发。古指洗发为"沐",洗身为"浴"。 捉发:手握头发。此指停下洗头去待士。 吐哺:把口中所含的食物吐出来。此句形容政务繁忙,待士诚恳。 8 以国骄人:因为自己是一位封国的国君,就以骄傲的态度对待别人。

管、蔡、武庚等果率淮夷而反[1]。周公乃奉成王命,兴师东伐,作《大诰》[2]。遂诛管叔,杀武庚,放[3]蔡叔。收殷余民,以封康叔于卫,封微子于宋,以奉殷祀。[4]宁[5]淮夷东土,二年而毕定。诸侯咸服宗周[6]。

管叔、蔡叔、武庚等果然率领淮夷部族进行反叛。周公就奉成王的命令,发动军队向东去讨伐,写了《大诰》。于是诛灭了管叔,杀掉了武庚,流放了蔡叔。将殷朝遗民集中到卫地,把康叔封在卫地,又把微子封在宋地,来承奉殷朝的祭祀。继续平定淮夷部族所居住的东方土地,用了两年才完全平定那里。诸侯们都拥护周王朝做宗主。

注释 1 淮夷:指当时分布在今淮河下游地区的东夷部族。 2《大诰》:《尚书》篇名。意为普遍告喻。西周初年作品。 3 放:流放。 4 康叔:武王弟,封于卫。详见《卫康叔世家》。 微子:名启,商纣王的庶兄,封于宋。详见《宋微子世家》。 5 宁:平定。 6 宗周:意即以周王朝为宗主。

天降祉福,唐叔得禾,异母同颖,献之成王,成王命唐叔以馈周公于东土,作《馈禾》。[1]周公

上天降下了福瑞,唐叔因此得到一棵母株隔垄而长成同一穗的禾,把它献给成王,成王命令唐叔将它送给在东方平叛的周公,写下了《馈禾》。

既受命禾，嘉天子命，作《嘉禾》。[2] 东土以集，周公归报成王，乃为诗贻王，命之曰《鸱鸮》。[3] 王亦未敢训[4] 周公。

周公接受天子赐予的禾后，赞赏天子之命，写下了《嘉禾》。东方土地完全安定，周公回朝向成王报告，就作了一首诗赠送给成王，诗名《鸱鸮》。成王不以为然，但也不敢责备周公。

注释　1 祉(zhǐ)：福。祉、福，二字同义。　唐叔：周武王弟，名虞，封于唐(在今山西翼城西)。　异母同颖：禾各生于一垄之母株而合为一穗。颖，穗。　馈：赠送。《馈禾》：《尚书》篇名。今无正文。　2 命禾：指成王赐予的"异母同颖"的禾。命，赐予。　嘉：崇美，奖善。　《嘉禾》：《尚书》：篇名。今无正文。　3 贻：赠送。　《鸱鸮(chī xiāo)》：《诗经·豳风》篇名。今人以为周公作《鸱鸮》之说，未必可信。　4 训：当依《尚书》作"诮"。诮，责让，责备。

成王七年二月乙未，王朝步自周，至丰，使太保召公先之雒相土。[1] 其三月，周公往营成周雒邑，卜居焉，曰吉，遂国之。[2]

成王长，能听政。于是周公乃还政于成王，成王临朝。周公之代成王治，南面倍依[3] 以朝诸侯。及七年后，

成王七年二月乙未，成王朝拜武王庙后，从镐京步行到了丰邑又朝拜了文王庙，让太保召公先到雒邑去观察地形。这年三月，周公前往雒邑去营建成周，通过占卜来询问居住在这里会怎么样，卜辞说很吉利，就把这里建为国都。

成王长大了，能够处理政事了。于是周公就把国政交还给成王，成王亲自登临朝堂。周公代替成王治理国事的时候，是在明堂面朝南坐着，背靠着门牖之间的斧文屏风来接受诸侯朝拜。等到七年以后，周公把主持政事之权还

|  |  |
| --- | --- |
| 还政成王，北面就臣位，匔匔[4]如畏然。 | 给成王，他就面朝北站在臣子的位置上，一副恭敬、小心害怕的样子。 |

注释 1朝：朝拜。指成王到武王庙朝拜，祈告即将营造雒邑之事。步：步行。指成王为表示对祖先的恭敬，不以为远而步行前往神庙。周：此指镐京。武王庙在此。丰：丰邑。文王庙在此。太保：高级辅佐大臣。相土：视察地形。2雒邑：故城在今河南洛阳市。国：建都。3倍：通"背"。依：斧依，立于户牖之间的斧文屏风。《史记集解》引《礼记》曰："周公朝诸侯于明堂之位，天子负斧依，南向而立。"引郑玄曰："周公摄王位，以明堂之礼仪朝诸侯也。不于宗庙，避王也。天子，周公也。负之言倍也。斧依，为斧文屏风于户牖之间，周公于前立也。"4匔匔(qióng qióng)：谨敬貌。

|  |  |
| --- | --- |
| 初，成王少时，病，周公乃自揃其蚤沈之河，以祝于神曰："王少未有识，奸神命者乃旦也。"[1]亦藏其策于府[2]。成王病有瘳。及成王用事，人或谮[3]周公，周公奔楚。成王发府，见周公祷书，乃泣，反[4]周公。 | 当初，成王年纪小时，生了病，周公就剪断自己的指甲沉入河中，以此对河神祈祷说："国王年幼，还没有见识，冒犯神命的是我呀。"事后也将祷词策书藏在文书府库中。成王的病因此痊愈了。等到成王主持国政，有人来说周公的坏话，周公逃奔楚国。成王打开文书府库，看见了周公的祝祷策书，就哭泣起来，迎回周公。 |

注释 1 揃(jiǎn)：剪断。蚤：通"爪"，指甲。奸：通"干"，冒犯。《蒙恬列传》引述此事记其语为："王未有识，是旦执事。有罪殃，旦受其不祥。"2 府：储藏文书之处。3 谮(zèn)：进谗言，说人的坏话。4 反：同"返"。

周公归，恐成王壮，治有所淫佚，乃作《多士》，作《毋逸》。[1]《毋逸》称："为人父母，为业至长久，子孙骄奢忘之，以亡其家，为人子可不慎乎！[2]故昔在殷王中宗，严恭敬畏天命，自度治民，震惧不敢荒宁，故中宗飨国七十五年。[3]其在高宗，久劳于外，为与小人，作其即位，乃有亮闇，三年不言，言乃欢，不敢荒宁，密靖殷国，至于小大无怨，故高宗飨国五十五年。[4]其在祖甲，不义惟王，久为小人于外，知小人之依，能保施小民，不侮鳏寡，故祖甲飨国三十三年。[5]"《多士》称曰："自汤至于帝乙[6]，无不率祀明德，帝无不配天者。在今后嗣王纣，诞淫厥佚，不顾天及民之从也。[7]其民皆可

周公归来，担心成王壮年以后荒淫佚乐，就写了《多士》，又写了《毋逸》。《毋逸》篇中说："为人父母，创业总是要经过很长时间的努力，子孙们骄奢而忘记了他们创业的艰辛，以致破败了家业，为人子的可以不谨慎吗？从前殷王中宗，庄正恭敬畏惧天命，以法度自律，依法治理民众，怀着畏惧之心，不敢荒废自安，所以他在位七十五年。到了高宗，长期在外面从事劳作，和普通民众共同生活，等到即位，又遇到丧事，他三年间不语不言，丧期满后开始说话，百姓就非常欢喜，他不敢荒废自安，由此使殷国安定和睦，臣民都没有怨言，所以高宗在位达五十五年。到了祖甲，不做不义的君王，长期逃于民间，因此他了解普通民众的痛苦，能够安定并爱护人民，对于孤苦伶仃、无依无靠的人也不轻慢，所以祖甲在位达三十三年。"《多士》篇中说："从汤一直到帝乙，殷的先王没有人不慎行祭祀、力行德政，诸帝没有人不遵循上天的意旨。到纣王继位，大肆荒淫佚乐，毫不顾及上天和民众的愿望。殷国民众都认为他该杀。"《无逸》

诛。”周多士[8]。“文王日中昃[9]不暇食，飨国五十年。”作此以诫成王。

篇中还说：“文王忙得太阳西斜都没有空暇吃饭，所以在位达五十年。”周公写了这些文字来告诫成王。

注释 1 淫佚：荒淫佚乐。《多士》：《尚书》篇名。多士，意为众士，指殷商的旧臣。《毋逸》：《尚书》篇名。毋逸，意为不可逸乐。毋，通“无”，不要。逸，安闲，逸乐。 2 为业：指创业。 亡：破败。 3 殷王中宗：据《殷本纪》，此指太戊，殷代第五世贤主。 严：庄正。 自度：自用法度，即以法度自律。 荒宁：荒废自安。 飨国：享有国君之位。飨，通“享”。 4 高宗：武丁，殷代第十一世贤主。 与(yù)：为伍，共事。 小人：指普通劳动群众。武丁做太子时，其父小乙让他久居民间，从事稼穑等劳役，和普通劳动民众一起经历艰难劳苦。 亮闇(liàng' àn)：指帝王居丧。 密：安定。 靖：和睦。 小大：小指百姓，大指群臣。 5 甲：武丁的儿子帝甲。殷代第十二世贤主。 惟王：为王。《史记集解》引马融曰：“祖甲有兄祖庚，而祖甲贤，武丁欲立之，祖甲以王废长立少不义，逃亡民间，故曰‘不义惟王，久为小人’也。武丁死，祖庚立。祖庚死，祖甲立。” 保施：安定爱护。 鳏(guān)：老而无妻。 寡：老而无夫。 6 汤：代夏桀而建殷朝。 帝乙：殷纣王之父。 7 诞：大。 厥：句中语气助词，无义。 从：意愿。 8 周多士：应为衍文，不译。 9 昃(zè)：日西斜。此语见《无逸》。

成王在丰，天下已安，周之官政未次序，于是周公作《周官》，官别其宜。[1]作《立政》，以便百姓。[2]百姓说[3]。

成王在丰京，这时天下已经安定，周朝的官制还没有建立起来，于是周公写了《周官》，明确了各种官员的职责权限。又写了《立政》，以方便百官贵族。百官贵族们很高兴。

周公在丰京患病，临死前，说：

周公在丰，病，将没，曰："必葬我成周，以明吾不敢离成王。"[4]周公既卒，成王亦让，葬周公于毕，从文王，以明予小子不敢臣周公也。[5]

"一定要把我葬在成周，以表明我不敢远离成王。"周公去世后，成王谦让地把周公葬在毕地，陪从文王，来表明自己不敢拿周公当臣子。

注释　1 官政：官制。　次序：安排。《周官》：《尚书》篇名。成王在文王庙所在地丰邑宣布的重要诰令，详细阐明了周代设官、分职、居官的原则。原文已佚，今存古文《尚书》中有《周官》，应为东晋之人伪作。　宜：恰当的职责权限。　2《立政》：《尚书》篇名。立政，意为设官理政的准则。　百姓：指百官贵族。　3 说：通"悦"。　4 没：通"殁"，死亡。　成周：当指雒邑，然成王未都雒邑。　不敢离成王：《史记志疑》以为"《大传》所谓不敢远成王，示天下臣于成王者，乃伏生释辞，而《史记》误并作周公语，是成王见存而遽呼以谥也"。　5 毕：地名，在今陕西咸阳市东北。《孟子》赵岐注："毕，文王墓，近于丰、镐之地。"　从：陪从。　予小子：天子自己的谦称。　臣：以……为臣。

周公卒后，秋未获，暴风雷雨，禾尽偃，大木尽拔。[1]周国[2]大恐。成王与大夫朝服以开金縢书，王乃得周公所自以为功代武王之说[3]。二公及王乃问史、百执事，史、百执事[4]曰："信有，昔周公

周公去世后正值秋天，庄稼还未收获，发生了暴风雷雨，禾苗全都倒伏，高大的树木都被连根拔起。周人非常惊恐。成王和大夫们穿着朝服去开启金縢匣子取拿策书，从中发现了周公所写的拿他自己代替武王去死的祷告祝词。太公、召公和成王就问史官以及办事官员，史官以及办事官员说："确实有这样的事，从前周公

命我勿敢言。”成王执书以泣，曰：“自今后其无缪卜乎！昔周公勤劳王家，惟予幼人弗及知。今天动威以彰周公之德，惟朕小子其迎，我国家礼亦宜之。[5]”王出郊[6]，天乃雨，反风，禾尽起。二公命国人，凡大木所偃，尽起而筑[7]之。岁则大孰[8]。于是成王乃命鲁得郊祭文王[9]。鲁有天子礼乐者，以褒[10]周公之德也。

命令我们不许泄露。”成王拿着策书哭泣起来，说：“恐怕再也没有比这更虔诚的祈祷了！过去周公为王室辛勤劳苦，只是我年幼而未及时了解。现在上天动怒来表彰周公的功德，我要亲自设祭去迎其神，这也符合我们国家的礼制。”成王到了郊外，天就下雨，反方向刮着风，禾苗都立起来了。太公、召公命令国都的人，凡是被刮倒的高大树木，都扶起并培实土基。这一年全国获得大丰收。于是成王就命令鲁国可以进行郊祭和立庙祭文王。鲁国能够有天子礼乐的原因，是由于天子嘉奖周公功德的缘故。

注释　1 获：收获。　偃：倒伏。　2 周国：指周的国人。《尚书》此处作“邦人”。　3 功：本指功服，即丧服，此指丧亡，即周公以己身为质而愿丧亡之意。　说：指周公祷告时的祝词。　4 史、百执事：《尚书·金縢》作“诸史与百执事”。百执事，办事官员。　5 彰：表彰，显扬。　朕小子：天子自己的谦称。　6 郊：郊外。　7 筑：培土而使坚实。　8 孰：同“熟”。　9 郊祭文王：本来只有天子才能在郊外祭天和立庙祭文王，今特赐予鲁国这两种特权。　10 褒：嘉奖。

周公卒，子伯禽固[1]已前受封，是为鲁公。鲁公伯禽之初受封之鲁，三

周公去世，儿子伯禽此前原本已经受封，这就是鲁公。鲁公伯禽当初受封前往鲁国，三年之后才向

年而后报政[2]周公。周公曰："何迟也？"伯禽曰："变其俗，革其礼，丧三年然后除之，故迟。"太公亦封于齐，五月而报政周公。周公曰："何疾也？"曰："吾简其君臣礼，从其俗为也。"及后闻伯禽报政迟，乃叹曰："呜呼，鲁后世其北面事齐矣！夫政不简不易，民不有近；平易近民，民必归之。[3]"

周公报告施政情况。周公说："为什么这么迟呀？"伯禽说："变更当地的习俗，改革当地的礼仪，服丧三年才能除服，所以迟了。"太公也封在齐国，五个月就向周公报告了施政情况。周公说："为什么这么快呢？"太公说："我简化了君臣间的礼仪，顺应当地的习俗去办事。"等到后来听到伯禽报告政绩迟缓，就叹息说："哎呀，鲁国的后代将要作为臣子面向北侍奉齐国哩！治政不简约就不容易实行，民众就不会亲近；政务平易亲近民众，民众必定归服。"

注释　1 固：原本，原来。《史记索隐》："周公元子就封于鲁，次子留相王室，代为周公。其余食小国者六人，凡、蒋、邢、茅、胙、祭也。"　2 报政：报告政绩。　3《史记集解》引徐广曰："一本云'政不简不行，不行不乐，不乐则不平易；平易近民，民必归之'。又一本云'夫民不简不易；有近乎简易，民必归之'。"《史记索隐》："言为政简易者，民必附近之。近谓亲近也。"

伯禽即位之后，有管、蔡等反也，淮夷、徐戎[1]亦并兴反。于是伯禽率师伐之于肸，作《肸誓》，[2]曰："陈尔甲胄[3]，

伯禽继位以后，就有管叔、蔡叔等的反叛，淮夷、徐戎也一同起兵反叛。这时伯禽率领军队到肸地去讨伐他们，写了《肸誓》，说："配好你们的军衣和头盔，谁敢不准备好。不要毁坏

无敢不善。无敢伤牿[4]。马牛其风,臣妾逋逃,勿敢越逐,敬复之。[5]无敢寇攘,逾墙垣。[6]鲁人三郊三隧,峙尔刍茭、糗粮、桢榦,无敢不逮。[7]我甲戌筑而征徐戎,无敢不及,有大刑。[8]"作此《肸誓》,遂平徐戎,定鲁。

牛马围栏。马牛跑掉了,奴隶逃亡了,军士不要离开队伍去追赶,他人的马牛奴隶跑到自己这里的要恭敬地归还原主。不要抢劫侵扰,不许越墙偷窃。国都南、西、北三方近郊和远郊的鲁国人,储积好干草、干粮、筑墙用的工具桢榦,不要准备少了。我甲戌日筑营垒后就征讨徐戎,到时谁敢不按时到,就处以死刑。"发布了这篇《肸誓》后,就发兵平定了徐戎,安定了鲁国。

注释 1 徐戎:分布于今泗水中游一带的戎人。 兴:起来。 2 肸(bì):《尚书》作"费(bì)",地名,在今山东费县西北。 《肸誓》:《尚书》作《费誓》。据近人曾运乾《尚书正读》考证,此篇盖作于"成王初元"。3 甲:军衣。 胄:头盔 4 牿(gù):关牛马的圈栏。古行军,牛载辎重,马驾兵车,故细加看护。《史记正义》:"牿,牛马牢也。令臣无伤其牢,恐牛马逸。" 5 风:走失,走散。 臣妾:西周、春秋时对奴隶的称谓。男奴称臣,女奴称妾。 逋(bū):逃跑。逋、逃,二字同义。 越逐:离开队伍去追赶。 复:还。指归还原主。《史记集解》引孔安国曰:"勿敢弃越垒伍而求逐也。众人有得佚马牛、逃臣妾,皆敬还。" 6 寇:抢劫。 攘:偷窃。 墙垣:围墙。《尚书》此语作"逾墙垣,窃马牛,诱臣妾",意思明确。7 三郊三隧:指大量征兵。古时征兵,先征近郊,近郊不足,再征远郊。《史记集解》引王肃曰:"邑外曰郊,郊外曰隧。不言四者,东郊留守,故言三也。" 峙(zhì):储积。 刍(chú)茭:喂牲口的干草。 糗(qiǔ)粮:干粮。 桢榦(zhēn gàn):筑墙工具。夹在两旁的叫"榦",置于前端的叫"桢"。 逮(dài):达到。指应有的数量而言。 8 筑:修筑营垒。 及:来到。 大刑:死刑。

鲁公伯禽卒，子考公酋立。考公四年卒，立弟熙，是谓炀公。炀公筑茅阙门[1]。六年卒，子幽公宰立。幽公十四年，幽公弟濞[2]杀幽公而自立，是为魏公。魏公五十年卒，子厉公擢立。厉公三十七年卒，鲁人立其弟具，是为献公。献公三十二年卒，子真公[3]濞立。

真公十四年，周厉王无道，出奔彘，共和行政。[4]二十九年，周宣王[5]即位。

三十年，真公卒，弟敖立，是为武公[6]。

鲁公伯禽去世，儿子考公酋继位。考公在位四年去世，立他的弟弟熙为君，这就是炀公。炀公建造了茅阙门。他在位六年去世，儿子幽公宰继位。幽公十四年，幽公的弟弟濞杀了幽公而自立，这就是魏公。魏公在位五十年去世，儿子厉公擢继位。厉公在位三十七年去世，鲁国人扶立他的弟弟具，这就是献公。献公在位三十二年去世，儿子真公濞继位。

真公十四年，周厉王暴虐无道，逃出都城奔往彘地，周王朝出现了共和行政的局面。二十九年，周宣王就天子之位。

三十年，真公去世，弟弟敖继位，这就是武公。

注释　1 茅阙门：茅门，实即雉门，诸侯宫之南门。诸侯三门，库门、雉门、路门。外朝在雉门外。雉门两旁积土为台，即“阙”，故曰“茅阙门”。茅，一作“第”，又作“夷”。雉、夷、茅三字通用。又，《说文》：“雉，古文作锑。”或省作“弟”，亦作“第”。此盖由炀公徙于曲阜东二里之奄，而改建宫室，廓开旧制之所为。 2 濞：音 fèi。 3 真(shèn)：亦作“慎”。真公，或称“慎公”。 4 周厉王：姬胡，因暴虐、好利、止谤，被国人流放。 彘(zhì)：地名，在今山西霍州市东北。 共和行政：厉王流放，由周公、召公共同主政十四年(公元前 841 年—前 828 年)，故称。 5 周宣王：姬静，公元前 827 年—前 782 年在位。 6 武公：公元前 825 年—前 816 年在位。始可计鲁君之在位年数。

武公九年春，武公与长子括、少子戏西朝周宣王。宣王爱戏，欲立戏为鲁太子。周之樊仲山父[1]谏宣王曰："废长立少，不顺；不顺，必犯王命；[2]犯王命，必诛之：故出令不可不顺也。令之不行，政之不立；行而不顺，民将弃上。[3]夫下事上，少事长，所以为顺。今天子建诸侯，立其少，是教民逆[4]也。若鲁从之，诸侯效之，王命将有所壅[5]；若弗从而诛之，是自诛王命也。诛之亦失，不诛亦失，王其图之。"宣王弗听，卒立戏为鲁太子。夏，武公归而卒，戏立，是为懿公[6]。

武公九年春天，武公同长子括、小儿子戏西行去朝见周宣王。宣王喜爱戏，想立戏做鲁国的太子。周朝大臣樊仲山父进谏宣王说："废弃长子扶立少子，不合情理；不合情理，一定会触犯王命；触犯了王命，一定会被诛杀：所以发出命令不可以不合情理。命令不能推行，政治的权威就不能树立起来；推行的命令不合情理，民众将会抛弃君主。下级要侍奉上级，年少的要侍奉年长的，这样做就会合乎情理。如今天子要确定诸侯国君的人选，而确立他们中的年少者，这是教导民众违抗王命。假若鲁国听从，其他诸侯国加以效法，王命就将会被阻塞而推行不下去了；假若鲁国不听从而受惩罚，这等于您自己违抗王命。惩罚是错，不惩罚也是错，君王还是慎重考虑吧。"宣王不听从，最终立戏做鲁国的太子。夏天，武公回国就去世了，戏继位，这就是懿公。

注释　1 樊仲山父：亦作"仲山甫"，封于樊，又称樊仲、樊穆仲，为周之大臣。樊，地名，在今河南济源市西南。　2 顺：顺理，合理。　王命：指周先王确立的嫡长继承制。　3 立：指建立权威。　上：指在上位的统治者。 4 逆：指违抗王命。 5 壅：阻塞不能推行。 6 懿公：公元前815年—前807年在位。

懿公九年，懿公兄括之子伯御[1]与鲁人攻弑懿公，而立伯御为君。伯御即位十一年，周宣王伐鲁，杀其君伯御，而问鲁公子能道顺[2]诸侯者，以为鲁后。樊穆仲曰："鲁懿公弟称，肃恭明神，敬事耆老；赋事行刑，必问于遗训而咨于固实；不干所问，不犯所咨。[3]"宣王曰："然，能训治其民矣。"乃立称于夷宫[4]，是为孝公。自是后，诸侯多畔王命。

懿公九年，懿公兄长括的儿子伯御和鲁国人攻击弑杀了懿公，而扶立伯御做国君。伯御即位十一年，周宣王讨伐鲁国，杀了伯御，然后询问鲁国的公子中谁有能力教导诸侯，就把他立为鲁国国君。樊穆仲说："鲁懿公的弟弟称，庄正恭谨，敬奉鬼神，恭敬侍奉老人；处理事务执行刑罚，一定要查问先王的遗训和以往的事例，做到不与先王的遗训相抵触，不与以往的事例相违背。"宣王说："对，这人有能力训导治理他的民众。"就在夷宫扶立称做国君，这就是孝公。从那以后，诸侯经常会违背王命。

注释 1 伯御：公元前806年—前797年在位。 2 道顺：启发教导。道，通"导"。顺，通"训"，教导，教训。 3 肃恭：严肃恭谨。 明神：敬奉鬼神。 耆(qí)：泛指老人。耆，老。 赋事：处理事务。 遗训：指先王训导。 咨：查问。 固实：足以效法的旧事。固，通"故"，旧。 干：冒犯，抵触。 4 夷宫：宣王祖父夷王之庙。古代任命爵位一定要在祖庙。

孝公二十五年，诸侯畔周，犬戎杀幽王[1]。秦始列为

孝公二十五年，诸侯背叛周王室，犬戎部族杀死了幽王。

诸侯。[2]

二十七年,孝公卒,子弗湟立,是为惠公[3]。惠公三十年,晋人弑其君昭侯[4]。四十五年,晋人又弑其君孝侯[5]。

秦国开始列为诸侯。

二十七年,孝公去世,儿子弗湟继位,这就是惠公。惠公三十三年,晋国人弑杀了他们的国君昭侯。四十五年,晋国人又弑杀他们的国君孝侯。

注释 **1** 幽王:姬宫涅,公元前 781 年—前 771 年在位。 **2** 列为诸侯:排在诸侯的行列之中。秦襄公因打败犬戎,护送周平王东迁而被封为诸侯。 **3** 惠公:公元前 768 年—前 723 年在位。 **4** 昭侯:公元前 745 年—前 740 年位。 **5** 孝侯:公元前 739 年—前 724 年在位。晋人两弑君事,详见《晋世家》。

四十六年,惠公卒,长庶子息摄当国,行君事,是为隐公[1]。初,惠公適[2]夫人无子,公贱妾声子生子息。息长,为娶于宋。宋女至而好[3],惠公夺而自妻之,生子允。登宋女为夫人,以允为太子。及惠公卒,为允少故,鲁人共令息摄政,不言即位。

隐公五年,观渔于

四十六年,惠公去世,庶室所出的长子息代理主持国政,行使国君权力,这就是隐公。当初,惠公的元配夫人没有生儿子,他的贱妾声子生了儿子息。息长大了,惠公为他从宋国娶来了妻。宋国女子来到鲁国,因为她长得漂亮,惠公夺过去,自己娶了她,她生了儿子允。惠公把宋国女子升为夫人,让允做太子。等到惠公去世,因为允年纪小的缘故,鲁国人共同商议让息代理国政,不说是即位。

隐公五年,在棠地观看捕鱼。八年,拿许田去和郑国交换天子赐的祭

棠[4]。八年，与郑易天子之太山之邑祊及许田，君子讥之。[5]

祀太山的汤沐邑祊，君子讥笑这件事。

注释 1 隐公：公元前722年—前712年在位。《世本》名“息姑”。 2 適：通“嫡”。嫡夫人，君王的元配、正妻。 3 好：长得漂亮。 4 观渔：让捕鱼人陈设取鱼的器具，观其取鱼以为戏乐。 棠：地名。今山东鱼台县西南有观鱼台址。 5 易：交换。 祊(bǐng)：通“邴”，邑名。郑祀泰山的汤沐邑，在今山东费县东南。 许田：鲁君朝见周王时的朝宿之邑。其地在今河南许昌市东南。《史记志疑》：“是年郑归祊耳，易许田在后四年，说见《周纪》。” 君子讥之：盖指《穀梁传》之评议。《史记集解》引《穀梁传》曰：“祊者，郑伯之所受命于天子而祭泰山之邑也。许田乃鲁之朝宿之邑。天子在上，诸侯不得以地相与。”

十一年冬，公子挥谄[1]谓隐公曰：“百姓便君，君其遂立。吾请为君杀子允，君以我为相。[2]”隐公曰：“有先君命。吾为允少，故摄代。今允长矣，吾方营菟裘之地而老焉[3]，以授子允政。”挥惧子允闻而反诛之，乃反谮隐公于子允曰：“隐公欲遂立，去子，子其图之。请为子杀隐公。[4]”子允许诺。十一月，隐公祭钟

十一年冬天，公子挥对隐公巴结献媚说：“百姓们认为您做国君合适，您还是正式继位吧。请让我替您去杀了子允，您任用我做国相。”隐公说：“有先君的遗命。因为允年纪小，所以我暂时代理。现在允就要长大了，我正在菟裘建筑房屋，要到那里去养老，以便把国家政权交给子允。”挥担心子允听说这件事会反过来诛杀他，就反过来在子允面前说隐公的坏话，说：“隐公想最终继位，把您除掉，您还是谋划一下吧。请让我替您杀了隐公。”子允答应了。十一月，隐公

巫，齐于社圃，馆于蒍氏。[5]挥使人弑隐公于蒍氏，而立子允为君，是为桓公。[6]

祭祀钟巫神，在社圃园斋戒，住在大夫蒍氏家中。挥派人在蒍氏家中杀了隐公，立子允做国君，这就是桓公。

注释 1 谄：巴结奉承，谄媚。 2 便：方便，合宜。 遂：竟，终。 子允：《史记志疑》："桓公名多异。此处五称'子允'，疑'子'字羡文。" 相：《左传》作"大宰"。 3 营：营造，建筑。 菟(tú)裘：地名，在今山东泰安市东南。古为嬴姓之国，其后土地并于鲁。 老：终老。 4 隐公：《史记志疑》："生而称谥非也，当衍两'隐'字。《史诠》曰当作'今君'。" 5 钟巫：祭名，或为神巫名。隐公在做公子时，和郑国在狐壤作战被俘，囚禁在郑大夫尹氏家中。买通尹氏，向尹氏之家所立之钟巫牌位祈祷，终于和尹氏一起回到鲁国，回来后也把钟巫的牌位立在鲁国，给予祭祀。 齐：通"斋"，斋戒。 社圃：园名。 馆：住宿。 蒍(wěi)氏：鲁国大夫。
6 蒍氏：此指蒍氏之家。 桓公：《世本》名"轨"，公元前711年—前694年在位。

桓公元年，郑以璧易天子之许田[1]。二年，以宋之赂鼎入于太庙，君子讥之。[2]

三年，使挥迎妇于齐，为夫人。六年，夫人生子，与桓公同日，故名曰同。同长，为太子。

十六年，会于曹，伐郑，入厉公。[3]

桓公元年，郑国用玉璧来交换周天子赐给鲁国的许田。二年，鲁国把宋国贿赂鲁国的郜鼎放进太庙，君子讥笑这件事。

三年，派公子挥到齐国去迎接齐女为夫人。六年，夫人生了儿子，和桓公是同日出生的，所以取名叫同。同长大了，成为太子。

十六年，在曹国举行盟会，攻打郑国，谋划送厉公回国。

注释 1《史记集解》引麋信曰:“郑以祊不足当许田,故复加璧。” 2 宋之赂鼎:宋国大宰宋督(后来之华氏)杀司马孔父弒殇公,桓公与齐釐公、陈桓公、郑庄公会于稷(今河南商丘市境),不讨弒君之贼而扶立宋庄公,树立华氏之政权。宋以郜(国名,早为宋所灭)鼎贿赂桓公,齐、陈、郑亦皆有贿赂。 君子讥之:《史记集解》引《穀梁传》曰:“桓公内杀其君,外成人之乱,受赂而退,以事其祖,非礼也。”又引《公羊传》曰:“周公庙曰太庙。” 3 曹:国名。周武王弟叔振铎所封,都陶丘,公元前487年为宋所灭。详见《管蔡世家》后所附。 厉公:郑侯姬突。因与大臣祭仲矛盾而出居栎邑(今河南禹州市)。入厉公,《史记志疑》:“‘入’上缺‘谋’字,盖厉未入也。”

十八年春,公将有行[1],遂与夫人如齐。申繻[2]谏止,公不听,遂如齐。齐襄公通[3]桓公夫人。公怒[4]夫人,夫人以告齐侯。夏四月丙子,齐襄公飨公,公醉,使公子彭生抱鲁桓公,因命彭生搚其胁,公死于车。[5]鲁人告于齐曰:“寡君畏君之威,不敢宁居,来修好礼[6]。礼成而不反,无所归咎[7],请得彭生以除丑于诸侯。”齐人杀彭生以说[8]鲁。立太子同,是为庄公[9]。庄公母夫人因

十八年春天,桓公准备外出,和夫人去齐国。申繻进谏劝止,桓公不听从,就到了齐国。齐襄公和桓公夫人通奸。桓公对夫人很生气,夫人把情况告诉齐侯。夏天四月丙子日,齐襄公设宴款待桓公,桓公酒醉,齐襄公让公子彭生抱出鲁桓公,就此命令彭生折断他的腋下肋骨,桓公死在车上。鲁国人告诉齐君说:“我们国君畏惧您的威严,不敢安居,前去贵国修复旧好。关系修复但没有返回,无处去追究罪责,请求得到彭生以便在诸侯面前消除丑闻。”齐国人杀了彭生以安抚鲁国。鲁国立太子同为君,这就是庄公。庄公的母夫人就此留

留齐，不敢归鲁。

在齐国，不敢返回鲁国。

注释 1 有行：外出。 2 申繻(xū)：鲁大夫。其谏辞曰：“女有家，男有室，无相渎也。谓之有礼。易此，必败。”见《左传》。 3 通：私通，通奸。 4 怒：生气。 5 丙子：十日。 飨公：《史记集解》引服虔曰：“为公设享醼之礼。” 摺(lā)：同“拉”，拉断，折断。 胁：腋下肋骨。事详《齐太公世家》。 6 来修好礼：《左传》作“来修旧好”。 7 咎：罪。 8 说：通“悦”。 9 庄公：公元前693年—前662年在位。

庄公五年冬，伐卫，内卫惠公[1]。

八年，齐公子纠来奔[2]。九年，鲁欲内子纠于齐，后桓公，桓公发兵击鲁，鲁急，杀子纠。召忽死。齐告鲁生致[3]管仲。鲁人施伯[4]曰：“齐欲得管仲，非杀之也，将用之，用之则为鲁患。不如杀，以其尸与之。”庄公不听，遂囚管仲与齐。齐人相管仲。

十三年，鲁庄公与曹沫会齐桓公于柯，曹沫劫齐桓公，求鲁侵地，已盟而释桓公。[5]桓公欲背约，管

庄公五年冬天，攻打卫国，送卫惠公回国。

八年，齐国公子纠前来投奔。九年，鲁国想送公子纠回齐国，但落后于桓公，桓公出动军队攻击鲁国，鲁国告急，杀了公子纠。召忽死了。齐国告诉鲁国把管仲活着送回去。鲁国人施伯说：“齐国是想得到管仲，不是要杀了他，而是要重用他，重用了他，齐国就会成为鲁国的祸患。不如杀了他，把他的尸体给齐国。”庄公不听从，就把管仲囚禁着送给齐国。齐桓公任管仲为相。

十三年，鲁庄公和曹沫在柯地与齐桓公盟会，曹沫劫持齐桓公，索求鲁国被侵占的土地，得到盟誓以后，曹沫就释放了桓公。桓公想违背约定，管仲劝谏，最终归还了齐国侵占的鲁国

仲谏，卒归鲁侵地。

十五年，齐桓公始霸[6]。二十三年，庄公如齐观社[7]。

土地。

十五年，齐桓公开始称霸。二十三年，庄公到齐国去观看祭祀社神。

注释 1 内：同“纳”。 卫惠公：即子朔，因谋取君位不容于群公子而奔齐，今武力纳之。事详《卫康叔世家》。 2 齐公子纠与桓公争立事，已详《齐太公世家》。 3 生致：送来活人。 4 施伯：《世本》云：“鲁惠公孙。” 5 事详《齐太公世家》。 6 齐桓公始霸：《春秋·庄公十五年》：“十有五年春，齐侯、宋公、陈侯、卫侯、郑伯会于鄄。”《左传·庄公十五年》：“春，复会焉，齐始霸也。” 7 观社：《史记集解》引韦昭曰：“齐因祀社，蒐军实以示军容，公往观之。”

三十二年。初，庄公筑台临党氏，见孟女，说而爱之，许立为夫人，割臂以盟。[1]孟女生子斑。斑长，说梁氏[2]女，往观。圉人荦[3]自墙外与梁氏女戏。斑怒，鞭荦。庄公闻之，曰：“荦有力焉，遂杀之，是未可鞭而置[4]也。”斑未得杀。会庄公有疾。庄公有三弟，长曰庆父，次曰叔牙，次曰季友。庄公取齐女为夫人，曰哀姜。哀姜无子。哀姜

三十二年。当初，庄公建了座高台临近党氏之家，看到了党氏的长女孟女，就爱上了她，答应立她做夫人，孟女于是就和庄公割臂以血盟誓。孟女生了儿子斑。斑长大了，喜欢梁氏之女，前去看望她。养马人荦在墙外和梁氏女戏耍。斑大怒，鞭打荦。庄公听说这件事，说：“荦是很有气力的人，应该就此杀掉他，不可以只鞭打而不杀。”斑没来得及杀掉荦。正碰上庄公生病。庄公有三个弟弟，大的叫庆父，二的叫叔牙，三的叫季友。庄公娶了齐国女子做夫人，叫哀姜。哀姜没有生儿子。哀姜的妹妹叫叔姜，生了儿

娣[5]曰叔姜，生子开。庄公无適嗣[6]，爱孟女，欲立其子斑。庄公病，而问嗣[7]于弟叔牙。叔牙曰："一继一及，鲁之常也。[8]庆父在，可为嗣，君何忧？"庄公患叔牙欲立庆父，退而问季友。季友曰："请以死立斑也。"庄公曰："曩[9]者叔牙欲立庆父，柰何？"季友以庄公命命牙待于鍼巫氏，使鍼季劫饮叔牙以鸩，曰："饮此，则有后奉祀；不然，死且无后。"[10]牙遂饮鸩而死，鲁立其子为叔孙氏[11]。八月癸亥[12]，庄公卒，季友竟立子斑为君，如庄公命。侍丧，舍于党氏[13]。

先时庆父与哀姜私通，欲立哀姜娣子开。及庄公卒而季友立斑，十月己未[14]，庆父使圉人荦杀鲁公子斑于党氏。季友奔陈。庆父竟立庄公子开，是为湣公。[15]

子开。庄公没有嫡子，喜爱孟女，想立孟女的儿子斑。庄公生病，问弟弟叔牙让谁做继位人。叔牙说："父死子继，兄死弟及，是鲁国的常规。庆父还在，可以做继位人，您何必担忧？"庄公担心叔牙想扶立庆父，叔牙退下后他又问季友。季友说："我一定拼命立斑为君。"庄公说："不久前叔牙想立庆父为君，怎么办？"季友奉庄公的命令让叔牙在鍼巫氏家里待命，派鍼季劫持叔牙饮毒酒，说："饮了此酒，你就会有后代承奉祭祀；否则，你死了还会没有后代。"叔牙就饮毒酒死去了，鲁国立他的儿子做叔孙氏。八月癸亥日，庄公去世，季友扶立子斑做国君，按照庄公的遗命做了。子斑为其父守丧期间，居住在党氏家。

先前庆父和哀姜私通，想立哀姜妹妹的儿子开做国君。等到庄公去世而季友扶立斑，十月己未日，庆父派养马人荦在党氏家杀死了鲁公子斑。季友奔往陈国。庆父立了庄公的儿子开做了国君，这就是湣公。

注释 1 黨(zhǎng)氏:鲁大夫,任姓。据《读史方舆纪要》,庄公台在曲阜市东北八里。 割臂以盟:孟女割臂和庄公相盟誓。割臂,破臂出血以歃。割,指残破,非割断。 2 梁氏:鲁大夫。 3 圉(yǔ)人:官职名,掌养马刍牧之事。 荦(luò):人名。 4 置:放过不杀。 5 娣:妹。 6 適嗣:正妻之子,即嫡子。 7 嗣:继位人。 8 一继一及:指君位世袭制,父死子为君叫"继",兄死弟为君叫"及"。 常:常规。 9 曩(nǎng)者:不久前。 10 鍼(qián)巫氏:鲁大夫。 鸩(zhèn):毒酒。鸩,本为鸟名,其羽毛有毒,古人用以为毒酒杀人。《史记集解》引服虔曰:"鸩鸟,一曰运日鸟。" 11 叔孙氏:《史记集解》引杜预曰:"不以罪诛,故得立后,世继其禄也。" 12 癸亥:五日。 13 舍于黨氏:《史记正义》:"未至公宫,止于舅氏。" 14 己未:二日。 15 开:《世本》名"启",因避汉景帝讳而作"开"。 湣公:公元前661年—前660在位。湣,《春秋》作"闵",《汉书》作"愍"。

湣公二年,庆父与哀姜通益甚。哀姜与庆父谋杀湣公而立庆父。庆父使卜齮袭杀湣公于武闱。[1]季友闻之,自陈与湣公弟申如邾,请鲁求内之。[2]鲁人欲诛庆父。庆父恐,奔莒[3]。于是季友奉子申入,立之,是为釐公[4]。釐公亦庄公少子。哀姜恐,奔邾。季友以赂如莒求庆父,庆父归,使人杀庆父,庆父请奔,弗听,

湣公二年,庆父和哀姜私通更加频繁。哀姜和庆父策谋杀害湣公而立庆父做国君。庆父派卜齮在宫中侧门袭击杀死湣公。季友听说了,和湣公的弟弟申从陈国到了邾国,请求鲁国接他们回去。鲁国人想诛杀庆父。庆父恐惧,逃奔到莒国。于是季友拥戴子申进入鲁国,扶立他做国君,这就是釐公。釐公也是庄公的小儿子。哀姜恐惧,逃奔到邾国。季友以贿赂的方式向莒国要庆父,庆父回国,季友派人去杀庆父,庆父请求出

乃使大夫奚斯[5]行，哭而往。庆父闻奚斯音，乃自杀。齐桓公闻哀姜与庆父乱以危鲁，乃召之邾而杀之，以其尸归，戮之鲁。[6]鲁釐公请而葬之。

季友母陈女，故亡在陈，陈故佐送季友及子申。季友之将生也，父鲁桓公使人卜之，曰："男也，其名曰'友'，间于两社[7]，为公室辅。季友亡，则鲁不昌。"及生，有文在掌曰"友"，遂以名之，号为成季。其后为季氏，庆父后为孟氏也。

逃，季友不听从，庆父就派大夫奚斯前去求情，奚斯哭着返回庆父家。庆父听到奚斯的哭声，就自杀了。齐桓公听说哀姜和庆父淫乱而危害了鲁国，就从邾国召回哀姜而把她杀了，把她的尸体送回鲁国陈尸示众。鲁釐公请求齐国人把她埋葬了。

季友的母亲是陈国女子，先前逃亡在陈国，陈国因此帮助季友和子申，将他们送回鲁国。季友将要出生的时候，父亲鲁桓公派人占卜，卦辞说："是个男孩，他的名字叫'友'，会处在周社和亳社之间的位置上，成为公室的辅佐。季友逃亡，那么鲁国就不会昌盛。"等到他生下来，有一个"友"字在手掌中间，桓公就用这个字给他命名，称为成季。他的后代称为季氏，庆父的后代称为孟氏。

注释　1 卜齮(yǐ)：鲁大夫。　武闱(wéi)：路寝之旁门。武，或以为当作"虎"，虎门，路寝之门。闱，宫中侧门。　2 邾(zhū)：曹姓国，后改名"邹"，地在今山东邹城市一带。战国时为楚所灭。　3 莒(jǔ)：西周分封的己姓国，春秋初迁于莒邑。地在今山东莒县。　4 釐公：公元前659年—前627年在位。釐，《春秋》作"僖"。　5 奚斯：即公子鱼。依《左传》，奚斯去向季友求情，请求允许庆父出奔，因为季友不许，他才哭着返回。　6 归：归于鲁。　戮：陈尸示众。　7 间于两社：成为鲁国的执政大臣。两社，右为周社，左为亳社，在诸侯宫室的雉门之外，为君臣日见，诸臣治官书之地，正是执政大臣的治事之所。

釐公元年，以汶阳鄪封季友[1]。季友为相。

九年，晋里克杀其君奚齐、卓子[2]。齐桓公率釐公讨晋乱，至高梁而还，立晋惠公[3]。十七年，齐桓公卒。二十四年，晋文公[4]即位。

三十三年，釐公卒，子兴立，是为文公[5]。

文公元年，楚太子商臣[6]弑其父成王，代立。三年，文公朝晋襄公[7]。

釐公元年，划出汶阳之田和鄪邑封给季友。季友做国相。

九年，晋国里克杀死他的国君奚齐、卓子。齐桓公率领釐公去讨伐晋国叛乱，到达高梁邑后回来了，拥立了晋惠公。十七年，齐桓公去世。二十四年，晋文公即位。

三十三年，釐公去世，儿子兴继位，这就是文公。

文公元年，楚国的太子商臣杀了他的父亲成王，取代他父亲而继位。三年，文公去朝拜晋襄公。

注释 **1** 以汶阳鄪封季友：《左传》作“公赐季友汶阳之田及费”，据此，汶阳与费为二地。汶阳，汶水北面之田，地在今山东泰安市东南。鄪(bì)，邑名，亦作“费”“肸”，在今山东费县北。 **2** 里克：晋大夫。 奚齐、卓子：均晋献公子。事详《晋世家》。 **3** 晋惠公：晋献公子，名夷吾，公元前650年—前637年在位。 **4** 晋文公：晋献公子，名重耳，公元前636年—前628年在位。 **5** 文公：公元前626年—前609年在位。 **6** 商臣：因其父成王欲废长立少而弑之，代立为穆王。公元前625年—前614年在位。 **7** 晋襄公：晋文公子，公元前627年—前621年在位。

十一年十月甲午，鲁败翟于咸，获长翟乔如，富父终甥舂其喉以戈，杀之，埋其首于子驹之门，以命宣伯。[1]

初，宋武公之世，鄋瞒伐宋，司徒皇父帅师御之，以败翟于长丘，获长翟缘斯。[2]晋之灭路[3]，获乔如弟棼如。齐惠公二年，鄋瞒伐齐，齐王子城父获其弟荣如，埋其首于北门。[4]卫人获其季弟简如。鄋瞒由是遂亡。[5]

十五年，季文子[6]使于晋。

十一年十月甲午日，鲁国在咸地打败长翟，俘获了长翟乔如，大夫富父终甥用戈来撞击长翟乔如的喉部，杀死了他，把他的头埋在鲁北郭之西门，以乔如来命名叔孙得臣的儿子。

当初，在宋武公的时代，鄋瞒攻打宋国，司徒官皇父率领军队加以抵抗，因而在长丘打败了翟人，俘获了长翟缘斯。以后晋国灭掉路氏国，俘获到乔如的弟弟棼如。齐惠公二年，鄋瞒攻打齐国，齐国大夫王子城父俘获了乔如的弟弟荣如，把他的头埋在北门。卫国人俘获了乔如的小弟弟简如。鄋瞒从此灭亡了。

十五年，季文子出使晋国。

注释　**1** 甲午：三日。　翟：通“狄”。狄有赤狄、白狄、长狄。此指长狄。　咸：鲁地名，在今山东巨野县东南。　富父终甥：鲁大夫。　舂：通“冲”，撞击。　子驹之门：鲁北郭之西门。　命：以……命名。　宣伯：即叔孙得臣之子叔孙乔如。用所获敌人之名做自己儿子的名字，意在表彰自己的功绩。是时得臣所获者三人，还有虺、豹，而皆以名其子。
**2** 宋武公：名司空，公元前765年—748年在位。　鄋(sōu)瞒：长狄部落名。相传为夏代防风氏，殷代汪芒氏的后代。　皇父：宋戴公之子，名充石，字皇父，官司徒。　长丘：宋邑，在今河南封丘县南。　长翟缘斯：乔如的祖先。　**3** 路：《左传》作“潞氏”，国名，赤狄之别种，其地当在今山西潞城市东北。灭潞氏，事在鲁宣公十五年，此连及说之。 **4** 齐惠公二年：亦当鲁宣公二年，即公元前 607 年。齐惠公，公元前 608 年—前 599 年在位。 王子城父：齐国大夫。 **5** 鄋瞒由是遂亡：《史记集解》引杜预曰："长翟之种绝。" **6** 季文子：季友之子季孙行父，鲁国公族。后为鲁宣公、成公、襄公之相。

十八年二月，文公卒。文公有二妃：长妃齐女为哀姜，生子恶及视；次妃敬嬴，嬖爱，生子俀。[1] 俀私事襄仲，襄仲欲立之，叔仲曰不可。[2] 襄仲请齐惠公，惠公新立，欲亲鲁，许之。冬十月，襄仲杀子恶及视而立俀，是为宣公[3]。哀姜归齐，哭而过市，曰："天乎！襄仲为不道，杀適立庶！"市人皆哭，鲁人谓之"哀姜"。鲁由此公室卑，三桓[4]强。

十八年二月，文公去世。文公有两个妃子：长妃为齐国女子哀姜，生了儿子恶和视；次妃为敬嬴，受到宠幸，生了儿子俀。俀私下勾结襄仲，襄仲想扶立他，叔仲惠伯说不可以这么做。襄仲请求齐惠公帮助，惠公刚刚继位，想亲近鲁国，就答应了他。冬季十月，襄仲就杀了子恶和视而扶立了俀，这就是宣公。哀姜回到齐国，哭着走过国都街市，喊："天哪！襄仲做事不讲仁道，杀了嫡子而扶立庶子！"街市上的人都哭了，鲁国人称她叫"哀姜"。因为这个缘故，鲁国国君所属的公室衰微了，孟孙氏、叔孙氏、季孙氏强大起来。

注释 **1** 哀姜：《史记索隐》："此'哀'非谥，盖以哭而过市，国人哀之，谓之'哀姜'，故生称'哀'，与上桓夫人别也。" 嬖(bì)爱：宠幸。 俀(wēi)：一作"倭"。《史记志疑》："'俀'乃'倭'之讹。" **2** 私事：私下勾结。 襄仲：公子遂，鲁国大臣。 叔仲：叔仲惠伯，即叔彭生。鲁国大夫，后为襄仲所杀。 3 宣公：公元前 608 年—前 591 年在位。 4 三桓：指鲁桓公之后代孟孙（仲孙）、叔孙、季孙之鲁国三卿。《左传·昭公三十二年》载，史墨对赵简子言曰："鲁文公薨，而东门遂杀適立庶，鲁君于是乎失国，政在季氏。"

宣公俀十二年，楚庄王[1]强，围郑。郑伯[2]降，复国之。

十八年，宣公卒，子成公黑肱[3]立，是为成公。季文子曰："使我杀適立庶失大援[4]者，襄仲。"襄仲立宣公，公孙归父[5]有宠。宣公欲去三桓，与晋谋伐三桓。会宣公卒，季文子怨之，归父奔齐。

宣公俀十二年，楚庄王强大，包围郑国。郑伯投降，楚又让他复国。

十八年，宣公去世，他的儿子黑肱继位，这就是成公。季文子说："让我杀嫡子立庶子而失掉了邻国支援的，是襄仲。"襄仲扶立宣公，公孙归父受到宠幸。宣公想去掉三桓之族，和晋国谋划讨伐三桓之族。碰上宣公去世，季文子产生怨恨，归父逃奔到齐国。

注释 1 楚庄王：公元前 613 年—前 591 年在位。 2 郑伯：时为郑襄公，公元前 604 年—前 587 年在位。 3 肱：一作"股"。 4 失大援：《史记集解》引服虔曰："援，助也。仲杀適立庶，国政无常，邻国非之，是失大援助也。"引杜预曰："襄仲立宣公，南通于楚既不固，又不能坚事齐、晋，故云失大援。" 5 归父：襄仲之子。

成公二年春，齐伐取我隆[1]。夏，公与晋郤克败齐顷公于鞌[2]，齐复归我侵地。

成公二年春天，齐国来攻打鲁国，夺取了隆邑。夏天，成公和晋国郤克在鞌地打败齐顷公，齐国归还了给我国被侵占的土地。

四年，成公如晋，晋景公[3]不敬鲁。鲁欲背晋合于楚，或谏，乃不[4]。十年，成公如晋。晋景公卒，因留成公送葬，鲁讳之[5]。十五年，始与吴王寿梦[6]会钟离。

十六年，宣伯[7]告晋，欲诛季文子。文子有义，晋人弗许。

四年，成公到了晋国，晋景公不敬重鲁国。鲁国想背弃晋国和楚国联合，有人劝谏，才放弃了这个想法。十年，成公到了晋国。晋景公去世，晋国趁机留下成公给景公送葬，鲁国以此为辱，不愿言及。十五年，开始和吴王寿梦在钟离盟会。

十六年，宣伯告诉晋国，想诛杀季文子。文子有道义，晋国人不允许。

注释 **1** 隆:《左传》作“龙”。鲁邑名，在今山东泰安市东南。 **2** 郤克:晋中军帅，主持政事。 齐顷公:公元前598年—前582年在位。 鞌:即历下，在今山东济南市西偏。 **3** 晋景公:公元前599年—前581年在位。 **4** 不(fǒu):同“否”。 **5** 鲁讳之:《史记索隐》云:“《经》不书其葬，唯言‘公如晋’，是讳之。” **6** 吴王寿梦:公元前585年—前561年在位。 **7** 宣伯:叔孙乔如。

十八年，成公卒，子午立，是为襄公[1]。是时襄公三岁也。

襄公元年，晋立悼公[2]。往年冬，晋栾书弑其君厉公[3]。四年，襄公朝晋。

五年，季文子卒。家无

十八年，成公去世，儿子午继位，这就是襄公。这时襄公才三岁。

襄公元年，晋国立悼公做国君。去年冬天，晋国栾书弑杀了他的国君厉公。四年，襄公去晋国朝见。

五年，季文子去世。家中没有穿着帛衣的妃妾，马厩里没有用

衣帛之妾，厩无食粟之马，府无金玉，以相三君[4]。君子曰："季文子廉忠矣。"

粟喂养的马匹，府库中没有贮藏金玉，而他连续辅佐了三位国君。君子们说："季文子做到了廉洁忠正。"

九年，与晋伐郑。晋悼公冠襄公于卫，季武子从，相行礼。[5]

九年，和晋国讨伐郑国。晋悼公在卫国替襄公行冠礼，季武子随从，辅助举行冠礼仪式。

十一年，三桓氏分为三军[6]。

十一年，三桓氏分别统率三军。

注释 **1** 襄公：公元前 572 年—前 542 年在位。 **2** 悼公：公元前 572 年—前 558 年在位。 **3** 栾书：晋国执政大臣。 厉公：公元前 580 年—前 573 年在位。 **4** 三君：指宣公、成公、襄公。 **5** 冠：古以人君年十二行冠礼，目为成人，始能结婚。《史记集解》引《左传》曰："冠于成公之庙，假钟磬焉，礼也。" 季武子：即季孙宿，季文子之子，继其父执政。 **6** 三桓氏分为三军：《史记集解》引韦昭曰："周礼，天子六军，诸侯大国三军。鲁，伯禽之封，旧有三军，其后削弱，二军而已。季武子欲专公室，故益中军，以为三军，三家各征其一。"《史记索隐》："征谓起徒役也。武子为三军，故一卿主一军之征赋也。"

十二年，朝晋。十六年，晋平公[1]即位。二十一年，朝晋平公。

十二年，朝见晋君。十六年，晋平公即位。二十一年，朝见晋平公。

二十二年，孔丘生[2]。

二十二年，孔丘出生。

二十五年，齐崔杼弑其君庄公，立其弟景公。[3]

二十五年，齐国崔杼弑杀了他的国君庄公，扶立庄公的弟弟景公。

二十九年，吴延陵季子[4]使鲁，问周乐，尽知其意，鲁人敬焉。

三十一年六月，襄公卒。其九月，太子卒[5]。鲁人立齐归之子裯为君，是为昭公。[6]

二十九年，吴国延陵季子出使到鲁国，询问周朝礼乐，他了解全部礼乐的内容，鲁国人敬重他。

三十一年六月，襄公去世。这年九月，太子去世了。鲁国人立齐归的儿子裯做国君，这就是昭公。

注释 1 晋平公：公元前 557 年—前 532 年在位。 2 孔丘生：《史记正义》："生在周灵王二十一年，鲁襄二十二年，晋平七年，吴诸樊十年。" 3 崔杼：齐国大臣。 庄公：公元前 553 年—前 548 年在位。事详《齐太公世家》。 景公：公元前 547 年—前 490 年在位。 4 延陵季子：吴王寿梦之子，封于延陵，故称。亦称季札或公子札。问周乐之事详见《吴太伯世家》。 5 太子卒：《史记索隐》引《左传》曰："胡女敬归之子子野，立三月卒。"太子，名子野，在位三月而卒，因尚未改元，故仍称"太子"。 6 齐归：襄公妾敬归之妹，胡女。胡，归姓之国。齐，谥号。 裯：音 dāo 或 chóu。 昭公：公元前 541 年—前 510 年在位。

昭公年十九，犹有童心[1]。穆叔不欲立，曰："太子死，有母弟可立，不即立长。年钧择贤，义钧则卜之。今裯非適嗣，且又居丧意不在戚而有喜色，若果立，必为季氏忧。"[2]季武子弗听，

昭公十九岁，还有孩子气。穆叔不想让他继位，说："太子去世，有他同母的弟弟可以继位，否则就立庶子中年长的。年纪相等就选择贤能的，若都贤能，就用占卜决定。如今裯不是嫡子，而且在丧期没有表现出悲哀，反而有喜悦之色，假若果真让他继位，一定会成为季氏家族的忧患。"季武子不听从，最终立裯做了国君。等到安葬襄公的

卒立之。比及葬，三易衰[3]。君子曰是不终[4]也。

时候，裯因嬉戏无度而三次更换了丧服。君子说这个人是不会善终的。

注释 1 有童心：无成人之志，而有童子之心，就是说有点孩子气。 2 穆叔：即叔孙豹，鲁大夫，宣伯乔如之弟。 年钧：年纪相等。钧，通“均”，下同。 义钧：指贤能均等。 3 三易衰(cuī)：多次更换丧服，是因为嬉戏无度。衰，通“缞”，古时丧服，用最粗的麻布做成，披在胸前。 4 不终：不会善终。

昭公三年，朝晋，至河，晋平公谢还之，鲁耻焉。[1]四年，楚灵王会诸侯于申[2]，昭公称病不往。七年，季武子卒。八年，楚灵王就章华台[3]，召昭公。昭公往贺，赐昭公宝器；[4]已而悔，复诈取之。十二年，朝晋至河，晋平公谢还之。十三年，楚公子弃疾[5]弑其君灵王，代立。十五年，朝晋。晋留之葬晋昭公[6]，鲁耻之。二十年，齐景公与晏子狩竟[7]，因入鲁问礼。二十一年，朝晋至河，晋谢还之。

昭公三年，前去朝见晋君，到了黄河岸边，晋平公婉言谢绝就让他回来了，鲁国感到耻辱。四年，楚灵王在申邑与诸侯盟会，昭公称说有病不去参加。七年，季武子去世。八年，楚灵王建成了章华台，召见昭公。昭公前往祝贺，楚灵王赐给昭公宝器；过后楚灵王又后悔，重新设诈取回来。十二年，去朝见晋君而到了黄河岸边，晋平公婉言谢绝后让他返回了。十三年，楚公子弃疾弑杀他的国君灵王，取代灵王继位为君。十五年，朝见晋君。晋国留下他给晋昭公送葬，鲁国以此为耻。二十年，齐景公和晏子在国境线上打猎，借机进入鲁国询问礼仪。二十一年，朝见晋君到了黄河岸边，晋君谢绝，就让他回来了。

二十五年春，鸜鹆[8]来巢。师己曰："文成之世童谣曰'鸜鹆来巢，公在乾侯。鸜鹆入处，公在外野'。"[9]

二十五年春天，鸜鹆来到宫室筑巢。师己说："文公、成公时期的童谣说'鸜鹆来鲁筑巢，国君会居于乾侯。鸜鹆进来居住，国君要居于野外'。"

注释 1 三年：依《十二诸侯年表》及《左传》，当为"二年"。 谢还：婉言谢绝后返回。时晋君之妾少姜卒，昭公前去吊丧。依当时之礼，即使是诸侯嫡配之丧，诸侯也没有亲自前往吊唁的。 2 楚灵王：公元前540年—前529年在位。 申：楚邑名，在今河南南阳市北。此为楚灵王始会诸侯。 3 章华台：台名，在今湖北监利县北。 4 往贺：《春秋》云："七年三月，公如楚。" 宝器：指大曲之弓。 5 弃疾：楚平王，公元前528年—前516年在位。 6 晋昭公：名夷，公元前531年—前526年在位。 7 竟：通"境"。 8 鸜鹆(qú yù)：鸟名，即八哥。此鸟中国各地多有，《春秋》记此，以为这是昭公出走之先兆。 9 师己：鲁大夫。 文成之世：鲁文公、成公时期。

季氏与郈氏斗鸡，季氏芥鸡羽，郈氏金距。[1]季平子怒而侵郈氏，郈昭伯亦怒平子。[2]臧昭伯之弟会伪谗臧氏[3]，匿季氏，臧昭伯囚季氏人。季平子怒，囚臧氏老[4]。臧、郈氏以难告昭公。昭公九月戊戌[5]伐季氏，遂入。平子登台请曰："君以谗不察臣罪，诛之，

季氏和郈氏下赌注斗鸡争胜负，季氏给鸡披上护甲，郈氏给鸡爪安上金属套。季平子大怒，侵占郈氏的宫地，郈昭伯也对季平子发怒。臧昭伯的从父昆弟臧会造假诋毁臧氏家族，藏匿在季氏家里，臧昭伯把季氏的人囚禁起来。季平子大怒，把臧氏家族的大臣囚禁起来。臧氏、郈氏把祸难报告昭公。昭公在九月戊戌日讨伐季氏，进入季氏家中。季平子登上高台请求说：

请迁沂上。[6]”弗许。请囚于鄪[7]，弗许。请以五乘[8]亡，弗许。子家驹[9]曰：“君其许之。政自季氏久矣，为徒者众，众将合谋。”弗听。郈氏曰：“必杀之。”叔孙氏之臣戾[10]谓其众曰：“无季氏与有，孰利？”皆曰：“无季氏是无叔孙氏。”戾曰：“然，救季氏！”遂败公师。孟懿子闻叔孙氏胜，亦杀郈昭伯。[11]郈昭伯为公使，故孟氏得之。三家共伐公，公遂奔。己亥[12]，公至于齐。齐景公曰：“请致千社[13]待君。”子家曰：“弃周公之业而臣于齐，可乎？”乃止。子家曰：“齐景公无信，不如早之晋。”弗从。叔孙见公还，见平子，平子顿首。[14]初欲迎昭公，孟孙[15]、季孙后悔，乃止。

“您听信谗言而不考察我究竟有没有罪过，就来诛罚，请把我迁徙到沂水边去。”昭公不允许。季平子请求将他囚禁在鄪邑，昭公还是不允许。又请求让他带五辆车逃亡，昭公还是不允许。子家驹说：“您还是允许他吧。政令出于季氏已经很久了，他的党徒很多，这些人将会聚集起来作乱。”昭公不听从。郈氏说：“一定要杀死季平子。”叔孙氏的家臣戾对他的徒众说：“没有季氏和有季氏，哪样有利？”他们都说：“没有季氏，就是没有叔孙氏。”戾说：“对，去救季氏！”他们于是打败了昭公的军队。孟懿子听说叔孙氏获胜了，就杀掉了郈昭伯。郈昭伯是作为昭公派出的使者来迎接孟懿子的，所以孟氏能抓住他。孟孙、叔孙、季孙三家一起攻打昭公，昭公出奔。己亥日，昭公到了齐国。齐景公说：“请让我奉送一千社来款待您。”子家说：“抛弃周公的基业而向齐国称臣，可以吗？”昭公才没接受。子家说：“齐景公不守信用，不如早点儿去晋国。”昭公不听从。叔孙婼会见昭公后回来，见到季平子，季平子叩头。起初叔孙婼想迎接昭公回国，因为孟孙、季孙后悔，就作罢了。

注释 1 郈(hòu):一作"厚",《世本》亦然。 斗鸡:以鸡相斗的博戏。 芥鸡羽:为鸡头、鸡身着小甲。芥,通"介",甲。一说为持芥子为粉末,播散于鸡翼,以迷郈氏鸡之目。 金距:在鸡脚爪上又加以薄金属做成假距。距,鸡附足骨。 2 季平子:季孙意如,季武子之孙。 侵:侵占,此指侵郈氏之房产。 郈昭伯:名恶,鲁孝公之后代。 3 臧昭伯:即臧孙赐。 会:即臧顷伯,宣叔许之孙,臧昭伯之从父昆弟。 4 老:臧氏家之大臣。 5 戊戌:十一日。 6 此句《左传》作"臣请待于沂上以察罪"。 沂:水名,源出山东邹城市东北,在曲阜市西南合于洙水。 7 鄪:季氏邑。 8 五乘:言从亡者人数不多。 9 子家驹:鲁大夫仲孙氏之族,名驹,谥懿伯。 10 戾:《左传》作"鬷戾",叔孙氏之司马。 11 孟懿子:仲孙何忌。 杀郈昭伯:以示与昭公决绝。 12 己亥:十二日。 13 千社:二万五千家。古时以二十五家为一社。 14 叔孙:叔孙婼(ruò),谥昭子,鲁大夫。 顿首:《左传》作"稽颡",为凶拜。这是平子表示自己逐君之哀戚。 15 孟孙:指孟懿子。

二十六年春,齐伐鲁,取郓[1]而居昭公焉。夏,齐景公将内公,令无受鲁赂。申丰、汝贾许齐臣高龁、子将粟五千庾。[2]子将言于齐侯曰:"群臣不能事鲁君,有异[3]焉。宋元公[4]为鲁如晋,求内之,道卒。叔孙昭子[5]求内其君,无病而死。不知天弃鲁乎?抑[6]鲁君有罪于鬼神也?

二十六年春天,齐国讨伐鲁国,取得郓邑而让昭公住在那里。夏天,齐景公将要送昭公回国,命令大臣不要接受鲁国的贿赂。申丰、汝贾答应送齐国大臣高龁、子将五千庾粟。子将对齐侯说:"群臣们不能侍奉鲁君,好像有怪异作祟一样。宋元公为鲁国的事前往晋国,请求送鲁君回国,半路上就去世了。叔孙昭子要求送他的国君回国,没有病就死去了。不知道是上天抛弃鲁国呢?还是鲁君对鬼神犯有罪过呢?希望您暂且愿君且待。”齐景公从之。

等待。”齐景公听从了他的意见。

注释 1 郓(yùn):鲁邑名。此指西郓,在今山东郓城县东。 2 申丰、汝贾:鲁大夫。二人皆为季氏家臣。 高龁(hé):子将家臣。 子将:《左传》作“子犹”,即梁丘据,齐景公之宠臣。 庾:量名。时为二斗四升,约合今之四升八合。五千庾,约为今之二百四十石。 3 异:怪异。 4 宋元公:子佐。公元前531年—前517年在位。卒于曲棘,地在今山东肥城市东南。 5 叔孙昭子:名婼,即穆叔之子。 6 抑:抑或,还是。

二十八年,昭公如晋,求入。季平子私于晋六卿[1],六卿受季氏赂,谏晋君,晋君乃止,居昭公乾侯。二十九年,昭公如郓。齐景公使人赐昭公书,自谓“主君”[2]。昭公耻之,怒而去乾侯。

三十一年,晋欲内昭公,召季平子。平子布衣跣行,因六卿谢罪。[3]六卿为言曰:“晋欲内昭公,众不从。”晋人止。

三十二年,昭公卒于乾侯。鲁人共立昭公弟宋为君,是为定公[4]。

二十八年,昭公到了晋国,请求晋国送他回国。季平子私下勾结晋国六卿,六卿接受了季氏的贿赂,劝说晋君,晋君就作罢了,让昭公住在乾侯。二十九年,昭公到了郓邑。齐景公派人送给昭公一封信,称昭公为“主君”。昭公以此为耻,一怒之下就去了乾侯。

三十一年,晋国想送昭公回国,召唤季平子。平子身着布衣赤脚而行,通过六卿向晋君谢罪。六卿替他说话说:“晋国想送昭公回国,但众人不听从。”晋国人便作罢了。

三十二年,昭公在乾侯去世。鲁国人共同扶立昭公的弟弟宋做国君,这就是定公。

注释 1 晋六卿：范、中行、智、韩、赵、魏六族，称六卿。 2 自谓"主君"："自"字当依《十二诸侯年表》及《左传》删。春秋时卿大夫家臣称卿大夫为主为君，今齐侯称鲁侯为主君，是视鲁昭公为大夫，卑视鲁君。《史记集解》引服虔曰："大夫称'主'。比公于大夫，故称'主君'。" 3 布衣跣(xiǎn)行：表示忧伤。跣，赤足。 因：通过。 4 定公：公元前509年—前495年在位。

定公立，赵简子问史墨曰："季氏亡乎？"[1] 史墨对曰："不亡。季友有大功于鲁，受鄪为上卿，至于文子、武子，世增其业。鲁文公卒，东门遂[2]杀适立庶，鲁君于是失国政。政在季氏，于今四君[3]矣。民不知君，何以得国！是以为君慎器与名[4]，不可以假人。"

定公五年，季平子卒。阳虎私怒，囚季桓子，与盟，乃舍之。[5]七年，齐伐我，取郓，以为鲁阳虎邑以从政[6]。

定公继位，赵简子问史墨说："季氏会灭亡吗？"史墨回答说："不会灭亡。季友为鲁国立过大功，受封于鄪邑，是国家的上卿，到了文子、武子，累世扩大了他们的功业。鲁文公去世，东门遂杀死嫡子扶立庶子，鲁君因此而失掉了掌政的权力。政权掌握在季氏手中，到如今已经经历了四代国君了。民众不知道他们的国君，这样的国君怎么能掌握国家！因此做国君的要谨慎守住车服和爵号，不可以给予别人。"

定公五年，季平子去世。阳虎因私愤而发怒，囚禁了季桓子，和他盟誓后，才放了他。七年，齐国攻打我国，取得郓邑，把郓邑作为鲁国阳虎的封邑，让他在那里处理政务。

注释 1 赵简子：即赵鞅，赵国大臣。 史墨：晋国史官蔡墨。 2 东门遂：即襄仲。居于东门，故称。 3 四君：即宣公、成公、襄公、昭公。

4 器、名:《史记集解》引杜预曰:“器,车服;名,爵号。” 5 阳虎:一作“阳货”,季孙氏的家臣。 私怒:因私愤而发怒。 季桓子:季平子之子季孙斯,鲁执政大臣。 6 从政:处理政务。

八年,阳虎欲尽杀三桓適,而更立其所善庶子以代之。载季桓子将杀之,桓子诈而得脱。三桓共攻阳虎,阳虎居阳关[1]。九年,鲁伐阳虎,阳虎奔齐,已而奔晋赵氏[2]。

十年,定公与齐景公会于夹谷,孔子行相事[3]。齐欲袭鲁君,孔子以礼历阶,诛齐淫乐,齐侯惧,乃止,归鲁侵地而谢过。[4]十二年,使仲由[5]毁三桓城,收其甲兵。孟氏不肯堕城,伐之,不克而止。[6]季桓子受齐女乐[7],孔子去。

八年,阳虎想将三桓氏的嫡子全都杀死,而改立其他和他相好的庶子来代替三桓。他用车载着季桓子,想要杀掉他,桓子运用谋诈而得以逃脱。三桓氏一同进攻阳虎,阳虎退居阳关。九年,鲁国攻打阳虎,阳虎逃奔到齐国,随后投奔晋国赵氏家族。

十年,定公和齐景公在夹谷会盟,孔子担任盟会的司仪。齐国欲袭击鲁君,孔子依礼拾级而上,斩杀了奏淫乐的莱夷人,齐侯恐惧,就作罢了,归还侵占的鲁国土地来谢罪。十二年,定公派仲由毁掉三桓氏家邑的城墙,没收他们的铠甲武器。孟氏不肯让毁城,定公就派兵去攻打,不能取胜而作罢。季桓接受齐国送的歌姬舞女,孔子离去了。

注释 1 阳关:鲁邑,在今山东泰安市东南。 2 赵氏:指赵鞅。阳虎奔赵为其家臣。 3 行相事:做盟会的司仪。相,赞礼者。 4 历阶:拾级而上。 淫乐:指奏淫乐之莱夷人。事详《齐太公世家》。 5 仲由:子路,孔子弟子。 6 堕(huī):通“隳”,毁坏。 克:战胜。 7 女乐:歌姬舞女。

十五年，定公卒，子将立，是为哀公[1]。

哀公五年，齐景公卒。六年，齐田乞[2]弑其君孺子。

七年，吴王夫差强，伐齐，至缯，征百牢于鲁。[3]季康子使子贡说吴王及太宰嚭[4]，以礼诎之。吴王曰："我文身[5]，不足责礼。"乃止。

十五年，定公去世，子将继位，这就是哀公。

哀公五年，齐景公去世。六年，齐国田乞弑杀他的国君孺子。

七年，吴王夫差强大，攻打齐国，到达缯邑，向鲁国索要牛、羊、猪各百头。季康子派子贡去游说吴王和太宰嚭，依据礼仪使他们屈服。吴王说："我们的风俗是纹身，不懂得中原的礼仪。"就作罢了。

注释 1 哀公：公元前494年—前467年在位。《春秋》止于哀公十六年，是年孔子卒。哀公二十年，进入战国时期。《左传》记事止于哀公二十七年，即周贞定王元年(前468)。 2 田乞：齐执政大臣。其弑君事，详见《齐太公世家》。 3 夫差：公元前495年—前473年在位。 牢：古代祭祀或宴享时用的牲畜，牛、羊、猪各一头为太牢，羊豕各一头为少牢。 4 季康子：季孙肥，季桓子之子，时为鲁执政大臣。 子贡：名端木赐，卫国人，孔子弟子。 5 文身：即"纹身"，在身上刺刻花纹。

八年，吴为邹伐鲁，至城下，盟而去。[1]齐伐我，取三邑[2]。十年，伐齐南边。十一年，齐伐鲁。季氏用冉有[3]有功，思孔子，孔子自卫归鲁。

十四年，齐田常[4]弑其

八年，吴国因为救邹国而攻打鲁国，到了国都城下，盟誓后撤回了。齐国攻打我国，取得三邑。十年，鲁国攻打齐国南部边境。十一年，齐国攻打鲁国。季氏因为冉有立了功劳，思念孔子，孔子从卫国返回鲁国。

十四年，齐国田常在徐州弑

君简公于徐州。孔子请伐之,哀公不听。

十五年,使子服景伯、子贡为介[5],适齐,齐归我侵地。田常初相,欲亲诸侯。

十六年,孔子卒。

二十二年,越王句践灭吴王夫差。

杀了他的国君简公。孔子请求去讨伐他,哀公不听从。

十五年,派子服景伯、子贡做副使,去齐国,齐国归还了所侵占的鲁国土地。因为田常刚做齐国国相,想要亲近诸侯,所以如此。

十六年,孔子去世。

二十二年,越王句践消灭了吴王夫差。

注释 1 因先一年秋,鲁伐邹,邹请救于吴,故吴来伐鲁,吴人盟而还。 2 取三邑:《齐太公世家》《左传》俱云“取讙、阐”,疑“三”乃“二”字之误。 3 冉有:冉求,字子有,为孔子弟子。时为季氏宰。 4 田常:田成子。弑君事详见《齐太公世家》。 5 子服景伯:鲁大夫。 介:副使,助手。

二十七年春,季康子卒。夏,哀公患三桓,将欲因诸侯以劫之,三桓亦患公作难,故君臣多间。[1]公游于陵阪,遇孟武伯[2]于街,曰:“请问余及死乎?”对曰:“不知也。”公欲以越伐三桓。八月,哀公如陉氏[3]。三桓攻公,公奔于卫,去如邹,遂如越。国人迎哀公复归,卒于有山氏。

二十七年春天,季康子去世。夏天,哀公担心三桓氏作乱,想要借着诸侯的力量胁迫他们,三桓氏也担心哀公会发难,所以君臣之间多有仇隙。哀公在陵阪游乐,在街上碰见了孟武伯,哀公说:“请问一下,我会寿终而死吗?”孟武伯回答说:“不知道。”哀公想借着越国讨伐三桓氏。八月,哀公到了陉氏家。三桓氏攻击哀公,哀公逃往卫国,随后又离开卫国前往邹国,又去了越国。鲁国人迎接哀公回国,哀公最终死在子宁立，是为悼公[4]。

有山氏家。儿子宁继位，这就是悼公。

注释 1 劫：胁迫。 作难：发难。 间：仇隙。 2 孟武伯：鲁国大臣仲孙彘。 3 陉(xíng)氏：即有山氏。 4 悼公：公元前466年—前429年在位。

悼公之时，三桓胜，鲁如小侯，卑于三桓之家。

十三年，三晋灭智伯[1]，分其地有之。

三十七年，悼公卒，子嘉立，是为元公[2]。元公二十一年卒，子显立，是为穆公[3]。穆公三十三年卒，子奋立，是为共公[4]。共公二十二年卒，子屯立，是为康公[5]。康公九年卒，子匽立，是为景公[6]。景公二十九年卒，子叔立，是为平公[7]。是时六国皆称王。

悼公的时候，三桓家族得势，鲁君如同小侯，比三桓地位低。

十三年，韩、赵、魏三家灭掉了智伯，瓜分了他的领土。

三十七年，悼公去世，儿子嘉继位，这就是元公。元公二十一年去世，儿子显继位，这就是穆公。穆公三十三年去世，儿子奋继位，这就是共公。共公二十二年去世，儿子屯继位，这就是康公。康公九年去世，儿子匽继位，这就是景公。景公二十九年去世，儿子叔继位，这就是平公。这时六国的国君都称王。

注释 1 三晋：韩、赵、魏三家分晋地而立国，史称“三晋”。 智伯：即智瑶，晋国执政大臣。《史记志疑》：“智伯之灭，在悼公十五年，此误。” 2 元公：公元前428年—前408年在位。 3 穆公：公元前407年—前377年在位。 4 共公：公元前376年—前353年在位。 5 康公：公元前352年—前344年在位。 6 景公：公元前343年—前315年在位。

7 平公:公元前 314 年—前 296 年在位。

平公十二年,秦惠王[1]卒。二十年,平公卒,子贾立,是为文公[2]。文公七年,楚怀王[3]死于秦。二十三年,文公卒,子雠立,是为顷公[4]。

顷公二年,秦拔楚之郢,楚顷王[5]东徙于陈。十九年,楚伐我,取徐州。二十四年,楚考烈王[6]伐灭鲁。顷公亡,迁于下邑,为家人,鲁绝祀。[7]顷公卒于柯。

鲁起周公,至顷公,凡三十四世。

平公十二年,秦惠文王去世。二十年,平公去世,儿子贾继位,这就是文公。文公七年,楚怀王死在秦国。二十三年,文公卒,儿子雠继位,这就是顷公。

顷公二年,秦国占领了楚国的郢都,楚顷王往东迁都到陈地。十九年,楚国攻打我国,取得了徐州。二十四年,楚考烈王灭掉了鲁国。顷公逃亡,迁徙到都城以外的小邑,沦为平民,鲁国的祭祀断绝。顷公在柯地去世。

鲁国起自周公,到顷公,总共三十四代。

注释 1 秦惠王:即“秦惠文王”,公元前 337 年—前 311 年在位。2 文公:《世本》作“湣公”,公元前 295 年—前 273 年在位。 3 楚怀王:公元前 328 年—前 299 年在位。 4 顷公:公元前 272 年—前 249 年在位。5 楚顷王:即“楚顷襄王”,公元前 298—前 263 年在位。 6 楚考烈王:公元前 262—前 238 年在位。 7 下邑:谓都城之外的小邑。 家人:平民。

太史公曰:余闻孔子称曰“甚矣鲁道之衰也!洙泗之间断断如也[1]”。

太史公说:我听孔子曾说“鲁国的道德衰败得太厉害了!洙水和泗水之间的人们为了一点儿事就争辩

观庆父及叔牙闵公之际,何其乱也?隐桓之事;襄仲杀适立庶;三家北面为臣,亲攻昭公,昭公以奔。至其揖让之礼则从矣,而行事何其戾也! [2]

不已”。看庆父和叔牙、闵公之时,国家多么混乱不堪啊!隐公、桓公更替之事;襄仲杀嫡子立庶子;孟孙、叔孙、季孙三家本是面北朝拜的臣子,却攻打昭公,昭公因此出奔。他们虽然表面上一直是遵守着宾主相见的礼节,但实际的行事又多么地违背原则啊!

注释 1 洙泗之间:鲁国政治活动的中心地带,亦为孔子聚徒讲学之所。洙,洙水,源于今山东新泰市东北,西南流经今泗水县至今曲阜市东北与泗水分流,再至今济宁市东南并入泗水。泗,泗水,先从今曲阜市东北从洙水分出,南流至今济宁市东南并洙水,东南流经今徐州市,再东南流至今江苏泗洪县东南入淮水。 龂龂(yín yín):争辩貌。 2 揖(yī)让:古代宾主相见的礼节。 从:遵守。 戾:违背,违反。

# 史记卷三十四

## 燕召公世家第四

原文

召公奭[1]，与周同姓，姓姬氏。周武王之灭纣，封召公于北燕[2]。其在成王时，召公为三公：自陕以西，召公主之；自陕以东，周公主之。[3]成王既幼，周公摄政，当国践祚，召公疑之，作《君奭》。[4]《君奭》不说[5]周公。周公乃称"汤时有伊尹，假于皇天；[6]在太戊时，则有若伊陟、臣扈，假于上帝，巫咸治王家；[7]在祖乙时，则有若巫贤；[8]在武丁时，则有若甘般：率维兹有陈，保乂有

译文

召公奭和周王族是同姓，姓姬。周武王灭掉殷纣王以后，把召公封在北燕。在周成王的时候，召公位居三公：陕地以西，由召公主管；陕地以东，由周公主管。成王年纪小，周公代理政事，主持国务，登上王位，召公怀疑他，周公作了《君奭》一文。《君奭》中说召公对周公不满。周公于是称述"商汤的时候有大臣伊尹，受到了上天嘉许；在太戊的时候，就有像伊陟、臣扈这样的贤臣，受到了上天嘉许，还有贤臣巫咸辅助治理国家；在祖乙的时候，就有像巫贤这样的贤臣；在武丁的时候，就有像甘般这样的贤臣：这些贤臣各在其位，各尽其能，殷朝因此得到治理，得以安定太平"。听了这番话召

般[9]”。于是召公乃说。

公才高兴起来。

注释 1 召(shào)公奭(shì):即召康公,周代燕国的始祖,亦称“召伯”。因他原属周之支族,故姓姬。召,古邑名,为其采邑,故称召公,地在今陕西岐山县西南。至周宣王时,召穆公虎是他的后代。 2 北燕:地区名,包括今北京市、天津市及河北东北部一带。 3 三公:太师、太傅、太保。《周本纪》“召公为保”。 陕:地名。在今河南西部黄河南岸之三门峡市陕州区。一云当作“郏”,即王城郏鄏,在今河南洛阳市东北。《史记志疑》主后说。 主:主持,主管。 4 摄:代理。 当国:主持国事。 践祚(zuò):亦作“践阼”,指帝王即位。祚,同“阼”,即“阼阶”,王位前的台阶,代指皇位,国统。 《君奭》:《尚书》篇名,为周公对召公的答辞。君,周公对召公的尊称。《史记集解》引孔安国曰:“尊之曰君,陈古以告之,故以名篇。” 5 说:通“悦”。 6 汤:商汤,灭夏桀建立商朝。 伊尹:名挚,商汤的大臣。 假:嘉许。 皇天:尊称上天。 7 太戊:汤之玄孙。 伊陟、臣扈:均为太戊贤臣。 巫咸:人名,太戊的大臣。 王家:指国家。 8 祖乙:名滕,商代的第七世贤王。 巫贤:祖乙的贤臣,巫咸之子。 9 武丁:商高宗。 甘般:《尚书》作“甘盘”,武丁的贤臣。 率:句首语气助词。 维:助词,用于句首或句中。 兹:此,指这些贤臣。 陈:陈列。 保乂(yì):治理使之安定太平。乂,治理。

召公之治西方,甚得兆民[1]和。召公巡行乡邑,有棠树,决狱政事其下,自侯伯至庶人各得其所,无失职者。[2]召公卒,而民人思召公之政,怀棠树不敢伐,哥

召公治理西方,特别受民众拥戴。召公巡视乡邑,有一棵棠梨树,他在这棵树下审理案件处理政事,从贵族到平民都得到了妥善的安置,没有失职的。召公去世,民众思念召公的政绩,不舍得砍伐这棵棠梨树,还作了《甘

咏之,作《甘棠》之诗。[3]

自召公已[4]下九世至惠侯。燕惠侯当周厉王奔彘,共和之时。[5]

棠》这首诗来歌颂他。

从召公以下九代到惠侯。燕惠侯正当周厉王出奔到彘地,共和行政的时候。

注释 1 兆民:民众。兆,极言其多。 2 棠树:棠梨树。 决狱:断案,审理案件。 政事:处理政事。 侯伯:指有爵位的贵族。 庶人:平民。 3 哥:同“歌”,歌唱,歌颂。《甘棠》:《诗经·召南》篇名。 4 已:同“以”。 5 周厉王:姬胡,因暴虐、好利、止谤,被国人流放。 共和:厉王被流放,由周公、召公共同主政十四年(前 841—前 828),史称“共和行政”。

惠侯卒,子釐侯[1]立。是岁,周宣王[2]初即位。釐侯二十一年,郑桓公[3]初封于郑。三十六年,釐侯卒,子顷侯[4]立。

顷侯二十年,周幽王[5]淫乱,为犬戎所弑。秦始列为诸侯。[6]

二十四年,顷侯卒,子哀侯[7]立。哀侯二年卒,子郑侯[8]立。郑侯三十六年卒,子缪侯[9]立。

惠侯去世,儿子釐侯继位。这一年,周宣王刚刚继位。釐侯二十一年,郑桓公被封在郑地。三十六年,釐侯去世,儿子顷侯继位。

顷侯二十年,周幽王因为淫乱,被犬戎部族杀害。秦国开始列为诸侯。

二十四年,顷侯去世,儿子哀侯继位。哀侯二年去世,儿子郑侯继位。郑侯三十六年去世,儿子缪侯继位。

注释 1 釐侯:公元前 826 年—前 791 年在位。 2 周宣王:姬静,公元前 827 年—前 782 年在位。 3 郑桓公:姬友,周厉王少子,周宣王庶弟，初封于郑（在今陕西渭南市华州区）。公元前806年—前771年在位。详见《郑世家》。 4 顷侯：公元前790年—前767年在位。 5 周幽王：姬宫湦，公元前781年—前771年在位。 6 按：秦因护送周平王东迁有功而被封为诸侯。 7 哀侯：公元前766年—前765年在位。 8 郑侯：公元前764年—前729年在位。 9 缪侯：公元前728年—前711年在位。

缪侯七年，而鲁隐公元年[1]也。十八年卒，子宣侯[2]立。宣侯十三年卒，子桓侯[3]立。桓侯七年卒，子庄公[4]立。

庄公十二年，齐桓公始霸[5]。十六年，与宋、卫共伐周惠王[6]，惠王出奔温，立惠王弟颓为周王。十七年，郑执燕仲父而内惠王于周[7]。二十七年，山戎来侵我，齐桓公救燕，遂北伐山戎[8]而还。燕君送齐桓公出境，桓公因割燕所至地予燕，使燕共贡天子，如成周时职；使燕复修召公之法。[9]三十三年卒，子襄公[10]立。

缪侯七年，正是鲁隐公元年。十八年去世，儿子宣侯继位。宣侯十三年去世，儿子桓侯继位。桓侯七年去世，儿子庄公继位。

庄公十二年，齐桓公开始称霸。十六年，燕国和宋国、卫国共同攻打周惠王，惠王出逃奔往温地，扶立惠王的弟弟颓做周王。十七年，郑国拘捕了燕仲父而送惠王回周的都城。二十七年，山戎部族来侵犯燕国，齐桓公来救助，一直向北讨伐了山戎部族才还军。燕君送齐桓公时出了国境，桓公因此把燕庄公所送到的地方割给燕国，让燕国和诸侯一同向天子进贡，和成周时期一样尽臣子的职分；让燕国重新修明召公制定的法令。三十三年庄公去世，儿子襄公继位。

注释 1 鲁隐公元年：公元前722年，《春秋》纪事开始于此年。

2 宣侯:公元前 710 年—前 698 年在位。 3 桓侯:公元前 697 年—前 691 年在位。 4 庄公:公元前 690 年—前 658 年在位。 5 齐桓公开始称霸在公元前 679 年。 6 燕、宋、卫共伐周惠王事,详见《周本纪》。 7 燕仲父:南燕之君。 内:同"纳"。 8 山戎:部族名,又称北戎,居今河北、山西交界处之太行山脉一带。 9 共:一道,一同。 如成周时:《齐太公世家》作"如成康之时"。成王时,周公营建东都雒邑,称为成周。 职:指臣子应尽的职分。 修:修明。 法:法令,制度。 10 襄公:公元前 657 年—前 618 年在位。

襄公二十六年,晋文公为践土之会,称伯[1]。三十一年,秦师败于殽。三十七年,秦穆公[2]卒。四十年,襄公卒,桓公[3]立。

桓公十六年卒,宣公[4]立。宣公十五年卒,昭公[5]立。昭公十三年卒,武公[6]立。是岁晋灭三郤[7]大夫。

武公十九年卒,文公[8]立。文公六年卒,懿公[9]立。懿公元年,齐崔杼弑其君庄公[10]。四年卒,子惠公[11]立。

襄公二十六年,晋文公主持践土的会盟,称霸诸侯。三十一年,秦国军队在殽山被打败。三十七年,秦穆公去世。四十年,襄公去世,桓公继位。

桓公十六年去世,宣公继位。宣公十五年去世,昭公继位。昭公十三年去世,武公继位。这一年晋国灭掉了郤锜、郤犨、郤至三位大夫。

武公十九年去世,文公继位。文公六年去世,懿公继位。懿公元年,齐国崔杼杀了他的国君庄公。四年,懿公去世,儿子惠公继位。

注释 1 伯(bà):通"霸"。晋文公称霸事,详见《晋世家》。 2 秦穆公:公元前 659 年—前 621 年在位。曾称霸西戎,详见《秦本纪》。 3 桓公:公元前 617 年—前 602 年在位。 4 宣公:公元前 601 年—前 587 年在位。

5 昭公：公元前 586 年—前 574 年在位。 6 武公：公元前 573 年—前 555 年在位。 7 三郤(xì)：指郤锜(qí)、郤犨(chōu)、郤至。灭三郤事，详见《晋世家》。 8 文公：公元前 554 年—前 549 年在位。 9 懿公：公元前 548 年—前 545 年在位。 10 崔杼弑其君庄公事，详见《齐太公世家》。 11 惠公：公元前 544 年—前 536 年在位。

惠公元年，齐高止来奔。六年，惠公多宠姬，公欲去诸大夫而立宠姬宋，大夫共诛姬宋，惠公惧，奔齐。[1]四年[2]，齐高偃如晋，请共伐燕，入其君。晋平公许，与齐伐燕，入惠公。惠公至燕而死。燕立悼公[3]。

悼公七年卒，共公[4]立。共公五年卒，平公[5]立。晋公室[6]卑，六卿始强大。平公十八年，吴王阖闾破楚，入郢。十九年卒，简公[7]立。简公十二年卒，献公[8]立。晋赵鞅围范、中行于朝歌。[9]献公十二年，齐田常弑其君简公。十四年，孔子卒。二十八年，献公卒，孝公[10]立。

惠公元年，齐国的高止前来投奔。六年，惠公有许多宠幸之臣，他想免除众大夫而任用宠幸之臣宋，大夫们联合起来诛杀了宠臣宋，惠公害怕，逃到齐国。奔往齐国的第四年，齐国高偃到了晋国，请求齐晋联合共同讨伐燕国，送燕国的国君回国。晋平公答应了，和齐国讨伐燕国，把惠公送回国。惠公到了燕国就死去了。燕国扶立悼公。

悼公七年去世，共公继位。共公五年去世，平公继位。晋国公室衰落，六卿开始强大。平公十八年，吴王阖闾攻破楚国，进入郢都。十九年去世，简公继位。简公十二年去世，献公继位。晋国赵鞅在朝歌围困范氏、中行氏。献公十二年，齐国田常杀了他的国君简公。十四年，孔子去世。二十八年，献公去世，孝公继位。

注释 1 此句中三“姬”字都应作“臣”字。《战国策》:“公欲杀公卿立幸臣,公卿诛幸臣,公恐,出奔齐。”惠公,《左传》作“简公”。《左传·昭公三年》云:“燕简公多嬖宠,欲去诸大夫而立其宠人。冬,燕大夫比(勾结)以杀公之外嬖(谓宠臣)。公惧,奔齐。”《史记》所记燕世系,与《左传》《世本》有异。 2 四年:此当指惠公奔齐之四年,为燕惠公之九年。 3 悼公:公元前535年—前529年在位。 4 共公:公元前528年—前524年在位。 5 平公:公元前523年—前505年在位。 6 公室:指诸侯的家族或政权。 7 简公:公元前504年—前493年在位。 8 献公:公元前492年—前465年在位。其十八年,即公元前475年,为战国时期之始。 9 赵鞅:晋大臣。 范:指范吉射(yì),晋大臣。 中行:指中行寅,晋大臣。 10 孝公:公元前464年—前450年在位。

孝公十二年,韩、魏、赵灭知伯,分其地,三晋[1]强。

十五年,孝公卒,成公[2]立。成公十六年卒,湣公[3]立。湣公三十一年卒,釐公[4]立。是岁,三晋列为诸侯。

釐公三十年,伐败齐于林营[5]。釐公卒,桓公[6]立。桓公十一年卒,文公[7]立。是岁,秦献公卒。秦益强。

文公十九年,齐威王[8]卒。二十八年,苏秦始来见,说文公。文公予车马金帛

孝公十二年,韩氏、魏氏、赵氏灭掉了智伯,瓜分了他的土地,三晋强大起来。

十五年,孝公去世,成公继位。成公十六年去世,湣公继位。湣公三十一年去世,釐公继位。这一年,韩、魏、赵三国列为诸侯。

釐公三十年,燕国在林营打败了齐国。釐公去世,桓公继位。桓公十一年去世,文公继位。这一年,秦献公去世。秦国更加强大。

文公十九年,齐威王去世。二十八年,苏秦第一次来见齐文公,并游说文公。文公给他车马金帛让他去赵国,赵肃侯任用了他。

以至赵，赵肃侯用之。因约六国，为从长。[9]秦惠王以其女为燕太子妇。

二十九年，文公卒，太子立，是为易王[10]。

他约集六国，使燕国成为了合纵的首领。秦惠王把自己的女儿嫁给燕国太子为妻。

二十九年，文公去世，太子继位，这就是易王。

注释 1 三晋:韩、魏、赵分别占有原晋国的土地，故称之为“三晋”。 2 成公:公元前449年—前434年在位。 3 湣公:公元前433年—前403年在位。 4 釐公:公元前402年—前373年在位。 5 林营:地名，又云林孤、林狐，今地不详。一云于林地立营，故曰林营。 6 桓公:公元前372年—前362年在位。 7 文公:公元前361年—前333年在位。 8 齐威王:田齐立国后的第三代国君田因齐，公元前356年—前320年在位。详见《田敬仲完世家》。 9 六国:指齐、楚、燕、赵、韩、魏六国。 从:通“纵”，合纵。 长:首领。 10 易王:公元前332年—前321年在位。

易王初立，齐宣王[1]因燕丧伐我，取十城；苏秦说齐，使复归燕十城。十年，燕君为王。[2]苏秦与燕文公夫人私通，惧诛，乃说王使齐为反间[3]，欲以乱齐。易王立十二年卒，子燕哙[4]立。

燕哙既立，齐人杀苏秦。苏秦之在燕，与其相子之为婚，而苏代与子之

易王刚刚继位，齐宣王趁着燕国办丧事攻打燕国，攻下十座城邑；苏秦游说齐国，让他把十座城邑重新归还燕国。十年，燕君称王。苏秦和燕文公的夫人私通，害怕被诛杀，就说服燕王派他去齐国从事间谍活动，想用这个办法搞乱齐国。易王继位十二年去世，儿子燕哙继位。

燕哙继位后，齐国人杀了苏秦。苏秦在燕国的时候，和燕相子之结为亲家，而苏代又和子之交好。等到

交。[5]及苏秦死，而齐宣王复用苏代。燕哙三年，与楚、三晋攻秦，不胜而还。子之相燕，贵重，主断。[6]苏代为齐使于燕[7]，燕王问曰："齐王奚如[8]？"对曰："必不霸。"燕王曰："何也？"对曰："不信其臣。"苏代欲以激[9]燕王以尊子之也。于是燕王大信子之。子之因遗苏代百金[10]，而听其所使。

苏秦死了，齐宣王又任用苏代。燕哙三年，燕国和楚国、三晋攻打秦国，没能取胜就撤回了。子之是燕国国相，位尊权重，凡事由他来决断。苏代作为齐国使者来到燕国，燕王问他说："齐王怎么样？"苏代回答说："一定不会称霸。"燕王说："为什么？"苏代回答说："齐王不相信他的大臣。"苏代是想用这样的话语来刺激燕王尊重子之。于是燕王特别信任子之。子之因此赠给苏代黄金百镒，任由他使用。

注释　**1** 齐宣王：齐威王之子，田齐立国后的第四代国君田辟疆，公元前319年—前301年在位。威王、宣王在位是田齐的强盛时期。此处时间记载上有异。　**2** 燕之称王在易王十年，即公元前323年。前二处称"易王"为追谥。　**3** 反间：指潜入敌方刺探情报，进行扰乱、颠覆活动的人。　**4** 燕哙：即燕王哙，公元前320年—前312年在位。　**5** 为婚：结为亲家。　苏代：苏秦之弟，亦为六国时纵横家。　交：交好。　**6** 贵重：地位尊贵，掌管重权。　主断：遇事负责决断。　**7** 此时子之派苏代侍奉质子到达齐国，齐国又派苏代回燕国禀报。　**8** 奚如：怎么样。　**9** 激：激发，刺激。　**10** 遗（wèi）：赠送。　金：古代计算货币的单位，以二十两或二十四两为一镒，一镒即为一金。

鹿毛寿[1]谓燕王："不如以国让相子之。人之谓

鹿毛寿对燕王说："不如把国君的位置让给国相子之。人们都说

尧贤者，以其让天下于许由，许由不受，有让天下之名而实不失天下。今王以国让于子之，子之必不敢受，是王与尧同行[2]也。”燕王因属国于子之，子之大重。[3]或曰：“禹荐益，已而以启人为吏。[4]及老，而以启人[5]为不足任乎天下，传之于益。已而启与交党[6]攻益，夺之。天下谓禹名传天下于益，已而实令启自取之。今王言属国于子之，而吏无非太子人者，是名属子之而实太子用事也。”王因收印自三百石吏已上而效之子之。子之南面行王事，而哙老，不听政，顾[7]为臣，国事皆决于子之。

尧是贤者，是因为他把天下让给许由，许由不接受，有让天下的名声而实际上没有失掉天下。如今您把国家让给子之，子之必定不敢接受，这样您和尧就有同样的品德。”燕王因此把国家委托给子之，子之的权位更加尊贵。有人说：“夏禹推荐伯益，随后用启的信臣做伯益的官吏。等到禹老了，认为启不能够担当管理天下的重任，就把君位传给伯益。随后启和他的党羽进攻伯益，把君位夺了过来。天下人就说禹是在名义上把天下传给伯益，实际上让启自己把它夺过来。如今您说是把国家委托给子之，而官吏们没有一个不是太子的人，这样是名义上委托给子之而实际上由太子主持政事。”燕王于是收回三百石以上的官吏的印信交给子之。子之面朝南行使国君权力，而哙老了，不处理政务，反而成了臣子，国家政事全都决定于子之。

注释　1 鹿毛寿：人名，姓鹿毛，名寿。亦作“厝毛寿”，《韩非子》作“潘寿”。　2 行(xíng，旧读 xìng)：品行，品德。　3 属(zhǔ)：通“嘱”，交付，委托。　大重：极其尊贵，非常重要。　4 益：伯益。舜臣，佐禹治水，详见《夏本纪》。 启人:启的亲信之臣。启,禹子。 5 人:此字疑衍。《战国策·燕策》《韩非子》中此句无“人”字。 6 交党:结交之党羽,同党。 7 顾:反而,却。

三年,国大乱,百姓恫恐[1]。将军市被与太子平谋,将攻子之。诸将谓齐湣王[2]曰:“因而赴[3]之,破燕必矣。”齐王因令人谓燕太子平曰:“寡人闻太子之义,将废私而立公,饬君臣之义,明父子之位。[4]寡人之国小,不足以为先后[5]。虽然,则唯太子所以令之。”太子因要[6]党聚众,将军市被围公宫,攻子之,不克。将军市被及百姓反攻太子平,将军市被死,以徇[7]。因构难[8]数月,死者数万,众人恫恐,百姓离志。孟轲谓齐王曰:“今伐燕,此文、武之时[9],不可失也。”王因令章子将五都之兵,以因北地之众以伐燕。[10]士卒不战,城门不闭,

经过三年,国家大乱,百官贵族们恐惧。将军市被和太子平谋划,准备进攻子之。众将领对齐宣王说:“趁这个机会迅速进攻,一定会打败燕国呀。”齐王因而让人对燕国太子平说:“我听说太子主持正义,将要废私立公,整治君臣的义理,明确父子的地位。我的国家小,不足以成为您的辅翼。即便如此,也愿意听从太子的差遣。”太子因而召集党羽聚合徒众,将军市被包围国君宫室,进攻子之,不能取胜。将军市被及贵族反过来进攻太子平,将军市被战死,其尸体被示众。因此燕国遭受了几个月的战乱,死了好几万人,众人恐惧,百官贵族离心。孟轲对齐王说:“如今进伐燕国,这正与文王、武王成就王业的时机一样,不可失掉。”齐王因此命令匡章率领五都的兵力,并且调动齐国北部边境的士卒一起去进攻燕国。燕国的士兵不进行战斗,城门也不关闭,燕君哙被

燕君哙死，齐大胜。

燕子之亡二年，而燕人共立太子平，是为燕昭王。[11]

杀，齐国大获全胜。

子之死后二年，燕国人共同扶立太子平，这就是燕昭王。

注释 1 百姓：百官贵族。 恫(dòng)恐：恐惧。 2 齐湣王：当作“齐宣王”。燕王哙与齐宣王同时在位，齐湣王在燕王哙去世后十二年才即位。 3 赴：奔赴，意为迅速进攻。 4 寡人：意为寡德之人，君主自谦之辞。 饬：整治。 5 先后：即“左右”，意为辅翼。 6 要：通“邀”，召集。 7 徇(xùn)：示众。 8 构难：结成仇怨，结仇交战。 9 文、武之时：指成就文王、武王之业之时。 10 章子：齐国大将匡章。 五都：周制，四县为都。此为齐之地方行政区划。 北地：齐之北方边境。 11 子之亡：《史记集解》引徐广曰：“《年表》云‘君哙及太子、相子之皆死’。”又引《汲冢纪年》曰：“齐人禽子之而醢其身也。” 燕昭王：公元前311年—前279年在位。

燕昭王于破燕之后即位，卑身厚币以招贤者[1]。谓郭隗[2]曰：“齐因孤之国乱而袭破燕，孤极知燕小力少，不足以报。然诚得贤士以共国[3]，以雪先王之耻，孤之愿也。先生视可者，得身事之。”郭隗曰：“王必欲致[4]士，先从隗始。况贤

燕昭王在燕国被打败以后即位，屈身下士，以厚重的礼物来招纳贤能的人。他对郭隗说：“齐国因为燕国内乱而打败了燕国，我深知燕国小，力量薄弱，不足以报复齐国。然而能有贤能之士来共同治理国家，以雪洗先王的耻辱，是我的愿望。先生若看到这样的人才，我要亲自去侍奉他。”郭隗说：“大王想招徕士人，先从我开始。那些比我更贤能的人，难道还会怕千里之远而

于隗者，岂远千里哉！”于是昭王为隗改筑宫而师事之。乐毅自魏往，邹衍自齐往，剧辛自赵往，士争趋燕。[5]燕王吊死问孤，与百姓同甘苦。

二十八年，燕国殷富，士卒乐轶轻战。[6]于是遂以乐毅为上将军[7]，与秦、楚、三晋合谋以伐齐。齐兵败，湣王[8]出亡于外。燕兵独追北[9]，入至临淄，尽取齐宝，烧其宫室宗庙。齐城之不下者，独唯聊、莒、即墨[10]，其余皆属燕，六岁。

不来吗？”于是昭王替郭隗改筑宫室，像老师一样侍奉他。乐毅从魏国前来，邹衍从齐国前来，剧辛从赵国前来，士人争着奔赴燕国。燕王吊唁死者，慰问孤者，和臣下们同甘共苦。

二十八年，燕国殷实富足了，士卒不害怕作战。于是燕王就任命乐毅做上将军，和秦、楚、三晋共同谋划去攻打齐国。齐兵被打败，湣王离开国都逃亡在外。燕兵单独追击败逃的齐军，进入临淄城，掠走了齐国的全部宝物，烧掉齐人的宫室和宗庙。齐国的城邑没有被燕军攻下的，只有聊、莒、即墨，其余都隶属于燕国长达六年之久。

注释　1 卑身：屈身下士。　币：通常用作相互赠送的礼物。总体而言，玉也称币；相对而言，币指束帛、束锦、皮马及禽挚之属。　2 郭隗(wěi)：燕大臣。　3 共国：共同治理国家。　4 致：招致，引来。　5 乐毅：战国名将，先举于赵，后事魏，燕昭王招贤而至燕。事详《乐毅列传》。　邹衍：战国阴阳学创始人。　剧辛：赵人，后为燕大将。　6 殷富：殷实富足。　轶：通“逸”，安逸，安闲。　轻战：轻视作战，即不害怕打仗。　7 上将军：军中最高统帅。　8 湣王：公元前 300 年—前 284 年在位。　9 追北：追击败逃的敌人。北，败逃。　10 聊：《史记索隐》按：“余篇及《战国策》并无‘聊’字。”　即墨：齐邑名，在今山东平度市东南。

昭王三十三年卒，子惠王[1]立。

惠王为太子时，与乐毅有隙；及即位，疑毅，使骑劫代将。乐毅亡走赵。齐田单以即墨击败燕军，骑劫死，燕兵引归，齐悉复得其故城。湣王死于莒，乃立其子为襄王。

惠王七年卒。韩、魏、楚共伐燕。燕武成王[2]立。

武成王七年，齐田单伐我，拔中阳[3]。十三年[4]，秦败赵于长平四十余万。十四年，武成王卒，子孝王[5]立。

孝王元年，秦围邯郸者解去。三年卒，子今王喜[6]立。

昭王三十三年去世，儿子惠王继位。

惠王做太子的时候，和乐毅之间有嫌隙；等到他即位，怀疑乐毅，派骑劫替代他统兵。乐毅逃到赵国。齐国田单以即墨做基地击败燕军，骑劫战死，燕兵退回本国，齐国收复了全部城邑。齐湣王死在莒邑，齐人扶立他的儿子做了襄王。

惠王七年去世。韩国、魏国、楚国共同进攻燕国。燕武成王继位。

武成王七年，齐国田单攻打燕国，占领了中阳。十三年，秦国在长平打败赵国四十多万军队。十四年，武成王去世，儿子孝王继位。

孝王元年，秦国围困邯郸的军队解除包围后撤走了。三年，孝王去世，他的儿子喜继位。

注释 **1** 惠王：公元前278年—前272年在位。 **2** 武成王：公元前271年—前258年在位。 **3** 拔：攻拔，占领。 中阳：当作“中人”，邑名。在今河北唐县西南。 **4** 十三年：当依《秦本纪》及《年表》作“十二年”。 **5** 孝王：公元前257年—前255年在位。 **6** 喜：即燕王喜，公元前254年—前222年在位。他是燕国最后一位君王。

今王喜四年，秦昭王卒。燕王命相栗腹约欢赵，以五百金为赵王酒。[1]还报燕王曰："赵王壮者皆死长平，其孤未壮，可伐也。"王召昌国君乐閒[2]问之。对曰："赵四战之国[3]，其民习兵，不可伐。"王曰："吾以五而伐一。"对曰："不可。"燕王怒，群臣皆以为可。卒起二军，车二千乘，栗腹将而攻鄗，卿秦攻代。[4]唯独大夫将渠谓燕王曰："与人通关约交，以五百金饮人之王，使者报而反攻之，不祥，兵无成功。"[5]燕王不听，自将偏军[6]随之。将渠引燕王绶止之曰："王必无自往，往无成功。"[7]王蹴[8]之以足。将渠泣曰："臣非以自为，为王也！"燕军至宋子，赵使廉颇将，击破栗腹于鄗。破卿秦乐乘于代。[9]乐閒奔赵。廉

燕王喜四年，秦昭王去世。燕王命令相国栗腹去和赵国订立友好盟约，送上五百镒黄金给赵王置酒祝寿。栗腹回来报告燕王说："赵国的壮年人都死在长平，他们的孤儿还未到壮年，可以去攻伐。"燕王召昌国君乐閒来询问这件事。乐閒回答说："赵国是四面临敌经常作战的国家，它的民众熟悉兵事，不可以去攻伐。"燕王说："我用五个人去攻伐他们一个人。"乐閒回答说："不可以。"燕王大怒，众大臣都认为可以攻伐。燕国最终出动两支军队，二千辆车，栗腹率领一支去进攻鄗邑，卿秦带着另一支去进攻代地。只有大夫将渠对燕王说："和人家交好往来相互结盟，拿五百镒黄金给人家的君王祝寿，出使的人回报后又去攻击，不吉祥，作战不会成功。"燕王不听从，自己率领侧翼部队跟随着。将渠拉着燕王腰间的系印丝带阻止说："大王不要自己前往，您前往不会成功的。"燕王用脚踢开他。将渠哭着说："我不是为了自己，是为了大王呀！"燕军到了宋子，赵国派廉颇统兵，在鄗邑出击打败了栗腹。乐乘在代地打败了卿秦。乐

颇逐之五百余里，围其国。燕人请和，赵人不许，必令将渠处和。燕相将渠以处和。赵听将渠，解燕围。

閒逃奔赵国。廉颇追逐燕军五百多里，围住了燕的国都。燕国人请求讲和，赵国人不允许，一定要将渠出面主持议和。燕国任命将渠为相来主持议和。赵国听从将渠的意见，解除了对燕都的包围。

注释 1 栗腹：燕将。约欢：订立友好盟约。为……酒：给……祝寿。2 乐閒：乐毅之子。燕将，因功封昌国君。3 四战之国：四面受敌而经常作战的国家。《史记正义》："赵东邻燕，西接秦境，南错韩、魏，北连胡、貊，故言'四战'。" 4 乘：一车四马。卿秦：人名，燕将。《战国策》作"庆秦"。庆，姓。秦，名。此"卿"为官名。5 将渠：人名。渠，名。将，官称。通关：交往联系。约交：约盟交好。6 偏军：非主力，侧翼配合作战的部队。7 引：拉着。绶：系在印纽上的丝带。8 蹴（cù）：踢。9 本句应为"乐乘破卿秦于代"。乐乘，乐毅族人。时为赵将。

六年，秦灭东周，置三川郡。[1]七年，秦拔赵榆次三十七城，秦置大原郡[2]。九年，秦王政[3]初即位。十年，赵使廉颇将攻繁阳，拔之。赵孝成王卒，悼襄王立。使乐乘代廉颇，廉颇不听，攻乐乘，乐乘走，廉颇奔大梁。十二年，赵使李牧攻燕，拔武遂、方城。剧辛故居赵，与庞煖善，已而

六年，秦国灭掉东周，设置了三川郡。七年，秦国拔取赵国榆次等三十七座城，秦国设置了大原郡。九年，秦王嬴政刚刚即位。十年，赵国派出廉颇领兵进攻繁阳，占领了它。赵孝成王去世，悼襄王继位。赵王派乐乘代替廉颇，廉颇不听从，进攻乐乘，乐乘逃跑，廉颇奔往大梁。十二年，赵国派李牧进攻燕国，占领了武遂、方

亡走燕。燕见赵数困于秦，而廉颇去，令庞煖将也，欲因赵弊[4]攻之。问剧辛，辛曰："庞煖易与[5]耳。"燕使剧辛将击赵[6]，赵使庞煖击之，取燕军二万，杀剧辛。秦拔魏二十城，置东郡。十九年，秦拔赵之邺九城。赵悼襄王卒。二十三年，太子丹质[7]于秦，亡归燕。二十五年，秦虏灭韩王安，置颍川郡[8]。二十七年，秦虏赵王迁，灭赵。赵公子嘉自立为代王。

燕见秦且灭六国，秦兵临易水[9]，祸且至燕。太子丹阴养壮士二十人，使荆轲献督亢地图于秦，因袭刺秦王。[10]秦王觉，杀轲，使将军王翦击燕。二十九年，秦攻拔我蓟，燕王亡，徙居辽东，斩丹以献秦。三十年，秦灭魏。

三十三年，秦拔辽东，

城。剧辛从前居住在赵国，和庞煖友善，随后逃亡到燕国。燕国看到赵国多次被秦国困迫，廉颇又离开了赵国，让庞煖领兵，想借着赵国困顿去进攻。问剧辛，剧辛说："庞煖容易对付。"燕国派剧辛领兵攻击赵国，赵国派庞煖回击，获取燕军二万，杀死剧辛。秦国占领魏国二十座城，设置了东郡。十九年，秦国占领赵国的邺邑等九座城。赵悼襄王去世。二十三年，太子丹本在秦国做质子，逃亡回到燕国。二十五年，秦国俘虏韩王安灭掉韩国，设置了颍川郡。二十七年，秦国俘虏赵王迁，灭亡了赵国。赵国公子嘉自立为代王。

燕国看见秦国将要灭亡六国，秦国军队到达了易水，祸难将要降临燕国。太子丹暗中收养壮士二十人，派出荆轲去向秦国献出督亢的地图，借机袭击刺杀秦王。秦王发觉，杀了荆轲，派将军王翦进击燕国。二十九年，秦国进攻占领燕国的蓟都，燕王逃亡，迁徙到辽东居住，斩杀太子丹献给秦国。三十年，秦国灭亡魏国。

三十三年，秦国攻占辽东，俘虏

虏燕王喜，卒灭燕。是岁，秦将王贲亦虏代王嘉。

了燕王喜，终于灭亡了燕国。这一年，秦将王贲也俘虏了代王嘉。

注释　1 东周：周考王（公元前440年—前426年在位）封其弟于河南（雒阳之西），这就是西周桓公。桓公之孙惠公封其少子于巩（雒阳之东），号东周惠公。西周、东周，为自周分立的两个小国。　三川郡：以境内有黄河、雒水、伊水而得名，治所雒阳，在今洛阳市东北。　2 大原郡：治所晋阳，在今太原市西南。秦置大原郡，当在燕王喜八年。　3 秦王政：嬴政，即后来的秦始皇。　4 弊：困顿，疲困。　5 易与：容易对付。　6 燕使剧辛将击赵：事在燕王喜十三年。　7 质：此处作动词，做质子。　8 颍川郡：以颍水得名，治所阳翟，在今河南禹州市。　9 易水：有三条支流，均源出河北易县境，汇合后入南拒马河，东南流入大清河。　10 阴：暗中。　督亢：在今河北涿州市东，跨涿州、高碑店、固安等市县一带，属燕国中心地带。燕太子丹使荆轲刺秦王，为燕王喜二十八年事。

太史公曰：召公奭可谓仁[1]矣！甘棠且思之，况其人乎？燕外迫蛮貉，内措齐、晋，崎岖强国之间，最为弱小，几灭者数矣。[2]然社稷血食者八九百岁，于姬姓独后亡，岂非召公之烈邪！[3]

太史公说：召公奭可谓是有仁德啊！连棠梨树人们尚且怀念，更何况召公本人呢？燕国在外被蛮貉部族所胁迫，在内又与齐国、晋国交错，在强国的中间艰难地生存，最是弱小，有多次几乎要灭亡了。然而燕国的社稷和祭祀延绵了八九百年，在姬姓国家中是最后亡国的，这难道不是因为召公的功业吗？

注释　1 仁：指具有仁德。孔子说："仁者，爱人。"所以"爱人"是"仁"的核心。　2 迫：指为……所胁迫。　蛮貉（mò）：本指华夏以外的边境少数民族,此特指北方的部族。 措:通“错”,交杂。齐、晋与燕均系华夏国家,故以“内”称。 崎岖:本指山路险阻不平,此指处境艰险困迫。

3 社稷:指国家。社,社神。稷,谷神。二者均为古代帝王、诸侯祭祀之神,故又代指国家。 血食:受祭祀。血,指杀牲取血以祭。 烈:功业,伟绩。

# 史记卷三十五

## 管蔡世家第五

原文

管叔鲜、蔡叔度者，周文王子而武王弟也。

武王同母兄弟十人。母曰太姒，文王正妃也。[1]其长子曰伯邑考，次曰武王发，次曰管叔鲜，次曰周公旦，次曰蔡叔度，次曰曹叔振铎，次曰成叔武，次曰霍叔处，次曰康叔封，次曰冉季载。冉季载最少。同母昆弟十人，唯发、旦贤，左右辅文王，故文王舍伯邑考而以发为太子。[2]及文王崩[3]而发立，是为武王。伯邑考既已前卒矣。

武王已克殷纣，平天下，

译文

管叔鲜、蔡叔度，是周文王的儿子、周武王的弟弟。

武王同母所生的兄弟有十人。他们的母亲名叫太姒，是文王的正妻。文王的长子叫伯邑考，次子叫武王发，第三子叫管叔鲜，第四子叫周公旦，第五子叫蔡叔度，第六子叫曹叔振铎，第七子叫成叔武，第八子叫霍叔处，第九子叫康叔封，第十子叫冉季载。冉季载年纪最小。同母兄弟十人中，只有发、旦贤能，辅助着文王，所以文王舍弃伯邑考而让发做太子。等到文王去世后发继位，这就是武王。伯邑考此前就已经去世了。

武王已经战胜殷纣王，平定了天下，分封功臣和兄弟。于是封功臣昆弟。于是封叔鲜于管，封叔度于蔡：二人相纣子武庚禄父，治殷遗民。[4]封叔旦于鲁而相周，为周公。封叔振铎于曹，封叔武于成，封叔处于霍。[5]康叔封、冉季载皆少，未得封。

武王把叔鲜封在管邑，把叔度封在蔡邑：二人负责监视纣的儿子武庚禄父，管理殷朝亡国后留下来的民众。把叔旦封在鲁邑却留下来辅佐周王室，称为周公。把叔振铎封在曹邑，把叔武封在成邑，把叔处封在霍邑。康叔封、冉季载都因为年纪小，没有能受封。

注释　1 太姒(sì)：文王正妻，姓姒，相传为古代贤王后的典范。　正妃：正妻。妃，配偶，妻。　2 昆弟：兄弟。“昆”亦作“晜”，兄。　左右：相帮，相助。　舍：放弃。　3 崩：古代帝王死称“崩”。　4 管：邑名，后为都城。在今河南郑州市。　蔡：邑名，后为都城。在今河南上蔡县西南。　相：辅佐。此处意为监视。　治：管理。　遗民：亡国后留下的民众。　5 曹：邑名，后为都城。在今山东菏泽市定陶区北。　成：一作“郕”，邑名，后为都城。在今山东宁阳县东北。　霍：邑名，后为都城，在今山西霍州市。

武王既崩，成王少，周公旦专王室[1]。管叔、蔡叔疑周公之为不利于成王，乃挟[2]武庚以作乱。周公旦承成王命伐诛武庚，杀管叔，而放蔡叔，迁之，与车十乘，徒七十人从。[3]而分殷余民为二：其一封微子启于宋，以续殷祀；其

武王去世后，成王年纪小，于是周公旦专理王室政务。管叔、蔡叔怀疑周公要做出不利于成王的篡位之事，就挟制武庚进行叛乱。周公旦秉承成王的命令进行征伐，诛杀了武庚，杀死了管叔，而把蔡叔流放，迁徙到他处，只给他十辆车，派七十个徒众跟随着他。把殷朝留下来的民众一分为二：一部分跟着微子启封在宋地，让他们来接续殷代

一封康叔为卫君,是为卫康叔。封季载于冉。[4] 冉季、康叔皆有驯行,于是周公举康叔为周司寇,冉季为周司空,以佐成王治,皆有令名于天下。[5]

的祭祀;另一部分跟着封作卫君的康叔,这就是卫康叔。把季载封在冉邑。冉季、康叔都有善行,于是周公荐举康叔做周朝廷的司寇,冉季做周朝廷的司空,以便辅助成王治理政务,他们都有美名传于天下。

注释 1 专王室:指在朝廷专权。此即摄政。 2 挟:挟制,要挟。 3 放:流放。 迁:迁徙。 徒:徒众。 从:跟随。 4 上文伯、叔、季,因伯邑考年最长,所以加“伯”,居中诸子咸称“叔”,载最年少,故称“季”。 冉:或作“郙(rǎn)”,邑名,后为都城。在今河南平舆县北。 5 驯(xùn):善良。 司寇:官名,掌管刑律、纠察。 司空:官名,掌管工程。 令名:美名。

蔡叔度既迁而死。其子曰胡,胡乃改行,率德驯善。[1] 周公闻之,而举胡以为鲁卿士[2],鲁国治。于是周公言于成王,复封胡于蔡[3],以奉蔡叔之祀,是为蔡仲。余五叔[4]皆就国,无为天子吏者。

蔡仲卒,子蔡伯[5]荒立。蔡伯荒卒,子宫侯立。宫侯卒,子厉侯立。厉侯

蔡叔度放逐后死去。他的儿子名叫胡,胡就一改他父亲的不良行为,遵循德义,顺从善良。周公听说,就举荐胡做鲁国执政官,鲁国得到了治理。这时周公向成王进言,重新将胡封在新蔡,来供奉蔡叔的祭祀,这就是蔡仲。他的其余五个兄弟都到封国去就位,没有做天子官吏的了。

蔡仲去世,儿子蔡伯荒继位。蔡伯荒去世,儿子宫侯继位。宫侯去世,儿子厉侯继位。厉侯去世,儿子

卒，子武侯立。武侯之时，周厉王失国，奔彘，共和行政，诸侯多叛周。[6]

武侯继位。武侯的时候，周厉王失去王位，逃奔到彘地，召公、周公共同执政，诸侯中有很多人背叛了周王室。

注释 1 改行：改易其父之行为。 率：遵循。 驯：顺服。 2 卿士：官名。朝廷和诸侯国的执政官。 3 蔡：此指新蔡。在今河南新蔡县。 4 余五叔：管叔被杀，此处当为四叔，即蔡叔、成叔、曹叔、霍叔。 5 蔡伯：《史记志疑·三代世表》："蔡为侯爵，奚以蔡伯独称伯，岂时王之所降黜，至其子宫侯而复之欤？" 6 周厉王暴虐、好利、止谤，国人逐王，王奔彘（在今山西霍州市），由周公、召公共同执政十四年，史称"共和行政"。由此，诸侯多叛王室。

武侯卒，子夷侯[1]立。夷侯十一年，周宣王即位。二十八年，夷侯卒，子釐侯[2]所事立。

釐侯三十九年，周幽王为犬戎所杀，周室卑而东徙。秦始得列为诸侯。[3]

四十八年，釐侯卒，子共侯[4]兴立。共侯二年卒，子戴侯[5]立。戴侯十年卒，子宣侯[6]措父立。

武侯去世，儿子夷侯继位。夷侯十一年，周宣王即位。二十八年，夷侯去世，儿子釐侯所事继位。

釐侯三十九年，周幽王被犬戎部族杀死，周王室衰落而东迁雒邑。秦国开始被列为诸侯。

四十八年，釐侯去世，儿子共侯兴继位。共侯二年去世，儿子戴侯继位。戴侯十年去世。儿子宣侯措父继位。

注释 1 夷侯：公元前 837 年—前 810 年在位。 2 釐侯：公元前

809 年—前 762 年在位。 3《史记正义》云:"周幽王为犬戎所杀,平王东徙洛邑,秦襄公以兵救,因送平王至洛,故平王封襄公。" 4 共侯:公元前 761 年—前 760 年在位。 5 戴侯:公元前 759 年—前 750 年在位。 6 宣侯:公元前 749 年—前 715 年在位。

宣侯二十八年,鲁隐公初立[1]。三十五年,宣侯卒,子桓侯[2]封人立。桓侯三年,鲁弑其君隐公[3]。二十年,桓侯卒,弟哀侯[4]献舞立。

哀侯十一年,初,哀侯娶陈,息[5]侯亦娶陈。息夫人将归,过蔡,蔡侯不敬。息侯怒,请楚文王:"来伐我,我求救于蔡,蔡必来,楚因击之,可以有功。"楚文王从之,虏蔡哀侯以归。哀侯留九岁,死于楚。凡立二十年卒。蔡人立其子肸,是为缪侯[6]。

宣侯二十八年,鲁隐公刚刚继位。三十五年,宣侯去世,儿子桓侯封人继位。桓侯三年,鲁国人弑杀了他的国君隐公。二十年,桓侯去世,弟弟哀侯献舞继位。

哀侯十一年,当初,哀侯娶了陈女为妻,息侯也娶了陈女为妻。息侯夫人将要回去,经过蔡国,蔡侯对她不恭敬。息侯很生气,请求楚文王说:"您来进攻我国,我向蔡国求救,蔡国一定会派兵来,楚国就趁机攻击它,这样肯定可以获得成功。"楚文王按他说的去做,俘虏了蔡哀侯带回国。哀侯被拘留九年,死在楚国。他总计在位二十年去世。蔡国人扶立他的儿子肸,这就是缪侯。

注释 1 鲁隐公初立:公元前 722 年。本年为《春秋》纪事之始年。 2 桓侯:公元前 714 年—前 695 年在位。 3 鲁弑其君隐公:事在公元前 712 年。 4 哀侯:公元前 694 年—前 675 年在位。 5 息:国名,在今河南息县西南。 6 缪侯:名肸(xī)。缪,通"穆"。公元前 674 年—前

646 年在位。

缪侯以其女弟[1]为齐桓公夫人。十八年，齐桓公与蔡女戏船中，夫人荡舟，桓公止之，不止，公怒，归蔡女而不绝[2]也。蔡侯怒，嫁其弟。齐桓公怒，伐蔡；蔡溃[3]，遂虏缪侯，南至楚邵陵。已而诸侯为蔡谢齐，齐侯归蔡侯。二十九年，缪侯卒，子庄侯[4]甲午立。

庄侯三年，齐桓公卒。十四年，晋文公败楚于城濮。二十年，楚太子商臣弑其父成王代立。二十五年，秦穆公卒。三十三年，楚庄王即位。[5]三十四年，庄侯卒，子文侯[6]申立。

缪侯把妹妹嫁给齐桓公做夫人。十八年，齐桓公和蔡女在船中戏耍，夫人摇荡起船来，桓公让她停下来，她不停，桓公很生气，将蔡女送回蔡国但不与她断绝婚姻关系。蔡侯很生气，就把妹妹嫁给了别人。齐桓公大怒，攻打蔡国；蔡国民众溃散，齐军俘虏了缪侯，并且一直向南进军到楚国的邵陵。随后诸侯们替蔡国向齐国谢罪，齐侯才放了蔡侯。二十九年，缪侯去世，儿子庄侯甲午继位。

庄侯三年，齐桓公去世。十四年，晋文公在城濮打败楚国。二十年，楚国的太子商臣弑杀了他的父亲成王而继位。二十五年，秦穆公去世。三十三年，楚庄王即位。三十四年，庄侯去世，儿子文侯申继位。

注释　1 女弟：即妹妹。　2 不绝：不断绝婚姻关系。　3 溃：溃散。《左传》："民逃其上曰溃。"《公羊传》："溃者何？下叛上也。国曰溃，邑曰叛。"《穀梁传》："溃之为言上下不相得也。"　4 庄侯：公元前 645 年—前 612 年在位。　5 按：齐桓公、晋文公、秦穆公、楚庄王，先后为春秋霸主。　6 文侯：公元前 611 年—前 592 年在位。

文侯十四年，楚庄王伐陈，杀夏徵舒。十五年，楚围郑，郑降楚，楚复醳[1]之。二十年，文侯卒，子景侯[2]固立。

景侯元年，楚庄王卒。四十九年，景侯为太子般娶妇于楚，而景侯通焉。太子弑景侯而自立，是为灵侯[3]。

灵侯二年，楚公子围弑其王郏敖而自立，为灵王。九年，陈司徒招弑其君哀公。[4]楚使公子弃疾灭陈而有之。十二年，楚灵王以灵侯弑其父，诱蔡灵侯于申，伏甲饮之，醉而杀之，刑其士卒七十人。[5]令公子弃疾围蔡。十一月，灭蔡，使弃疾为蔡公[6]。

楚灭蔡三岁，楚公子弃疾弑其君灵王代立，为平王。平王乃求蔡景侯少子庐，立之，是为平侯[7]。是年，楚亦复立陈。楚平王初立，

文侯十四年，楚庄王攻打陈国，杀了夏徵舒。十五年，楚国围困郑国，郑国投降楚国，楚国又放弃了对郑国的占领。二十年，文侯去世，儿子景侯固继位。

景侯元年，楚庄王去世。四十九年，景侯替太子般从楚国娶了媳妇，但景侯和她私通。太子弑杀景侯而自立，这就是灵侯。

灵侯二年，楚公子围弑杀了他的国王郏敖而自立，这就是灵王。九年，陈国司徒招弑杀了他的国君哀公。楚国派公子弃疾灭掉陈国而占有它。十二年，楚灵王因为灵侯弑杀了自己的父亲，引诱灵侯到申地，埋伏下甲兵请他饮酒，趁他酒醉杀了他，他的士卒有七十人被杀。楚灵王命令公子弃疾围困蔡国。十一月，楚国灭了蔡国，任命弃疾做蔡公。

楚国灭亡蔡国后三年，楚国公子弃疾弑杀了他的国君灵王而代立，这就是平王。平王就寻找到蔡国景侯的少子庐，让他继位，这就是平侯。这年，楚国也重新恢复了陈国。楚平王刚刚继位，想亲近诸侯，所以重新扶立陈国、

欲亲诸侯,故复立陈、蔡后。

平侯九年卒,灵侯般之孙东国攻平侯子而自立,是为悼侯[8]。悼侯父曰隐太子友。隐太子友者,灵侯之太子,平侯立而杀隐太子,故平侯卒而隐太子之子东国攻平侯子而代立,是为悼侯。悼侯三年卒,弟昭侯[9]申立。

蔡国的后代。

平侯九年去世,灵侯般的孙子东国进攻平侯的儿子而自立,这就是悼侯。悼侯的父亲名叫隐太子友。隐太子友,是灵侯的太子,平侯继位时杀死了隐太子,所以平侯去世而隐太子的儿子东国进攻平侯的儿子而代立,这就是悼侯。悼侯三年去世,弟弟昭侯申继位。

注释 1 醳(shì):通“释”,释放。 2 景侯:公元前591年—前543年在位。 3 灵侯:公元前542年—前531年在位。 4 司徒:官名。掌管国家的土地及人民。 招:或作“昭”“韶”,陈哀公之弟。《史记志疑》:“招弑悼太子,非弑君也。此误。” 5 申:楚邑名,在今河南南阳市北。 刑:遭刑受害。 6 使弃疾为蔡公:《史记正义》:“蔡之大夫也。” 7 平侯:公元前530年—前522年在位。 8 悼侯:公元前521年—前519年在位。 9 昭侯:公元前518年—前491年在位。

昭侯十年,朝楚昭王,持美裘二,献其一于昭王而自衣[1]其一。楚相子常[2]欲之,不与。子常谗蔡侯,留之楚三年。蔡侯知之,乃献其裘于子常;子常受之,乃言归蔡侯。蔡侯归而之

昭侯十年,蔡侯朝见楚昭王,带了两件美丽的裘皮衣,把其中一件献给昭王,另一件自己穿上。楚相国子常想得到这一件,昭侯不给他。子常向昭王诋毁蔡侯,昭王把蔡侯扣留在楚国三年。蔡侯知道了此事,就把另一件献给子常;子常接受了,就对楚昭王说让蔡侯回国。

晋，请与晋伐楚。

十三年春，与卫灵公会邵陵。蔡侯私于周苌弘以求长于卫；卫使史鳍言康叔之功德，乃长卫。[3]夏，为晋灭沈[4]，楚怒，攻蔡。蔡昭侯使其子为质于吴，以共伐楚。冬，与吴王阖闾遂破楚，入郢。蔡怨子常，子常恐，奔郑。十四年，吴去而楚昭王复国[5]。十六年，楚令尹为其民泣以谋蔡，蔡昭侯惧。

二十六年，孔子如蔡。[6]楚昭王伐蔡，蔡恐，告急于吴。吴为蔡远，约迁以自近，易以相救；昭侯私许，不与大夫计。吴人来救蔡，因迁蔡于州来[7]。二十八年，昭侯将朝于吴，大夫恐其复迁，乃令贼利杀昭侯；已而诛贼利以解过，而立昭侯子朔，是为成侯。[8]

蔡侯回来后去了晋国，请求与晋国一起攻打楚国。

十三年春天，昭侯和卫灵公在邵陵会盟。蔡侯私下勾结周大夫苌弘，请求记载盟会参与国时把蔡国写在卫国的前面；卫国派史鳍去向苌弘言说康叔的功德，最终苌弘还是将卫国写在了前面。夏天，蔡国替晋国灭掉沈国，楚国大怒，进攻蔡国。蔡昭侯派他的儿子到吴国去做人质，以便共同攻打楚国。冬天，和吴王阖闾打败了楚国，进入郢都。蔡国怨恨子常，子常恐惧，奔往郑国。十四年，吴军撤兵而楚昭王重新回到郢都。十六年，楚国令尹谋划进攻蔡国，向民众鼓动时泣不成声，蔡昭侯恐惧。

二十六年，孔子来到蔡国。楚昭王讨伐蔡国，蔡国恐惧，向吴国告急求救。吴国由于与蔡国相距太远，要求蔡国迁都离自己近一些，容易去救助；昭侯私下答应了，没有和大夫们一同计议。吴人来救援蔡国，借机把蔡的国都迁到州来。二十八年，昭侯将要去吴国朝见，大夫们害怕他再次迁都，就派出名叫利的刺客杀死了昭侯；随后又诛杀了刺客利以开脱罪过，并扶立昭侯的儿子朔，这就是成侯。

注释 1 衣:动词,穿。 2 子常:楚令尹囊瓦的别号。楚称“相”为“令尹”。 3 私:私下勾结、串通。 苌弘:人名。时为周王室大夫。 求长于卫:指企求记载盟会参与国时将蔡国写在卫国上面。蔡国的理由是,始封者蔡叔度年长于康叔封。 史鳍:卫国史官,名鳍,字子鱼。他同苌弘争辩时强调周文、武、成、康以来不尚年而“尚德”,注重“正其德”。苌弘被说服,在召陵盟会中,乃长卫侯。 4 沈:西周分封的诸侯国,在今河南平舆县北。 5 吴去而楚昭王复国:吴入郢,楚国申包胥入秦乞师,秦师至,大败吴军,故楚王入郢,复国。 6《史记志疑》:“楚令尹为其民泣以谋秦,《表》书于十七年。昭王伐蔡在二十五年,孔子如蔡在二十七年,蔡迁在二十六年。非蔡告急于吴也,非吴欲迁蔡也,非蔡侯私许不与大夫计也,非吴兴师来救也。” 7 州来:又名下蔡。在今安徽凤台县。 8 贼利杀昭侯:《史记志疑》:“哀四年《传》,杀昭侯者公孙翩也。《孔子世家》书之,此‘利’字误。《索隐》以利为贼名,妄。” 成侯:公元前490年—前472年在位。其十六年,即公元前475年,进入战国时期。

成侯四年,宋灭曹。十年,齐田常弑其君简公。十三年,楚灭陈。十九年,成侯卒,子声侯[1]产立。声侯十五年卒,子元侯[2]立。元侯六年卒,子侯齐[3]立。

侯齐四年,楚惠王灭蔡,蔡侯齐亡,蔡遂绝祀。后陈灭三十三年[4]。

伯邑考,其后不知所封。武王发,其后为周,有

成侯四年,宋国灭亡了曹国。十年,齐国田常弑杀了他的国君简公。十三年,楚国灭亡了陈国。十九年,成侯去世,儿子声侯产继位。声侯十五年去世,儿子元侯继位。元侯六年去世,儿子侯齐继位。

侯齐四年,楚惠王灭掉了蔡国,蔡侯齐逃亡,蔡国从此断绝了祭祀。陈国灭亡三十三年后蔡国灭亡。

伯邑考,他的后代不知封在哪里。武王发,他的后代是周王室,

《本纪》[5]言。管叔鲜作乱，诛死，无后。周公旦，其后为鲁，有《世家》[6]言。蔡叔度，其后为蔡，有《世家》[7]言。曹叔振铎，其后为曹，有《世家》[8]言。成叔武，其后世无所见。霍叔处，其后晋献公时灭霍。康叔封，其后为卫，有《世家》[9]言。冉季载，其后世无所见。

有《周本纪》记载。管叔鲜发动叛乱，被诛而死，没有后代。周公旦，他的后代是鲁国，有《鲁周公世家》记载。蔡叔度，他的后代是蔡国，有《管蔡世家》记载。曹叔振铎，他的后代是曹国，有《管蔡世家》记载。成叔武，他的后代不知下落。霍叔处，他的后代就是晋献公时所灭掉的霍国。康叔封，他的后代是卫国，有《卫康叔世家》记载。冉季载，他的后代不知下落。

注释 **1** 声侯：公元前 471 年—前 457 年在位。 **2** 元侯：公元前 456 年—前 451 年在位。 **3** 侯齐：公元前 450 年—前 447 年在位。 **4** 后陈灭三十三年：《史记志疑》："当作'三十一年'。" **5**《本纪》：指《周本纪》。 **6**《世家》：指《鲁周公世家》。 **7**《世家》：指本篇《管蔡世家》。 **8**《世家》：曹附于《管蔡世家》之后，详见下文。 **9**《世家》：指《卫康叔世家》。

太史公曰：管、蔡作乱，无足载者。然周武王崩，成王少，天下既疑，赖同母之弟成叔、冉季之属十人为辅拂，是以诸侯卒宗周，故附之世家言。[1]

曹叔振铎者，周武王弟也。[2]武王已克殷纣，封叔振铎于曹。

太史公说：管叔、蔡叔发动叛乱，本来不值得记载。然而周武王去世，成王年幼，天下疑虑，依赖同母所生的弟弟成叔、冉季等十人辅佐，因而诸侯们最终尊崇周王朝为宗主，所以把他们附列在世家中记载。

曹叔振铎，是周武王的弟弟。武王战胜殷纣王后，把叔叔振铎卒，子太伯脾立。太伯卒，子仲君平立。仲君平卒，子宫伯侯立。宫伯侯卒，子孝伯云立。孝伯云卒，子夷伯喜立。

振铎分封在曹地。

叔振铎去世，儿子太伯脾继位。太伯去世，儿子仲君平继位。仲君平去世，儿子宫伯侯继位。宫伯侯去世，儿子孝伯云继位。孝伯云去世，儿子夷伯喜继位。

夷伯二十三年，周厉王奔于彘。

夷伯二十三年，周厉王逃奔彘地。

三十年卒，弟幽伯[3]彊立。幽伯九年，弟苏杀幽伯代立，是为戴伯[4]。戴伯元年，周宣王已立三岁。三十年，戴伯卒，子惠伯兕[5]立。

夷伯在位三十年去世，弟弟幽伯彊继位。幽伯九年，弟弟苏杀死幽伯代立，这就是戴伯。戴伯元年，周宣王已经在位三年了。三十年，戴伯去世，儿子惠伯兕继位。

注释 1 辅拂(bì)：辅佐。拂，通“弼”。 宗周：指以周王朝为宗主。2《史记索隐》：“上文‘叔振铎，其后为曹，有系家言’，则曹亦合题系家。今附《管蔡》之末而不出题者，盖以曹微小而少事迹，因附《管蔡》之末，不别题篇尔。且又管叔虽无后，仍是蔡、曹之兄，故题管、蔡而略曹也。”3 幽伯：公元前834年—前826年在位。 4 戴伯：公元前825年—前796年在位。 5 惠伯兕：曹惠伯或名雉，或名弟，或复名弟兕。公元前795年—前760年在位。

惠伯二十五年，周幽王为犬戎所杀，因东徙，益卑，诸侯畔[1]之。秦始列为诸侯。

惠伯二十五年，周幽王被犬戎部族所杀，周王室因而向东迁都，更加衰落，诸侯纷纷背叛周王室。秦国开始被列为诸侯。

三十六年，惠伯卒，子

石甫立，其弟武杀之代立，是为缪公[2]。缪公三年卒，子桓公[3]终生立。

桓公三十五年，鲁隐公立。四十五年，鲁弑其君隐公。四十六年，宋华父督弑其君殇公及孔父。[4]五十五年，桓公卒，子庄公夕姑立[5]。

庄公二十三年，齐桓公始霸[6]。

三十一年，庄公卒，子釐公[7]夷立。釐公九年卒，子昭公[8]班立。昭公六年，齐桓公败蔡，遂至楚召陵。九年，昭公卒，子共公[9]襄立。

三十六年，惠伯去世，儿子石甫继位，他的弟弟武把他杀了而代他继位，这就是缪公。缪公三年去世，儿子桓公终生继位。

桓公三十五年，鲁隐公继位。四十五年，鲁国人弑杀了国君隐公。四十六年，宋国华父督弑杀了国君殇公以及大夫孔父。五十五年，桓公去世，儿子庄公夕姑继位。

庄公二十三年，齐桓公开始称霸。

三十一年，庄公去世，儿子釐公夷继位。釐公九年去世，儿子昭公班继位。昭公六年，齐桓公打败蔡国，因而到达了楚国的召陵。九年，昭公去世，儿子共公襄继位。

注释 1 畔：通“叛”。 2 缪公：公元前759年—前757年在位。 3 桓公：公元前756年—前702年在位。 4 依《十二诸侯年表》，事在四十七年。 5 庄公：公元前701年—前671年在位。 夕(yì)姑：即“射(yì)姑”，《汉书·古今人表》作“亦姑”。《史记志疑》以为“夕”为“夜”之讹脱。古射、夜多通借。 6 齐桓公始霸：事在公元前679年。 7 釐公：公元前670年—前662年在位。 8 昭公：公元前661年—前653年在位。 9 共公：公元前652年—前618年在位。

共公十六年。初,晋公子重耳其亡过曹,曹君无礼,欲观其骈胁[1]。釐负羁[2]谏,不听,私善于重耳。二十一年,晋文公重耳伐曹,虏共公以归,令军毋入釐负羁之宗族闾[3]。或说晋文公曰:“昔齐桓公会诸侯,复异姓;今君囚曹君,灭同姓,何以令于诸侯?”晋乃复归共公。

二十五年,晋文公卒。三十五年,共公卒,子文公[4]寿立。文公二十三年卒,子宣公[5]彊立。宣公十七年卒,弟成公[6]负刍立。

成公三年,晋厉公伐曹,虏成公以归,已复释之。[7]五年,晋栾书、中行偃使程滑弑其君厉公[8]。二十三年,成公卒,子武公[9]胜立。

共公十六年。当初,晋国公子重耳在外逃亡时经过曹国,曹君待他很不礼貌,想看他长成一片的肋骨。釐负羁劝说,曹君不听从,釐负羁就偷偷地和重耳交好。二十一年,晋文公重耳讨伐曹国,把共公俘虏了带回国,下令军士不要进入釐负羁宗族的里巷大门。有人劝晋文公说:“从前齐桓公会盟诸侯,恢复被灭的异姓国家;如今您囚禁曹君,灭亡同姓国家,拿什么去号令诸侯?”晋国才放归共公。

二十五年,晋文公去世。三十五年,共公去世,儿子文公寿继位。文公二十三年去世,儿子宣公强继位。宣公十七年去世,弟弟成公负刍继位。

成公三年,晋厉公攻伐曹国,俘虏了成公带回国,随即又释放了他。五年,晋国栾书、中行偃派程滑弑杀了国君厉公。二十三年,成公去世,儿子武公胜继位。

注释 1 骈(pián)胁:肋骨连成一片。 2 釐负羁:一作“僖负羁”,曹大夫。釐与僖互通。 3 闾:里巷大门。 4 文公:公元前617年—前

595 年在位。 5 宣公：公元前 594 年—前 578 年在位。《左传》载，宣公名庐。 6 成公：公元前 577 年—前 555 年在位。《左传·成公十三年》杜注以负刍为宣公庶子，是。 7 三年：当作“二年”。 释：释放。《史记索隐》：“《左传·成公十五年》晋厉公执负刍，归于京师。晋立宣公弟子臧，子臧曰‘圣达节，次守节，下失节。为君，非吾节也’。遂逃，奔宋。曹人请于晋。晋人谓子臧‘反国，吾归而君’。子臧反，晋于是归负刍。” 8 栾书、中行(háng)偃：晋国世袭的上卿。 9 武公：公元前 554 年—前 528 年在位。

武公二十六年，楚公子弃疾弑其君灵王代立。二十七年，武公卒，子平公[1]须立。平公四年卒，子悼公[2]午立。是岁，宋、卫、陈、郑皆火[3]。

悼公八年，宋景公立。九年，悼公朝于宋，宋囚之；曹立其弟野，是为声公[4]。悼公死于宋，归葬。

声公五年，平公弟通弑声公代立，是为隐公[5]。隐公四年，声公弟露弑隐公代立，是为靖公[6]。靖公四年卒，子伯阳[7]立。

武公二十六年，楚国公子弃疾弑杀了国君灵王而代立。二十七年武公去世，儿子平公须继位。平公四年去世，儿子悼公午继位。这一年，宋国、卫国、陈国、郑国都发生了火灾。

悼公八年，宋景公继位。九年，悼公去朝拜宋国，宋国囚禁了他；曹国扶立他的弟弟野，这就是声公。悼公死在宋国，送回国安葬。

声公五年，平公的弟弟通弑杀了声公而代立，这就是隐公。隐公四年，声公的弟弟露弑杀隐公而代立，这就是靖公。靖公四年去世，儿子伯阳继位。

注释 1 平公：公元前 527 年—前 524 年在位。 2 悼公：公元前 523

年—前 515 年在位。 **3** 火:发生火灾。 **4** 声公:《十二诸侯年表》作“襄公”。公元前 514 年—前 510 年在位。 **5** 隐公:公元前 509 年—前 506 年在位。 **6** 靖公:公元前 505 年—前 502 年在位。 **7** 伯阳:公元前 501 年—前 487 年在位。他是曹国最后一位国君。

伯阳三年,国人有梦众君子立于社宫[1],谋欲亡曹;曹叔振铎止之,请待公孙彊,许之。旦,求之曹,无此人。梦者戒其子曰:“我亡,尔闻公孙彊为政,必去曹,无离[2]曹祸。”及伯阳即位,好田弋[3]之事。六年,曹野人公孙彊亦好田弋,获白雁而献之,且言田弋之说,因访政事。[4]伯阳大说之,有宠,使为司城以听政。[5]梦者之子乃亡去。

伯阳三年,都城有人梦见许多贵族站在土地神庙前,谋划灭掉曹国;曹叔振铎制止他们,请求等待公孙彊出现,大家答应了。天亮了,在曹全国寻找,没有这个人。做梦的人告诫他儿子说:“我死后,你若听说公孙彊执掌政事,一定要离开曹国,免得遭受曹国的祸患。”等到伯阳即位,他很喜好射猎。六年,曹国农夫公孙彊也喜好射猎,捕获到白雁来献给伯阳,而且大谈射猎之道,伯阳借此问他国家政事。伯阳非常高兴,宠幸公孙彊,让他担任司城官职来处理政务。做梦人的儿子就逃离了曹国。

公孙彊言霸说[6]于曹伯。十四年,曹伯从之,乃背晋干[7]宋。宋景公伐之,晋人不救。十五年,宋灭曹,执曹伯阳及公孙彊以归而杀之。曹遂绝其祀。

公孙彊向曹伯陈说成就霸业的主张。十四年,曹伯听了他的话,就背叛晋国,冒犯宋国。宋景公讨伐曹国,晋国人不来救助。十五年,宋国灭亡了曹国,捉住了曹伯阳和公孙彊,回到宋国就把他们杀了。曹国的社稷和祭祀因此断绝了。

注释　1 君子：此指贵族。　社宫：土地神庙。　2 离：通“罹(lí)”，遭受。3 田弋(yì)：射猎。田，打猎。后作“畋”。弋，用带细绳的箭射鸟，亦指系有绳子的箭。　4 野人：农夫。　访：咨询。　5 说：通“悦”。　司城：官名，即司空。　6 霸说：成就霸业的主张。　7 干：冒犯。

太史公曰：余寻曹共公之不用僖负羁，乃乘轩者三百人，知唯德之不建。[1]及振铎之梦，岂不欲引[2]曹之祀者哉？如公孙彊不修厥政，叔铎之祀忽诸[3]？

太史公说：我考察曹共公不任用僖负羁，却宠幸后宫三百名美人去乘坐轩车，就知道德政是无法实行的。叔振铎阻止贵族亡曹的那个梦，难道不是想延长曹国的祭祀吗？如果公孙彊不推行他的政令，叔振铎的祭祀会绝灭吗？

注释　1 寻：探求，考察。　轩：春秋时大夫以上乘坐的一种轻便车。　三百人：此指乘轩车的美女人数，极言曹共公极度荒淫奢侈。2 引：延长。　3 忽：绝灭。　诸：代词“之”和疑问语气词“乎”的合音。

# 史记卷三十六

## 陈杞世家第六

原文

陈胡公满者，虞帝舜之后也。昔舜为庶人时，尧妻之二女，居于妫汭，其后因为氏姓，姓妫氏。[1]舜已崩，传禹天下，而舜子商均为封国[2]。夏后之时，或失或续。[3]至于周武王克殷纣，乃复求舜后，得妫满，封之于陈，以奉帝舜祀，是为胡公。[4]

胡公卒，子申公犀侯立。申公卒，弟相公皋羊立。相公卒，立申公子突，是为孝公。孝公卒，子慎公圉戎立。慎公当周厉王时。慎

译文

陈国胡公满，是虞帝舜的后代。从前舜是平民的时候，尧把两个女儿嫁给他，居住在妫水转弯的地方，他的后代沿用这个地名做氏姓，姓妫。舜去世后，把天下传给禹，而舜的儿子商均被封为诸侯国国君。夏代的时候，封国有时丢失，有时接续。到了周武王战胜殷纣，又重新寻求舜的后代，找到了妫满，把他封在陈地，以供奉帝舜的祭祀，这就是胡公。

胡公去世，儿子申公犀侯继位。申公去世，弟弟相公皋羊继位。相公去世，扶立申公的儿子突，这就是孝公。孝公去世，儿子慎公圉戎继位。慎公正处在周厉

公卒，子幽公宁立。

幽公十二年，周厉王奔于彘[5]。

二十三年，幽公卒。子釐公[6]孝立。釐公六年[7]，周宣王即位。三十六年，釐公卒，子武公[8]灵立。武公十五年卒，子夷公[9]说立。是岁，周幽王即位。[10]

王时期。慎公去世，儿子幽公宁继位。

幽公十二年，周厉王因为京都暴动逃奔到了彘地。

二十三年，幽公去世。儿子釐公孝继位。釐公六年，周宣王即天子之位。三十六年，釐公去世，儿子武公灵继位。武公十五年去世，儿子夷公说继位。这一年，周幽王即天子之位。

注释 1 庶人：平民。 妫汭(guī ruì)：妫水转弯处。在今山西永济市南。 2 商均为封国：商均所封国，在今河南虞城县一带。《史记索隐》："商均所封虞，即今之梁国虞城是也。" 3 按：夏代受封的有虞思、虞遂。 4 妫满：虞遂之后在周任陶正的遏父之子。 陈：封国名，都宛丘，在今河南淮阳县。《史记索隐》引《左传·襄公二十五年》曰："武王以元女太姬配虞胡公，而封之陈，以备三恪。"按：元女，长女。太姬，名。三恪(kè)，指周初所封虞、夏、商之后。恪，恭敬，犹言敬封。 奉：供奉。 胡公：满之谥号。 5 周厉王奔于彘：事在幽公十三年。 6 釐公：公元前831年—前796年在位。 7 六年：当作"五年"。 8 武公：公元前795年—前781年在位。 9 夷公：公元前780年—前778年在位。 10 按：夷公即位在周幽王二年。

夷公三年卒，弟平公[1]燮立。平公七年，周幽王为犬戎所杀，周东徙。秦始列为诸侯。

夷公三年去世，弟弟平公燮继位。平公七年，周幽王被犬戎部族杀死，周王室向东迁徙。秦国开始进入诸侯行列之中。

二十三年，平公卒，子文公[2]圉立。

文公元年，取蔡女[3]，生子佗。十年，文公卒，长子桓公[4]鲍立。

桓公二十三年，鲁隐公初立。二十六年，卫杀其君州吁。三十三年，鲁弑其君隐公。

三十八年正月甲戌己丑[5]，桓公鲍卒。桓公弟佗，其母蔡女，故蔡人为佗杀五父及桓公太子免而立佗，是为厉公。[6]桓公病而乱作，国人分散，故再赴。[7]

二十三年，平公去世，儿子文公圉继位。

文公元年，娶了蔡侯的女儿，生了儿子佗。十年，文公去世，长子桓公鲍继位。

桓公二十三年，鲁隐公刚刚继位。二十六年，卫国人杀死了他的国君州吁。三十三年，鲁国人弑杀了他的国君隐公。

三十八年正月甲戌日、己丑日，桓公鲍去世。桓公的弟弟佗，他的母亲是蔡国女子，所以蔡国人替佗杀了五父和桓公的太子免而扶立佗，这就是厉公。桓公生了病而发生了祸乱，都城的贵族都各自逃散，所以两次报告丧期。

注释　1 平公：公元前 777 年—前 755 年在位。　2 文公：公元前 754 年—前 745 年在位。　3 取：通“娶”。　蔡女：蔡侯之女。　4 桓公：公元前 744 年—前 707 年在位。　5 甲戌：上年十二月二十一日。　己丑：此年正月六日。杨伯峻《春秋左传注》：“盖以陈桓公患精神病，甲戌之日一人出走，经十六日而后得其尸。不知其气绝之日，故《春秋》作者举二日以包之。左氏则以为再赴，较为可信，故《史记》从之。”《史记志疑》则以为“桓四年冬当有闰十二月，甲戌实是正月二十一日，而己丑则二月七日。《经》书正月甲戌不误，第甲戌之下有阙文，己丑之上并脱‘二月’两字耳。《传》不知而误以为再赴，杜(预)不知而误以今年之日属之前年，由失不置闰故也”。 6 按:《左传》以五父即佗,为一人。杨伯峻《春秋左传注》言:“《史记·陈世家》以五父与佗为二人,于厉公之外又横添一利公,误。”厉公:公元前706年—前700年在位。佗,亦作“他”。 7 国人:都城贵族。 赴:报告丧期。

厉公二年,生子敬仲完[1]。周太史过陈,陈厉公使以《周易》筮[2]之,卦得《观》之《否》[3]:“是为观国之光,利用宾于王。[4]此其代陈有国乎?不在此,其在异国?[5]非此其身,在其子孙。[6]若在异国,必姜姓。姜姓,太岳之后。[7]物莫能两大,陈衰,此其昌乎?”

厉公二年,生了儿子敬仲,他名叫完。周室的太史路过陈国,陈厉公请他根据《周易》占卦,得到的是从《观卦》变为《否卦》:“这是说明已经观看到了国家政绩的光辉,要各得其利,君臣就应该以宾主之礼相待。这难道说他将代替陈而享有国家吗?不在这里,将会在其他的国家?不是在他自身完成,而在他的子孙。假若在别的国家,一定会是姜姓。姜姓,是尧帝时候太岳的后代。一种事物不能同时在两方面都强大,陈国衰败,这一支将会昌盛吧?”

注释 1 敬仲完:敬仲,字;完,名。 2 筮(shì):用蓍草占卦。龟为卜,策为筮。 3《观》之《否》(pǐ):由《观》卦变为《否》卦。《史记集解》引贾逵曰:“《坤》下《巽》上,《观》。《坤》下《乾》上,《否》。《观》爻在六四,变而之《否》。” 4 国之光:国家政绩风俗等之光辉(参见高亨《周易杂论》)。 利用宾于王:是说强臣不敢逼君,二者宜用宾主之礼相待,臣按时朝贡于王,王也以上宾之礼相待。利,指阴阳虽对立却相宜,各得其利。用,适宜采取的措施、手段。 5《史记正义》:“六四变,内卦为中国,外卦为异国。” 6《史记正义》:“内卦为身,外卦为子孙。变在外,故知在子孙也。” 7《史记集解》引杜预曰:“姜姓之先为尧四岳。”

厉公取蔡女，蔡女与蔡人乱，厉公数如蔡淫。七年，厉公所杀桓公太子免之三弟，长曰跃，中曰林，少曰杵臼，共令蔡人诱厉公以好女，与蔡人共杀厉公而立跃，是为利公[1]。

利公者，桓公子也。利公立五月卒，立中弟林，是为庄公[2]。庄公七年卒，少弟杵臼立，是为宣公[3]。

宣公三年，楚武王[4]卒，楚始强。

十七年，周惠王[5]娶陈女为后。

厉公娶了蔡国女子，蔡国女子和一位蔡国男子通奸，厉公也多次去蔡国淫乱。七年，厉公杀死的桓公太子免的三个弟弟，大的叫跃，中的叫林，小的叫杵臼，一起让蔡国人用漂亮的女子去引诱厉公，和蔡国人共同杀死了厉公而扶立跃，这就是利公。

利公，是桓公的儿子。利公继位五个月去世，扶立中间一个弟弟林，这就是庄公。庄公七年去世，小弟弟杵臼继位，这就是宣公。

宣公三年，楚武王去世，楚国开始强大。

十七年，周惠王娶了陈国女子做王后。

注释 **1** 利公：此处记载有误，实无“利公”。《史记志疑》：“考《春秋》经、传厉公名跃，桓公之子。桓公取蔡女生厉公，故厉公母为蔡女。若他乃文公子（他与佗同），桓公弟，即五父也。他因桓公疾，杀太子免代立。而厉公蔡出，蔡人因杀佗立厉公。厉公在位七年卒，弟庄公林立。庄公卒，弟宣公杵臼立。佗篡立逾年无谥，不成为君，绝之焉耳。” **2** 庄公：公元前 699 年—前 693 年在位。 **3** 宣公：公元前 692 年—前 648 年在位。 **4** 楚武王：熊通。公元前 740 年—前 690 年在位。 **5** 周惠王：姬阆。公元前 676 年—前 652 年在位。

二十一年，宣公后有嬖[1]姬生子款，欲立之，乃杀其太子御寇。御寇素爱厉公子完，完惧祸及己，乃奔齐。齐桓公欲使陈完为卿，完曰："羁旅之臣，幸得免负檐，君之惠也，不敢当高位。"[2]桓公使为工正[3]。齐懿仲欲妻陈敬仲，卜之，占[4]曰："是谓凤皇于飞，和鸣锵锵。[5]有妫之后，将育于姜。五世其昌，并于正卿。[6]八世之后，莫之与京。[7]"

二十一年，宣公后来有个宠爱的姬妾生了儿子款，宣公想让他继位，就杀了太子御寇。御寇向来喜爱厉公的儿子完，完害怕祸患连及自己，就奔往齐国。齐桓公想让陈完做卿，完说："寄居作客的我，有幸能免除劳苦，是您给我的恩惠，不敢担任很高的官位。"桓公让他做工正。齐国大夫懿仲想把女儿嫁给陈敬仲，去占卜，卜辞说："这就叫凤凰在飞舞，雄雌相和而鸣。妫姓陈国的后代，将要在姜姓齐国繁育。到五代的时候会昌盛，官职与正卿一样高。八代以后，没有谁的势力比他还大。"

注释 1 嬖：宠爱。 2 卿：诸侯国的高级大臣。 羁旅：寄居作客。 负檐：劳苦。背物为负，挑物为担。檐，通"担（擔）"。 惠：恩惠。 3 工正：主作器械的百工之长。 4 占：指卜辞。 5 凤皇：即凤凰。雄曰凤，雌曰凰。 和鸣：雄雌鸣声相和。 锵锵(qiāng qiāng)：象声词。 6 五世：指陈完之后的五世。 并于正卿：和正卿的地位一样高。 7 八世：实指田常。《史记正义》："陈敬仲八代孙，田常之子襄子磐也。而杜以常为八代者，以桓子无宇生武子开，与釐子乞皆相继事齐，故以常为八代。" 京：大。

三十七年，齐桓公伐蔡，蔡败；南侵楚，至召陵，

三十七年，齐桓公讨伐蔡国，蔡国被打败；向南侵犯楚国，到达

还过陈。陈大夫辕涛涂恶[1]其过陈，诈齐令出东道。东道恶[2]，桓公怒，执陈辕涛涂。是岁，晋献公[3]杀其太子申生。

四十五年，宣公卒，子款立，是为穆公[4]。穆公五年，齐桓公卒。十六年，晋文公败楚师于城濮。是岁，穆公卒，子共公[5]朔立。共公六年，楚太子商臣弑其父成王代立，是为穆王[6]。十一年，秦穆公卒。十八年，共公卒，子灵公[7]平国立。

灵公元年，楚庄王即位。六年，楚伐陈。十年，陈及楚平[8]。

召陵，回国途中经过陈国。陈国大夫辕涛涂憎恨齐军从陈国过境，就欺骗齐军从东边的道路出境。东边的道路险恶，桓公大怒，把陈国辕涛涂拘执起来。这一年，晋献公杀死了太子申生。

四十五年，宣公去世，儿子款继位，这就是穆公。穆公五年，齐桓公去世。十六年，晋文公在城濮打败楚国军队。这一年，穆公去世，儿子共公朔继位。共公六年，楚国太子商臣弑杀了自己的父亲成王而继位，这就是穆王。十一年，秦穆公去世。十八年，共公去世，儿子灵公平国继位。

灵公元年，楚庄王就国君之位。六年，楚国攻打陈国。十年，陈国和楚国讲和。

注释 1 恶(wù)：厌恶，憎恨。 2 恶(è)：恶劣，险恶。 3 晋献公：公元前676年—前651年在位。 4 穆公：公元前647年—前632年在位。 5 共公：公元前631年—前614年在位。 6 穆王：公元前625年—前614年在位。 7 灵公：公元前613年—前599年在位。 8 平：媾和。

十四年，灵公与其大夫孔宁、仪行父皆通于夏姬，衷其衣以戏于朝。[1]泄

十四年，灵公和他的大夫孔宁、仪行父都和夏姬通奸，贴身都穿着夏姬的汗衣在朝廷上嬉笑。泄冶劝

治[2]谏曰："君臣淫乱，民何效焉？"灵公以告二子，二子请杀泄冶，公弗禁，遂杀泄冶。十五年，灵公与二子饮于夏氏[3]。公戏二子曰："徵舒似汝。"二子曰："亦似公。"徵舒怒。灵公罢酒出，徵舒伏弩厩[4]门射杀灵公。孔宁、仪行父皆奔楚，灵公太子午奔晋。徵舒自立为陈侯。徵舒，故陈大夫也。夏姬[5]，御叔之妻，舒之母也。

谏说："国君和大臣都淫乱，民众该效法谁呢？"灵公把泄冶的话告诉孔宁、仪行父，两个人请求杀了泄冶，灵公没有阻止，他们就杀了泄冶。十五年，灵公和这两个人在夏家饮酒。灵公戏弄两个人说："徵舒长得像你们。"两个人说："也长得像您。"徵舒大怒。灵公喝完酒后出来，徵舒在马棚门口埋伏用弩射杀了灵公。孔宁、仪行父都逃奔到楚国，灵公的太子午逃奔到晋国。徵舒自立为陈侯。徵舒，从前是陈国的大夫。夏姬，是御叔的妻子，徵舒的母亲。

注释　1 通：通奸。　衷其衣：里面穿着夏姬的汗衣。衷，本指贴肉的内衣，此作动词。衣，《左传》作"衵(rì)门服"，即日常所穿之汗衣。
2 泄冶：陈大夫。　3 夏氏：夏徵舒家。　4 厩(jiù)：马棚。　5 夏姬：郑穆公之女，陈大夫御叔之妻。《列女传》说她三为王后，七为夫人，公侯争之，莫不迷惑失意。

成公元年冬，楚庄王为夏徵舒杀灵公，率诸侯伐陈。谓陈曰："无惊，吾诛徵舒而已。"已诛徵舒，因县陈[1]而有之，群臣毕贺。申叔时[2]使于齐来还，独不

成公元年冬天，楚庄王因为夏徵舒杀了灵公，率领诸侯来讨伐陈国。他对陈国人说："不要惊恐，我只是来诛杀徵舒而已。"楚国诛杀了徵舒后，趁机将陈国设为一个县而占有了它，各个大臣都来道贺。申叔时出使齐国后回来，唯独他不

贺。庄王问其故，对曰："鄙语有之，'牵牛径[3]人田，田主夺之牛。径则有罪矣，夺之牛，不亦甚乎？'今王以徵舒为贼弑君，故征兵诸侯，以义伐之，已而取之，以利其地[4]，则后何以令于天下！是以不贺。"庄王曰："善。"乃迎陈灵公太子午于晋而立之，复君陈如故，是为成公。[5]孔子读史记至楚复陈，曰："贤哉楚庄王！轻千乘之国而重一言。"[6]

八年，楚庄王卒。二十九年，陈倍楚盟。三十年，楚共王伐陈。是岁，成公卒，子哀公[7]弱立。楚以陈丧，罢兵去。

哀公三年，楚围陈，复释[8]之。二十八年，楚公子围弑其君郏敖自立，为灵王。

三十四年，初，哀公

表示道贺。庄王问他是什么原因，他回答说："有这样的俗话，'牵着牛径直走过人家的田地，田地的主人夺走了牛。径直走过人家的田地确实有罪过，但因此把牛夺走，不也是太过分了吗？'如今大王由于徵舒是弑君的贼臣，所以向诸侯征兵，根据道义来讨伐他，随后取得成功，又贪图利益把陈国的土地占为己有，那么拿什么去号令天下！因此我不道贺。"庄公说："好。"就从晋国迎回了陈灵公的太子午扶他继位，让他做陈国国君，这就是成公。孔子读史书，读到楚国恢复了陈国，说："楚庄王真是贤明！放弃占领一个诸侯国而尊重申叔时的一席话。"

八年，楚庄王去世。二十九年，陈国背弃和楚国的盟约。三十年，楚共王攻打陈国。这一年，成公去世，儿子哀公弱继位。楚国因为陈国有丧事，把兵撤回去了。

哀公三年，楚国包围陈国，随后又解除了包围。二十八年，楚国公子围弑杀了国君郏敖而自立，这就是灵王。

三十四年，当初，哀公娶了郑国女子为妻，长姬生了悼太子师，少姬

娶郑，长姬生悼太子师，少姬生偃。[9] 二嬖妾，长妾生留，少妾生胜。留有宠哀公，哀公属 [10] 之其弟司徒招。哀公病，三月，招杀悼太子，立留为太子。哀公怒，欲诛招，招发兵围守哀公，哀公自经杀。招卒立留为陈君。四月，陈使使赴楚。楚灵王闻陈乱，乃杀陈使者，使公子弃疾发兵伐陈，陈君留奔郑。九月，楚围陈。十一月，灭陈。使弃疾为陈公 [11]。

生了偃。哀公还有两个宠爱的妾，长妾生了留，少妾生了胜。留得到哀公宠爱，哀公将留托付给他弟弟司徒招照应。哀公生病，三月，招杀了悼太子，扶立留做太子。哀公发怒，想要诛杀招，招发动军队围困哀公，哀公自缢而死。招最终扶立留做了陈国国君。四月，陈国派使者讣告楚国。楚灵王听说陈国内乱，就杀了陈国的使者，派公子弃疾出动军队讨伐陈国，陈君留逃奔到郑国。九月，楚国包围陈国。十一月，楚国灭掉了陈国。楚灵王让弃疾做陈公。

注释　**1** 县陈：在陈设县。　**2** 申叔时：楚大夫。　**3** 径：径直走过。　**4** 利其地：获得人家的土地作为自己的利益。　**5** 复君：《楚世家》作“复国”，《左传》作“复封”。　成公：公元前 598 年—前 569 年在位。　**6** 千乘之国：指诸侯国家。　一言：指申叔时之语。《孔子家语·好生篇》云：“孔子读史至楚复陈，喟然叹曰：‘贤哉楚王！轻千乘之国而重一言之信。匪申叔之信，不能达其义；匪庄王之贤，不能受其训。’”在这里，孔子的赞叹和他所主张的“兴灭国，继绝世”的思想是一致的。　**7** 哀公：公元前 568 年—前 534 年在位。　**8** 释：解除包围。　**9** 三十四：当作“三十五”。　娶郑：娶郑女为妻。　**10** 属(zhǔ)：托付。　**11** 陈公：陈县的县令。据《左传》，为陈公者是穿封戌，弃疾为蔡公，此误。

招之杀悼太子也，太子之子名吴，出奔晋。[1] 晋平公问太史赵曰："陈遂亡乎？"对曰："陈，颛顼之族。[2] 陈氏得政于齐，乃卒亡。自幕至于瞽瞍，无违命。[3] 舜重之以明德。[4] 至于遂[5]，世世守之。及胡公，周赐之姓，使祀虞帝。且盛德之后，必百世祀。虞之世未[6]也，其在齐乎？"

楚灵王灭陈五岁，楚公子弃疾弑灵王代立，是为平王。平王初立，欲得和诸侯，乃求故陈悼太子师之子吴，立为陈侯，是为惠公[7]。惠公立，探续哀公卒时年而为元，空籍五岁矣。[8]

招杀了悼太子的时候，太子的儿子吴，逃奔晋国。晋平公问太史赵说："陈国会就这样灭亡吗？"太史赵回答说："陈国，是颛顼的后代。陈姓的人在齐国掌握了政权，陈才最终会灭亡。他祖先从幕一直到瞽瞍，没有人违背天命。舜又再次给它增添了美好的德行。直至虞遂，世世代代都有德行。等到胡公之时，周朝赐给他姓，让他奉祀虞帝。而且有盛德之人的后代，一定会享受百代的祭祀。虞的后代还没有断绝，他们的发展会在齐国吗？"

楚灵王灭亡陈国的第五年，楚国公子弃疾弑杀灵王而代立，这就是平王。平王刚刚继位，想要和诸侯们和好，就找到过去陈国悼太子师的儿子吴，立他为陈侯，这就是惠公。惠公继位，追溯哀公去世时的年份而为元年，其实国君之位空缺已经五年了。

注释　1《左传·昭公八年》会，楚公子弃疾帅师奉孙吴围陈，无奔晋之事。　2 陈，颛顼之族：陈国是颛顼的后代。族，嗣，后代。　3 上文卜辞言"物莫能两大"，所以陈国最终要灭亡。　幕：颛顼后代，舜的祖先。汉刘耽《吕梁碑言》："颛顼生幕，幕生穷蝉，穷蝉生敬康，敬康生乔牛，乔牛生瞽瞍。”《三代世表》以为“颛顼生穷蝉，穷蝉生敬康，敬康生句望，句望生蟜牛，蟜牛生瞍”。引文中有幕与句望之异，古史传说不同而已。
4 重：加。 明德：美好、崇高的德行。 5 遂：虞遂，舜之后代。 6 世未：指没有满百世，还未到断绝之时。 7 惠公：公元前533年—前506年在位。 8 探续：追溯。 空籍：君位空缺。籍，通“阼”，皇位，此指君位。

十年，陈火。十五年，吴王僚使公子光伐陈，取胡、沈而去[1]。二十八年，吴王阖闾与子胥败楚入郢。是年，惠公卒，子怀公[2]柳立。

十年，陈国发生火灾。十五年，吴王僚派公子光攻打陈国，取得了胡、沈两国之后撤走了。二十八年，吴王阖闾和伍子胥一起打败楚国，进入了郢都。这一年，惠公去世，儿子怀公柳继位。

怀公元年[3]，吴破楚，在郢，召陈侯。陈侯欲往，大夫曰：“吴新得意；楚王虽亡，与陈有故，不可倍。”怀公乃以疾谢吴。四年，吴复召怀公。怀公恐，如吴。吴怒其前不往，留之，因卒吴。[4]陈乃立怀公之子越，是为湣公[5]。

怀公元年，吴国攻破楚国，吴王住在郢都，召唤陈侯。陈侯想去，大夫说：“吴国正处于得意之时；楚王虽然在逃亡，但和陈国有旧交，不可以背叛。”怀公就借口有病谢绝吴国。四年，吴国再次召唤怀公。怀公害怕，到了吴国。吴国对他前次召唤不来很恼火，就扣留了他，他因此死在吴国。陈国于是扶立怀公的儿子越，这就是湣公。

湣公六年[6]，孔子适陈。吴王夫差伐陈，取三邑而去。[7]十三年，吴复来伐陈，陈告急楚，楚昭王来救，军于城父，吴师去。是年，楚

湣公六年，孔子来到陈国。吴王夫差攻打陈国，取得三座城邑撤走了。十三年，吴国再次来攻打陈国，陈国向楚国告急，楚昭王前来救援，驻军于城父，吴国军队撤走

昭王卒于城父。时孔子在陈。[8]

了。这一年，楚昭王在城父去世。这时孔子在陈国。

注释 1 胡：国名，归姓。在今河南漯河市西。 沈：国名，姬姓。在今河南平舆县北。 2 怀公：公元前 505 年—前 502 年在位。 3 怀公元年：《史记志疑》以为此“四字衍”。 4 《史记志疑》以为“吴止一召陈侯，陈侯未尝往吴。盖复召之说，凿空无据。安得有如吴被留而死之事？” 5 湣公：按《左传》，湣公名周，公元前 501 年—前 479 年在位。 6 六年：当作“七年”。 7《史记志疑》：“‘吴’上当有‘八年’二字。考哀元年《春秋》经、传及《年表》皆不言取三邑，疑此与《孔子世家》同误。” 8《史记志疑》：“此谓湣公十三年也。考孔子至陈凡经五年，共二次。始则在定十五年（当陈湣七年），至哀二年而去（当湣九年）。继即在哀二年，至四年而去（当湣十一）。《孔子世家》甚明。”

十五年，宋灭曹。十六年，吴王夫差伐齐，败之艾陵[1]，使人召陈侯。陈侯恐，如吴。[2]楚伐陈。二十一年，齐田常弑其君简公。二十三年，楚之白公胜杀令尹子西、子綦，袭惠王。叶公攻败白公，白公自杀。

十五年，宋国灭掉曹国。十六年，吴王夫差攻打齐国，在艾陵打败齐国，派人去召唤陈侯。陈侯害怕，到了吴国。楚国攻打陈国。二十一年，齐国田常弑杀了国君简公。二十三年，楚国的白公胜杀死了令尹子西、子綦，袭击惠王。叶公进击打败了白公，白公自杀。

二十四年，楚惠王复国，以兵北伐，杀陈湣公，遂灭陈而有之。是岁，孔子卒。[3]

二十四年，楚惠王恢复了国家，领兵向北进伐，杀了陈湣公，灭掉陈国而占有了它。这一年，孔子去世。

杞东楼公者，夏后禹之后苗裔也。[4]殷时或封或绝。周武王克殷纣，求禹之后，得东楼公，封之于杞，以奉[5]夏后氏祀。

杞国东楼公，是夏代大禹的后代。在殷朝时有时受封，有时又断绝了。周武王战胜殷纣王，寻找大禹的后代，找到了东楼公，把他封在杞地，来供奉夏后氏的祭祀。

东楼公生西楼公，西楼公生题公，题公生谋娶公。谋娶公当周厉王时。谋娶公生武公。[6]

东楼公生了西楼公，西楼公生了题公，题公生了谋娶公。谋娶公正处在周厉王时期。谋娶公生了武公。

注释 1 败之艾陵：艾陵之战在陈侯十八年。 2《史记志疑》："是时陈已服吴，何烦再召，盖又因吴召怀公事而误。" 3《史记志疑》："楚惠复国及孔子之卒皆在湣公二十三年，此误。" 4 杞：国名。在今河南杞县。 东楼公：谥号。 夏后：即下文"夏后氏"，本为部落名。禹为该部落的首领。 苗裔：后代子孙。 5 奉：供奉。 6《史记志疑》："周有天下至厉王流彘二百八十余年……武公卒于鲁桓八年，立于平王二十一年，自厉王流彘后至平王二十年，尚有三十四年，则杞之四君必每君在位百余年方能相及，其可信乎？是知杞之代系必有脱误也。"

武公立四十七年卒，子靖公立。靖公二十三年卒，子共公立。共公八年卒，子德公[1]立。德公十八年卒，弟桓公姑容立。[2]桓公十七年卒，子孝公匄立。[3]孝公十七

武公继位四十七年去世，儿子靖公继位。靖公二十三年去世，儿子共公继位。共公八年去世，儿子德公继位。德公十八年去世，弟弟桓公姑容继位。桓公十七年去世，儿子孝公匄继位。孝公十七年去世，弟弟文公益姑

年卒，弟文公益姑立。文公十四年卒，弟平公郁立。平公十八年卒，子悼公成立。悼公十二年卒，子隐公乞立。七月，隐公弟遂[4]弑隐公自立，是为釐公。釐公十九年卒，子湣公维立。

湣公十五年，楚惠王灭陈[5]。十六年，湣公弟阏路弑湣公代立，是为哀公。

哀公立十年卒，湣公子敕[6]立，是为出公。出公十二年卒，子简公春立。立一年，楚惠王之四十四年，灭杞。[7]杞后陈亡三十四年。[8]

杞小微，其事不足称述。

继位。文公十四年去世，弟弟平公郁继位。平公十八年去世，儿子悼公成继位。悼公十二年去世，儿子隐公乞继位。七月，隐公的弟弟遂弑杀隐公而自立，这就是釐公。釐公十九年去世，儿子湣公维继位。

湣公十五年，楚惠王灭亡了陈国。十六年，湣公的弟弟阏路弑杀湣公而自立为君，这就是哀公。

哀公继位十年去世，湣公的儿子敕继位，这就是出公。出公十二年去世，儿子简公春继位。简公在位一年，即楚惠王四十四年，楚国灭掉了杞国。杞国比陈国晚三十四年灭亡。

杞国小而地位卑微，它的事迹不值得记述。

注释 1 德公：《史记集解》《史记索隐》引《系本》及谯周并作“惠公”，非“德公”。 2 据《世本》，惠公生成公、桓公，成公立十八年，桓公立十七年。 3 十七：《史记志疑》以为“桓公在位七十年，此作‘十七’，仍《世本》之误。自古诸侯享国之久，未有如杞桓公者也”。 匄：音 gài，“丐”的异体字。 4 遂：《史记志疑》：“《春秋》哀八年僖公名过，孔《疏》引《世家》同，则‘遂’字是今本之误。” 5 楚惠王灭陈：楚惠王十年灭陈，当陈湣公二十三年，鲁哀公十七年，《史记志疑》以为乃杞湣公之八年，非十五年。 6 敕(shuò)：原作“敕”，据景祐本、绍兴本等改“敇”，又作“遬(sù)”。

7 立一年:《史记志疑》:“或谓简公在位四年,非一年也。” 灭杞:杞于公元前445年为楚所灭。自武公公元前750年(周平王二十一)以来,历时306年。若是成公在位十八年,桓公在位七十年,简公在位四年,总计诸公在位年数正合。 8 杞后陈亡三十四年:陈亡在杞湣公八年。杞湣公在位十六年,哀公在位十年,出公在位十二年,简公在位一年,距阵亡共三十一年,不足三十四之数。

舜之后,周武王封之陈,至楚惠王灭之,有《世家》[1]言。禹之后,周武王封之杞,楚惠王灭之,有《世家》言。契之后为殷,殷有《本纪》言。殷破,周封其后于宋,齐湣王灭之,有《世家》[2]言。后稷之后为周,秦昭王灭之,有《本纪》言。皋陶之后,或封英、六,楚穆王灭之,无谱[3]。伯夷之后,至周武王复封于齐,曰太公望,陈氏灭之,有《世家》言。伯翳之后,至周平王时封为秦,项羽灭之,有《本纪》言。垂、益、夔、龙,其后不知所封,不见也。右十一人者,皆唐虞之际名有功德

舜的后代,周武王将其封在陈,到楚惠王灭了陈,有《陈杞世家》记载。大禹的后代,周武王把他封在杞,楚惠王灭了杞,有《陈杞世家》记载。契的后代是殷,殷有《殷本纪》记载。殷朝破亡,周把他的后代封在宋,齐湣王灭了宋,有《宋微子世家》记载。后稷的后代是周,秦昭王灭了周,有《周本纪》记载。皋陶的后代,有的人封在英、六,它们被楚穆王灭亡了,没有谱牒记载世系。伯夷的后代,至周武王时再次被封在齐,叫太公望,陈氏家族的人灭了齐国,有《齐太公世家》记载。伯翳的后代,到周平王的时候受封成为秦,项羽灭了秦,有《秦本纪》记载。垂、益、夔、龙,他们的后代不知道封在什么地方,不见有记载。以上十一人,都是唐虞时期

臣也；其五人之后皆至帝王，余乃为显诸侯。[4]滕、薛、驺，夏、殷、周之间封也，小，不足齿列[5]，弗论也。

被称为有功德的大臣；其中五人的后代都做了帝王，其余的也成为了显贵的诸侯。滕国、薛国、驺国，是夏朝、殷朝、周朝之间受封的，国家弱小，不值得和其他国家摆在同列，就不论述它们了。

周武王时，侯伯尚千余人。及幽、厉之后，诸侯力攻相并。江、黄、胡、沈之属[6]，不可胜数，故弗采著于传云。

周武王的时候，封为侯伯的还有一千多人。等到周幽王、厉王以后，诸侯国之间竭力攻伐相互兼并。江、黄、胡、沈一类的国家，多得数也数不清，所以不将它们的事迹著述在史传中。

注释 1 指本篇《陈杞世家》，下句同。 2 指《宋微子世家》。 3 谱：指谱牒，记世系的文献。 4 右：古书竖排为“右”，今横排则为“上”。 显：显贵。 5 齿列：齐齿并列。此指与其他诸侯国同列。 6 江、黄：二国名，皆嬴姓。江，在今河南信阳市东北。黄，在今河南潢川县西北。

太史公曰：舜之德可谓至[1]矣！禅位于夏，而后世血食者历三代。[2]及楚灭陈，而田常得政于齐，卒为建国，百世不绝，苗裔兹兹，有土者不乏焉。[3]至禹，于周则杞，微甚，不足数也。楚惠王灭杞，其后越王句践兴。

太史公说：舜的德性可以称得上是达到了最高境界！把帝位让给夏禹，而夏、商、周三代都得以享受后代的杀牲祭祀。等到楚国灭亡了陈国，而田常却在齐国掌握了政权，最终建立了自己的国家，百代都没有断绝，后代子孙众多，有封土的自不乏人。至于大禹的后代，在周朝时有杞国，非常弱小，不值得述说。楚惠王灭亡了杞国，其后禹的后代越王句践又兴盛起来了。

注释 1 至:极点,最高境界。 2 禅位:让位。禅,让。指传贤而非传子。血食:享受杀牲祭祀。 三代:夏、商、周。 3 兹兹:众多,蕃盛。兹,草多貌。 有土:受封。土,指封土。

# 史记卷三十七

## 卫康叔世家第七

原文

卫康叔[1],名封,周武王同母少弟也。其次尚有冉季,冉季[2]最少。

武王已克殷纣,复以殷余民封纣子武庚禄父,比诸侯,以奉其先祀勿绝。[3]为武庚未集,恐其有贼心,武王乃令其弟管叔、蔡叔傅相武庚禄父,以和其民。[4]武王既崩,成王少。周公旦代成王治,当国。管叔、蔡叔疑周公,乃与武庚禄父作乱,欲攻成周[5]。周公旦以成王命兴师伐殷,杀武庚禄父、管

译文

卫国康叔名叫封,是周武王同母所生的小弟弟。康叔之下还有冉季,冉季年龄最小。

武王战胜殷纣王后,又把殷朝遗民封给纣王的儿子武庚禄父,其地位等同诸侯,让他来供奉祖先的祭祀,使其不至于断绝。因为武庚对周朝在思想上还未完全顺从,武王担心他有谋叛之心,就命令自己的弟弟管叔、蔡叔辅佐武庚禄父,来安定国民。武王去世时,成王年纪小。周公旦代替成王治事,主掌国政。管叔、蔡叔怀疑周公,就伙同武庚禄父发动叛乱,想进攻成周。周公旦秉持成王的命令出动军队讨伐殷朝遗民,杀死了武庚禄父、管叔,流放了蔡叔,将武庚属下的殷朝遗

叔，放蔡叔，以武庚殷余民封康叔为卫君，居河、淇间故商墟。[6]

民封给康叔，立他为卫君，让他居住在黄河、淇水之间原来的商朝旧址。

注释 1 卫：周初封国名。始封者为周武王弟康叔封。始都朝歌，后相继都于曹、楚丘、帝丘，国势日弱，曾于公元前 254 年灭于魏，后复国，公元前 209 年为秦所灭。 康：封所食采邑，地在今河南禹州市西北，后受封于卫，仍兼“康”号。 2 冉季：即冉季载。武王十兄弟中年龄最小者。3 余民：殷亡国后遗留下的民众。 武庚禄父：武庚，名；禄父，字。 比：类同。 4 集：通“辑”，和睦，安定。 傅相：辅佐。此处实为监视。5 成周：《史记索隐》：“成周，洛阳。其时周公相成王，营洛邑，犹居西周镐京。管、蔡欲构难，先攻成周，于是周公东居洛邑，伐管、蔡。” 6 放：流放。 河、淇：指黄河、淇水。淇水，古黄河支流，后为卫河支流，在今河北北部。 商墟：殷都旧址。殷都朝歌，即今河南淇县。

周公旦惧康叔齿少，乃申告康叔曰：“必求殷之贤人君子长者，问其先殷所以兴，所以亡，而务爱民。”[1] 告以纣所以亡者以淫于酒，酒之失，妇人是用，故纣之乱自此始。为《梓材》，示君子可法则。故谓之《康诰》《酒诰》《梓材》以命之。[2] 康

周公旦害怕康叔年纪小，就一再告诫康叔说：“一定要寻求殷朝遗民中有贤才、有威望、有经验的人，询问他们之前殷朝是如何兴盛的，又是如何亡国了，应该致力于爱护民众。”还告诫他纣王亡国的原因在于过度嗜酒，嗜酒放纵，宠幸妇人，纣王的灭亡就是从这里开始的。周公还按照匠人制作木器必用规矩的道理写了《梓材》，作为治国者效法的准则。他还写了《康诰》《酒诰》《梓材》来教导康叔。

叔之国，既以此命，能和集其民，民大说[3]。

康叔到了封国，因落实了这些教导，故能使百姓和睦安乐，百姓非常高兴。

成王长，用事，举康叔为周司寇，赐卫宝祭器，以章有德。[4]

成王长大了，自己处理政事，举荐康叔做周王室的司寇，赐给卫国贵重仪仗和祭器，来表彰他的德行。

注释 1 申：一再。 务：致力于。 2《康诰》：《尚书》篇名。全篇阐明了尚德慎罚、敬天爱民的道理，反映了周初的政治制度、司法制度以及意识形态。《酒诰》：《尚书》篇名。全篇总结经验教训，阐述了戒酒的重要性，规定了严格的法令条例。《梓材》：《尚书》篇名。篇中用“若作梓材”比喻治国道理，还规定了治理殷商故地的具体政策，勉励康叔施行明德，和睦殷民。梓材，意为上等的木材。 3 说：通“悦”。 4 司寇：官名，掌刑狱、纠察等事。 宝祭器：《史记集解》引《左传》曰：“分康叔以大路、大旂、少帛、綪茷、旃旌、大吕。” 按：大路，即金路，以铜饰车中各零件之末，王子母弟出封国以赐之。大旂，上画交龙，竖在金路上。少帛，即小帛，旗名。綪茷，即大赤色之旗；綪，大赤色；茷，即旆。旃旌，也是旗帜；帛制无装饰为旃；用析羽装饰为旌。大吕，钟名。 章：表彰。

康叔卒，子康伯[1]代立。康伯卒，子考伯立。考伯卒，子嗣伯立。嗣伯卒，子疌[2]伯立。疌伯卒，子靖伯立。靖伯卒，子贞伯[3]立。贞伯卒，子顷侯立。

康叔去世，儿子康伯继位。康伯去世，儿子考伯继位。考伯去世，儿子嗣伯继位。嗣伯去世，儿子疌伯继位。疌伯去世，儿子靖伯继位。靖伯去世，儿子贞伯继位。贞伯去世，儿子顷侯继位。

顷侯厚赂[4]周夷王，夷

顷侯用厚重的礼物贿赂周夷王，夷王封卫国为侯爵。顷侯在位王命卫为侯。顷侯立十二年卒,子釐侯立。[5]

釐侯十三年,周厉王出奔于彘,共和行政焉。二十八年,周宣王立。

十二年去世,儿子釐侯继位。

釐侯十三年,周厉王出逃奔往彘地,周公与召公共同执掌政权。二十八年,周宣王继位。

注释 1 康伯:名髦,《左传》称王孙牟父,牟、髦声相近。事周康王,为大夫。 2 庳(jié):当作"疌"。 3 贞伯:《世本》作"箕伯"。《谥法》无"箕",或许"箕"是贞伯之名。 4 赂:行贿。卫本为侯爵,贞伯之无需赂周而复封为侯。此语不可解。 5《史记志疑》:"盖《世家》于顷侯之年有讹脱,得毋顷侯三十二年卒乎?" 釐侯:公元前854年—前813年在位。釐,通"僖"。

四十二年,釐侯卒,太子共伯余立为君。共伯弟和有宠于釐侯,多予之赂;和以其赂赂士,以袭攻共伯于墓上,共伯入釐侯羡自杀。[1]卫人因葬之釐侯旁,谥曰共伯,而立和为卫侯,是为武公[2]。

武公即位,修康叔之政,百姓和集。四十二年,犬戎杀周幽王,武公将兵往佐周平戎,甚有功,周平

四十二年,釐侯去世,太子共伯余继位为君。共伯的弟弟和受到釐侯宠爱,釐侯给他很多钱财;和拿这些钱财去贿赂士人,在釐侯墓地偷袭共伯,共伯进入墓道自杀而死。卫国人就把他安葬在釐侯墓地旁边,谥号为共伯,而扶立和做了卫侯,这就是武公。

武公即位后,修明康叔时期的政治,百姓们和睦安乐。四十二年,犬戎部族杀死了周幽王,武公领兵前往佐助周王室平定戎族之乱,功劳特别大,周平王策命武公为公爵。

王命武公为公[3]。五十五年，卒，子庄公[4]扬立。

五十五年，武公去世，儿子庄公扬继位。

注释 1 前二“赂”字，指财物，名词。后一“赂”字，行贿，动词。 羡(yán)：通“埏”，墓道。 2 武公：公元前812年—前758年在位。 3 命武公为公：《史记志疑》：“东迁以后，诸侯于其国皆称公，从未有天子命诸侯为公者，武公盖入为王卿士耳。” 4 庄公：公元前757年—前735年在位。夫人齐女即庄姜。

庄公五年，取齐女为夫人，好而无子。又取陈女为夫人，生子，蚤[1]死。陈女女弟亦幸于庄公[2]，而生子完。完母死，庄公令夫人齐女子之，立为太子。庄公有宠妾，生子州吁。十八年，州吁长，好兵，庄公使将。石碏谏庄公曰：“庶子好兵，使将，乱自此起。”[3]不听。

二十三年，庄公卒，太子完立，是为桓公[4]。

桓公二年，弟州吁骄奢，桓公绌[5]之，州吁出奔。十三年，郑伯弟段攻其

庄公五年，娶了齐国女子做夫人，她长得很漂亮但没有生儿子。庄公又娶了陈国女子做夫人，她生了儿子，但儿子早早死去了。陈国女子的妹妹也受到庄公宠爱，生了儿子完。完的生母死后，庄公让夫人齐国女子把他养大，立他为太子。庄公还有一个宠幸的妾，生了儿子州吁。十八年，州吁长大了，喜爱军事，庄公让他统领军队。石碏劝谏庄公说：“妾生的儿子喜爱军事，让他带兵，祸乱将从这里开始。”庄公不听从他的意见。

二十三年，庄公去世，太子完继位，这就是桓公。

桓公二年，弟弟州吁骄纵奢侈，桓公罢免了他，州吁奔逃出国。十三年，郑庄公的弟弟共叔段攻击他哥哥，没有取胜，逃亡了，州吁要求和他

兄，不胜，亡，而州吁求与之友。十六年，州吁收聚卫亡人以袭杀桓公，州吁自立为卫君。为郑伯弟段欲伐郑，请宋、陈、蔡与俱，三国皆许州吁。州吁新立，好兵，弑桓公，卫人皆不爱。石碏乃因桓公母家于陈，详[6]为善州吁。至郑郊，石碏与陈侯共谋，使右宰丑进食，因杀州吁于濮，而迎桓公弟晋于邢而立之，是为宣公。[7]

做朋友。十六年，州吁收集卫国逃亡在外的人来攻袭并杀死了桓公，州吁自立为卫君。由于郑伯的弟弟共叔段想要攻打郑国，州吁就请求宋国、陈国、蔡国一同发兵，这三国都答应了州吁的请求。州吁刚刚继位，喜好用武，弑杀了桓公，卫国人都不喜欢他。石碏就借着桓公的母家在陈国，假装对州吁很好。卫国军队到了郑国国都郊外，石碏和陈侯共同谋划，派右宰丑在进送食物的时候，借机在濮地杀了州吁，而从邢国迎接来桓公的弟弟晋继位，这就是宣公。

注释 1 蚤：通“早”。 2 女弟：妹妹，指戴妫。 幸：宠爱。 3 石碏(què)：卫国上卿。 庶子：妾所生的儿子。亦作“庶男”。 4 桓公：公元前 734 年—前 719 年在位。桓公之十三年，即公元前 722 年，为鲁隐公元年。 5 绌：通“黜”，贬退。 6 详：通“佯”，伪装。 7 右宰丑：卫国大夫。 邢：国名，姬姓，周公的后裔。在今河北邢台市境内。 宣公：公元前 718 年年—前 700 年在位。

宣公七年，鲁弑其君隐公。九年，宋督弑其君殇公及孔父。十年，晋曲沃庄伯弑其君哀侯。[1]十八年。初，宣公爱夫人

宣公七年，鲁人弑杀了国君隐公。九年，宋国人华父督弑杀了国君殇公以及大夫孔父嘉。十年，晋国驻军于曲沃的庄伯弑杀了国君哀侯。十八年。当初，宣公喜爱夫人

夷姜，夷姜生子伋，以为太子，而令右公子傅之[2]。右公子为太子取齐女，未入室，而宣公见所欲为太子妇者好，说而自取之，更为太子取他女。宣公得齐女，生子寿、子朔，令左公子傅之。太子伋母死，宣公正夫人与朔共谗恶[3]太子伋。宣公自以其夺太子妻也，心恶[4]太子，欲废之。及闻其恶，大怒，乃使太子伋于齐而令盗遮界上杀之，与太子白旄，而告界盗见持白旄[5]者杀之。且行，子朔之兄寿，太子异母弟也，知朔之恶太子而君欲杀之，乃谓太子曰："界盗见太子白旄，即杀太子，太子可毋行。"太子曰："逆父命求生，不可。"遂行。寿见太子不止，乃盗其白旄而先驰至界。界盗见其验[6]，即杀之。寿已死，而太子伋又至，谓盗曰："所

夷姜，夷姜生了儿子伋，伋被立为太子，让右公子教导他。右公子替太子娶了齐国女子，还没有拜堂成婚，宣公见到给太子娶的这位媳妇长得漂亮，心里喜欢，就自己娶了，另外为太子娶了别的女子。宣公娶得齐国女子，生了子寿、子朔，让左公子教导他们。太子伋的母亲死去，宣公的正夫人和朔共同诋毁中伤太子伋。宣公因为自己抢夺了太子的妻子，心里憎恶太子，就想废掉他。等到听说太子伋的种种不是，宣公非常恼怒，派太子伋出使齐国并命令大盗拦在边界上把他杀了，给太子的符信是白旄，告诉边界的大盗看见执持着白旄的使者就杀掉他。太子伋将要出行，子朔的哥哥寿，是太子的异母弟弟，知道朔中伤了太子而国君想杀掉太子，就对太子说："边界上的大盗看见太子拿着白旄，就会杀掉太子，太子不要去。"太子说："违逆父亲的命令求得生存，不可以这样做。"就出发了。寿见不能阻止太子出使，就偷了他的白旄先奔到边界。边界上的大盗看见寿持着白旄，就把他杀了。寿被杀后，太子

当杀乃我也。”盗并杀太子伋,以报宣公。宣公乃以子朔为太子。十九年,宣公卒,太子朔立,是为惠公[7]。

伋又到了,对大盗说:“你应当杀的人是我。”大盗把太子伋一并杀了,以此报告宣公。宣公就立子朔为太子。十九年,宣公去世,太子朔继位,这就是惠公。

注释 1 以上三事分别详见鲁、宋、晋之世家。 2 右公子:与下文“左公子”,为左右媵妾之子,因以为号。左公子名泄,右公子名职。 傅:教导。 3 谗恶(wù):毁谤中伤。 4 恶(wù):厌恶,憎恨。 5 白旄:用白色旄牛尾装饰旗杆顶的旗子。它是聘于诸侯的卿大夫所执的符信。 6 验:凭证。 7 惠公:公元前 699 年—前 697 年在位。

左右公子不平朔之立也。惠公四年,左右公子怨惠公之谗杀前太子伋而代立,乃作乱,攻惠公,立太子伋之弟黔牟为君,惠公奔齐。

卫君黔牟立八年,齐襄公率诸侯奉王命共伐卫,纳卫惠公,诛左右公子。[1]卫君黔牟奔于周,惠公复立。惠公立三年出亡,亡八年复入,与前通年凡十三年矣。[2]二十五年,惠公怨周之容舍[3]黔牟,与燕伐周。周惠王奔温[4],卫、燕立惠王弟颓为

朔的继位使左右公子愤愤不平。惠公四年,左右公子怨恨惠公进谗言导致前太子伋被杀而继位,就发动叛乱,进攻惠公,扶立太子伋的弟弟黔牟为国君,惠公奔往齐国。

卫君黔牟在位八年,齐襄公率领诸侯奉王命共同讨伐卫国,送卫惠公回国,诛杀了左右公子。卫君黔牟逃奔到周,惠公重新继位。惠公在位三年出国逃亡,逃亡在外八年重新回国,和前面加起来总共是十三年。二十五年,惠公怨恨周接纳黔牟,和燕国去攻打周。周惠王逃奔到温地,卫国、燕国扶立惠王

王。二十九年,郑复纳惠王。三十一年,惠公卒,子懿公[5]赤立。

懿公即位,好鹤,淫乐奢侈。九年,翟伐卫,卫懿公欲发兵,兵或畔。[6]大臣言曰:“君好鹤,鹤可令击翟。”翟于是遂入,杀懿公。

懿公之立也,百姓大臣皆不服。自懿公父惠公朔之谗杀太子伋代立至于懿公,常欲败之,卒灭惠公之后而更立黔牟之弟昭伯顽之子申为君,是为戴公[7]。

戴公申元年卒。齐桓公以卫数乱,乃率诸侯伐翟,为卫筑楚丘,立戴公弟燬为卫君,是为文公[8]。文公以乱故奔齐,齐人入之。

初,翟杀懿公也,卫人怜之,思复立宣公前死太子伋之后,伋子又死,而代伋死者子寿又无子。太子伋同母弟二人:其一曰黔牟,黔

的弟弟颓做周王。二十九年,郑国再次把惠王送回到周。三十一年,惠公去世,儿子懿公赤继位。

懿公即位以后,喜好白鹤,淫乐奢侈。九年,狄族来攻打卫国,卫懿公想出动军队,军中有人背叛。大臣提出意见说:“您喜好白鹤,可以让白鹤去出击狄族。”狄族于是就进入了国都,杀了懿公。

懿公继位,贵族大臣都不顺服。自从懿公父亲惠公朔诋毁并杀害太子伋而继位,一直到懿公,贵族大臣时常想推翻他们,最终贵族大臣杀掉了惠公的后人而改立黔牟的弟弟昭伯顽的儿子申做了国君,这就是戴公。

戴公申元年去世。齐桓公因为卫国发生多次变乱,就率领诸侯讨伐狄族,替卫国筑了楚丘城,扶立戴公的弟弟燬做卫君,这就是文公。文公因为变乱的缘故逃奔到齐国,齐国人把他送回了卫国。

当初,狄族杀了懿公,卫国人可怜他,想要重新扶立在宣公之前死去的太子伋的后代,伋的儿子又死去了,而替伋去死的子寿

牟尝代惠公为君，八年复去；其二曰昭伯。昭伯、黔牟皆已前死，故立昭伯子申为戴公。戴公卒，复立其弟燬为文公。

文公初立，轻赋平罪，身自劳，与百姓同，以收卫民。[9] 十六年，晋公子重耳过，无礼。[10] 十七年，齐桓公卒。二十五年，文公卒，子成公[11]郑立。

又没有儿子。太子伋同母所生的弟弟有两个：其一为黔牟，黔牟曾代惠公做了国君，在位八年又被废除了；其二为昭伯。昭伯、黔牟都在这之前死去了，因此确立昭伯的儿子申做戴公。戴公去世，他的弟弟燬被立为君，他就是文公。

文公刚刚继位，减轻赋税，公平断狱，亲身劳作，与百姓一同受苦，来笼络卫国民心。十六年，晋国公子重耳经过卫国，文公对他不加礼遇。十七年，齐桓公去世。二十五年，文公去世，儿子成公郑继位。

注释 1 黔牟立八年：即公元前 696 年—前 689 年在位。 奉王命：据《左传》，齐率诸侯之师伐卫，纳卫惠公，周庄王命子突救之，而《史记》云“奉王命”，恐不确。 2 三年：当作“四年”。 复入：指惠公重新回国，公元前 686 年—前 669 年在位。 十三年：当作“十一年”。 3 容舍：接纳收留。 4 奔温：《史记志疑》：“《左传》庄十九年，五大夫奉子颓以伐王，不克，出奔温。燕、卫复伐周，遂立子颓。明年，王处于郑之栎。则燕、卫其再伐也，非首伐也。奔温乃子颓也，非王也。此与《本纪》及卫、郑《世家》言奔温同谬。” 5 懿公：公元前 668 年—前 661 年在位。 6 翟：亦作“狄”，部族名。 畔：通“叛”。 7 戴公：公元前 660 年在位。 8 文公：公元前 659 年—前 635 年在位。 9 轻赋：减轻赋税。 平罪：公平断狱。 收：笼络，团结。 10 十六年：重耳过卫在十八年。 无礼：不加礼遇。《左传·僖公二十三年》载，重耳“过卫，卫文公不礼焉”。

**11** 成公：公元前634年—前600年在位。徙都于帝丘。

成公三年，晋欲假道于卫救宋，成公不许。晋更从南河度，救宋。[1]征师于卫，卫大夫欲许，成公不肯。大夫元咺攻成公，成公出奔。[2]晋文公重耳伐卫，分其地予宋，讨前过无礼及不救宋患也。卫成公遂出奔陈。二岁，如周求入，与晋文公会。晋使人鸩卫成公，成公私于周主鸩，令薄，得不死。[3]已而周为请晋文公，卒入之卫，而诛元咺，卫君瑕出奔[4]。

七年，晋文公卒。十二年，成公朝晋襄公。十四年，秦穆公卒。二十六年，齐邴歜[5]弑其君懿公。三十五年，成公卒，子穆公[6]遬立。

穆公二年，楚庄王伐陈，杀夏徵舒。三年，楚庄王围郑，郑降，复释之。

成公三年，晋国想向卫国借路去救援宋国，成公不允许。晋国改道从南河渡过，援救宋国。又向卫国征集军队，卫国的大夫想答应，成公不肯。大夫元咺攻击成公，成公奔逃出国。晋文公重耳讨伐卫国，把它的土地分给宋国，是因为此前重耳经过卫国不加礼遇和卫国不援救宋国的缘故。卫成公又出奔陈国。两年后，他去周王室请求送他回国，又去和晋文公盟会。晋国派人拿毒酒来杀卫成公，成公私下贿赂周王室负责配毒酒的人，让他配得毒性小些，故没被毒死。随后周王室替他恳请晋文公，最终送他回了卫国，并诛杀了元咺，卫君瑕奔逃出国。

七年，晋文公去世。十二年，成公去朝见晋襄公。十四年，秦穆公去世。二十六年，齐国邴歜弑杀了国君懿公。三十五年，成公去世，儿子穆公遬继位。

穆公二年，楚庄王攻打陈国，杀死了夏徵舒。三年，楚庄王围困郑国，郑国投降，就解除了包围。十一十一年，孙良夫[7]救鲁伐齐，复得侵地。穆公卒，子定公[8]臧立。定公十二年卒，子献公衎[9]立。

年，孙良夫救援鲁国攻打齐国，收复了被侵占的土地。穆公去世，儿子定公臧继位。定公十二年去世，儿子献公衎继位。

注释 1南河：黄河在当时卫国南部的一段。 度：通“渡”。 救宋：晋假道为伐曹，非救宋。后言不救宋患，亦非，为不肯假道。 2《史记志疑》以为“晋无救宋征师之事，卫亦无元咺(xuān)攻公之事”。 3鸩(zhèn)：以毒酒杀人。 私：私下贿赂。《左传·僖公三十年》作“晋侯使医衍鸩卫侯，甯俞货医，使薄其鸩，不死”。与此“私于周主鸩”，记述不同。 4卫君瑕：元咺所立之公子瑕。《春秋·僖公三十年》作“卫杀其大夫元咺及公子瑕”，不言出奔。 5邴歜(bǐng chù)：《齐太公世家》作“邴戎”。盖邴歜掌御戎杀，故号邴戎。 6穆公：公元前599年—前589年在位。 7孙良夫：卫大夫。 8定公：公元前588—前577年在位。 9献公衎(kàn)：公元前576—前559年在位。

献公十三年，公令师曹教宫妾鼓琴，妾不善，曹笞之。[1]妾以幸恶[2]曹于公，公亦笞曹三百。十八年，献公戒孙文子、甯惠子食，皆往。[3]日旰不召，而去射鸿于囿。[4]二子从之，公不释[5]射服与之言。二子怒，如宿[6]。孙文子子数

献公十三年，献公命令乐人师曹教宫中的妾女弹琴，妾女弹得不好，师曹就鞭打她。妾女受到宠幸，就在献公面前诋毁师曹，献公也鞭打师曹三百下。十八年，献公约定要与孙文子、甯惠子共食，他们穿着朝服都去了。到了傍晚献公还不召唤他们，却到园林中射雁去了。两人于是来到园林中，献公并不脱下射服就和他们俩说话。他们两人很

侍公饮,使师曹歌《巧言》之卒章。[7] 师曹又怒公之尝笞三百,乃歌之,欲以怒孙文子,报卫献公。[8] 文子语蘧伯玉[9],伯玉曰:"臣不知也。"遂攻,出献公。献公奔齐,齐置卫献公于聚邑[10]。孙文子、甯惠子共立定公弟秋为卫君,是为殇公[11]。

生气,跑到宿邑去了。孙文子的儿子多次侍奉献公饮酒,让师曹演唱《诗经·小雅·巧言》的末章。师曹又为献公曾经鞭打过他三百下而生气,就唱了,想以此激怒文子,来报复献公。文子告诉蘧伯玉,伯玉说:"我不知道。"于是文子就攻击并赶走了献公。献公逃奔齐国,齐国把卫献公安置在聚邑。孙文子、甯惠子共同扶立定公的弟弟秋做卫君,这就是殇公。

注释 **1** 师曹:乐人。 笞:鞭打。 **2** 恶(wù):说坏话。 **3** 戒……食:约期与之食。 孙文子:卫大夫林父。 甯惠子:卫大夫甯殖。 **4** 旰(gàn):晚。 囿:畜养禽兽的林园。 **5** 释:脱下。时孙、甯二大夫着朝服去见公,公不脱去射服,是故意侮辱。 **6** 宿:《左传》作"戚",孙文子的采邑,在今河南濮阳市东北。后文又言殇公始封之,妄。 **7** 孙文子子:即孙蒯。 《巧言》:《诗经·小雅》篇名。其末章云:"彼何人斯?居河之麋。无拳无勇,职为乱阶。"献公想以此譬喻文子居河上而为乱。 **8** 怒:激怒。 报:报复。 **9** 语:告诉。 蘧伯玉:卫大夫。名瑗,谥曰成子。 **10** 聚邑:齐邑名。《左传·襄公十四年》载,"齐人以郲(lái)寄卫侯"。此误"郲"为"聚"。"郲",即郲国,在今山东龙口市南,有莱山。 **11** 殇公:公元前558年—前547年在位。

殇公秋立,封孙文子林父于宿。十二年,甯喜与孙

殇公秋继位,把孙文子林父封在宿邑。十二年,甯喜和孙林父争

林父争宠相恶[1]，殇公使甯喜攻孙林父。林父奔晋，复求入故卫献公。献公在齐，齐景公闻之，与卫献公如晋求入。晋为伐卫，诱与盟。卫殇公会晋平公，平公执殇公与甯喜而复入卫献公。献公亡在外十二年而入[2]。献公后元年，诛甯喜。三年，吴延陵季子使过卫，见蘧伯玉、史鰌[3]，曰："卫多君子，其国无故。"过宿，孙林父为击磬[4]，曰："不乐，音大悲，使卫乱乃此矣。"是年，献公卒，子襄公[5]恶立。

襄公六年，楚灵王会诸侯，襄公称病不往。九年，襄公卒。初，襄公有贱妾，幸之，有身，梦有人谓曰："我康叔也，令若子必有卫，名而子曰'元'。[6]"妾怪之，问孔成子[7]。成子曰："康叔者，卫祖也。"及生子，男也，以告襄公。襄公曰："天所

宠互相仇视，殇公让甯喜进攻孙林父。林父逃奔到晋，又要求把原来的卫献公送回国。献公在齐国，齐景公听说了此事，和卫献公到晋国请求送他回国。晋国为了攻打卫国，诱使卫殇公前来参加盟会。卫殇公会见晋平公，平公拘执殇公和甯喜而重新送卫献公回了国。献公逃亡在外十二年之后回国。献公后元元年，诛杀甯喜。三年，吴国延陵季子出使时经过卫国，见到了蘧伯玉、史鰌，说："卫国有这么多君子，这个国家不会有问题。"经过宿邑，孙林父为他击磬，他说："不欢乐，乐声特别悲伤，让卫国发生变乱的就是这个呀。"这一年，献公去世，儿子襄公恶继位。

襄公六年，楚灵王会盟诸侯，襄公称说有病不去参加。九年，襄公去世。当初，襄公有个地位卑贱的使女，襄公临幸她，她有了身孕，梦见有人对她说："我是康叔，我一定会让你的儿子得到卫国，给你的儿子取名叫'元'。"使女很奇怪，问孔成子。成子说："康叔，是卫国的祖先。"等到她生了小孩，是男的，就把这些情况告诉襄公。襄公

置也。”名之曰元。襄公夫人无子，于是乃立元为嗣，是为灵公。[8]

说：“是上天安排的。”就给儿子取名叫元。襄公的夫人没有儿子，于是就立元做继承人，这就是灵公。

注释 1 甯喜：卫大夫。 恶(wù)：仇视，憎恨。 2 献公复入，公元前546年—前544年在位。 3 史鳍(qiū)：卫国贤大夫。 4 磬：用玉或石做成的敲击乐器。 5 襄公：公元前543年—前535年在位。 6 若：你。 而：你。 7 孔成子：即孔烝钮，卫卿。 8 嗣：继承人。 灵公：公元前534年—前493年在位。

灵公五年，朝晋昭公。六年，楚公子弃疾弑灵王自立，为平王。十一年，火。三十八年，孔子来，禄[1]之如鲁。后有隙，孔子去。后复来。三十九年，太子蒯聩与灵公夫人南子有恶，欲杀南子[2]。蒯聩与其徒戏阳遬[3]谋，朝，使杀夫人。戏阳后悔，不果。蒯聩数目之，夫人觉之，惧，呼曰：“太子欲杀我！”灵公怒，太子蒯聩奔宋，已而之晋赵氏。四十二年春，灵公游于郊，令子郢仆[4]。郢，灵公少子也，字子南。灵公怨

灵公五年，朝见晋昭公。六年，楚国公子弃疾弑杀灵王自立，就是平王。十一年，发生了火灾。三十八年，孔子来到卫国，卫灵公给他的俸禄与他在鲁国是一样的。其后因为有嫌隙，孔子离去了。后来孔子又回到卫国。三十九年，太子蒯聩和灵公夫人南子有仇怨，想杀了南子。蒯聩和他的党徒戏阳遬谋划，朝见时，让戏阳遬杀了夫人。戏阳后悔了，没有动手。蒯聩多次向他使眼色示意，夫人发觉了，很害怕，呼叫说：“太子想杀死我！”灵公愤怒，太子蒯聩逃奔宋国，随后又逃到晋国依附赵氏。四十二年春天，灵公在郊

太子出奔，谓郢曰："我将立若为后。"郢对曰："郢不足以辱社稷[5]，君更图之。"夏，灵公卒，夫人命子郢为太子，曰："此灵公命也。"郢曰："亡人太子蒯聩之子辄在也，不敢当。"于是卫乃以辄为君，是为出公[6]。

六月乙酉，赵简子欲入蒯聩，乃令阳虎诈命卫十余人衰绖归，简子送蒯聩。[7]卫人闻之，发兵击蒯聩。蒯聩不得入，入宿而保，卫人亦罢兵。

出公辄四年，齐田乞弒其君孺子。八年，齐鲍子弒其君悼公。

孔子自陈入卫。九年，孔文子[8]问兵于仲尼，仲尼不对。其后鲁迎仲尼，仲尼反鲁。

外游乐，让郢驾车。郢，是灵公的小儿子，字子南。灵公怨恨太子奔逃出国，对郢说："我将来立你做国君。"郢回答说："郢不够格，不能玷辱国家的名声，您考虑别人吧。"夏天，灵公去世，夫人让郢做太子，说："这是灵公的遗命。"郢说："逃亡的太子蒯聩的儿子辄还在，我不敢受命。"于是卫国就让辄做国君，这就是出公。

六月乙酉日，赵简子想送蒯聩回国，就让阳虎派十多个人身着丧服，谎称是从卫国来迎接太子回国的，赵简子为蒯聩送行。卫国人听说，出动军队攻击蒯聩。蒯聩不能回国，进入宿邑自保，卫国人也罢兵。

出公辄四年，齐国田乞弒杀了国君孺子。八年，齐国鲍子弒杀了国君悼公。

孔子从陈国进入卫国。九年，孔文子向仲尼询问战争之事，仲尼不予回答。之后鲁国迎接仲尼，仲尼返回鲁国。

注释 1 禄：俸禄。 2 南子：宋国女子。 3 戏(xī)阳遬：太子家臣。 4 仆：御，驾车。 5 辱社稷：自谦称无能力做国君。辱，玷污，玷辱。社稷，指国家。 6 出公:公元前492年—前481年在位。 7 乙酉:十七日。 衰绖(cuī dié):身着丧服。《史记志疑》:“哀二年《传》云晋赵鞅纳卫太子于戚,宵迷,阳虎使太子絻八人衰绖伪自卫逆者,告于门哭而入。此言十余人,非。亦无卫发兵击太子事。” 8 孔文子:仲叔圉,即下文之孔圉文子,亦称文叔,孔成子之曾孙。

十二年[1]。初,孔圉文子取太子蒯聩之姊,生悝。[2]孔氏之竖浑良夫美好[3],孔文子卒,良夫通于悝母。太子在宿,悝母使良夫于太子。太子与良夫言曰:“苟能入我国,报子以乘轩,免子三死,毋所与。[4]”与之盟,许以悝母为妻。闰月,良夫与太子入,舍孔氏之外圃。昏,二人蒙衣而乘,宦者罗御,如孔氏。[5]孔氏之老栾甯问之,称姻妾以告。[6]遂入,适伯姬氏[7]。既食,悝母杖戈而先,太子与五人介,舆猳从之。[8]伯姬劫悝于厕,强盟之,遂劫以登台。[9]栾甯将饮酒,炙未熟,闻

十二年。当初,孔圉文子娶了太子蒯聩的姐姐,生下了悝。孔家的奴仆浑良夫高大英俊,孔文子去世后,良夫就和悝的母亲通奸。太子住在宿邑,悝的母亲派良夫到太子那里。太子对良夫说道:“假若您能送我回国,我让你做大夫,免掉你的三次死罪,穿紫衣、袒裘服、带宝剑,都不算在死罪当中。”和他结盟,答应把孔悝的母亲给他做妻。闰月,良夫和太子进入国都,住在孔家外边的菜园里。黄昏时,两人用围巾蒙头伪装成妇人乘上车,由名叫罗的宦者驾着车,前往孔家。孔家的家臣栾甯问是谁,他们自称是姻亲家的婢妾。于是他们就进了孔家,到了伯姬的住处。吃过饭后,孔悝的母亲手持着戈走在前面,太子和五个人都披着甲,抬着公猪跟着她。伯姬把孔悝逼到无法走避的边侧处,强迫他盟誓,就劫持他登上家中高台召见群

乱,使告仲由[10]。召护驾乘车,行爵食炙,奉出公辄奔鲁。[11]

臣。栾甯将要饮酒,烤肉还没有熟,听说发生了变乱,派人告诉了仲由。他召唤护来驾车,行进中边饮酒边吃烤肉,侍奉着出公辄逃奔到鲁国。

注释 1 十二年:当为“十三年”。 2 蒯聩之姊:即下文之伯姬。 悝:即卫孔悝。 3 竖:竖子,即家奴童仆。 美好:长(cháng)大而美,即高大英俊。 4 国:成为国君。《左传》作“获国”。 乘轩:封为大夫。轩,大夫之车。 三死:三种死罪。良夫出使是紫衣、袒裘、带剑。紫衣为君服,因天热袒狐裘为不敬,不释剑而食,是三种死罪。 5 蒙衣:以巾蒙头伪装为妇人。 罗:宦者之名。 6 老:家臣。 姻妾:姻家之妾。婿之父为姻。妾,婢妾。 7 伯姬氏:指伯姬所居之处。 8 介:披甲。 舆豭(jiā):抬着牡猪。盟誓本当用牛耳之血,今因事迫而用牡猪。 9 厕:通“侧”,指至边侧之处,使无可走避。 登台:登上家中的高台,在此召集卫之群臣。 10 仲由:子路,孔子弟子,时为孔氏邑宰。 11 召:召唤。 护:卫大夫。 乘车:非兵车。意为出公不欲与父对抗。 行爵食炙:在行路中饮酒食肉,极言其仓促而慌张之状。

仲由将入,遇子羔将出[1],曰:“门已闭矣。”子路曰:“吾姑至矣[2]。”子羔曰:“不及,莫践其难。[3]”子路曰:“食焉不辟其难[4]。”子羔遂出。子路入,及门,公孙敢阖门,曰:“毋入为也!”[5]子路曰:“是公孙也?求利而逃其难。由不然,利其禄,

仲由准备进入孔家,碰见子羔正要逃出,子羔说:“门已经关闭了。”子路说:“我暂且到孔家去看看。”子羔说:“来不及了,不要跟着去受难。”子路说:“领取了人家的俸禄就不能逃避人家的危难。”子羔就逃出国了。子路进去,走到门前,公孙敢把门关上了,说:“不要进去,来不及救了!”子路说:“你是公孙吧?追求利禄的人

必救其患。”有使者出，子路乃得入。曰：“太子焉用孔悝？虽杀之，必或继之。”且曰：“太子无勇。若燔台，必舍孔叔。[6]”太子闻之，惧，下石乞、盂黡敌子路，以戈击之，割缨。[7] 子路曰：“君子死，冠不免[8]。”结缨而死。孔子闻卫乱，曰：“嗟乎！柴也其来乎？由也其死矣。”孔悝竟立太子蒯聩，是为庄公[9]。

会逃避人家的祸难。我仲由不是这种人，接受了人家的俸禄，一定要救助人家的祸难。”有使者出来，子路才进去了。子路说：“太子要如何对待孔悝？就算杀了他，有人一定会接替他进攻太子。”又说：“太子没有勇气。假若焚烧高台，一定会释放孔叔。”太子听说了，有点担心，让石乞、盂黡下台来抵挡子路，用戈去击杀子路，把子路的帽带割断了。子路说：“君子死了，帽子也不能掉落在地上。”把帽带结紧后死去了。孔子听说卫国发生内乱，说：“哎呀！高柴难道会回来吗？仲由一定要死掉了。”孔悝最终让太子蒯聩继位，这就是庄公。

注释　1 子羔：即高柴，孔子弟子，卫大夫。　出：出奔，出逃。　2 姑：姑且，暂且。　至：指到孔悝处去救他。　3 不及：来不及。　莫践其难：不要跟着去遭受危难。　4 食焉：食其俸禄。　辟：逃避。此意指子路不是为国事而去死。　5 公孙敢：卫大夫。或为孔悝家臣。　阖门：关上门。　毋入为也：劝子路勿入，因为孔悝已与蒯聩结盟，来不及救了。　6 燔(fán)：焚烧。　舍(shě)：释放。　孔叔：即孔悝。　7 石乞、盂黡(yǎn)：二人均为蒯聩臣子。　敌：抵挡。　缨：系在颔下的帽带。　8 免：不掉落。《史记集解》引服虔曰：“不使冠在地。”　9 庄公：公元前 480 年—前 478 年在位。

庄公蒯聩者，出公父也，居外，怨大夫莫迎立。元年即位，欲尽诛大臣，曰：“寡人居外久矣，子亦尝闻之乎？”群臣欲作乱，乃止。二年[1]，鲁孔丘卒。三年，庄公上城，见戎州。[2]曰：“戎虏何为是？”戎州病[3]之。十月，戎州告赵简子，简子围卫。[4]十一月，庄公出奔，卫人立公子斑师为卫君。[5]齐伐卫，虏斑师，更立公子起[6]为卫君。

卫君起元年，卫石曼尃[7]逐其君起，起奔齐。卫出公辄自齐复归立。初，出公立十二年亡，亡在外四年复入。出公后元年，赏从亡者。立二十一年卒，出公季父黔攻出公子而自立，是为悼公。[8]

庄公蒯聩，是出公的父亲。他住在国外，怨恨没有大夫迎接他回国继位。待他即国君之位，想把大臣都诛杀，说：“我居住在外面很久了，你们也曾听说过吗？”群臣打算发动叛乱，他才放弃。二年，鲁国孔丘去世。三年，庄公登上都城，看见了城外有戎人聚居之地，说：“戎虏为什么住在这里？”聚居城外的戎族人担忧起来。十月，聚居城外的戎族人把情况告诉赵简子，简子包围卫国。十一月，庄公奔逃出国，卫人扶立公子斑师做卫君。齐国攻打卫国，俘虏了斑师，改立公子起做卫君。

卫君起元年，卫国石曼尃赶走了国君起，起逃奔到齐国。卫出公辄从齐国重新回国继位。当初，出公继位十二年逃亡，逃亡在国外四年重新回国。出公后元年，奖赏跟从他逃亡的人。他在位二十一年去世，其叔父黔进攻出公的儿子而自立，这就是悼公。

注释　1 二年：当作“是年”。孔子死于庄公元年。　2 三年：当作“二年”，庄公无三年。　戎州：卫都城外戎人所居之地。州，古代基层管理单位,二百五十家为一州。 3 病:担忧。 4 按:二事不相关,记载有误。 5 庄公出奔:庄公无出奔事,已为戎州己氏所杀。 班师:襄公之孙。 6 起:灵公之子,公元前 477 年在位。 7 石曼尃(fū):《左传》作“石圃”。 8 出公初立十二年,亡在外四年,复入九年卒,是立二十一年。凡经二十五年终卒于越。 悼公:其元年为公元前 455 年。

悼公五年卒,子敬公弗[1]立。敬公十九年卒,子昭公纠立。是时三晋[2]强,卫如小侯,属之。

昭公六年,公子亹[3]弑之代立,是为怀公。怀公十一年,公子颓弑怀公而代立,是为慎公。慎公父,公子适[4];适父,敬公也。

慎公四十二年卒,子声公训[5]立。声公十一年卒,子成侯遬[6]立。

成侯十一年,公孙鞅入秦。[7]十六年,卫更贬号曰侯。

二十九年,成侯卒,子平侯立。平侯八年卒,子嗣君立。

嗣君五年,更贬号曰君,独有濮阳。四十二年卒,子

悼公五年去世,儿子敬公弗继位。敬公十九年去世,儿子昭公纠继位。这时赵、韩、魏三国强大,卫国如同一个小侯爵,隶属于赵国。

昭公六年,公子亹弑杀纠而代他继位,这就是怀公。怀公十一年,公子颓弑杀怀公而代他继位,这就是慎公。慎公的父亲是公子适;适的父亲是敬公。

慎公四十二年去世,儿子声公训继位。声公十一年去世,儿子成侯遬继位。

成侯十一年,公孙鞅进入秦国。十六年,卫国进一步贬降爵号称侯。

二十九年,成侯去世,儿子平侯继位。平侯八年去世,儿子嗣君继位。

嗣君五年,又进一步贬降爵号称君,只领有土地濮阳。嗣

怀君立。

怀君三十一年，朝魏，魏囚杀怀君。魏更立嗣君弟，是为元君。元君为魏婿，故魏立之。

元君十四年，秦拔魏东地，秦初置东郡，更徙卫野王县，而并濮阳为东郡。[8]

二十五年，元君卒，子君角立。

君角九年，秦并天下，立为始皇帝。

二十一年，二世废君角为庶人，卫绝祀。

君在位四十二年去世，儿子怀君继位。

怀君三十一年，朝见魏国，魏国囚禁并杀死了怀君。魏国改立嗣君的弟弟，这就是元君。元君是魏国的女婿，所以魏国扶立他。

元君十四年，秦国占领了魏国东部的土地，秦国开始在这里设置东郡，又进一步把卫国迁徙到野王县，而把他仅有的都城濮阳并入东郡。

二十五年，元君去世，儿子君角继位。

君角九年，秦国吞并了天下，秦王嬴政成为始皇帝。

二十一年，秦二世把君角废为平民，卫国的祭祀断绝了。

注释　1 弗:《世本》作“费”。　2 三晋:赵、韩、魏分晋，占有原晋地，故称“三晋”。卫属赵。　3 亹:音 wěi。　4 適(dí):敬公庶子。　5 训:亦作“驯”。　6 成侯遬:前穆公已名“遬”，当依《系本》作“不逝”。　7 十一年:当依《六国年表》作“元年”。　公孙鞅入秦:为秦孝公元年。成侯即位与秦孝公同为一年，故为“元年”。　8 东郡:郡名，治所在河南濮阳。　野王县:原为韩邑，在今河南沁阳市。依《六国年表》，元君十一年秦置东郡，十二年徙野王，二十三年卒。

太史公曰:余读世家言[1],至于宣公之太子以妇见诛,弟寿争死以相让,此与晋太子申生不敢明骊姬之过同[2],俱恶伤父之志。然卒死亡,何其悲也!或父子相杀,兄弟相灭,亦独何哉?

太史公说:我读世家的记载,读到宣公的太子因为妇人的事被诛杀,弟弟子寿和他互相推让,争着去死,这和晋国太子申生不敢挑明骊姬的过错是相同的,都是因为害怕伤父亲的心。然而他们最终都死去了,这是多么的可悲呀!至于父子互相残杀,兄弟互相诛灭,这又是为什么呢?

注释　1 世家言:《史记志疑》:"《世家》言即史公所作也,而曰'余读'何哉?岂《卫世家》是司马谈作,而迁补论之欤?"　2 晋太子与骊姬事,详见《晋世家》。

# 史记卷三十八

## 宋微子世家第八

原文

微子开者，殷帝乙之首子而帝纣之庶兄也。[1]纣既立，不明，淫乱于政，微子数[2]谏，纣不听。及祖伊以周西伯昌之修德，灭阢国，惧祸至，以告纣。[3]纣曰："我生不有命在天乎？是何能为！"于是微子度纣终不可谏，欲死之及去，未能自决，乃问于太师、少师曰："殷不有治政，不治四方。我祖遂陈于上，纣沈湎于酒，妇人是用，乱败汤德于下。殷既小大好草窃奸宄，卿士师师非度，皆有

译文

微子开，是殷代帝乙的长子，也是帝纣的同母庶兄。纣王继位后，昏庸无能，荒淫无道，国政混乱，微子多次劝谏，纣王不听从。等到祖伊听说周西伯昌修明德政，灭掉阢国，害怕祸患就要到来，就将此事告诉纣王。纣王说："我天生不是有天命加以保护吗？这个人能把我怎么样！"这时微子估计纣王最终不能加以劝谏，想死去或是逃离，但自己还没有拿定主意，就去问太师箕子、少师比干说："殷朝没有清明的国政，不能治理四方。我们的祖先汤曾经完成了许多伟大的事业，纣王却沉湎在酒色之中，唯妇人之言是从，在当世扰乱毁败汤的德政。殷朝上上下下的臣民都喜好乘

罪辜，乃无维获，小民乃并兴，相为敌仇。今殷其典丧！若涉水无津涯。殷遂丧，越至于今。”[4] 曰：“太师，少师，我其发[5]出往？吾家[6]保于丧？今女无故告予，颠跻，如之何其？[7]”太师若曰：“王子，天笃下灾亡殷国，乃毋畏畏，不用老长。今殷民乃陋淫神祇之祀。今诚得治国，国治身死不恨。为死，终不得治，不如去。”[8] 遂亡。

机掠夺，犯法作乱，王朝卿士中的众多官长不遵守法度，人人都有罪过，他们的爵禄也不能继续维持，老百姓一起效仿，与他们互为仇敌。如今殷朝已丧失国典！这就像要过河找不到渡口和河岸一样。殷朝必将灭亡，灭亡就在今世。”又说：“太师，少师，我是该逃亡国外呢？还是该留下来保卫国家不被灭亡？如今你们要是无意告诉我，殷朝将要灭亡，我该怎么办？”太师这样说：“王子，上天重重地降下灾祸要灭亡殷朝，而纣王却不畏惧天威，不听长者的劝告。如今殷朝民众竟敢亵渎天地神灵。如今留下来果真能治理好国家，即便死亡了也没什么可遗憾的。如果自己死了，最终国家还是得不到治理，不如离去。”微子于是就逃亡了。

注释　1 微子开：商纣的卿士。本名启，因避汉景帝刘启之讳，汉时改称“开”。微，畿内国名。子，爵号。　帝乙：商朝国君，纣之父。　首子：《殷本纪》作“长子”，言为“启母贱不得嗣”。　庶：非正妻所生。生启时其母犹为妾，后为妃而生纣，故启与纣同母。　2 数(shuò)：多次。　3 祖伊：殷纣大臣。　周西伯昌：即后来的周文王。　阮(qí)：即黎，国名。在今山西长治市西南。　4 度(duó)：估计。　及：或是。　自决：自己决定是去死还是逃离。　太师：三公之一，此指箕子。　少师：三公之一，此指比干。　我祖：指商汤。　陈：陈列。　上：上世，前世。　下：下世，此指当世。　小：指老百姓。　大：指群臣。　草窃：乘机掠夺。　奸宄

(guǐ):犯法作乱。 卿士:王朝的执政官。 师师:众多官长。前一个“师”,指众多。后一个“师”,指官长。 罪辜:二字同义。辜,罪。 维:《尚书》作“恒”,常。 获:获得。 敌仇:仇敌。 典丧:《尚书》作“沦丧”,灭亡。 津:渡口。 涯:岸。 越:句首语气助词。 **5** 发:孙诒让以为“当读为废,言我其废弃而出亡也”。 **6** 家:指受封之国。此意指国家。 **7** 女:通“汝”。 无故:无意。 颠:颠覆。 跻(jī):坠落。 **8** 若:这样。 王子:指微子。 笃:厚,重。 畏畏:畏惧天威。后一个“畏”,通“威”。 陋淫:轻秽。《尚书》作“攘窃”。 神:天神。 祇:地神。 为:如果。

箕子[1]者,纣亲戚也。纣始为象箸,箕子叹曰:“彼为象箸,必为玉杯;为杯,则必思远方珍怪之物而御之矣。[2]舆马宫室之渐自此始,不可振也。[3]”纣为淫泆[4],箕子谏,不听。人或曰:“可以去矣。”箕子曰:“为人臣谏不听而去,是彰君之恶而自说于民[5],吾不忍为也。”乃被[6]发详狂而为奴。遂隐而鼓琴以自悲,故传之曰《箕子操》[7]。

箕子,是纣王的叔父。纣王最初做了象牙筷子,箕子叹息说:“他能用象牙筷子,一定会用玉质杯盘;能用玉质杯盘,就一定会想得到远方珍怪的物品供自己享用。舆马宫室逐渐奢侈豪华也必将从这里开始,国家不可能振兴了。”纣王纵欲放荡,箕子劝谏,他不听从。有人对箕子说:“可以离去了。”箕子说:“作为国王的臣子,劝谏不听从就离去,这是彰扬君王的过错而自己取悦于民众,我不忍做这样的事。”就披散着头发假装疯癫去做了奴仆。由此隐居起来弹着琴抒发自己内心的悲伤,所以后世将他弹奏的琴曲称为《箕子操》。

注释 **1** 箕子:殷纣王的叔父。箕,国名。子,爵号。 **2** 象箸(zhù):

象牙筷子。 御:用。 3 渐:指逐渐形成奢侈风气。 振:振兴。
4 淫泆(yì):亦作“淫佚”,纵欲放荡。嗜欲过度为淫,放恣无艺为泆。
5 恶:过错。 说:通“悦”,取悦。 6 被:通“披”,披散。 7 操:琴曲的一种。《史记集解》引《风俗通义》曰:“其道闭塞忧愁而作者,命其曲曰操。操者,言遇灾遭害,困厄穷迫,虽怨恨失意,犹守礼义,不惧不慑,乐道而不改其操也。”

王子比干者,亦纣之亲戚[1]也。见箕子谏不听而为奴,则曰:“君有过而不以死争,则百姓何辜![2]”乃直言谏纣。纣怒曰:“吾闻圣人之心有七窍[3],信有诸乎?”乃遂杀王子比干,刳[4]视其心。

微子曰:“父子有骨肉,而臣主以义属[5]。故父有过,子三谏不听,则随而号[6]之;人臣三谏不听,则其义可以去矣。”于是太师、少师[7]乃劝微子去,遂行。

周武王伐纣克殷,微子乃持其祭器造于军门,肉袒面缚,左牵羊,右把

王子比干,也是纣王的同族叔伯。比干看见箕子的劝谏不被听从而他变成了奴仆,于是说:“君王有过错而不去以死直言规谏,那么百姓有什么罪过要为此受害!”就直言规谏纣王。纣王发怒说:“我听说圣人的心有七个孔穴,真是这样吗?”于是就杀了王子比干,剖开胸膛挖出他的心来验看。

微子说:“父子有骨肉之亲,而臣子和君主是用义理连接。所以父亲有过错,儿子多次劝谏不听从,随之就悲伤号哭;人臣多次劝谏不听从,那么根据义理是可以离去了。”这时太师、少师就劝告微子离去,微子就出走了。

待周武王讨伐纣王战胜殷朝,微子就带着宗庙祭器前往武王军门投降,他袒衣露肉,手束背后,左手牵羊,右手持茅,跪着前行来求告武

茅,膝行而前以告。[8]于是武王乃释微子,复其位如故。

王。武王于是为微子解开了绳索,恢复了他原来的职位。

武王封纣子武庚禄父以续殷祀,使管叔、蔡叔傅相之。

武王分封纣王的儿子武庚禄父,让他来接续殷朝的祭祀,让管叔、蔡叔去辅助(实为监督)他。

注释 1 亲戚:此指同族叔伯。 2 争:通"诤(zhèng)",直言规谏。 辜:罪。 3 窍(qiào):孔穴。 4 刳(kū):剖挖。 5 属(zhǔ):连接。 6 号(háo):号哭。 7 少师:《史记集解》:"时比干已死,而云少师者,似误。" 8 祭器:宗庙祭祀的礼器。 造:往,到。持祭品造于军门,是前去投降。 肉袒:袒衣露肉。 面缚:缚手于背而面向前。 膝行:跪着前进,表示畏服。

武王既克殷,访问箕子。

武王战胜殷朝后,就去访问箕子。

武王曰:"於乎! 维天阴定下民,相和其居,我不知其常伦所序。[1]"

武王说:"唉呀! 由于上天保护着下方的民众,使他们和睦地居住在一起,我不知道治国的常理是如何有序地制定出来的。"

箕子对曰:"在昔鲧堙鸿水,汩陈其五行,帝乃震怒,不从鸿范九等,常伦所斁。[2]鲧则殛死,禹乃嗣兴。天乃锡[3]禹鸿范九等,常伦所序。

箕子回答说:"从前鲧堵塞洪水,扰乱了五行的次序,天帝于是大怒,不给他治国安民的九类大法,常理法度也被败坏了。鲧被流放死去以后,大禹继承了他的事业。上天就赐给大禹九类治国大法,常理法度有序地制定出来。

"初一曰五行;二曰五事;三曰八政;四曰五纪;五曰皇极;六曰三德;七曰稽

"这九类大法,一叫五行;二叫

疑；八曰庶征；九曰向用五福，畏用六极。[4]

五事；三叫八政；四叫五纪；五叫皇极；六叫三德；七叫稽疑；八叫庶征；九叫享用五福，畏用六极。

注释 1 於乎：即"呜呼"。 阴定：庇荫安定。阴，通"荫"。 相：使。 常伦：指治国的常理。 序：秩序、次序。 2 鲧(gǔn)：夏禹之父。 堙(yīn)：堵塞。 汩(gǔ)：扰乱。 陈：陈列，安排。 五行：水、火、木、金、土五种物质。 鸿：通"洪"，大。 范：法范。 九等：九大类。 斁(dù)：败坏。 3 锡(xī)：赐予。 4 初一：第一。 五事：五件事。 八政：八种政务。 五纪：五种纪时方法。 皇极：君王的法则。 三德：三种品德。 稽疑：用卜筮决疑。泛指考察疑事。稽，卜问。 庶征：各种征兆。 向："向"与"乡"通。乡，通"飨""享"，享用，享受。

"五行：一曰水，二曰火，三曰木，四曰金，五曰土。水曰润下，火曰炎上，木曰曲直，金曰从革，土曰稼穑。[1]润下作咸，炎上作苦，曲直作酸，从革作辛，稼穑作甘。[2]

"五行：一叫水，二叫火，三叫木，四叫金，五叫土。水向下润湿，火向上燃烧，木可曲可直，金可以销熔变形，土能耕种和收获庄稼。向下润湿的水产生咸味，向上燃烧产生苦味，可曲可直产生酸味，能顺从人的意愿改变形状产生辛辣味，庄稼收获产生甜味。

"五事：一曰貌[3]，二曰言，三曰视，四曰听，五曰思。貌曰恭，言曰从，视曰明，听曰聪，思

"五事：一是容貌，二是言论，三是观察，四是听闻，五是思考。容貌要恭敬，言论要正当，观察要明白，听闻要广远，思考要通达。容貌恭敬就能庄重，言论合理就能使国家得到治理，观察明白就能明辨是非，听闻聪敏就能善于谋

曰睿。[4]恭作肃，从作治，明作智，聪作谋，睿作圣。[5]

“八政：一曰食，二曰货，三曰祀，四曰司空，五曰司徒，六曰司寇，七曰宾，八曰师。[6]

“五纪：一曰岁，二曰月，三曰日，四曰星辰，五曰历数。[7]

断，思考通达就能圣明。

“八种政务官员：一是掌管民食的官，二是掌管财货的官，三是掌管祭祀的官，四是掌管工程的官，五是掌管教化的官，六是掌管拘拿盗贼的官，七是掌管诸侯朝觐的官，八是掌管军旅的官。

“五种纪时方法：一是年，二是月，三是日，四是星辰，五是历法。

注释　**1** 润：润湿。　炎上：火焰向上燃烧。　曲直：能曲能直。　从革：指改变形状。从，顺从。革，变革。　稼穑：种植收获。　**2** 作：产生。　辛：辣。　甘：甜。　**3** 貌：容貌。　**4** 从：正当合理。　聪：听觉灵敏。　睿(ruì)：通达。　**5** 作：就，则。　肃：恭敬，庄重。　聪：聪敏。圣：圣明。　**6** 八政：举出八种官员以代八方政务。《尚书正义》引郑玄云：“此数本诸其职先后之宜也。食，谓掌民食之官，若后稷者也。货，掌金帛之官，若《周礼》司货贿者也。祀，掌祭祀之官，若宗伯者也。司空，掌居民之官。司徒，掌教民之官也。司寇，掌诘盗贼之官，宾，掌诸侯朝觐之官，《周礼》大行人是也。师，掌军旅之官，若司马也。”　**7** 星辰：星指二十八宿，辰指十二辰。　历数：指历法。详见《天官书》。

“皇极：皇建其有极，敛时五福，用傅锡其庶民，维时其庶民于女极，锡女保极。[1]凡厥庶民，

“君王的法则：君王建立君权要有法则，集聚这五种福泽，以便广赐臣民，只有这样，臣民才会拥护你的法则，君主也可以要求臣民遵守法则。凡是臣民，不准结党营私，不准私相比

毋有淫朋，人毋有比德，维皇作极。[2] 凡厥庶民，有猷有为有守，女则念之，不协于极，不离于咎，皇则受之。[3] 而安而色[4]，曰予所好德，女则锡之福。时人斯其维皇之极。[5] 毋侮鳏寡而畏高明。[6] 人之有能有为，使羞其行[7]，而国其昌。凡厥正人，既富方榖。[8] 女不能使有好于而家，时人斯其辜。[9] 于其毋好，女虽锡之福，其作女用咎[10]。毋偏毋颇，遵王之义。[11] 毋有作好[12]，遵王之道。毋有作恶，遵王之路。毋偏毋党，王道荡荡。[13] 毋党毋偏，王道平平[14]。毋反毋侧[15]，王道正直。会其有极，归其有极。[16] 曰王极之傅言，是夷是训，于帝其顺。[17] 凡厥庶民，极之傅言，是顺是行，以近[18]

附，应把君王的法则作为最高准绳。凡是臣民，那些有谋略有作为有操守的，你要经常想到他们，至于那些行为不合法则，但又没有遭受灾殃的人，君王要宽容他们。如果有人和颜悦色地说我喜好美德，你就要赐给他福泽。这样人们就会唯君王的法则是遵。不要侮辱鳏寡孤独的人，畏惧显贵受宠的人。有才能有作为的，要让他竭尽其才能，这样国家就会繁荣昌盛。凡是正直的人，要让他富有，拥有禄位。你不能让他们在事业上做出贡献而有利于国家，人们就会责怪你。对于那些不喜欢你建立法则的人，你即使赐给他们福泽，他们也会使你作恶。不偏颇，要遵守先王的法律。不有私好，要遵守先王的政道。不祸乱作恶，要遵守先王的正路。不营私结党，圣王的道路就非常宽广。不结党不营私，圣王的道路就非常平坦。不逆行走偏，圣王的道路就非常正直。要会团结那些遵守法则的人，这样臣民就能归附你的法则。这就是君王治国法则的宣言，要将此作为常法，这样就是顺从上天的意旨。凡是臣民，对于上述法则，都要顺从并遵行，以

天子之光。曰天子作民父母,以为天下王。

此来接近天子的光辉。所以说天子作为臣民的父母,也是天下的君王。

注释 1 敛:聚集,集中。 傅:普遍。 锡:赐予。 于:大,重视,拥护。 女:通“汝”。 保:保持,遵守。 2 淫朋:邪党,邪恶的帮派。 人:指百官。 比德:比周之德。比,私相比附。德,德行。 极:最高准绳。 3 猷:谋略。 为:作为。 守:操守。 念:思,想。 协:符合。 离:通“罹”,遭受。 咎:罪过,灾殃。 受:容纳。此意为宽容。 4 而:连词。 安:和悦。 色:脸上的神情。 5 斯:则,就。 维:通“惟”,只。 6 鳏寡:《尚书》作“茕(qióng)独”,泛指鳏寡孤独。老而无妻曰鳏,老而无夫曰寡。 高明:指显贵宠爱之人。 7 羞:进,竭尽。 行:才能。 8 正人:正直之人。一说指官员。 方:经常。 穀:善。或指禄位。 9 好:指在事业上做出贡献。 家:指国家。 辜:罪。 10 作:使。 用:施行。 咎:指灾殃。 11 偏:不平。 颇:不正。 义:法。 12 好:私好。 13 偏:偏私,营私。 党:结为朋党。 荡荡:宽广。 14 平平:平易,平坦。 15 反:反道。 侧:倾侧。 16 会:聚合,团结。 归:归附。 17 傅:陈述。 顺:顺从。 18 近:益,增加。

“三德:一曰正直,二曰刚克,三曰柔克。[1] 平康正直,强不友刚克,内友柔克,沈渐刚克,高明柔克。[2] 维辟作福,维辟作威,维辟玉食。[3] 臣无有作福作威玉食。臣有

“三种德性:一是正直,二是刚强,三是柔顺。对中正平和的人要以正直的方式来对待,对倔强不亲附的人要以刚克的方式来对待,对和顺可亲的人要以柔克的方式来对待,对深沉隐伏的人要以刚克的方式来对待,对资质高明的人要以柔克的方式来对待。只有君王才能给人爵赏,只有君王才能给人刑罚,只有君王才能服用珍美之食。臣子不能给人爵赏、给人刑罚、

作福作威玉食，其害于而家，凶于而国，人用侧颇辟，民用僭忒。[4]

享用美食。臣子如果给人爵赏、给人刑罚、享用美食，就将危害你的家，毁坏你的国，人们将因此背离王道，百姓也将犯上作乱。

注释 1 刚克：以刚强取胜。 柔克：柔忍克制，和柔而能成事。 2 平康：中正平和。 友：亲近。 内：当依《尚书》作"燮"，和顺。 沈渐(chén qián)：《尚书》作"沉潜"，深沉隐伏。 高明：聪明智慧、崇高明睿。 3 辟：君王。 作福：专掌爵赏。 作威：专掌刑罚。 玉食：珍美之食。 4 侧颇辟：倾侧、偏颇、偏僻，均有背离之义。辟，通"僻"。 僭忒(tè)：越轨作恶，等于说犯上作乱。

"稽疑：择建立卜筮[1]人。乃命卜筮，曰雨，曰济，曰涕，曰雾，曰克，曰贞，曰悔，凡七。[2]卜五，占之用二，衍貣。[3]立时人为卜筮[4]，三人占则从二人之言。女则有大疑，谋及女心，谋及卿士，谋及庶人，谋及卜筮。[5]女则从，龟从，筮从，卿士从，庶民从，是之谓大同，而身其康强，而子孙其逢，吉。[6]女则从，龟从，筮从，卿士逆，

"考察疑惑：选择任用懂得卜筮的人做相应官员。因而命令他们进行卜筮以占吉凶，龟兆有的像雨，有的像雨后的云气，有的像半有半无的升云，有的像蒙蒙的雾气，有的像阴阳相侵之气，卦象有内卦，有外卦，龟兆和卦象总共有七种。卜兆是前五种，卦象用后两种，根据这些来推衍变化。任命这些官员进行卜筮，三个人占卦就听从两个人的解说。你如果有很大的疑难，先在你内心思虑，再和卿士商议，和庶民商议，然后再进行卜筮。你内心赞成，龟卜赞成，蓍筮赞成，卿士赞成，

庶民逆[7],吉。卿士从,龟从,筮从,女则逆,庶民逆,吉。庶民从,龟从,筮从,女则逆,卿士逆,吉。女则从,龟从,筮逆,卿士逆,庶民逆,作内吉,作外凶。[8]龟筮共违于人,用静[9]吉,用作凶。

庶民赞成,这种情况叫作大同,那么你自身就会安康强健,而子孙也将兴旺,吉利。你内心赞成,龟卜赞成,蓍筮赞成,卿士反对,庶民反对,吉利。卿士赞成,龟卜赞成,蓍筮赞成,你如果反对,庶民反对,吉利。庶民赞成,龟卜赞成,蓍筮赞成,你如果反对,卿士反对,吉利。你如果赞成,龟卜赞成,蓍筮反对,卿士反对,庶民反对,在国内举事吉利,在国外举事凶险。龟卜、蓍筮都和人们的意见违背,不举事吉利,举事会有凶险。

注释　1 卜筮:用龟甲占吉凶叫“卜”,用蓍(shī)草占吉凶叫“筮”。　2 济:《尚书》作“霁”,雨止放晴。　涕:《尚书》作“圛(yì)”。指升云半有半无。　克、贞、悔:《史记集解》引郑玄曰:“如祲气之色相犯也。内卦曰贞,贞,正也。外卦曰悔,悔之言晦也,晦犹终也。”　3 五:指雨、济、涕、雾、克。　二:指贞、悔。　衍:推衍。　貣(tè):变化。　4 立:任命。　时人:这些官员。　5 则:如果。　按:《史记集解》引孔安国曰:“先尽谋虑,然后卜筮以决之。”　6 从:赞成。　大同:完全一致,这是最吉利的。　逢:兴旺。　7 逆:反对。　8 作:举事。　内:国内。　外:国外。　9 静:安静,指“不举事”。

“庶征:曰雨,曰阳,曰奥,曰寒,曰风。[1]曰时。五者来备,各以其序,庶草繁庑。[2]一极

“各种征兆:雨天,晴天,温暖,寒冷,刮风。这五种自然现象都是齐备的,它们各自按照正常的顺序出现,各种草木就会繁茂丰盛。其中的一种天气过

备,凶。[3]一极亡[4],凶。曰休征:曰肃,时雨若;曰治,时旸若;曰知,时奥若;曰谋,时寒若;曰圣,时风若。[5]曰咎征:曰狂,常雨若;曰僭,常旸若;曰舒,常奥若;曰急,常寒若;曰雺,常风若。[6]王眚维岁,卿士维月,师尹维日。[7]岁月日时毋易,百谷用成,治用明,畯民用章,家用平康。[8]日月岁时既易,百谷用不成,治用昏不明,畯民用微[9],家用不宁。庶民维星,星有好风,星有好雨。[10]日月之行,有冬有夏。[11]月之从星,则以风雨。[12]

多,就是荒年。一种天气过少,也是荒年。美好的征兆:君王行为恭敬,就能应时下雨;国家政务治理,就能应时天晴;君王明智,就能应时温暖;君王有谋略,就能应时寒冷;君王圣明,就能应时刮风。凶恶征兆:君王傲慢,就会久雨;君王有差失,就会久晴;君王逸乐,就会久暖;君王严急,就会久寒;君王昏暗,就会久风。君王视察治理政事就像岁兼四时,卿士们理政就像月统属于岁,下级部门的主管官员治事就像日统属于岁、月。岁、月、日、时不加改变,百谷因此成熟,政治因此英明,贤臣因此受到重用,国家也因此就和平安康。日月岁时的正常关系出现变更,百谷因此不能成熟,政治因此昏暗不明,贤臣不被重用,国家也就不能安宁。庶民就好比星星,有的喜欢风,有的喜欢雨。日月的运行,有冬日有夏日。月亮跟着星宿运行,就会出现风雨。

注释 1 阳:《尚书》作"旸(yáng)",晴天。 奥(yù):《尚书》作"燠",温暖。 2 时:指五种自然现象按时发生。 繁庑:繁茂丰盛。庑,通"芜"。 3 一:五者中之一。 极备:过多。 凶:荒年。 4 极亡:极少。亡,通"无"。 5 休征:美好的征兆。 若:顺也,应也。 知:明智。 6 咎征:凶恶征兆。 狂:傲慢。 僭(jiàn):差失。 舒:《尚书》作“豫”,逸乐。 急:严急。 雾:《尚书》作“蒙”,昏暗,阴暗。 7 眚(shěng):通“省”,视察治理政事。 岁:指岁兼四时。 月:指月统属于年。 师尹:各部门的主管官员,此指普通官吏。 日:指日统属于岁月。 8 毋易:不改变。易,改变。 畯民:贤臣。 章:显,此处指提拔重用。 9 微:即“不章”,不被重用。 10 星:民象。众民像星星。 星有好风,星有好雨:《史记集解》引马融曰:“箕星好风,毕星好雨。” 11 日月之行,有冬有夏:《史记集解》引孔安国曰:“日月之行,冬夏各有常度。” 12 月之从星,则以风雨:《史记集解》引孔安国曰:“月经于箕则多风,离于毕则多雨。”

“五福:一曰寿,二曰富,三曰康宁,四曰攸好德,五曰考终命。[1]六极:一曰凶短折,二曰疾,三曰忧,四曰贫,五曰恶,六曰弱。[2]”

于是武王乃封箕子于朝鲜[3]而不臣也。

其后箕子朝周,过故殷虚,感宫室毁坏,生禾黍,箕子伤之,欲哭则不可,欲泣为其近妇人,乃作《麦秀》之诗以歌咏之。[4]其诗曰:“麦秀渐渐兮,禾黍油油。[5]彼狡僮兮,不与我好兮!”所谓狡童者,纣也。殷民闻之,

“五种福分:一是长寿,二是富有,三是康健安宁,四是遵行美德,五是老而善终。六种凶恶之事:一是短命夭折,二曰疾病,三是忧愁,四是贫穷,五是邪恶,六是愚昧懦弱。”

于是武王就把箕子封在朝鲜而不让他称臣。

之后箕子来朝见周天子,经过从前殷商都城的遗址,有感于宫室毁坏,原地长出了禾黍,心中很忧伤,想大哭又不行,想低泣又觉得像个爱哭泣的妇人一样,就作了一首《麦秀》之诗来加以歌咏。这首诗说:“麦芒尖尖哪,禾黍绿油油。那位顽童哪,不和我亲近呀!”所说的顽童,就是指殷纣王。殷朝

皆为流涕。

武王崩，成王少，周公旦代行政当国。管、蔡疑之，乃与武庚作乱，欲袭成王、周公。周公既承成王命诛武庚，杀管叔，放蔡叔，乃命微子开代殷后，奉其先祀，作《微子之命》以申之，国于宋。[6]微子故能仁贤，乃代武庚，故殷之余民甚戴爱之。

微子开卒，立其弟衍，是为微仲。微仲卒，子宋公稽[7]立。宋公稽卒，子丁公申立。丁公申卒，子湣公共立。湣公共卒，弟炀公熙立。炀公即位，湣公子鲋祀弑炀公而自立，曰"我当立"，是为厉公。厉公卒，子釐公举立。

釐公十七年，周厉王出奔彘。

二十八年，釐公卒，子惠公覸[8]立。

遗民听说了，都为此流泪。

武王去世，成王年纪小，周公旦代成王行使权力主持国事。管叔、蔡叔怀疑他，就和武庚发动叛乱，想袭击成王和周公。周公奉成王的命令诛杀了武庚、管叔并流放了蔡叔以后，就命令微子开代替武庚为殷的后嗣，供奉对他祖先的祭祀，写了《微子之命》一篇来反复告诫他，让他建国于宋。微子开本来就仁惠贤良，就替代武庚，殷朝的遗民特别爱戴他。

微子开去世，立其弟衍为君，这就是微仲。微仲去世，儿子宋公稽继位。宋公稽去世，儿子丁公申继位。丁公申去世，儿子湣公共继位。湣公共去世，他的弟弟炀公熙继位。炀公即位后，湣公的儿子鲋祀弑杀炀公而自立，说"我应当继位"，这就是厉公。厉公去世，儿子釐公举继位。

釐公十七年，周厉王离开京师逃奔到彘地。

二十八年，釐公去世，儿子惠公覸继位。

注释　1 攸好德：遵行美德。　考终命：老而善终。考，老。　2 极：

凶恶之事。 凶短折:《史记集解》引郑玄曰:"未龀(chèn,儿童换牙)曰凶,未冠曰短,未婚曰折。" 恶:奸宄,邪恶。 弱:愚昧懦弱不刚毅。《史记集解》引郑玄曰:"愚懦不壮毅曰弱。" **3** 朝鲜:古国名,都城王险,即今朝鲜平壤。《史记索隐》:"地因水为名也。" **4** 故殷虚:从前的殷商都城遗址。虚,"墟"的本字。地在今河南安阳市小屯村及其周围。 欲泣为其近妇人:《史记索隐》:"妇人之性多涕泣。"近,近似。 **5** 渐渐:麦子吐穗状。 油油:禾黍苗茂盛而润泽状。 **6**《微子之命》:《古文尚书》篇名。鉴于武庚叛乱的历史教训,成王申告微子,必须遵从旧典,管束臣民,拥戴周王室。 宋:封国名,子姓,始都商丘,在今河南商丘市南。**7** 稽:始称"宋公"。 **8** 覸(jiàn):惠公名。惠公,公元前 830 年—前 800 年在位。

惠公四年,周宣王即位。

三十年,惠公卒,子哀公[1]立。哀公元年卒,子戴公[2]立。

戴公二十九年,周幽王为犬戎所杀,秦始列为诸侯。

三十四年,戴公卒,子武公[3]司空立。武公生女为鲁惠公夫人,生鲁桓公。十八年,武公卒,子宣公[4]力立。宣公有太子与夷。

惠公四年,周宣王就天子之位。

三十年,惠公去世,儿子哀公继位。哀公元年去世,儿子戴公继位。

戴公二十九年,周幽王被犬戎部族杀死,秦国开始置于诸侯的行列之中。

三十四年,戴公去世,儿子武公司空继位。武公生了女儿嫁给鲁惠公做夫人,生下了鲁桓公。十八年,武公去世,儿子宣公力继位。宣公生有太子与夷。

十九年,宣公生病,让位给他弟弟和,说:"父亲死了而儿子继

十九年，宣公病，让其弟和，曰："父死子继，兄死弟及，天下通义[5]也。我其立和。"和亦三让而受之。宣公卒，弟和立，是为穆公[6]。

穆公九年，病，召大司马孔父[7]谓曰："先君宣公舍太子与夷而立我，我不敢忘。我死，必立与夷也。"孔父曰："群臣皆愿立公子冯。"穆公曰："毋立冯，吾不可以负宣公。"于是穆公使冯出居于郑。八月庚辰，穆公卒，兄宣公子与夷立，是为殇公。[8]君子闻之，曰："宋宣公可谓知人矣，立其弟以成义，然卒其子复享[9]之。"

位，兄长死了而弟弟接续，这是天下通行的道义原则。我将要扶立和。"和也多次谦让才接受君位。宣公去世，弟弟和继位，这就是穆公。

穆公九年，生病了，召大司马孔父嘉来对他说："前代国君宣公舍弃太子与夷让我继位，我不敢忘怀。我死了，一定要扶立与夷。"孔父嘉说："群臣都希望扶立公子冯。"穆公说："不要扶立冯，我不可以背弃宣公。"于是穆公让冯出外住在郑国。八月庚辰日，穆公去世，哥哥宣公的儿子与夷继位，这就是殇公。君子听说这件事，说："宋宣公可谓是知人啊，立他弟弟来实行道义，然而最终让他的儿子重新享有国君之位。"

注释　**1** 哀公：公元前800年在位。　**2** 戴公：公元前799年—前766年在位，其二十九年，即公元前770年，为春秋时期之始。　**3** 武公：公元前765年—前748年在位。　**4** 宣公：公元前747年—前729年在位。　**5** 通义：通行的道义原则。　**6** 穆公：公元前728年—前720年在位。　**7** 大司马：宋国官名，掌邦国政治。　孔父：孔父嘉，正考父之子，孔丘之祖先。　**8** 庚辰：十五日。　殇公：公元前719年—前711年在位。　**9** 享：享国，做国君。

殇公元年，卫公子州吁弑其君完自立，欲得诸侯，使告于宋曰：“冯在郑，必为乱，可与我伐之。”宋许之，与伐郑，至东门[1]而还。二年，郑伐宋，以报东门之役。其后诸侯数来侵伐。

九年，大司马孔父嘉妻好，出，道遇太宰华督，督说，目而观之。[2]督利孔父妻，乃使人宣言国中曰：“殇公即位十年耳，而十一战，民苦不堪，皆孔父为之，我且杀孔父以宁民。[3]”是岁，鲁弑其君隐公[4]。

十年，华督攻杀孔父，取其妻。殇公怒，遂弑殇公，而迎穆公子冯于郑而立之，是为庄公[5]。

庄公元年，华督为相。九年，执郑之祭仲[6]，要以立突为郑君。祭仲许，竟立突。十九年，庄公卒，子

殇公元年，卫国公子州吁弑杀国君完自立，想取得诸侯的支持，派人告诉宋国说：“冯在郑国，一定会作乱，可以和我去讨伐他。”宋国答应了，和卫国一起攻打郑国，到了郑国都城的东门后返回。二年，郑国攻打宋国，来报东门之役之仇。此后诸侯各国多次前来侵犯讨伐。

九年，大司马孔父嘉的妻子姣好艳丽，外出时，在路上遇见了太宰华督，华督喜欢上了她，目不转睛地仔细看她。华督想得到孔父嘉的妻子，就派人在国都中散布言论说：“殇公就国君之位只有十年，却发动了十一场战争，民众苦不堪言，这都是孔父干的，我将要杀了孔父以使民众获得安宁。”这一年，鲁人弑杀了国君隐公。

十年，华督攻杀孔父，夺占了他的妻子。殇公大怒，华督就把殇公弑杀了，从郑国迎回穆公的儿子冯让他继位，这就是庄公。

庄公元年，华督做了国相。九年，拘执了郑国的祭仲，要挟他扶立突做郑国国君。祭仲答应，最终扶立了突。十九年，庄公卒，儿子湣公捷继位。

湣公[7]捷立。

湣公七年，齐桓公即位。九年，宋水，鲁使臧文仲往吊[8]水。湣公自罪曰："寡人以不能事鬼神，政不修，故水。"臧文仲善此言。此言乃公子子鱼教湣公也。

湣公七年，齐桓公即位。九年，宋国发生水灾，鲁国派臧文仲前去慰问灾民。湣公自责道："我不能侍奉鬼神，政治不修明，所以发生了水灾。"臧文仲认为这句话说得好。这句话原是湣公的儿子子鱼教湣公说的。

注释　**1** 东门：指郑之国都东门。　**2** 好：姣好艳丽。　华督：戴公之孙。　目：目不转睛地盯着看。《左传》作"目逆而送之"。　**3** 十一战：《史记集解》引贾逵曰："一战，伐郑，围其东门；二战，取其禾；三战，取邾田；四战，邾郑伐宋，入其郛；五战，伐郑，围长葛；六战，郑以王命伐宋；七战，鲁败宋师于菅；八战，宋、卫入郑；九战，伐戴；十战，郑入宋；十一战，郑伯以虢师大败宋。"　**4** 鲁弑其君隐公：事在宋殇公八年。　**5** 庄公：公元前710年—前692年在位。　**6** 执郑之祭仲：事在宋庄公十年，非"九年"。　**7** 湣公：公元前691年—前682年在位。　**8** 吊：慰问遭遇不幸的人。此指慰问遭水灾之民。

十年夏，宋伐鲁，战于乘丘，鲁生虏宋南宫万。[1]宋人请万，万归宋。十一年秋，湣公与南宫万猎，因博争行，湣公怒，辱之，曰："始吾敬若；今若，鲁虏也。"[2]万有力，病此言，遂以局杀

十年夏天，宋国攻打鲁国，在乘丘交战，鲁国活捉了宋国南宫万。宋国人请求释放南宫万，万回到宋国。十一年秋天，湣公和南宫万一起狩猎，因下棋该谁走而发生争执，湣公很生气，侮辱南宫万，说："起初我很敬重你；如今的你不过是一名鲁国的俘虏。"万很有力气，

滑公于蒙泽。[3]大夫仇牧闻之,以兵造[4]公门。万搏牧,牧齿着门阖[5],死。因杀太宰华督,乃更立公子游为君。诸公子奔萧,公子御说奔亳。[6]万弟南宫牛将兵围亳。冬,萧及宋之诸公子共击杀南宫牛,弑宋新君游而立湣公弟御说,是为桓公[7]。宋万奔陈。宋人请以赂陈。陈人使妇人饮之醇酒,以革裹之,归宋。[8]宋人醢[9]万也。

忌恨这句话,就在蒙泽用棋盘把湣公击杀了。大夫仇牧听说了,领兵到达湣公的宫门。南宫万用掌击仇牧的脸,仇牧的牙齿碰在门扇上,死了。南宫万乘机杀了太宰华督,改立公子游做国君。诸公子奔往萧国,公子御说奔往亳邑。万的弟弟南宫牛统领兵众围住亳邑。冬天,在萧国和宋国的诸公子共同出击杀死了南宫牛,弑杀了宋的新国君游而扶立湣公的弟弟御说,这就是桓公。南宫万逃奔陈国。宋国人请求送财物给陈国。陈国派妇人拿厚酒给南宫万饮用,等他喝醉了,就用犀革裹着他,把他送回宋国。宋国人把南宫万剁成了肉酱。

注释 **1** 乘丘:地名,在今山东济宁市兖州区境。此役在宋湣公八年,因追叙而误差二年。　生虏:活捉。　南宫万:宋卿。南宫,氏。万,名。 **2** 博:古代的一种棋戏。　若:你。 **3** 病:忌讳。　局:棋盘。　蒙泽:宋泽名,在今河南商丘市东北。 **4** 造:往,到。 **5** 阖:门扇。 **6** 萧:国名,子姓,在今安徽萧县西北。　亳:即“薄”,宋邑名,在今河南商丘市北。 **7** 桓公:公元前681年—前651年在位。 **8** 醇酒:味厚的美酒。《史记集解》引服虔曰:“宋万多力,勇不可执,故先使妇人诱而饮之酒,醉而缚之。”　革:《左传》作“犀革”。 **9** 醢(hǎi):剁成肉酱。

桓公二年，诸侯伐宋，至郊而去。[1]三年[2]，齐桓公始霸。二十三年，迎卫公子毁于齐，立之，是为卫文公。文公女弟为桓公夫人。秦穆公即位。三十年，桓公病，太子兹甫让其庶兄目夷[3]为嗣。桓公义[4]太子意，竟不听。三十一年春，桓公卒，太子兹甫立，是为襄公[5]。以其庶兄目夷为相[6]。未葬，而齐桓公会诸侯于葵丘，襄公往会。[7]

桓公二年，齐、陈、曹诸侯国讨伐宋国，到达郊外而离去。三年，齐桓公开始称霸。二十三年，从齐国迎接卫国公子毁回国，扶立他为国君，这就是卫文公。文公的妹妹是桓公的夫人。本年，秦穆公即位。三十年，桓公生病，太子兹甫要让他后母所生的兄长目夷做继承人。桓公认为太子的想法合宜，但终究未听从。三十一年春天，桓公去世，太子兹甫继位，这就是襄公。任用他的庶兄目夷做国相。桓公还未安葬，齐桓公在葵丘盟会诸侯，襄公前去与会。

注释　1《春秋》载，这年“齐人、陈人、曹人伐宋”，经周大夫单伯调停，取成而还。　2 三年：即公元前679年，齐桓公开始称霸。　3 目夷：字子鱼，为桓公后妻之子。故为兹甫庶兄，不当为嗣。　4 义：以……为合宜。　5 襄公：有以为春秋五霸之一，公元前650年—前637年在位。　6 相：国相。　7《春秋·僖公九年》：“夏，公会宰周公、齐侯、宋子、卫侯、郑伯、许男、曹伯于葵丘。”按：当时桓公死而未葬，因襄公居丧，故称“宋子”。

襄公七年，宋地霣星如雨，与雨偕下；六鹢退蜚，风疾也[1]。八年，齐桓公卒，宋欲为盟会。十二年春，宋襄

襄公七年，宋国一带下了陨星雨，同时也下着雨，有六只鹢鸟倒退飞行，风刮得非常快。八年，齐桓公去世，宋国就想组织

公为鹿上[2]之盟，以求诸侯于楚，楚人许之。公子目夷谏曰："小国争盟，祸也。"不听。秋，诸侯会宋公盟于盂[3]。目夷曰："祸其在此乎？君欲已甚，何以堪之！"于是楚执宋襄公以伐宋。冬，会于亳，以释宋公。子鱼曰："祸犹未也。"十三年夏，宋伐郑。子鱼曰："祸在此矣。"[4]秋，楚伐宋以救郑。襄公将战，子鱼谏曰："天之弃商久矣，不可。"冬，十一月，襄公与楚成王战于泓[5]。楚人未济，目夷曰："彼众我寡，及其未济[6]击之。"公不听，已济未陈[7]，又曰："可击。"公曰："待其已陈。"陈成，宋人击之。宋师大败，襄公伤股。国人皆怨公。公曰："君子不困人于阸，不鼓不成列。[8]"子鱼曰：

盟会。十二年春天，宋襄公在鹿上组织盟会，请求楚国让诸侯来与会，楚国人答应了。公子目夷劝谏说："小国争着做盟主，是祸患。"襄公不听从。秋天，诸侯国在盂参加由宋襄公发起的盟会。目夷说："祸患怕会在这里吧？您的欲望太多，大国怎么会忍受得了！"这时楚国拘执起宋襄公来攻打宋国。冬天，诸侯国在亳地会盟，楚国因此释放宋襄公。子鱼说："祸患还没有结束。"十三年夏天，宋国攻打郑国。子鱼说："祸患就在这里。"秋天，楚国攻打宋国以援救郑国。襄公准备开战，子鱼劝谏说："上天抛弃殷商已经很久了，不可开战。"冬天，十一月，襄公和楚成王在泓水地区交战。楚国人还未过河，目夷说："他们人多而我们人少，应在其还没有渡河时去攻击。"襄公不听从，楚军渡过河还没有列好阵势，目夷又说："可以出击。"襄公说："等其摆好了阵势再打。"楚军摆好了阵势，宋军去攻击。宋军大败，襄公的大腿受了伤。国人都埋怨襄公。襄公说："讲礼义的君子不把人困迫在危难中，不对没有摆好阵势的军队发动攻击。"子鱼说："战争以取胜为成功，平常的庸俗言论有什么用！非要按您说的去

"兵以胜为功,何常言[9]与!必如公言,即奴事之耳,又何战为?"

做,做奴仆去侍奉对方好了,又何必去打仗呢?"

注释 1 霣:通"陨"。 鹢(yì):同"鹢",一种水鸟,能高飞。 蜚:通"飞"。《史记集解》引贾逵曰:"风起于远,至宋都高而疾,故鹢逢风却退。" 2 鹿上:宋地名,在今安徽阜阳市南。按:鹿上之盟,宋襄公欲继齐桓公之霸业,故求楚。 3 盂:宋地名,今河南睢县有盂亭,即是其地。 4 按:郑国始终依从楚国,今宋国伐郑国,是与楚国争,故子鱼以为祸。 5 泓:水名,在今河南柘城县北,今已湮。 6 济:渡河。 7 陈:同"阵",排成战斗队形。 8 阸:同"厄",危难。 鼓:发动攻击。 成列:列成阵势。 9 常言:平常的庸俗言论。

楚成王已救郑,郑享之;去而取郑二姬以归。[1]叔瞻曰:"成王无礼,其不没乎?为礼卒于无别,有以知其不遂霸也。[2]"

楚成王成功援救郑国后,郑国设宴款待他;要离开时,他强取两位郑国姬姓女子带回国。叔瞻说:"楚王无礼,将会没有好下场吧?执行礼仪最终还是男女无别,由此可知他将不能成就霸业。"

是年,晋公子重耳过宋,襄公以伤于楚,欲得晋援,厚礼重耳以马二十乘[3]。

这一年,晋国公子重耳经过宋国,襄公因为和楚国交战中受了伤,想得到晋国援助,就送给重耳八十匹马的厚礼。

十四年夏,襄公病伤于泓而竟卒,子成公[4]王臣立。

十四年夏天,襄公由于在泓水之战中受了伤,最终发病去世,儿子成公王臣继位。

成公元年,晋文公即位。三年,倍楚盟,亲晋,以

成公元年,晋文公即位。三年,宋国背弃和楚国的结盟,亲近晋

有德于文公也。[5]四年，楚成王伐宋，宋告急于晋。五年，晋文公救宋，楚兵去。九年，晋文公卒。十一年，楚太子商臣弑其父成王代立。十六年，秦穆公卒。

十七年，成公卒。成公弟御杀太子及大司马公孙固[6]而自立为君。宋人共杀君御而立成公少子杵臼，是为昭公[7]。

昭公四年，宋败长翟缘斯于长丘。[8]七年，楚庄王即位。

国，是因为曾对晋文公有过恩惠。四年，楚成王攻打宋国，宋国向晋国告急。五年，晋文公援救宋国，楚军撤走了。九年，晋文公去世。十一年，楚国太子商臣弑杀了他的父亲成王而继位。十六年，秦穆公去世。

十七年，成公去世。成公的弟弟御杀死太子和大司马公孙固而自立为国君。宋人共同杀死了国君御而扶立成公的小儿子杵臼，这就是昭公。

昭公四年，宋国在长丘打败了长翟部族的缘斯。七年，楚庄王即国君之位。

注释 1 享：通“飨”，以酒食款待。 二姬：郑文公夫人楚女芈(mǐ)氏、齐女姜氏所生之姬姓二女子。 2 成王：当作“楚王”。 无礼：即下文之“无别”。 无别：男女无别，此指楚成王让郑文夫人芈氏、姜氏来劳军，观看俘虏，并让芈氏送他回军营及取二姬以归诸事。事见《左传·僖公二十二年》。 遂霸：完成霸业。遂，终。 3 二十乘：马八十匹。一乘四匹。 4 成公：公元前636年—前620年在位。 5 倍：通“背”，背弃。 德：恩惠。 6 公孙固：庄公之孙。《史记志疑》：“是时固已不为司马。” 7 昭公：公元前619年—前611年在位。 8 据《左传·文公十一年》载：“初，宋武公之世……败狄于长丘，获长狄缘斯。”此处云昭公，误也。

九年，昭公无道，国人不附。昭公弟鲍革[1]贤而下士。先，襄公夫人欲通于公子鲍，不可，乃助之施于国，因大夫华元为右师。[2]昭公出猎，夫人王姬使卫伯攻杀昭公杵臼。弟鲍革立，是为文公[3]。

文公元年，晋率诸侯伐宋，责以弑君。闻文公定立，乃去。二年，昭公子因文公母弟须与武、缪、戴、庄、桓之族为乱，文公尽诛之，出武、缪之族。[4]

四年春，郑命楚伐宋[5]。宋使华元将，郑败宋，囚华元。华元之将战，杀羊以食士，其御羊羹不及[6]，故怨，驰入郑军，故宋师败，得囚华元。宋以兵车百乘文马[7]四百匹赎华元。未尽入[8]，华元亡归宋。

九年，昭公暴虐无道，国都的贵族不附从他。昭公的弟弟鲍革贤能又能谦恭待士。先前，襄公夫人想和公子鲍通奸，不能实现，就帮助公子鲍在国人中布施恩惠，又通过大夫华元让他做了右师。昭公外出打猎，夫人王姬派卫伯击杀了昭公杵臼。昭公的弟弟鲍革继位，这就是文公。

文公元年，晋国率领诸侯讨伐宋国，指责宋国弑杀了国君。听说文公已经稳住政局，就撤走了。二年，昭公的儿子借助文公的同母弟弟须，又联合了武公、缪公、戴公、庄公、桓公的后代作乱，文公把他们全都诛杀了，并驱逐了武公、缪公的后代。

四年春天，楚国命令郑国讨伐宋国。宋国派华元统兵，郑国打败宋国，囚禁了华元。华元将要开战的时候，杀了羊来犒劳士卒，给他驾车的羊羹没有吃到羊肉，心怀怨恨，到开战时，他驾车奔入郑国军队，所以宋军战败，郑军拘囚了华元。宋国用一百乘兵车和四百匹文马去赎华元。赎品还没有完全交付，华元已经逃回宋国。

十四年，楚庄王围郑。郑伯降楚，楚复释之。

十四年，楚庄王包围郑国。郑伯投降楚国，楚国又把他释放了。

注释 1鲍革：即公子鲍。"革"字衍。 2施：布施恩惠。 因：通过。 华元：戴公五代孙，华督之曾孙。《左传·文公十六年》云"昭公无道，国人奉公子鲍，以因夫人。于是华元为右师"，与此处记载不同。 右师：此时宋以右师、左师、司马，司徒、司城、司寇为六卿。右师执掌教导君王。 3文公：公元前610年—前589年在位。 4《左传·文公十八年》："宋武氏之族道（导）。昭公子，将奉司城须以作乱。十二月，宋公杀母弟须及昭公子，使戴、庄、桓之族攻武公于司马子伯之馆，遂出武、穆之族。"与此处记载不同。盖武族为首倡，穆族实从之。二族被逐，穆族后出于曹。戴族有皇、乐、华三氏。庄族有仲氏。桓族有向、鱼、荡、鳞四氏。5郑命楚伐宋：梁玉绳《史记志疑》："《左传》云郑受命于楚伐宋，则比是楚命郑伐宋，传写倒耳。或曰'命'上缺'受'字，或曰'命'下缺'于'字。"
6羊羹：人名，《左传》作"羊斟"。肉汁谓之羹，亦谓之斟，故羊羹即羊斟。不及：此指没有吃到羊肉。 7文马：毛色有文采的马。《史记正义》："文马，赤鬣缟身，目如黄金。" 8未尽入：所赎之物没有完全交付。

十六年，楚使过宋，宋有前仇，执楚使[1]。九月，楚庄王围宋。十七年，楚以围宋五月[2]不解，宋城中急，无食，华元乃夜私见楚将子反。子反告庄王。王问："城中何如？"曰："析骨而炊，易子而食。[3]"庄王曰：

十六年，楚国使者经过宋国，宋国因与楚国有旧仇，就拘执了楚国使者。九月，楚庄王包围宋国。十七年，楚国包围宋国五个月而不去，宋国都城告急，没有了食物，华元就在夜晚私下去见楚国将领子反。子反把情况报告庄王。庄王问："城里面怎么样？"子反说："拆开人骨当柴烧，交换子女当食物。"

"诚[4]哉言！我军亦有二日粮。"以信故，遂罢兵去。

二十二年，文公卒，子共公[5]瑕立。始厚葬。君子讥华元不臣矣。

共公十年，华元善楚将子重，又善晋将栾书，两盟晋楚。十三年，共公卒。华元为右师，鱼石为左师。司马唐山攻杀太子肥[6]，欲杀华元，华元奔晋，鱼石止之，至河乃还，诛唐山。乃立共公少子成，是为平公[7]。

庄王说："多么诚实的言语呀！我方军队也只有两天的粮食。"因为要讲信用的缘故，就罢兵撤走了。

二十二年，文公去世，儿子共公瑕继位。宋国开始讲究厚葬。君子讥笑华元不像个臣子。

共公十年，华元和楚国将领子重友善，又和晋国将领栾书友善，两次和晋国、楚国结盟。十三年，共公去世。华元做右师，鱼石做左师。司马唐山击杀了太子肥，想杀掉华元，华元要逃奔到晋国去，鱼石阻止了他，他到了黄河边又返回，诛杀了唐山。于是扶立共公的小儿子成，这就是平公。

注释　1 执楚使："执"当作"杀"。　2 五月：当作"九月"。时为夏五月，自去年九月围宋至此已历九月，非正五月。　3 析骨：拆开人骨。此句言城中无粮食，无燃料，困难已极。　4 诚：诚实。　5 共公：公元前588年—前576年在位。　6 太子肥：杜预以为肥为文公子。　7 平公：公元前575年—前532年在位。

平公三年，楚共王拔宋之彭城，以封宋左师鱼石。四年，诸侯共诛鱼石，而归彭城于宋。[1]三十五年，楚公子围弑其君自立，为灵王。

平公三年，楚共王占领了宋国的彭城，将它封给宋国的左师鱼石。四年，诸侯国共同诛杀鱼石，而把彭城归还给宋国。三十五年，楚国公子围弑杀了国君而自立，这就是灵王。四十四四十四年,平公卒,子元公[2]佐立。

元公三年,楚公子弃疾弑灵王自立,为平王。八年,宋火。十年,元公毋信,诈杀诸公子,大夫华、向氏作乱。楚平王太子建来奔,见诸华氏相攻乱,建去如郑。[3]

十五年,元公为鲁昭公避季氏居外,为之求入鲁,行道卒,子景公[4]头曼立。

景公十六年,鲁阳虎来奔,已复去。二十五年,孔子过宋,宋司马桓魋恶之,欲杀孔子,孔子微服去。[5]三十年,曹倍宋,又倍晋,宋伐曹,晋不救,遂灭曹有之。

三十六年,齐田常弑简公。

年,平公去世,儿子元公佐继位。

元公三年,楚国公子弃疾弑杀灵王而自立,这就是平王。八年,宋国发生火灾。十年,元公不守信用,用欺诈手段杀害了诸公子,大夫华氏、向氏作乱。楚平王的太子建前来投奔,看到各华氏之间互相攻击,就去了郑国。

十五年,元公为使避季氏之难而居住在国外的鲁昭公回国,四处奔走,替他请求回鲁国,在路上去世了,儿子景公头曼继位。

景公十六年,鲁国的阳虎前来投奔,随后又离去了。二十五年,孔子经过宋国,宋国的司马桓魋憎恨他,想杀了孔子,孔子变更服装离去了。三十年,曹国背叛宋国,又背叛晋国,宋国就讨伐曹国,晋国不来援救,就灭掉并占领了曹国。

三十六年,齐国田常弑杀了简公。

注释 1 按:诸侯未尝诛鱼石。《左传·襄公元年》:“彭城降晋(终归于宋),晋人以宋五大夫(鱼石、向为人、鳞朱、向带、向鱼)在彭城者归,置诸瓠丘。”《史记志疑》:“平公三十年,向戌善于晋、楚因为宋之盟,以弭兵为名,而《史》皆略之。陈氏《测议》曰‘向戌之盟,南北分霸之始,宋大事也,史失书’。” 2 元公:公元前531年—前517年在位。 3《史记志疑》:

“华、向诈杀诸公子，非元公杀之。建之奔郑亦非为见乱之故。” **4** 景公：公元前516年—前451年在位。 **5** 孔子过宋：时为景公二十二年。 魋：音tuí。 微服：为改变自己的身份而穿平民服装。

三十七年，楚惠王灭陈[1]。荧惑守心。[2]心，宋之分野[3]也。景公忧之。司星[4]子韦曰：“可移于相。”景公曰：“相，吾之股肱[5]。”曰：“可移于民。”景公曰：“君者待[6]民。”曰：“可移于岁。”景公曰：“岁饥民困，吾谁为君！”子韦曰：“天高听卑。[7]君有君人[8]之言三，荧惑宜有动。”于是候[9]之，果徙三度。

六十四年，景公卒。[10]宋公子特攻杀太子而自立，是为昭公。[11]昭公者，元公之曾庶孙也。昭公父公孙纠，纠父公子褍秦[12]，褍秦即元公少子也。景公杀昭公父纠，故昭公怨，杀太子而自立。

三十七年，楚惠王灭亡了陈国。妖星侵犯了心宿。心宿，相对应的分野是宋国地区。景公忧虑这件事。负责观测星象的官员子韦说：“可将灾祸转移给国相。”景公说：“国相，是我的辅佐。”子韦说：“可将灾祸转移给民众。”景公说：“国君要依靠民众。”子韦又说：“可将灾祸转移给年岁。”景公说：“年岁饥荒民众就会穷困，我去做谁的国君！”子韦说：“上天高明而能体察卑微的地方。您说了做君主该说的三句话，妖星应该有所移动。”这时再去观测，妖星果然迁移了三度。

六十四年，景公去世。宋国公子特击杀了太子而自立，这就是昭公。昭公，是元公庶出一支的曾孙。昭公的父亲是公孙纠，公孙纠的父亲是公子褍秦，褍秦就是元公的小儿子。景公杀了昭公的父亲公孙纠，所以昭公怨恨他，就杀掉了太子而自立。

注释 1 灭陈:在景公三十九年,非三十七年。 2 荧惑:即妖星。 守:侵占天区。 心:心宿,二十八宿之一。 3 分野:地面上与星宿相对应显示吉凶的区域。 4 司星:负责观察星象以占吉凶的官员。 5 股肱:意指左右辅佐大臣。 6 待:依靠。 7 高:意指高明。 听:此处指体察、洞察。 卑:卑微,卑下。 8 君人:做君主。君,动词。 9 候:观测,占验。 10 景公在位四十八年,无"六十四"。其四十二年,即公元前475年,进入战国时期。 11 特:《左传》作"德"。 昭公:《史记索隐》:"按《左传》,景公无子,取元公庶曾孙公孙周之子德及启畜于公宫。及景公卒,先立启,后立德,是为昭公。与此全乖,未知太史公据何而为此说。" 12 褍(duān)秦:宋元公的幼子,宋景公的弟弟。

昭公四十七年卒,子悼公购由立。悼公八年卒,子休公田立。休公田二十三年卒,子辟公辟兵立。辟公三年卒,子剔成[1]立。剔成四十一年,剔成弟偃攻袭剔成,剔成败,奔齐,偃自立为宋君。

君偃十一年,自立为王。东败齐,取五城;南败楚,取地三百里;西败魏军。[2]乃与齐、魏为敌国。盛血以韦囊,县而射之,命曰"射天"。[3]淫于酒、妇人。群臣

昭公在位四十七年去世,儿子悼公购由继位。悼公在位八年去世,儿子休公田继位。休公田在位二十三年去世,儿子辟公辟兵继位。辟公在位三年去世,儿子剔成继位。剔成四十一年,剔成的弟弟偃攻打剔成,剔成失败,奔逃齐国,偃自立为宋君。

君偃十一年,偃自立为王。往东打败齐国,攻取五座城邑;往南打败楚国,取得土地三百里;往西打败魏国军队。宋国于是和齐国、魏国成为敌对国家。君偃把血盛在熟牛皮袋子里面,高挂起来而去射它,取名叫"射天"。他还沉湎于酒和妇人之中。群臣凡

谏者辄射之。于是诸侯皆曰“桀宋[4]”。“宋其复为纣所为,不可不诛”。告齐伐宋。[5]王偃立四十七年,齐湣王与魏、楚伐宋,杀王偃,遂灭宋而三分其地。[6]

是有人进上劝谏的就用箭射他。于是诸侯都说他是“桀宋”。“宋国将会重新干纣王所干过的事,不可不加诛灭”。诸侯告诉齐国去讨伐宋国。王偃继位四十七年,齐湣王和魏国、楚国讨伐宋国,杀了王偃,灭亡了宋国并三分了宋国的土地。

注释 1 剔成:《史记志疑》:“剔成是‘易城’之讹,因封地以为号,而并其谥名失之。” 2 《史记志疑》:“《年表》《世家》皆无宋取齐、楚地及败魏军之事。” 3 韦:熟牛皮。 县:同“悬”。 4 桀宋:意为像夏桀一样的宋君。 5 《史记志疑》:“《国策》《田完世家》齐湣王因苏代之谋以伐宋,非诸侯告齐伐之也。” 6 《史记志疑》:“偃立六十一年灭也。”“湣王灭宋未尝与楚、魏共伐而三分其地,《六国表》及各《世家》皆不书,惟此有之。”

太史公曰:孔子称“微子去之,箕子为之奴,比干谏而死,殷有三仁[1]焉”。《春秋》讥宋之乱自宣公废太子而立弟,国以不宁者十世。[2]襄公之时,修行仁义,欲为盟主。其大夫正考父美之,故追道契、汤、高宗,殷所以兴,作《商颂》[3]。襄公既败于泓,

太史公说:孔子说“微子离去了,箕子做了奴仆,比干因强谏而死亡,殷朝有三位仁者”。《春秋》讥刺宋国的祸乱起自宣公废除太子而让弟弟继位,因此宋国有十代都不得安宁。襄公时期,修行仁义,想成为会盟的霸主。他的大夫正考父赞美他,因此追述契、汤、高宗时期殷朝能够兴盛的原因,整理出《商颂》。襄公在泓水战败,但仍有君子认为他值得称赞,这是由于他们感伤于中原

而君子或以为多，伤中国阙礼义，褒之也，宋襄之有礼让也。[4]

地区缺乏礼义，所以才褒扬宋襄公，因为他很讲究礼让。

注释 1 三仁：《史记集解》引何晏曰："仁者爱人。三人行异而同称仁者，何也？以其俱在忧乱宁民也。"又引夏侯玄曰："微子，仁之穷也；箕子、比干，智之穷也。故或尽材而止，或尽心而留，皆其极也。致极，斯君子之事矣。是以三仁不同，而其归一揆也。" 2 《春秋》：此指《春秋公羊传》。《史记集解》引《公羊传》曰："君子大居正。宋之祸，宣公为之也。" 十世：穆公、殇公、湣公、桓公、襄公、成公、昭公、文公、共公、平公。 3 《商颂》：《国语·鲁语》载"昔正考父校商之名颂十二篇于周太师，以《那》为首"，与此处所记相同。今存五篇。王国维利用殷商甲骨文，证明《商颂》是春秋时的宋诗。或为宋国保存有商代的颂祖乐歌，经正考父校正配乐而成。然正考父生活于戴公、武公、宣公之时，在襄公前一百年前，不当言整理此诗为赞美襄公。 4 多：赞美，称赞。 阙：缺少。 褒：褒扬，称许。

# 史记卷三十九

## 晋世家第九

原文

晋唐[1]叔虞者，周武王子而成王弟。初，武王与叔虞母会时，梦天谓武王曰："余命女[2]生子，名虞，余与之唐。"及生子，文[3]在其手曰"虞"，故遂因命之曰虞。

武王崩，成王立，唐有乱，周公诛灭唐。[4]成王与叔虞戏，削桐叶为珪以与叔虞，曰："以此封若。"[5]史佚因请择日立叔虞。成王曰："吾与之戏耳。"史佚曰："天子无戏言。言则史书之，礼成之，乐歌之。"于是遂封叔虞于唐。唐在河汾[6]之东，

译文

晋唐叔虞，是周武王的儿子，成王的弟弟。当初，武王和叔虞的生母相会的时候，梦见天帝对武王说："我让你生个儿子，名字叫虞，我要把唐地封给他。"等到武王生了儿子，他的手掌中是个"虞"字，因此给他取名叫虞。

武王去世，成王继位，原来的唐国发生叛乱，周公诛灭了唐国。成王和叔虞戏耍，削一片桐叶当作珪递给叔虞，说："拿这个做凭信分封你。"史佚因此请求选择吉日封立叔虞。成王说："我只是和他戏耍呀。"史佚说："天子无戏言。一旦说了就要记在史册上，就要用礼仪加以实现，就要配乐歌唱。"于是成王就把叔虞封在唐地。唐地

方百里,故曰唐叔虞。姓姬氏,字子于。

在黄河、汾水的东面,纵横百里,所以叔虞称作唐叔虞。姓姬,字子于。

注释 1 唐:周初封国名,成王弟虞所封,其子燮改名曰晋,故称晋唐叔虞。初都于唐,次都于鄂,再都于曲沃,后都于绛(即翼)。又,唐本为尧后,封在夏墟,而都于鄂;及成王灭唐之后,乃分徙许郢之间,故《春秋》有唐成公,是其后代。 2 女:通"汝"。 3 文:文字,即手掌中的纹路形成的字。 4《史记正义》引《括地志》云:"夏孔甲时,有尧苗裔刘累者,以豢龙事孔甲,夏后嘉之,赐氏御龙,以更彭氏豕韦之后。龙一雌死,潜醢之以食夏后;既而使求之,惧而迁于鲁县。夏后盖别封刘累之孙于大夏之墟为侯。至周成王时,唐人作乱,成王灭之,而封大叔,更迁唐人子孙于杜,谓之杜伯,即《左传·襄公二十四年》范匄所云'在周为唐杜氏'。" 5 珪:玉器,执以为信。 若:你。 6 河汾:黄河、汾水。

唐叔子燮,是为晋侯。晋侯子宁族,是为武侯。武侯之子服人,是为成侯。成侯子福,是为厉侯。厉侯之子宜臼,是为靖侯。靖侯已来,年纪可推[1]。自唐叔至靖侯[2]五世,无其年数。

唐叔的儿子燮,改唐为晋,这就是晋侯。晋侯的儿子宁族,这就是武侯。武侯的儿子服人,这就是成侯。成侯的儿子福,这就是厉侯。厉侯的儿子宜臼,这就是靖侯。从靖侯以后,国君的在位年数可以推算。从唐叔到靖侯是五代,没有他们的在位年数。

靖侯十七年,周厉王迷惑暴虐,国人作乱,厉王出奔于彘,大臣行政,故曰"共和"。

靖侯十七年,周厉王迷惑昏乱,暴虐无道,京城贵族们发动叛乱,厉王出逃奔往彘地,由大臣主持国政,所以称作"共和"。

十八年,靖侯卒,子釐

侯[3]司徒立。

釐侯十四年,周宣王初立。

十八年,釐侯卒,子献侯[4]籍立。献侯十一年卒,子穆侯[5]费王立。

穆侯四年,取[6]齐女姜氏为夫人。七年,伐条。生太子仇。十年,伐千亩,有功。生少子,名曰成师[7]。晋人师服曰:"异哉,君之命子也!太子曰仇,仇者雠也。少子曰成师,成师大号,成之者也。名,自命也;物,自定也。今適庶名反逆[8],此后晋其能毋乱乎?"

二十七年,穆侯卒,弟殇叔[9]自立,太子仇出奔。殇叔三年,周宣王崩。四年,穆侯太子仇率其徒袭殇叔而立,是为文侯[10]。

十八年,靖侯去世,儿子釐侯司徒继位。

釐侯十四年,周宣王开始继位。

十八年,釐侯去世,儿子献侯籍继位。献侯十一年去世,儿子穆侯费王继位。

穆侯四年,娶了齐国女子姜氏做夫人。七年,攻打条地。本年,生了太子仇。十年,攻打千亩,建立战功。本年,生了小儿子,取名叫成师。晋大夫师服说:"国君给儿子取的名真奇怪呀!太子叫仇,仇是敌对的仇人。小儿子叫成师,成师是大名号,是成就他的意思。名号是国君自己给取的,事物所代表的内在意义是其自身决定的。如今嫡子和庶子的名号意义相反,此后晋国能不发生内乱吗?"

二十七年,穆侯去世,弟弟殇叔自行继位,太子仇出国奔逃。殇叔三年,周宣王逝世。四年,穆侯的太子仇率领他的徒众袭击殇叔后继位,这就是文侯。

注释 1 推:推算。 2 靖侯:此处当作"厉侯"。 3 釐侯:公元前840年—前823年在位。 4 献侯:公元前822年—前812年在位。

5 穆侯:公元前811年—前785年在位。 6 取:通“娶”。 7 成师:《史记集解》引杜预曰:“意取能成其众也。” 8 適(dí):通“嫡”。此指嫡子,即正妻所生之子。 庶:指庶子,妾所生之子。 9 殇叔:公元前784年—前781年在位。 10 文侯:公元前780年—前746年在位。其十一年,即公元前770年,为春秋时期之始。

文侯十年,周幽王无道,犬戎杀幽王,周东徙。而秦襄公始列为诸侯。三十五年,文侯仇卒,子昭侯[1]伯立。

昭侯元年,封文侯弟成师于曲沃。曲沃邑大于翼[2]。翼,晋君都邑也。成师封曲沃,号为桓叔。靖侯庶孙栾宾[3]相桓叔。桓叔是时年五十八矣,好德,晋国之众皆附焉[4]。君子曰:“晋之乱其在曲沃矣。末大于本,而得民心,不乱何待!”

文侯十年,周幽王暴虐无道,犬戎部族杀死了幽王,周王室向东迁徙。而秦襄公开始置于诸侯的行列之中。三十五年,文侯仇去世,儿子昭侯伯继位。

昭侯元年,把文侯的弟弟成师封在曲沃。曲沃的城邑比翼要大。翼,是晋君的都城。成师封在曲沃,称号是桓叔。靖侯的庶出之孙栾宾辅佐桓叔。桓叔这时年纪已经五十八岁了,喜行德政,晋国的民众都归附于他。君子说:“晋国的内乱将会从曲沃发生。树梢比树干大,而且得民心,不生乱还能发生什么!”

注释 1 昭侯:公元前745年—前740年在位。 2 翼:本为晋都,自孝侯以下称为翼侯。 3 栾宾:《世本》称为“栾叔宾父”。 4 晋国之众皆附焉:《史记志疑》:“此言众附桓叔,与《诗·扬水·序》言‘国人将叛而归沃’同。《经史问答》曰‘《诗序》与《史记》合’,华谷严氏(名粲)以为不然。考之《左氏》,似华谷之言是。朱子仍依《序》说,盖华谷后朱子而生，未得见其《诗缉》也。曲沃自桓叔至武公祖孙三世，竭七十年之力而得晋，皆由晋之遗臣故老不肯易心故耳，是真陶唐之遗民，而文侯乃心王室之余泽也，《诗序》《史记》之言俱谬。今以其曲折次之，平王三十二年晋大臣潘父弑昭侯迎桓叔，桓叔将入，晋人攻之，桓叔败归。晋人诛潘父立孝侯。由是终桓叔之世不得逞。此一举也。四十七年，庄伯弑孝侯，晋人不受命，逐之而立鄂侯。是再举也。桓王元年，庄伯伐晋而鄂侯败之，乘胜追之，焚其禾。此事不见于《左传》，而《史记》有之(《竹书》有，非《史记》也)，曲沃惧而请成。是三举也。二年，庄伯合郑、邢之师请王旅以临晋，鄂侯奔随，而晋人立哀侯以拒之。是四举也。三年，晋之九宗五正复逆鄂侯入晋，使与哀侯分国而治，其不忘故君如此。十二年(当作十一年)，陉庭召衅，哀侯被俘，晋人立小子侯以拒之。是五举也。十六年，曲沃又诱小子侯杀之，而周救之，晋人以王命立哀侯之弟。是六举也。于是又拒守二十七年，力竭而亡，而犹需赂取王命以胁之始得从。然则以为将叛而归者，岂其然乎？当是时曲沃岂无礼至之徒，而要之九宗五正，不可以潘父及陉庭之叛者概而诬之，是则华谷之言，确然不易者也。故近日平湖陆氏曰‘素衣朱襮，从子于沃，盖发潘父辈之阴谋以告其君，使得为防也。彼其之子，则外之也’。”

七年，晋大臣潘父弑其君昭侯而迎曲沃桓叔。桓叔欲入晋，晋人发兵攻桓叔。桓叔败，还归曲沃。晋人共立昭侯子平为君，是为孝侯[1]。诛潘父。

孝侯八年，曲沃桓叔卒，子鱓[2]代桓叔，是为

七年，晋国的大臣潘父弑杀他的国君昭侯而迎来曲沃的桓叔。桓叔想进入晋的都城，晋人出动兵众攻击桓叔。桓叔失败，回到了曲沃。晋国人共同扶立昭侯的儿子平做国君，这就是孝侯。本年，诛杀了潘父。

孝侯八年，曲沃的桓叔去世，儿子鱓接替桓叔，这就是曲沃庄伯。孝侯十五年，曲沃庄伯在国都翼杀

曲沃庄伯。孝侯十五年,曲沃庄伯弑其君晋孝侯于翼。晋人攻曲沃庄伯,庄伯复入曲沃。晋人复立孝侯子郄为君,是为鄂侯[3]。

鄂侯二年,鲁隐公初立。鄂侯六年卒。[4]曲沃庄伯闻晋鄂侯卒,乃兴兵伐晋。周平王[5]使虢公将兵伐曲沃庄伯,庄伯走保曲沃。晋人共立鄂侯子光,是为哀侯[6]。

了他的国君晋孝侯。晋国人进攻曲沃庄伯,庄伯又进入曲沃。晋国则扶立孝侯的儿子郄做国君,这就是鄂侯。

鄂侯二年,鲁隐公刚刚继位。鄂侯六年去世。曲沃庄伯听说晋国鄂侯去世,就兴兵攻打晋国。周平王派虢公统兵讨伐曲沃庄伯,庄伯急忙回来防守曲沃。晋国人共同扶立鄂侯的儿子光,这就是哀侯。

注释 1 孝侯:公元前 739 年—前 724 年在位。 2 鱓:音 shàn,又音 tuó。人名。 3 鄂侯:名郄(xì),非孝侯之子,乃其弟。公元前 723 年—前 718 年在位。其二年,即鲁隐公元年,为《春秋》记事之始。 4 据《左传·隐公五年》,鄂侯本称翼侯,为庄伯所伐,奔随。王命虢公立哀侯于翼,亦称翼侯。明年,翼人逆于随而纳诸鄂,故谓之鄂侯。其卒不知何时。《史记志疑》曰:"哀侯之立,鄂侯未卒,庄伯伐晋不关鄂侯之卒也。" 5 周平王:当为"周桓王"。时平王去世已有两年。 6 哀侯:公元前 717 年—前 710 年在位。

哀侯二年,曲沃庄伯卒,子称代庄伯立,是为曲沃武公。哀侯六年,鲁弑其君隐公。哀侯八年,晋侵陉廷[1]。陉廷

哀侯二年,曲沃庄伯去世,儿子称接替庄伯继位,这就是曲沃武公。哀侯六年,鲁国人杀了他的国君隐公。哀侯八年,晋国

与曲沃武公谋，九年，伐晋于汾旁[2]，虏哀侯。晋人乃立哀侯子小子为君，是为小子侯[3]。

小子元年，曲沃武公使韩万[4]杀所虏晋哀侯。曲沃益强，晋无如之何。

晋小子之四年，曲沃武公诱召晋小子杀之。周桓王使虢仲[5]伐曲沃武公，武公入于曲沃。乃立晋哀侯弟缗为晋侯[6]。

晋侯缗四年，宋执郑祭仲[7]而立突为郑君。晋侯十九年，齐人管至父弑其君襄公。

晋侯二十八年，齐桓公始霸。曲沃武公伐晋侯缗，灭之，尽以其宝器赂献于周釐王。釐王命曲沃武公为晋君，列为诸侯，于是尽并晋地而有之。

曲沃武公已即位三十七年矣，更号曰晋武公。[8]晋武公始都晋国，前即位曲沃，通年三十八[9]年。

侵犯陉廷。陉廷和曲沃武公合谋，九年，在汾水之旁讨伐晋国，俘虏了哀侯。晋人就扶立哀侯的儿子小子做国君，这就是小子侯。

小子元年，曲沃武公派韩万杀死了所俘虏的晋哀侯。曲沃更加强大，晋国拿它无可奈何。

晋小子在位四年时，曲沃武公引诱召晋小子来而把他杀了。周桓王派虢仲讨伐曲沃武公，武公进入曲沃。于是扶立晋哀侯的弟弟缗做晋侯。

晋侯缗四年，宋国拘执郑大夫祭仲而扶立突做郑国国君。晋侯十九年，齐国大夫管至父杀了他的国君襄公。

晋侯二十八年，齐桓公开始称霸。曲沃武公攻打晋侯缗，灭掉了他，把所得到的全部宝器当作贿赂进献给周釐王。釐王策命曲沃武公做晋君，置于诸侯行列之中，于是曲沃武公把晋国的土地全部吞并而占为己有。

曲沃武公即位三十七年后，更改称号叫晋武公。晋武公开始迁到晋国都城，以前在曲沃就位，总计在位年数是三十八年。

注释 1 陉廷：晋邑名，在今山西翼城县东南，旧有荧庭城。 2 汾旁：汾水之旁。 3 小子侯：公元前709年—前707年在位。 4 韩万：曲沃桓叔之子，庄伯之弟。 5 虢仲：人名，虢国君主。《史记正义》引马融云："周武王克商，封文王异母弟虢仲于夏阳。" 6 晋侯：公元前706年—前679年在位。其二十八年，为周釐王三年，即公元前679年，齐桓公开始称霸。 7 祭（zhài）仲：郑大夫。 8 三十七：当为"三十八"。 晋武公：公元前678年—前677年在位。曲沃武公在位共计四十年，下文言"三十九"，非。 9 三十八：当为"三十九"。

武公称者，先[1]晋穆侯曾孙也，曲沃桓叔孙也。桓叔者，始封曲沃。武公，庄伯子也。自桓叔初封曲沃以至武公灭晋也，凡六十七岁，而卒代晋为诸侯。武公代晋二岁，卒。与曲沃通年，即位凡三十九年而卒。子献公[2]诡诸立。

献公元年，周惠王弟颓攻惠王，惠王出奔，居郑之栎邑。[3]

五年，伐骊戎，得骊姬、骊姬弟，俱爱幸之。[4]

八年，士蒍[5]说公曰："故晋之群公子多，不诛，乱

武公名叫称，是前一个晋穆侯的曾孙，是曲沃桓叔的孙子。桓叔，始封于曲沃。武公，是庄伯的儿子。从桓叔最初封在曲沃直到武公灭晋，总共六十七年，而终于代替晋成为诸侯。武公代替晋国两年，去世。和在曲沃的年数一起计算，武公在位总共三十九年而后去世了。儿子献公诡诸继位。

献公元年，周惠王的弟弟颓攻击惠王，惠王离开京都逃奔，居住在郑国的栎邑。

五年，讨伐骊戎，获得了骊姬、骊姬的妹妹，二人都被献公喜爱宠幸。

八年，士蒍劝献公说："原晋国的公子很多，不诛杀他们，祸乱

且起。”乃使尽杀诸公子，而城聚[6]都之，命曰绛，始都绛。九年，晋群公子既亡奔虢，虢以其故再伐晋，弗克。[7]十年，晋欲伐虢，士芀曰：“且待其乱。”

将会发生。”就派他将诸公子全都杀掉，而在聚邑筑城建成国都，取命叫绛，开始在绛建都。九年，晋国有公子逃奔在北虢，北虢因此而两次进攻晋国，没有取胜。十年，晋国想讨伐北虢，士芀说：“暂且等待那里发生祸乱。”

注释　1 先：意指在前面的一个。《史记索隐》：“晋有两穆侯，言先，以别后也。” 2 献公：公元前676年—前651年在位。 3 元年：当为“二年”。 4 骊戎：西戎部族别居骊山的一支。 弟：女弟，即妹妹。 5 士芀(wěi)：晋大夫。 6 聚：晋邑名。 绛(jiàng)：即“翼”。《史记志疑》：“庄二十五年《传》‘士芀使群公子尽杀游氏之族，乃城聚而处之。晋侯围聚，尽杀群公子’。则聚以处公子，非晋都聚也。聚与绛是二地，非命聚为绛也。城绛在九年，此合为一科，并书于八年，《诗·唐风·疏》已言其误。而都绛亦非始献公。” 7 虢：此指北虢。上文已言“尽杀诸公子”，此处不当有“群公子既亡奔虢”之事，虢于秋、冬两侵晋，非为群公子事。

十二年，骊姬生奚齐。献公有意废太子，乃曰：“曲沃吾先祖宗庙所在，而蒲边秦，屈边翟，不使诸子居之，我惧焉。[1]”于是使太子申生居曲沃，公子重耳居蒲，公子夷吾居屈。献公与骊

十二年，骊姬生了奚齐。献公心中有意要废掉太子，就说：“曲沃是我先祖的宗庙所在地，而蒲邑与秦国交界，屈邑与翟族交界，不让儿子们居住在那里，我心里害怕。”于是派太子申生居住在曲沃，公子重耳居住在蒲邑，公子夷吾居住在屈邑。献公和骊姬所生的

姬子奚齐居绛。晋国以此知太子不立也。太子申生，其母齐桓公女也，曰齐姜，早死。申生同母女弟为秦穆公夫人。重耳母，翟之狐氏女也[2]。夷吾母，重耳母女弟也。献公子八人，而太子申生、重耳、夷吾皆有贤行。[3]及得骊姬，乃远此三子。

十六年，晋献公作二军[4]。公将上军，太子申生将下军，赵夙御戎，毕万为右，伐灭霍，灭魏，灭耿。[5]还，为太子城曲沃，赐赵夙耿，赐毕万魏，以为大夫。士蔿曰："太子不得立[6]矣。分之都城，而位以卿，先为之极，又安得立！[7]不如逃之，无使罪至。为吴太伯，不亦可乎，犹有令名。"太子不从。卜偃[8]曰："毕万之后必大。万，盈数也；魏，大

儿子奚齐居住在绛都。晋国的大臣通过这个安排知道太子是不能继位了。太子申生，他母亲是齐桓公的女儿，名叫齐姜，早已死去了。申生同母所生的妹妹是秦穆公的夫人。重耳的母亲，是翟族狐氏的一位女子。夷吾的母亲，是重耳母亲的妹妹。献公有九个儿子，而太子申生、重耳、夷吾都贤德而有操行。等献公获得了骊姬，就疏远了这三个儿子。

十六年，晋献公建立上下二军。献公统率上军，太子申生统率下军，赵夙驾驭兵车，毕万担任车右，讨伐并灭掉了霍国，还灭掉了古魏国和耿国。出战回来，替太子建筑曲沃城，把耿赐给赵夙，把魏赐给毕万，命二人为大夫。士蔿说："太子不能立为国君了。把有先君神主的城邑分给他，让他处于卿位，统率下军，先就使他位极人臣，又怎么能够继位！不如逃走了，免得罪祸临头。效法吴太伯让位，不是也可以吗？还会获得美名。"太子不依从。掌卜的大夫郭偃说："毕万的后代必定会有大发展。万，从一数起是个满数；魏，又是个高大的名称。一开始用这样的地盘赏赐毕万，真是上天开启了

名也。[9]以是始赏，天开之矣。天子曰兆民，诸侯曰万民，今命之大，以从盈数，其必有众。”初，毕万卜仕于晋国，遇屯之比。辛廖占之曰：“吉。屯固，比入，吉孰大焉！其后必蕃昌。”

他的福分。天子统领的叫兆民，诸侯占有的叫万民，如今赏赐给他的魏，其国名是大的意思，而他的名字又是盈数，这说明他将来必定会拥有众多的人。”当初，毕万对他去晋国做官进行卜筮，得到的是屯卦变为比卦。周大夫辛廖解释说：“吉利。屯是坚固，比是深入，还有什么比这更吉利呢！他的后代一定会繁衍昌盛。”

注释　1 屈：晋邑名。此为北屈，邻南屈。二屈，使夷吾居之。　2 翟：部族名，亦作“狄”，通称“北狄”。　狐氏：盖翟之一支，居今山西吕梁市离石区东部往南一带。　3 八人：当为“九人”。《史记志疑》：“惠公之失德，内外弃之，乃以为有贤行，与申生、重耳并称，毋乃非乎！”　4 作二军：晋国本为一军。《左传·庄公十六年》云“王使虢公命曲沃伯以一军为晋侯”，事在公元前678年冬。曲沃武公刚为晋侯。　5 将：统率。御戎：驾驭兵车。　右：车右，位居御戎者之右，为武士。　霍：封国名，姬姓，文王子叔处所封。在今山西霍州市西南。　魏：古国名，姬姓。　耿：侯国名，姬姓，或云嬴姓。　6 不得立：意谓将被废黜。　7 都城：指曲沃。《史记集解》引服虔曰：“邑有先君之主曰都。”　位以卿：指将下军。　为：使。　极：位极人臣。《史记集解》引服虔曰：“言其禄位极尽于此也。”　8 卜偃：晋掌卜大夫。姓郭，卜为职务。　9 盈：满。数从一至万为满。魏(wèi)：本作“巍”，高大。

十七年，晋侯使太子申生伐东山[1]。里克谏献公曰：“太子奉冢祀社稷之

十七年，晋侯派太子申生讨伐东山皋落氏部族。里克劝谏献公说：“太子是供奉着宗庙和国家祭祀的

粢盛，以朝夕视君膳者也，故曰冢子。[2]君行则守，有守则从，从曰抚军，守曰监国，古之制也。[3]夫率师，专行谋也；誓军旅，君与国政之所图也：非太子之事也。[4]师在制命[5]而已，禀命则不威，专命则不孝，故君之嗣適不可以帅师。君失其官，率师不威，将安用之？[6]”公曰：“寡人有子，未知其太子谁立。”里克不对而退，见太子。太子曰：“吾其废乎？”里克曰：“太子勉之！教以军旅，不共是惧，何故废乎？[7]且子惧不孝，毋惧不得立。修己而不责人，则免于难。”太子帅师，公衣之偏衣，佩之金玦。[8]里克谢病[9]，不从太子。太子遂伐东山。

十九年，献公曰：“始吾先君庄伯、武公之诛晋

祭品并在早晚服侍君王膳食的人，所以叫作冢子。君王要出行，他就留守；有人代替太子留守，他就跟从出行。太子出行是要帮助君王抚慰军士，留守是要监督国政，这是古代的制度。凡是统帅师众，就要专断谋略；号令军队，是君王和国家正卿所要策划的：都不是太子应做的事。统领军队就在于制定命令，若是凡事都请示就不会有威严，擅自下令而不请示则是不孝，所以作为君王的嫡长子不可以去统领军队。君王让太子统军是违背任命官员的准则，太子统军又没有威严，怎么行呢？”献公说：“我有好多个儿子，还不知道要立谁做太子。”里克不答话而退出来，去见太子。太子说：“我将要被废黜吧？”里克说：“太子自勉！教导你去统军，怕的是不能完成任务，为何会被废黜呢？而且作为儿子应害怕不孝，不要害怕不能继位。注重自己的修养而不责难别人，就会免于祸难。”太子统领军队，献公给他穿上偏裻之衣，佩上青铜之玦。里克称说有病而辞退，不跟从太子出军。太子就去讨伐东山皋落氏部族。

十九年，献公说：“当初我的先君

乱，而虢常助晋伐我，又匿晋亡公子，果为乱，弗诛，后遗子孙忧。[10]”乃使荀息以屈产之乘假道于虞[11]。虞假道，遂伐虢，取其下阳以归。

庄伯、武公诛讨晋国的祸乱，北虢常常帮助晋国来攻打曲沃，又藏匿原晋国逃亡的公子，现在果真作乱了，若不去诛讨，以后会给子孙留下隐忧。”就派荀息用北屈出产的良马做礼物去向虞国借路。虞国借给晋国过境的道路，晋国就去讨伐虢国，攻取了下阳后回国。

注释　1 东山：即东山皋落氏，赤狄的一支，此指在今山西垣曲县东南之一部。　2 里克：里季，晋卿。　冢祀：指宗庙之祀。冢，大。　粢盛(zī chéng)：盛在祭器内以供祭祀的谷物。　膳：饭食。其仪节，据《礼记·文王世子》载：“食上，必在，视寒煖之节；食下，问所膳，命膳宰。”　3 有守：有代替太子留守的。　抚军：抚慰军士。　4 专行谋：专断谋略。　誓军旅：号令军队。　国政：国之正卿。　5 制命：制定命令。　6 失其官：指让太子做统帅，是失官人之道。　不威：《史记集解》引杜预曰：“专命则不孝，是为师必不威也。”　7 军旅：指前令其将下军，今又令其主伐东山皋落氏。　不共：即“不供”，不能完成任务。　8 偏衣：“偏裻(dū)之衣”的简称。裻，背的中缝。此衣左右异色，其半似公服。《史记集解》引韦昭曰：“偏，半也。分身之半以授太子。”　金玦(jué)：以青铜为环形而有缺口的佩饰。　9 谢病：以有病而推辞。　10 伐我：指伐曲沃。　匿：隐藏。　11 荀息：晋大夫荀叔，名黯，字息，行次叔。　屈产之乘：北屈所产的马。　虞：国名。在今山西平陆县东北。虢在虞之南，晋伐虢，必假道于虞。

献公私谓骊姬曰：“吾欲废太子，以奚齐代之。”骊姬泣曰：“太子之

献公私下对骊姬说：“我想废掉太子，让奚齐来替代他。”骊姬流着眼泪说：“确立了太子，诸侯们都已经知

立，诸侯皆已知之，而数将兵，百姓附之，柰何以贱妾之故废適立庶？君必行之，妾自杀也。”骊姬详誉太子，而阴令人谮恶太子，而欲立其子。[1]

二十一年，骊姬谓太子曰：“君梦见齐姜，太子速祭曲沃，归釐[2]于君。”太子于是祭其母齐姜于曲沃，上其荐胙[3]于献公。献公时出猎，置胙于宫中。骊姬使人置毒药胙中。居二日[4]，献公从猎来还，宰人上胙献公，献公欲飨之。骊姬从旁止之，曰：“胙所从来远，宜试之。”祭地，地坟；与犬，犬死；与小臣，小臣死。[5]骊姬泣曰：“太子何忍也！其父而欲弑代之，况他人乎？且君老矣，旦暮之人[6]，曾不能待而欲弑之！”谓献公曰：“太子所以然者，不过以妾及奚齐之故。妾愿子母辟之他国，若早自杀，

道了，太子又多次统领兵众，百姓归附于他，怎么能够因为贱妾的缘故废掉嫡子而立庶子呢？您一定要这样做，妾自杀算了。”骊姬假装赞誉太子，暗中却让人毁谤太子，想扶立自己的儿子。

二十一年，骊姬对太子说：“国君梦见了齐姜，太子应赶快到曲沃去祭祀，回来把胙肉送给国君。”太子于是到曲沃祭祀了他的生母齐姜，把向神进献的胙肉奉呈给献公。献公这时出去打猎了，太子就把胙肉留在宫中。骊姬派人在胙肉里面放了些毒药。过了两天，献公从打猎的地方回来，宰人给献公呈上胙肉，献公想享用它。骊姬从旁边制止献公，说：“胙肉送来的地方很远，应该先检测一下。”于是将胙肉倒在地上，地皮隆起了一个小堆；给狗吃，狗就死掉了；给阉官小臣吃，小臣也死了。骊姬流泪说：“太子怎么忍心这么做呢！连父亲都想杀了而加以取代，更何况其他的人呢？况且国君已经老了，早晚是要辞世的人了，就不能再等等，却想把他杀了！”对献公说：“太子之

毋徒使母子为太子所鱼肉也。[7]始君欲废之，妾犹恨之；至于今，妾殊自失于此。[8]”太子闻之，奔新城[9]。献公怒，乃诛其傅杜原款。或谓太子曰：“为此药者乃骊姬也，太子何不自辞[10]明之？”太子曰：“吾君老矣，非骊姬，寝不安，食不甘。即[11]辞之，君且怒之。不可。”或谓太子曰：“可奔他国。”太子曰：“被此恶名以出，人谁内我？[12]我自杀耳。”十二月戊申[13]，申生自杀于新城。

所以要这样做，就是因为我和奚齐的缘故。我们母子二人愿意逃到其他国家，或者早早自杀，不要让我们母子日后遭受太子的任意宰割。当初您想废掉他，妾还感到遗憾；事到如今，我才知道我错了。”太子听说了，逃奔到新城。献公发怒，就诛杀了他的师傅杜原款。有人对太子说：“下毒药的是骊姬，太子何不自己申辩明白呢？”太子说：“我的君父老了，没有骊姬，睡觉不安稳，吃饭也不甜。如果去申辩，君父就要生气。我不能这么做。”有人对太子说：“可以逃奔到其他国家去。”太子说：“蒙受这样的恶名而逃走，谁能接纳我？我自杀好了。”十二月戊申日，申生在新城自杀了。

注释　1 详：通“佯”，假装。　谮恶(zèn wù)：毁谤，陷害。　2 釐(xī)：通“禧”，胙肉，祭过神的福食。　3 荐胙：向神进献的胙肉。荐，进，献。　4 二日：《左传》作“六日”。　5 坟：指隆起成小堆。　小臣：阉官。《史记集解》引韦昭曰：“小臣，官名，掌阴事，今阉士也。”　6 旦暮之人：早晚就可能辞世的人。　7 辟：通“避”。　鱼肉：肆意践踏，残杀。　8《史记索隐》：“太子之行如此，妾前见君欲废而恨之，今乃自以恨为失也。”　9 新城：新筑的太子城，即曲沃。　10 辞：申辩。　11 即：如果。　12 被：蒙受。　内：同“纳”，接受。　13 十二月戊申：《春秋左传注》载，晋用夏正。据周正推之，当为周正明年二月二十七日。

此时重耳、夷吾来朝。人或告骊姬曰："二公子怨骊姬谮杀太子。"骊姬恐，因谮二公子："申生之药胙，二公子知之。"二子闻之，恐，重耳走蒲，夷吾走屈，保其城，自备守。初，献公使士蒍为二公子筑蒲、屈，城弗就。夷吾以告公，公怒士蒍。士蒍谢[1]曰："边城少寇，安用之？"退而歌曰："狐裘蒙茸，一国三公，吾谁适从！"[2]卒就城。及申生死，二子亦归保其城。

二十二年，献公怒二子不辞而去，果有谋矣，乃使兵伐蒲。蒲人之宦者勃鞮命重耳促自杀。[3]重耳逾垣，宦者追斩其衣祛[4]。重耳遂奔翟。使人伐屈，屈城守[5]，不可下。

这时重耳、夷吾前来朝见。有人告诉骊姬说："两位公子怨恨骊姬的谗言害死了太子。"骊姬恐惧，借此毁谤两位公子："申生在胙肉中放毒药，两位公子是知道的。"两位公子听说了，很害怕，重耳逃回蒲邑，夷吾逃回屈邑，据守城邑，以自我防卫。当初，献公派士蒍替两位公子修筑蒲邑、屈邑，还没有建成。夷吾把这件事告诉献公，献公责备士蒍。士蒍谢罪说："边境的城邑很少有寇害，哪里用得上城墙？"退出来歌唱着说："狐裘皮毛乱糟糟，一个国家三位公，我该听从谁的！"最终还是建成了城墙。等到申生死去，两位公子就回来保卫他们的城邑。

二十二年，献公为两位公子不辞而去生气，认为他们果真有了阴谋，就派兵讨伐蒲邑。蒲邑人中的宦者勃鞮命令重耳赶紧自杀。重耳越墙逃走，宦者追来，只割下了他的衣袖。重耳就奔往翟族地区。献公派人讨伐屈邑，屈邑坚守，不能攻下。

注释　1 谢：谢罪。《左传》作"稽首而对"。　2 狐裘：大夫之服。　蒙茸：

皮毛散貌。 三公:献公与二位公子。或言为奚齐与二位公子。 谁適(dí)从:谓口舌多,以谁为主,我专听从之。適,主,专。 3 勃鞮(dī):即寺人披,字伯楚。“勃鞮”之合音,急言为“披”。 促:赶紧。 4 袪(qū):袖口。 5 城守:据城防守。

是岁也,晋复假道于虞以伐虢。虞之大夫宫之奇谏虞君曰:“晋不可假道也,是且灭虞。”虞君曰:“晋我同姓[1],不宜伐我。”宫之奇曰:“太伯、虞仲,太王[2]之子也。太伯亡去,是以不嗣[3]。虢仲、虢叔,王季之子也,为文王卿士,其记勋在王室,藏于盟府。[4]将虢是灭,何爱于虞?[5]且虞之亲能亲于桓、庄之族乎?桓、庄之族何罪,尽灭之。[6]虞之与虢,唇之与齿,唇亡则齿寒。”虞公不听,遂许晋。宫之奇以[7]其族去虞。其冬,晋灭虢,虢公丑奔周。还,袭灭虞,虏虞公及其大夫井伯百里奚以媵

这一年,晋国再次向虞国借道去讨伐虢国。虞国大夫宫之奇劝告虞君说:“不能借道给晋国,否则,将会使虞国灭亡。”虞君说:“晋国和我国是同姓国家,不应当攻打我国。”宫之奇说:“太伯、虞仲,是太王的儿子。太伯逃走了,因此没有成为继位人。虢仲、虢叔,是王季的儿子,做了文王的卿士,他们的功勋在王室记载着,藏在盟府里面。晋国准备灭掉虢国,哪里还会爱惜虞国?而且虞国与晋国的关系还能比晋国与曲沃桓叔、庄伯的子孙更亲近吗?桓叔、庄伯的子孙有什么罪,晋国把他们全部灭了。虞国和虢国的关系,就相当于嘴唇和牙齿,嘴唇没有了,那么牙齿就会感到寒冷。”虞公不听从,同意了晋国的借道之请。宫之奇与他的子孙离开了虞国。这年冬天,晋国灭掉了虢国,虢公丑逃奔到周王室。晋军返回时,袭击灭亡了虞国,俘虏了虞公和他的大夫井伯、百里奚,将百里

秦穆姬，而修虞祀。[8]荀息牵曩所遗虞屈产之乘马奉之献公，献公笑曰："马则吾马，齿亦老矣！"[9]

奚作为献公女儿秦穆姬的陪嫁人，并继续维持虞国的祭祀。荀息牵着从前送给虞君的北屈所产的乘马献给献公，献公笑着说："马还是我原来的马，但马也变老了！"

注释　1 同姓：晋、虞均为周室之后，同姓姬。　2 太王：古公亶父，周文王的祖父。生太伯、虞仲、季历。　3 嗣：继位人。太伯亡去，事详《吴太伯世家》。　4 王季：公季，即季历，周文王的父亲。生西伯昌（文王）、虢仲（即此处所伐之西虢，为其后代）、虢叔（东虢为其后）。　盟府：周王室和诸侯国都有盟府，掌管功勋赏赐，盖策勋之时，必有誓词。藏于盟府的有策勋之策及其盟辞。　5 将虢是灭："将灭虢"的倒装句。是，使宾语提前。　爱：爱惜。　6 桓、庄之族：曲沃桓叔、庄伯二人之子孙。桓叔，献公之曾祖。庄伯，献公之祖父；其子武公，献公之父。　尽灭之：即上文所言"尽杀群公子"事。　7 以：与。　8 百里奚：人名。《秦本纪》记其事。　媵(yìng)：以男女陪嫁。　穆姬：献公之女。　9 曩(nǎng)：从前。　齿：代指年岁。

二十三年，献公遂发贾华等伐屈，屈溃。[1]夷吾将奔翟。冀芮曰："不可，重耳已在矣，今往，晋必移兵伐翟，翟畏晋，祸且及。不如走梁，梁近于秦，秦强，吾君百岁后可以求入焉。[2]"遂奔梁。二十五年，

二十三年，献公就派出贾华等人讨伐屈邑，屈邑溃散。夷吾将要逃奔到翟族去。冀芮说："不可以，重耳已经在那里了，如今你前往，晋国一定要移兵去讨伐翟族，翟族害怕晋国，祸难将会到来。不如逃到梁国，梁国接近秦国，秦国强大，我们的国君死后可以请求秦国送你回晋国。"于是逃奔到梁国。二十五年，

晋伐翟，翟以重耳故，亦击晋于齧桑[3]，晋兵解而去。

当此时，晋强，西有河西，与秦接境，北边翟，东至河内。[4]

骊姬弟生悼子。[5]

二十六年夏，齐桓公大会诸侯于葵丘。晋献公病，行后，未至，逢周之宰孔。[6]宰孔曰："齐桓公益骄，不务德而务远略[7]，诸侯弗平。君弟[8]毋会，毋如晋何。"献公亦病，复还归。病甚，乃谓荀息曰："吾以奚齐为后，年少，诸大臣不服，恐乱起，子能立之乎？"荀息曰："能。"献公曰："何以为验[9]？"对曰："使死者复生，生者不惭，为之验。[10]"于是遂属[11]奚齐于荀息。荀息为相，主国政。

晋国讨伐翟族，翟族因为重耳的缘故，也在齧桑出击晋国，晋国军队解围后撤走了。

那时，晋国强大，西边拥有黄河西岸的土地，和秦国边境相接，北边和翟族交界，东边的土地达到了河内地区。

骊姬的妹妹生了悼子。

二十六年夏天，齐桓公在葵丘大规模地会盟诸侯。晋献公生了病，动身晚了，还没有到达会盟地点，在路上遇到了周王室的太宰孔。宰孔说："齐桓公更骄傲了，不致力于实行德政而致力于远行征伐，诸侯心里不平。你即使不去参加盟会，齐桓公也不能把晋国怎么样。"献公也是因为有病，就返回了晋国。献公病得很重，就对荀息说："我让奚齐做继承人，他年纪小，诸位大臣不服他，恐怕祸乱会发生，您能扶立他吗？"荀息说："能。"献公说："拿什么来保证？"荀息回答说："即使您死而复生看到我的作为，也绝不会使我感到惭愧，这就是我的保证。"献公于是就把奚齐托付给荀息。荀息做国相，主持国家政务。

注释 1 贾华:晋右行大夫。 溃:溃散。 2 梁:国名,嬴姓,在今陕西韩城市南。秦缪公十九年(前641)秦灭之。 百岁后:指人死后。 3 齧桑:《左传》作“采桑”,在今山西吉县。 4 河西:黄河南流之南段之西。 河内:指今河南黄河以北地区。 5 弟:女弟,指妹妹。 悼子:《左传》作“卓子”。 6 行后:动身晚了。 宰孔:人名。食邑于周,为周王室之太宰,故亦称宰周公。 7 务远略:致力于远行征伐。略,征伐。 8 弟:即使,假使。 9 验:证明,保证。 10 死者:指献公。 生者:指荀息自己。这句是说,荀息承奉献公遗命,毫不违背献公之意志,即使是献公重新活过来,荀息也不会感到惭愧。 11 属(zhǔ):通“嘱”,托付。

秋九月,献公卒。里克、邳郑欲内重耳,以三公子之徒作乱,谓荀息曰:“三怨将起,秦、晋辅之,子将何如?”[1]荀息曰:“吾不可负先君言。”十月,里克杀奚齐于丧次[2],献公未葬也。荀息将死之,或曰不如立奚齐弟悼子而傅[3]之,荀息立悼子而葬献公。十一月,里克弑悼子于朝,荀息死[4]之。君子曰:“《诗》所谓‘白珪之玷,犹可磨也,斯言之玷,不可为也’[5],其荀息之谓乎!不负其言。”初,献公将伐骊

秋天九月,献公去世。里克、邳郑想接重耳回国,利用三公子的徒众作乱,对荀息说:“三股势力的怨恨将要发作了,秦国、晋国辅助他们,你打算怎么办?”荀息说:“我不可以违背先君的遗言。”十月,里克把奚齐杀死在守丧的倚庐,献公还没有安葬。荀息想要自杀,有人说不如扶立奚齐的弟弟悼子并辅佐他,荀息扶立了悼子并安葬了献公。十一月,里克在朝堂上弑杀了悼子,荀息也效忠而死。君子说:“《诗》所说的‘白玉上有瑕疵,还可以磨掉它,说的话有毛病,却无法挽回’,这大概说的是荀息吧!不违背他的誓言。”当初,献公将要讨伐骊山之戎,占卦

戎，卜曰“齿牙为祸[6]”。及破骊戎，获骊姬，爱之，竟以乱晋。

说“谗言为害”。等到攻破骊山之戎，获得了骊姬，宠幸她，竟因此乱了晋国。

注释 1 内：同“纳”。 三公子：指申生、重耳、夷吾。 2 丧次：居丧之处。当时遭丧者居于倚庐。倚庐，倚木为之，以草夹障，不涂泥。 3 傅：辅佐。 4 死：此指效忠而死。 5 参见《诗·大雅·抑》。 玷(diàn)：玉上的斑点。 6 齿牙为祸：占卜时龟甲兆纹左右开裂似齿牙，中间出现纵线，是象征因小人谗言而导致祸害。

里克等已杀奚齐、悼子，使人迎公子重耳于翟，欲立之。重耳谢曰：“负父之命出奔，父死不得修人子之礼侍丧，重耳何敢入！[1]大夫其更立他子。”还报里克，里克使迎夷吾于梁。夷吾欲往，吕省[2]、郤芮曰：“内犹有公子可立者而外求，难信。计非之秦，辅强国之威以入，恐危。”乃使郤芮厚赂秦，约曰：“即得入，请以晋河西之地与秦。”乃遗[3]里克书曰：“诚得立，请遂封子于汾阳之邑。”秦缪公乃发兵送夷吾于晋。

里克等人杀了奚齐、悼子后，派人到翟族去迎接公子重耳，想让他继位。重耳婉言谢绝说：“违背了父亲的意志出国奔逃，父亲死了未能尽为子之礼去侍丧，我重耳哪里敢回国！大夫们还是改立其他的公子吧。”回来报告里克，里克派人到梁国迎接夷吾。夷吾想前往，吕省、郤芮说：“国内还有公子可以继位却到国外去找人，难以相信。如果不去秦国，借助强秦的威势回国，恐怕会有危险。”夷吾就派郤芮以厚礼贿赂秦国，约定说：“如果能使我回国，愿意把晋国黄河西岸的土地送给秦国。”还送给里克一封信说：“如果我真能继位，

齐桓公闻晋内乱，亦率诸侯如晋。秦兵与夷吾亦至晋，齐乃使隰朋会秦俱入夷吾，立为晋君，是为惠公[4]。齐桓公至晋之高梁而还归。

惠公夷吾元年，使邳郑谢秦曰："始夷吾以河西地许君，今幸得入立，大臣曰：'地者先君之地，君亡在外，何以得擅许秦者？'寡人争之弗能得，故谢秦。"亦不与里克汾阳邑，而夺之权。四月，周襄王使周公忌父会齐、秦大夫共礼晋惠公。[5]惠公以重耳在外，畏里克为变，赐里克死。谓曰："微[6]里子，寡人不得立。虽然，子亦杀二君一大夫，为子君者不亦难乎？"里克对曰："不有所废，君何以兴？欲诛之，其无辞乎？乃言为此！臣闻命矣。"

愿意把汾阳的邑土封给您。"秦穆公就出动军队送夷吾回晋国。齐桓公听说晋国内乱，也率领诸侯们到了晋国。秦国军队和夷吾也到了晋国，齐国就派隰朋会同秦国一起送夷吾进入国都，立他为晋国的君主，这就是惠公。齐桓公到了晋国的高梁就回国了。

惠公夷吾元年，派邳郑向秦国道歉说："当初我答应把黄河西岸的土地给您，如今我有幸能回国继位，大臣们说：'地是先君的地，你逃亡在国外，凭什么能擅自把地许给秦国呢？'我和他们争论却没有成功，所以向秦国道歉。"惠公也不把汾阳邑封给里克，还夺取了他的权力。四月，周襄王派周公忌父会同齐国、秦国的大夫一道赐命给晋惠公。惠公因为重耳在国外，害怕里克发动政变，就赐里克去死。惠公对他说："要是没有您里克，我不能继位。即便这样，您也杀死了奚齐、悼子两位君主和一位大夫荀息，做您的国君的人，不是很为难吗？"里克回答说："前面的国君不废掉，您怎么能继位呢？想杀掉一个人，难道还怕找不到借口吗？您竟说出这样的话来！我听

遂伏剑而死。于是邳郑使谢秦未还,故不及难。

您的命令就是了。”就用剑自杀而死。这时邳郑出使秦国还没有回来,所以没有遭难。

注释 1 负:背弃,违背。 修:备,尽。 2 吕省:人名。姓吕,名甥或饴甥,字子金。又以封地在瑕而以“瑕”为氏,称“瑕甥”“瑕吕饴甥”。3 遗(wèi):赠予,致送。 4 惠公:公元前650年—前637年在位。5 周公忌父:周卿士。 礼:此处或指赐命。 6 微:连词,义同“若非”“若无”,表示否定性假设。

晋君改葬恭太子申生。[1]秋,狐突之下国[2],遇申生,申生与载而告之曰:“夷吾无礼,余得请于帝,将以晋与秦,秦将祀余。”狐突对曰:“臣闻神不食非其宗,君其祀毋乃绝乎?君其图之。”申生曰:“诺,吾将复请帝。后十日,新城西偏将有巫者见我焉。[3]”许之,遂不见。及期而往,复见,申生告之曰:“帝许罚有罪矣,弊于韩。[4]”儿乃谣曰:“恭太子更葬[5]矣,后十四年,晋亦不昌,昌乃

晋君将恭太子申生加以改葬。秋天,狐突前往曲沃,遇上了申生的鬼魂,申生和他同车而告诉他说:“夷吾不守礼仪,我能够向天帝请求,把晋国送给秦国,秦国将会祭祀我。”狐突回答说:“我听说不是自己的后代子孙供奉的食物是不享用的,您的祭祀莫非是要断绝吧?您还是考虑一下。”申生说:“对,我将重新向天帝请求。十日后,在新城西侧将会有个巫者,我要借他显身。”狐突答应他,申生就不见了。等到期至狐突前往,申生再次出现,申生告诉他说:“天帝答应我要惩罚有罪的人,要让他在韩原失败。”儿童就唱歌谣说:“恭太子改葬了,十四年后,晋国也不会昌盛,昌盛之

在兄。”

邳郑使秦，闻里克诛，乃说秦缪公曰：“吕省、郤称、冀芮实为不从。[6]若重赂与谋，出晋君，入重耳，事必就。”秦缪公许之，使人与归报晋，厚赂三子。三子曰：“币[7]厚言甘，此必邳郑卖我于秦。”遂杀邳郑及里克、邳郑之党七舆大夫[8]。邳郑子豹奔秦，言伐晋，缪公弗听。

惠公之立，倍秦地及里克，诛七舆大夫，国人不附。二年，周使召公过礼晋惠公，惠公礼倨，召公讥之。[9]

时是在他的兄长在位之时。”

邳郑出使秦国，听说里克被诛杀，就游说秦穆公说：“吕省、郤称、冀芮实在是不愿把河西的土地送给秦国。假若多送他们些财物和他们合谋，逐出晋君，迎进重耳，事情一定会成功。”秦穆公答应了，派人和邳郑回晋国报告，把很厚重的财物送给这三个大夫。三位大夫说：“礼物丰厚言语甜蜜，这一定是邳郑把我们出卖给了秦国。”就杀掉邳郑和里克、邳郑的党徒七舆大夫等一些人。邳郑的儿子邳豹逃奔到秦国，劝说秦国讨伐晋国，穆公没有听从。

惠公继位，背叛了给秦国土地和封地给里克的诺言，诛杀掉七舆大夫，都城贵族不归附于他。二年，周王室派召武公、内史过赐命给晋惠公，惠公受礼时态度傲慢，召公讥笑他。

注释　1 按：献公时，申生没有按照必要的礼制安葬，故改葬。　2 之：往，适。　下国：意为陪都，此指曲沃。曲沃本为旧都，为先君宗庙所在地。3 十日：《左传》作“七日”。　巫者见我：是说附身于巫者而显身。　4 帝：天帝。　有罪：此处代指夷吾。　弊：败，疲困。　韩：即韩原。在今陕西韩城市西南。　5 更葬：改葬。《史记索隐》：“更，作也。更丧谓改丧。言后十四年晋不昌。”　6 吕省、郤称、冀芮：皆为晋大夫。　不从：指不同意用土地贿赂秦国。　7 币：此指贿赂的礼物。　8 七舆大夫：《史记集解》引韦昭曰"申生下军之众大夫也"。 9 周使召公过礼晋惠公:《左传·僖公十一年》:"天王使召武公、内史过赐晋侯命。"召武公,周卿士,亦名过,召缪公之后。 倨:傲慢。

四年,晋饥,乞籴于秦。[1]缪公问百里奚,百里奚曰:"天灾流行,国家代有[2],救灾恤邻,国之道也。与之。"邳郑子豹曰:"伐之。"缪公曰:"其君是恶[3],其民何罪!"卒与粟,自雍属[4]绛。

五年,秦饥,请籴于晋。晋君谋之,庆郑曰:"以秦得立,已而倍其地约。晋饥而秦贷我,今秦饥请籴,与之何疑?而谋之!"虢射[5]曰:"往年天以晋赐秦,秦弗知取而贷我。今天以秦赐晋,晋其可以逆天乎?遂伐之。"惠公用虢射谋,不与秦粟,而发兵且伐秦。秦大怒,亦发兵伐晋。

六年春,秦缪公将兵

四年,晋国收成不好,请求向秦国买粮食。穆公问百里奚,百里奚说:"天灾流行,各个国家都会更替发生,救援灾难,抚恤邻国,是治国的原则。卖给他们。"邳郑的儿子豹说:"乘机攻打他们。"穆公说:"憎恨他们的国君,民众有什么罪!"最终卖给晋国粮食,运粮的车队从雍至绛连续不断。

五年,秦国出现饥荒,请求向晋国买粮食。晋君找人一起谋划,庆郑说:"您由于秦国的帮助才能够继位,随后违背了给他河西之地的诺言。晋国饥荒时,秦国贷给我们粮食,如今秦国饥荒而请求来买粮食,自然要卖给它,还有什么疑问?还讨论什么呢?"虢射说:"去年上天把晋国赐给秦国。秦国不知道攻取,还借给我国粮食。现在上天把秦国赐给晋国,晋国难道可以违逆天意吗?借机去攻打它。"惠公采用虢射的计谋,不卖给秦国粮食,并发兵攻打秦国。秦国非常愤怒,也发兵攻打晋国。

伐晋。晋惠公谓庆郑曰："秦师深矣，柰何？"郑曰："秦内君，君倍其赂；晋饥秦输粟，秦饥而晋倍之，乃欲因其饥伐之：其深不亦宜乎！"晋卜御右[6]，庆郑皆吉。公曰："郑不孙[7]。"乃更令步阳御戎，家仆徒为右，进兵。[8]

六年春天，秦穆公率领军队攻打晋国。晋惠公对庆郑说："秦国深入国境了，怎么办？"庆郑说："秦国把您送回国，您违背诺言而不给它河西之地；晋国饥荒，秦国输送来粮食，秦国饥荒而晋国又违背其意愿，还想借着秦国出现饥荒去攻打它：秦国军队深入国境不也是理所当然吗？"晋国占卜任用谁御戎和当车右，结果是任用庆郑都是吉利。惠公说："庆郑说话不恭敬。"就改让步阳御戎，家仆徒当车右，开始进兵。

注释　1 饥：灾荒。《尔雅·释天》："谷不熟为饥。"　籴(dí)：买进粮食。2 代有：更替有之。代，更。　3 恶(wù)：憎恨，厌恶。　4 属(zhǔ)：接连。5 虢射：晋大夫，惠公之舅。　6 御右：御戎和做车右。　7 孙：通"逊"。此处意指恭敬，谦敬。　8 步阳：人名，姬姓，晋公族郤氏之后。　家仆徒：人名，晋大夫。

九月壬戌[1]，秦缪公、晋惠公合战韩原。惠公马鷙[2]不行，秦兵至，公窘，召庆郑为御。郑曰："不用卜，败，不亦当乎！"遂去。更令梁繇靡御，虢射为右，辂秦缪公。[3]缪公壮士冒败晋军，晋军败，遂失秦缪

九月壬戌日，秦穆公、晋惠公在韩原会战。惠公马重而陷入泥泞不能前行，秦兵到了，惠公窘迫，召唤庆郑给他驾车。庆郑说："不任用占卜时显示为吉利的人，结果失败了，这不也是应该的吗？"就离去了。改让梁繇靡御戎，虢射当车右，迎战秦穆公。穆公的壮士不顾失败而与晋军作战，晋军败退，丢失了将要抓

公，反获晋公以归。[4]秦将以祀上帝。晋君姊为缪公夫人，衰绖[5]涕泣。公曰："得晋侯将以为乐，今乃如此。且吾闻箕子见唐叔之初封，曰'其后必当大矣'，晋庸[6]可灭乎！"乃与晋侯盟王城而许之归。晋侯亦使吕省等报国人曰："孤虽得归，毋面目见社稷，卜日立子圉。"晋人闻之，皆哭。秦缪公问吕省："晋国和乎？"对曰："不和。小人惧失君亡亲[7]，不惮立子圉，曰'必报仇，宁事戎狄'。其君子则爱君而知罪，以待秦命[8]，曰'必报德'。有此二，故不和。"于是秦缪公更舍晋惠公，馈之七牢。[9]十一月，归晋侯。晋侯至国，诛庆郑，修政教。谋曰："重耳在外，诸侯多利内之。"欲使人杀重耳于狄。重耳闻

获的秦穆公，秦军反而俘获晋惠公回国了。秦国将要用晋惠公祭祀上帝。晋君的姐姐做了秦穆公的夫人，她穿着丧服流着眼泪哭泣。穆公说："俘获晋侯应该是件令人高兴的事，如今你怎么这样。而且我听说箕子见到唐叔刚刚受封，说'他的后代一定会强大呀'，晋国怎么可能灭亡呢？"就和晋侯在王城盟会后答应放他回国。晋侯也派吕省等人向国都的贵族报告说："我就算能够回国，也没有面目去见社稷之神，你们占卜选定日子让子圉继位。"晋国人听说了，都哭起来。秦穆公问吕省："晋国内部和睦吗？"吕省回答说："不和。老百姓惧怕失掉国君、亲人战死，不害怕子圉继位，说'一定要向秦国报仇，宁愿去侍奉戎狄之国'。他们中的贵族则是爱护国君并知道自身的罪过，等待着秦国释放惠公，说'一定要报答秦国的恩德'。有这样两种态度，所以不和睦。"于是秦穆公为晋惠公更换客馆，以诸侯之礼对待他。十一月，送回晋侯。晋侯回到国中，诛杀了庆郑，修治政令教化。晋侯谋划说："重耳在外面，诸侯们多认为接纳他有利。"想派人在狄族杀死

之,如齐。

重耳。重耳听说了,去了齐国。

注释 1 壬戌:十四日。 2 马鸷(zhì):马重而陷之于泥。鸷,马难起步貌。 3 梁繇靡:《左传》作"梁由靡",晋大夫。 辂(yà):通"迓",迎上前去。 4 冒:不顾。 遂失秦缪公:晋惠公迎战时,将要抓获缪公。由于缪公曾经赦免的三百名偷食马肉的壮士竭力在车下决斗营救,晋军失败,失却了抓获缪公的机会,惠公反为秦军所获。事详《秦本纪》。 5 衰绖(cuī dié):丧服。 6 庸:岂,难道。 7 亡亲:指亲人战死。 8 秦命:指秦国释放惠公的命令。 9 更舍:以礼待惠公,原拘于灵台,今改宿于客馆。 七牢:待诸侯之礼,并有禾刍薪。一牛一羊一豕为一牢。

八年,使太子圉质[1]秦。初,惠公亡在梁,梁伯以其女妻之,生一男一女。梁伯卜之,男为人臣,女为人妾,故名男为圉,女为妾。[2]

十年,秦灭梁。梁伯好土功,治城沟,民力罢[3]怨,其众数相惊,曰"秦寇至",民恐惑,秦竟灭之。

十三年,晋惠公病,内有数子。太子圉曰:"吾母家在梁,梁今秦灭之,我外轻于秦而内无援于

八年,派太子圉到秦国做人质。当初,惠公逃亡在梁国,梁伯把女儿嫁给他,生下一男一女。梁伯为他们占卜,结果是男的会成为臣仆,女的会成为妾,所以给男的取名叫圉,女的取名叫妾。

十年,秦国灭掉了梁国。梁伯喜好兴动土木,建筑城墙沟堑,百姓疲惫怨恨,那里的民众多次互相惊扰,喊"秦国寇盗来了",百姓恐惧疑惑,秦国最终灭亡了它。

十三年,晋惠公生病,国内有几个儿子。太子圉说:"我的娘家在梁国,梁国现在被秦国灭了,我在国外被秦国轻视而在国内又缺乏援助。君王的病若不能治愈,我担心大夫

国。君即不起病，大夫轻，更立他公子。[4]”乃谋与其妻俱亡归。秦女曰：“子一国太子，辱在此。秦使婢子[5]侍，以固子之心。子亡矣，我不从子，亦不敢言。”子圉遂亡归晋。十四年九月，惠公卒，太子圉立，是为怀公[6]。

们会轻视我，改立其他的公子。”就谋划和他的妻子一起逃回国。秦国女子说：“您是一国的太子，受屈辱留在这里。秦国让婢子侍奉您，是为了稳住您的心。您一个人逃走吧，我不跟从您，也不敢泄露您的行踪。”子圉就逃回到晋国。十四年九月，惠公去世，太子圉继位，这就是怀公。

注释　1 质：动词，做质子。 2 圉、妾：本义为奴婢。之所以取名圉(yǔ)、妾，是为了压压他们的不祥之兆。《史记集解》引服虔曰：“圉人，掌养马，臣之贱者。不聘曰妾。” 3 罢：通“疲”。 4 起病：病愈。 轻：轻视。 5 婢子：盖当时妇人通用之谦称。《礼记·曲礼下》云：“夫人自称于其君曰小童，自世妇以下自称曰婢子。” 6 怀公：晋惠公十四年(前637)九月立，晋文公元年(前636)二月被杀，无在位年数。

子圉之亡，秦怨之，乃求公子重耳，欲内之。子圉之立，畏秦之伐也，乃令国中诸从重耳亡者与期[1]，期尽不到者尽灭其家。狐突之子毛及偃从重耳在秦，弗肯召。怀公怒，囚狐突。突曰：“臣子事重耳有年数矣，今召之，是教之反君也，何以教之？”怀

子圉逃亡，秦国怨恨他，就寻找公子重耳，想送他回国。子圉继位，害怕秦国来攻打，就勒令国内所有跟重耳出亡的人限期回国，期满不到的尽灭全家。狐突的儿子狐毛和狐偃跟从重耳住在秦国，狐突不肯召他们回国。怀公大怒，囚禁狐突。狐突说：“我的儿子侍奉重耳有好多年了，如今召唤他们，这是教他们反叛君

公卒杀狐突。秦缪公乃发兵送内重耳,使人告栾、郤之党[2]为内应,杀怀公于高梁,入重耳。重耳立,是为文公[3]。

晋文公重耳,晋献公之子也。自少好士,年十七,有贤士五人:曰赵衰;狐偃咎犯,文公舅也;贾佗;先轸;魏武子。[4]自献公为太子时,重耳固已成人矣。献公即位,重耳年二十一。献公十三年,以骊姬故,重耳备蒲城守秦。献公二十一年,献公杀太子申生,骊姬谗之,恐,不辞献公而守蒲城。献公二十二年,献公使宦者履鞮趣杀重耳[5]。重耳逾垣,宦者逐斩其衣袪。重耳遂奔狄。狄,其母国也。是时重耳年四十三。从此五士,其余不名者数十人,至狄。

主,如何去说服他们呢?"怀公最终杀了狐突。秦穆公就出动军队送重耳回国,派人告诉栾枝、郤縠的党羽做内应,在高梁杀死了怀公,送回重耳。重耳继位,这就是文公。

晋文公重耳,是晋献公的儿子。他从少年时就喜好结交士人,刚十七岁,已有五位贤士辅助,他们是赵衰;狐偃咎犯,是文公的舅舅;贾佗;先轸;魏武子。在献公做太子的时候,重耳就已经成年了。献公就国君位时,重耳二十一岁。献公十三年,因为骊姬的缘故,重耳在蒲城设置防御防备秦国。献公二十一年,献公杀了太子申生,骊姬毁谤重耳,他恐惧,不向献公告辞而去守卫蒲城。献公二十二年,献公派宦者履鞮赶快去杀重耳。重耳越墙逃走,宦者追之,割断了他的衣袖。重耳就逃奔到狄族地区。狄族,是他生母的国家。这时重耳四十三岁。跟从他的有这五位贤士,其余叫不出名字的还有数十人,他们到了狄族。

注释　1 与期:规定期限,勒令回国。　2 栾、郤之党:栾枝、郤縠之属。

**3** 文公:公元前636年—前628年在位。 **4** 好士:喜好结交士人。 赵衰:当为赵夙之子。 狐偃:咎犯狐突之子,字子犯。 咎:通“舅”。 贾佗:重耳之公族。 先轸:亦称“原轸”。原,为其食邑。 魏武子:即魏犨,毕万之孙。 **5** 履鞮:即前文中所言之“勃鞮”,亦称寺人披。 趣(cù):急促,赶快。

狄伐咎如[1],得二女。以长女妻重耳,生伯鯈[2]、叔刘;以少女妻赵衰,生盾。居狄五岁而晋献公卒,里克已杀奚齐、悼子,乃使人迎,欲立重耳。重耳畏杀,因固谢,不敢入。已而晋更迎其弟夷吾立之,是为惠公。惠公七年,畏重耳,乃使宦者履鞮与壮士欲杀重耳。重耳闻之,乃谋赵衰等曰:“始吾奔狄,非以为可用与,以近易通,故且休足。休足久矣,固愿徙之大国。夫齐桓公好善,志在霸王,收恤[3]诸侯。今闻管仲、隰朋死,此亦欲得贤佐,盍[4]往乎?”于是遂行。重耳谓其妻曰:“待我二十五年,不来,乃嫁。”

狄族攻打咎如,夺得两位女子。把长女给重耳做妻,生了伯鯈、叔刘;把少女给赵衰做妻,生下了盾。在狄族住了五年,晋献公去世,里克已经杀掉了奚齐、悼子,就派人来迎接重耳,想扶立他。重耳害怕被杀,因而坚决谢绝,不敢回国。随后晋国改迎他的弟弟夷吾而立其为君,这就是惠公。惠公七年,害怕重耳,就派宦者履鞮和壮士准备杀掉重耳。重耳听说,就和赵衰等人谋划说:“当初我逃到狄国,并不认为可以借此地兴起。就因为它离晋国近,容易往来,所以暂且在此歇歇脚。待久了,自然希望迁到大的国家去。齐桓公喜好善政,志在成为霸王以行王道,以抚恤诸侯各国。如今听说管仲、隰朋死去,他也正想得到贤能之人辅佐,何不前往呢?”于是就动身了。重耳对他妻子说:“等我二十五年,如果我

其妻笑曰："犁二十五年，吾冢上柏大矣。[5] 虽然，妾待子。"重耳居狄凡十二年而去。

还没回来，你就改嫁。"他的妻子笑着说："等你二十五年，我坟墓上的柏树都已经很大了。即便如此，我还是会等着你。"重耳在狄族总共住了十二年才离开。

过卫，卫文公不礼。去，过五鹿，饥而从野人乞食，野人盛土器中进之。[6] 重耳怒。赵衰曰："土者，有土也，君其拜[7]受之。"

经过卫国，卫文公不以礼接待他。离去时经过五鹿，肚子饿了，向农夫乞求食物，农夫把土块盛在食器中递给他。重耳很生气。赵衰说："土，象征着占有土地，您应跪拜接受它。"

注释 1 咎(gāo)如：赤狄部族的一支，隗姓。 2 儵：音 shū。 3 收恤：收留抚恤。 4 盍：何不。 5 犁：通"黎"，比及，等到。 冢：高大的坟墓。 6 野人：野外之人，农夫。 土：土块。 器：重耳乞食所用的器具。 7 拜：行敬礼。古时下跪叩头及打躬作揖通称为拜。若跪拜，则为跽跪，两手合拱，俯头至手与心平，而不至地，或称"拜手"。若叩头至地，则为"稽首"。

至齐，齐桓公厚礼，而以宗女妻之，有马二十乘，重耳安之。[1] 重耳至齐二岁而桓公卒，会竖刀[2]等为内乱，齐孝公之立，诸侯兵数至。留齐凡五岁。重耳爱齐女，毋去心。赵衰、咎犯乃于桑下谋行。齐女

到了齐国，齐桓公以隆重的礼仪接待他，并把宗室的女子送他做妻，陪送的还有八十匹马，重耳安于这种现状。重耳到齐国两年后桓公去世了，碰上宦官竖刀等发动内乱，齐孝公继位后，诸侯国的军队多次来进攻。他留在齐国总共五年。重耳喜欢上了这个齐国女子，没有离去的意思。赵衰、咎犯就在桑树下

侍者在桑上闻之，以告其主。其主乃杀侍者，劝重耳趣行。[3] 重耳曰："人生安乐，孰知其他！必死于此，不能去。"齐女曰："子一国公子，穷而来此，数士者以子为命[4]。子不疾反国，报劳臣，而怀女德[5]，窃为子羞之。且不求，何时得功？"乃与赵衰等谋，醉重耳，载以行。行远而觉，重耳大怒，引戈欲杀咎犯。咎犯曰："杀臣成子，偃之愿也。"重耳曰："事不成，我食舅氏之肉。"咎犯曰："事不成，犯肉腥臊[6]，何足食！"乃止，遂行。

过曹，曹共公不礼，欲观重耳骈胁。[7] 曹大夫釐负羁曰："晋公子贤，又同姓，穷来过我，奈何不礼！"共公不从其谋。负羁乃私遗[8] 重耳食，置璧

计议启行。齐国女子的侍女在桑树上听见了，回去告诉她的主人。她的主人就杀了这名侍女，劝重耳赶紧启行。重耳说："人生来就是追求安逸享乐的，哪里还管其他什么事！我一定要死在这里，不能离开。"齐国女子说："您是一国的公子，因为窘困才来到这里，几位贤士都把命运托付于您。您不迅速返国，报答劳苦的臣子，而留恋女色，我真为您害羞。况且现在不去追求，什么时候才能成功？"就和赵衰等人谋划，把重耳灌醉，用车子载着他前行。行进了很远，重耳酒醒了，非常生气，拿来戈想杀死咎犯。咎犯说："杀了我成就了您，正是狐偃的愿望。"重耳说："若大事不成，我就吃了舅舅您的肉。"咎犯说："若大事不成，我咎犯的肉也有腥臊的臭味了，哪里还值得吃呢！"重耳的怒气平息了，继续行进。

经过曹国，曹共公不以礼接待他，想暗中观看重耳连成一片的肋骨。曹大夫釐负羁说："晋公子贤能，与曹国又是同姓，因窘困而来拜访我国，为什么不以礼相待？"共公不听从他的计谋。负羁就私下赠送给重耳食物，把璧放在食物底下。重

其下。重耳受其食，还其璧。

耳接受他的食物，把璧归还给他。

去，过宋。宋襄公新困兵于楚，伤于泓，闻重耳贤，乃以国礼[9]礼于重耳。宋司马公孙固善于咎犯，曰："宋小国新困，不足以求入，更之大国。"乃去。

离开曹国，经过宋国。宋襄公刚刚被楚国军队所困，在泓水受了伤，听说重耳贤能，就用接待国君的礼仪招待重耳。宋国的司马公孙固和咎犯友善，说："宋国是小国，刚刚遭受困迫，没有能力把你们送回国，你们还是到大国去吧。"于是他们就离去了。

过郑，郑文公弗礼。郑叔瞻谏其君曰："晋公子贤，而其从者皆国相，且又同姓。郑之出自厉王，而晋之出自武王。"郑君曰："诸侯亡公子过此者众，安可尽礼！"叔瞻曰："君不礼，不如杀之，且后为国患。"郑君不听。

经过郑国，郑文公不以礼相待。郑大夫叔瞻劝告他的国君说："晋公子贤能，跟从他的人都有国相之才，而且他又与郑国是同姓。郑国是从厉王传下来的，晋国是从武王传下来的。"郑君说："诸侯国逃亡的公子经过这里的有很多人，怎么能够全都以礼相待！"叔瞻说："您不以礼接待他，不如把他杀了，以免他日后成为郑国的祸患。"郑君不听从。

注释　1 宗女：宗室中之女子。　二十乘：一乘四匹，共八十匹。　2 竖刀(diāo)：齐宦官。刀，通"刁"。事详《齐太公世家》。　3 主：即齐女，重耳妻。　杀侍者：以灭口，防孝公知之。　趣(cù)：促，赶快。　4 以子为命：意即将命运寄托于子。　5 怀女德：留恋女色。怀，留恋。　6 腥臊：难闻的气味。水产物为腥，食肉动物为臊，食草动物为膻(shān)。　7 共：通"恭"。　骈胁：肋骨连成一片。观骈胁需裸体时，入浴方可观，故为"不礼"。　8 遗(wèi)：赠送。　9 国礼：《史记索隐》："以国君之礼礼之也。”《史记志疑》:“过宋不在襄公伤泓之后。”

重耳去,之楚。楚成王以适[1]诸侯礼待之,重耳谢不敢当。赵衰曰:“子亡在外十余年,小国轻子,况大国乎?今楚大国而固遇[2]子,子其毋让,此天开子也。”遂以客礼见之。成王厚遇重耳,重耳甚卑。成王曰:“子即反国,何以报寡人?”重耳曰:“羽毛齿角玉帛[3],君王所余,未知所以报。”王曰:“虽然,何以报不穀[4]?”重耳曰:“即不得已,与君王以兵车会平原广泽,请辟王三舍[5]。”楚将子玉怒曰:“王遇晋公子至厚,今重耳言不孙[6],请杀之。”成王曰:“晋公子贤而困于外久,从者皆国器[7],此天所置,庸可杀乎?且言何以易之!”居楚数月,而晋

重耳离开郑国,到了楚国。楚成王用和诸侯对等的礼仪接待他,重耳谢绝不敢接受。赵衰说:“您逃亡在外十多年,连小国都轻视您,何况大国呢?如今楚是大国而以礼款待您,您就不要推让,这是上天在让您兴起。”于是就以客礼会见楚成王。成王厚待重耳,重耳十分谦恭。楚王说:“您如果返回了晋国,拿什么来报答我?”重耳说:“鸟羽、旄牛、象牙、犀角、玉器、丝帛,都是您多得过剩的东西,我不知要用什么礼物来报答您。”成王说:“即便如此,您到底用什么来报答我?”重耳说:“假若不得已,和您在平原或沼泽地交战,我会退让九十里。”楚将子玉生气地说:“大王款待晋公子非常优厚,如今重耳出言不逊,请允许我杀了他。”成王说:“晋公子贤能,却长久困迫在外,跟从他的都是可以做国家栋梁的人才,这是上天的安排,怎么可以杀了他呢?况且他不这么说,那又该怎样说呢?”在楚国住了几个月,而晋国太子圉从秦国逃走了,秦国怨恨他;听说重耳在楚国,就召唤他

太子圉亡秦，秦怨之；闻重耳在楚，乃召之。成王曰："楚远，更数国乃至晋。秦晋接境，秦君贤，子其勉行！"厚送重耳。

去秦国。成王说："楚国地方远，经过几个国家才能到晋国。秦国和晋国边境相接，秦君贤明，您还是努力去秦国吧！"以厚礼送走重耳。

注释 1 適(dí)：通"敌"。匹敌，对等。 2 遇：款待。 3 羽：鸟羽，翡翠，孔雀之属。 毛：旄牛。 齿：象牙。 角：犀牛角。 4 不穀：不善。本为周王自贬之称，楚君也称王，故亦以"不穀"自称。 5 辟：通"避"。 三舍：九十里。三十里为一舍。 6 孙：通"逊"。 7 国器：可以治国主政的人才。

重耳至秦，缪公以宗女五人妻重耳，故子圉妻与往。重耳不欲受，司空季子[1]曰："其国且伐，况其故妻乎！且受以结秦亲而求入，子乃拘小礼，忘大丑乎！"遂受。缪公大欢，与重耳饮。赵衰歌《黍苗》[2]诗。缪公曰："知子欲急反国矣。"赵衰与重耳下，再拜曰："孤臣之仰君，如百谷之望时雨。"

是时晋惠公十四年秋。惠公以九月卒，子圉

重耳到达秦国，穆公把五位宗室女子送给他做妻，从前子圉的妻子也在其中。重耳不想接受，司空季子说："他的国家尚且要去攻伐，更何况他从前的妻子呢？而且接受了此女可以和秦国结为姻亲，就可请求秦国送您回国。您拘泥于小礼，是忘记了最大的耻辱吗？"重耳就接受了。穆公非常高兴，和重耳一起饮酒。赵衰吟唱《黍苗》诗。穆公说："知道您急于想返回晋国。"赵衰和重耳下席，一再揖拜说："流亡中的孤独之臣仰赖您，如同大旱中的百谷盼望及时雨一样。"

此时是晋惠公十四年秋天。惠公在九月去世，子圉继位。十一月立。十一月，葬惠公。十二月，晋国大夫栾、郤等闻重耳在秦，皆阴来劝重耳、赵衰等反国，为内应甚众。于是秦缪公乃发兵与重耳归晋。晋闻秦兵来，亦发兵拒之。然皆阴知公子重耳入也。唯惠公之故贵臣吕、郤之属不欲立重耳。重耳出亡凡十九岁而得入，时年六十二矣，晋人多附焉。

文公元年春，秦送重耳至河。咎犯曰："臣从君周旋天下[3]，过亦多矣。臣犹知之，况于君乎？请从此去矣。"重耳曰："若反国，所不与子犯共者，河伯视之！[4]"乃投璧河中[5]，以与子犯盟。是时介子推从，在船中，乃笑曰："天实开公子，而子犯以为己功而要市[6]于君，固足羞也。吾不忍与同位[7]。"乃自隐。渡河。秦兵围令狐，晋军于庐柳。二月辛丑，咎

葬惠公。十二月，晋国大夫栾枝、郤縠等听说重耳在秦国，都暗地里来劝重耳、赵衰等人回国，愿做内应的人非常多。于是秦穆公就出动军队护送重耳回国。晋国人听说秦兵来了，也出动军队抗拒。然而民众都暗地里知道了公子重耳要回到国内。只有惠公的故旧贵臣吕甥、郤芮一类人不想扶立重耳。重耳在外流亡总共十九年后才得以回国，这时他已六十二岁了，晋国人大多归附于他。

文公元年春天，秦国护送重耳到黄河。咎犯说："我跟从您流亡天下，过错也太多了。我自己都知道，何况您呢？我请求现在离去。"重耳说："假若返回晋国，如果不和子犯同心共事，请河伯作证！"就把璧玉投入河中作为信誓，来和子犯盟约。这时候介子推跟着重耳，在船里面，就笑着说："上天确实要公子兴起，而子犯认为这是自己的功劳而来向国君讨价还价求取利益，真够羞耻的。我无法忍受跟他共事。"就隐居起来。他们渡过了黄河。秦兵围困着令狐，晋国驻军在庐柳。

犯与秦晋大夫盟于郇。壬寅，重耳入于晋师。丙午，入于曲沃。丁未，朝于武宫[8]，即位为晋君，是为文公。群臣皆往。怀公圉奔高梁。戊申，使人杀怀公。

二月辛丑日，咎犯和秦国、晋国大夫在郇地结盟。壬寅日，重耳接管晋国军队。丙午日，进入曲沃城。丁未日，去武宫朝拜，即位做了晋君，这就是文公。群臣都前往拜见。怀公圉逃奔高梁。戊申日，派人杀了怀公。

注释　1 司空季子：即胥臣臼季。　2《黍苗》：《诗·小雅》篇名。有“芃芃黍苗，阴雨膏之”及“我徒我御，我师我旅。我行既集，盖云归处”等句。既有“望时雨”之盼，亦有“欲急反国”之意。　3 周旋天下：流亡于诸侯间。《左传》作“巡行天下”。　4 所：若，如果。　共：《左传》作“同心”。　河伯：河神。　5 投璧河中：以为质，自誓为信。　6 要(yāo)市：在交易中求利。要，求，取。　7 同位：并处共事。　8 武宫：曲沃武公之庙。晋侯每即位，必朝之。

怀公故大臣吕省、郤芮本不附文公，文公立，恐诛，乃欲与其徒谋烧公宫，杀文公。文公不知。始尝欲杀文公宦者履鞮知其谋，欲以告文公，解[1]前罪，求见文公。文公不见，使人让[2]曰：“蒲城之事，女斩予祛。其后我从狄君猎，女为惠公来求杀我。惠公

怀公过去的大臣吕省、郤芮本来就不附从文公，文公继位，害怕被诛杀，就想和他们的徒众谋划焚烧文公王宫，杀死文公。文公对此毫无察觉。当初曾经要杀文公的宦者履鞮知道他们的谋划，想把这个情况告诉文公，以开释他以前的罪过，就去求见文公。文公不接见他，派人责备说：“蒲城发生的事，你割断了我的衣袖。后来我跟从狄君打猎，你替惠公来谋杀我。惠公和你约定

与女期三日至，而女一日至，何速也？女其念之。”宦者曰：“臣刀锯之余，不敢以二心事君倍主，故得罪于君。[3]君已反国，其毋蒲、翟乎？且管仲射钩，桓公以霸。[4]今刑余之人以事告而君不见，祸又且及矣。”于是见之，遂以吕、郤等告文公。文公欲召吕、郤，吕、郤等党多，文公恐初入国，国人卖己，乃为微行[5]，会秦缪公于王城，国人莫知。三月己丑，吕、郤等果反，焚公宫，不得文公。文公之卫徒与战，吕、郤等引兵欲奔，秦缪公诱吕、郤等，杀之河上。晋国复而文公得归。夏，迎夫人于秦，秦所与文公妻者卒为夫人。秦送三千人为卫，以备晋乱。

三日到达，而你一天就到达了，为什么这么快呢？你还是好好想想吧。”宦者说：“我是阉人，不敢用二心去侍奉国君背叛主人，所以得罪了您。您已经返回晋国，难道就再也不会发生您在蒲城、狄族时所遭遇的事了吗？而且管仲射中过桓公的带钩，桓公后来还任用他而因此称霸。如今我这个刑余之人有事要报告而您不接见我，祸患又将来到了。”文公于是接见了宦者，他就把吕省、郤芮等的谋划告诉了文公。文公想召唤吕省、郤芮，吕省、郤芮的党羽特别多，文公害怕自己刚回国，国中会有人出卖自己，就隐藏身份穿着平民服装，到王城去和秦穆公相会，国内的人没有谁知道。三月己丑日，吕省、郤芮等人果真谋反，焚烧了文公宫室，没有找到文公。文公的护卫部队与他们作战，吕省、郤芮等领着兵想逃奔，秦穆公引诱吕省、郤芮等人，在河上把他们杀了。晋国恢复平静，文公才回国。夏天，到秦国迎接夫人，秦国送给文公做妻的女子最终都做了夫人。秦国送三千名兵士给文公做护卫，以防备晋国内乱。

注释 1 解：开释。 2 让：责备。 3 刀锯之余：宦者受过刑后留下的身躯，代指宦官或阉人，即下文所谓“刑余之人”。 倍：通“背”。 4 管仲射钩，桓公以霸：管仲曾射中桓公带钩，后桓公仍用他为相。事详《齐太公世家》。 5 微行：为隐藏身份改穿平民服装出行。

文公修政，施惠百姓。赏从亡者及功臣，大者封邑，小者尊爵。未尽行赏，周襄王以弟带难出居郑地，来告急晋。晋初定，欲发兵，恐他乱起，是以赏从亡。未至隐者介子推。推亦不言禄，禄亦不及。推曰：“献公子九人，唯君在矣。惠、怀无亲，外内弃之；天未绝晋，必将有主，主晋祀者，非君而谁？天实开之，二三子以为己力，不亦诬[1]乎？窃人之财，犹曰是盗，况贪[2]天之功以为己力乎？下冒其罪，上赏其奸，上下相蒙，难与处矣！[3]”其母曰：“盍亦求之，以死，谁怼[4]？”推曰：

文公修明政治，给百姓施恩惠。奖赏跟从逃亡的人和有功之臣，功劳大的封给城邑，功劳小的赐以爵位。行赏之事还没有全做完，周襄王因为他弟弟带反叛而逃出京都居住在郑国，向晋国告急。晋国刚刚安定，想派军队去，又恐怕国内的祸乱会兴起，因此奖赏跟从文公逃亡的人，但忘了隐藏起来的介子推。介子推也不提及禄位的事，爵禄也没有到他身上。介子推说：“献公有儿子九人，只有您还在。惠公、怀公缺乏亲信，国内国外都抛弃他们；上天没有使晋国灭绝，一定会有位君主，来主持晋国祭祀，不是您还能是谁呢？上天分明是在护佑晋国，可是有那么两三个人总认为是出于他们的力量，岂不是自欺欺人吗？偷窃别人的财物，还被叫作盗，更何况是偷了上天的功劳而认为是自己的力量的人呢？在下的人犯了罪，而在上的人又奖赏其奸诈，上下互相欺骗，我很难和这些人相

"尤[5]而效之，罪有甚焉。且出怨言，不食其禄[6]。"母曰："亦使知之，若何？"对曰："言，身之文[7]也；身欲隐，安用文之？文之，是求显也。"其毋曰："能如此乎？与女偕隐。"至死不复见。

处！"他母亲说："何不也去求取爵禄，若这样死了，又能怨恨谁呢？"介子推说："有过失还去效仿，罪过不是更严重吗？况且我已口出怨言，就不会去享受他的俸禄。"母亲说："至少也要让他知道，如何？"介子推回答说："言语，是人身的纹饰；自身都想隐居了，哪里还用得着纹饰？假若纹饰自己，那这是想让别人知道。"他母亲说："能这样做吗？我和你一起去隐居。"他直到死都未再出现。

注释　1 诬：欺骗。　2 贪：通"探"。探入他分，也就是"偷"。　3 冒：犯。　蒙：欺。　4 怼(duì)：怨恨。谁怼，即"怨恨谁"。　5 尤：过失。　6 不食其禄：意即上文之"难与处"。　7 文：纹饰。

介子推从者怜之，乃悬书宫门曰："龙欲上天，五蛇为辅。[1]龙已升云，四蛇各入其宇，一蛇独怨，终不见处所。"文公出，见其书，曰："此介子推也。吾方忧王室，未图[2]其功。"使人召之，则亡。遂求所在，闻其入绵上山中，于是文公环绵上山中而封之，以

介子推的随从可怜他，就在宫门上悬挂上所写的文字说："龙想飞上天，有五条蛇辅佐。龙已经升入云端，有四条蛇各自进入殿堂，一条蛇独自哀怨，终究不见它的住所。"文公出门，看见这些文字，说："这指的是介子推。我正在为周王室的事忧虑，还没有来得及考虑他的功劳。"派人去召唤他，他已经逃走了。于是去寻找他在什么地方，听说他进入了绵上的山里，于是文公把绵上山里及其周边一带都封给介子推，将其作为介子推的封田，取名

为介推田，号曰介山，“以记吾过，且旌善人”。[3]

叫介山，还说“以此来记下我的过错，并且表扬善人”。

从亡贱臣壶叔[4]曰：“君三行赏，赏不及臣，敢请罪。”文公报曰：“夫导我以仁义，防[5]我以德惠，此受上赏。辅我以行，卒以成立，此受次赏。矢石之难，汗马之劳，此复受次赏。若以力事我而无补吾缺者，此复受次赏。三赏之后，故[6]且及子。”晋人闻之，皆说。

跟他一起流亡的贱臣壶叔说：“您进行了三轮奖赏，但没有给我奖赏，请问我有何罪？”文公回答说：“用仁义来引导我，以德惠来防范我的过失，受最高奖赏。用行动来辅佐我，最终使我成就功业，受次一等奖赏。受过矢石的危难，立过汗马的功劳，受再次一等奖赏。假若用气力侍奉我而不能补救我的缺陷的，受更次一等奖赏。前面三等奖赏颁过之后，便将要轮到您了。”晋国人听说，都很高兴。

注释 1 龙、蛇：《史记索隐》：“龙喻重耳。五蛇即五臣，狐偃、赵衰、魏武子、司空季子及子推也。旧云五臣有先轸、颠颉，今恐二人非其数。” 2 图：考虑，谋划。 3 绵上：晋地，即介山，在今山西介休市东南。 旌：表扬。 4 壶叔：人名。或作“陶狐”，或作“陶叔狐”。 5 防：防范。 6 故：就，便。

二年春，秦军河上[1]，将入王。赵衰曰：“求霸莫如入王尊周[2]。周晋同姓，晋不先入王，后秦入之，毋以令于天下。方今尊王，

二年春天，秦国驻军黄河边上，将要送周襄王回京师。赵衰说：“要想寻求霸业就不如送回襄王尊崇周室。周和晋是同姓，晋国不先送王回京师，在秦国之后来送他，就拿不出威德来号令天下。当今尊崇周王，

晋之资[3]也。”三月甲辰，晋乃发兵至阳樊，围温，入襄王于周。四月，杀王弟带。周襄王赐晋河内阳樊之地。[4]

四年，楚成王及诸侯围宋，宋公孙固如晋告急。先轸曰：“报施[5]定霸，于今在矣。”狐偃曰：“楚新得曹而初婚于卫，若伐曹、卫，楚必救之，则宋免矣。”于是晋作三军[6]。赵衰举郤縠将中军，郤臻佐之；使狐偃将上军，狐毛佐之，命赵衰为卿；栾枝将下军，先轸佐之；荀林父御戎，魏犨为右：往伐。[7]冬十二月，晋兵先下山东[8]，而以原封赵衰。

是晋国称霸的资本。”三月十九日，晋发兵到阳樊，围住温地，把襄王送回周都。四月，杀了周王的弟弟叔带。周襄王把河内地区阳樊的土地赐给晋国。

四年，楚成王率领一些诸侯国围困宋国，宋国公孙固来到晋国告急。先轸说：“报答宋的恩惠并确立霸业，就在现在了。”狐偃说：“楚国新近与曹国结盟又开始和卫国联姻，假若攻打曹国、卫国，楚国一定会去救它们，那么宋国就会因此而免除危难了。”这时晋国建立了三军。赵衰推荐郤縠做中军将，郤臻辅佐他；让狐偃做上军将，狐毛辅佐他，命令赵衰做卿；栾枝做下军将，先轸辅佐他；荀林父给晋侯驾兵车，魏犨当车右：前去讨伐。冬天十二月，晋兵先攻下太行山以东地区，而把原邑封给赵衰。

注释　1 河上：黄河边上。　2 尊周：尊崇周王室，意同下文“尊王”。　3 资：指称霸的资本。　4《史记志疑》：“《晋语》王赐以南阳之地阳樊、温、原、州、陉、絺、鉏、欑茅凡八邑，此不具，《左传》亦只书其四。”　5 施：指宋襄公赠马给晋文公。　6 三军：献公十六年作二军，今又加一军，为三军。中军将为主帅。　7 使狐偃将上军，狐毛佐之：《左传》作“使狐偃将上军，让于狐毛，而佐之”。　命赵衰为卿：《左传》作“命赵衰为卿，让于栾枝、先轸”。 右：车右。 8 山东：指太行山以东之地。

五年春，晋文公欲伐曹，假道于卫，卫人弗许。还自河南[1]度，侵曹，伐卫。正月，取五鹿。二月，晋侯、齐侯盟于敛盂。卫侯请盟晋，晋人不许。卫侯欲与楚，国人不欲，故出其君以说晋[2]。卫侯居襄牛，公子买[3]守卫。楚救卫，不卒[4]。晋侯围曹。三月丙午，晋师入曹，数之[5]以其不用釐负羁言，而用美女乘轩者三百人也。令军毋入釐负羁宗家以报德[6]。楚围宋，宋复告急晋。文公欲救则攻楚，为楚尝有德，不欲伐也；欲释宋，宋又尝有德于晋：患[7]之。先轸曰：“执曹伯，分曹、卫地以与宋，楚急曹、卫，其势宜释宋。”于是文公从之，而楚

五年春天，晋文公想攻打曹国，向卫国借路经过，卫国人没有同意。回军从济津渡河，侵袭曹国，攻打卫国。正月，占领了五鹿。二月，晋侯、齐侯在敛盂会盟。卫侯请求和晋国结盟，晋国人不答应。卫侯想和楚国友好，国人不愿意，所以把他们的国君赶出都城来取悦晋国。卫侯居住在襄牛，鲁国公子买守御卫国。楚国救援卫国，没有取胜。晋侯围困曹国。三月丙午日，晋国军队进入曹国，列举他的罪过，指责曹君不采纳釐负羁的建议，还让三百名美女乘坐大夫的车子。文公命令军队不要进入釐负羁的宫室和他的宗族之家以报答他的恩惠。楚国围困宋国，宋国再次向晋国告急。文公想救宋国就得攻击楚国，由于楚国曾经对他有过恩惠，不想去攻击它；想放弃援救宋国，宋国又曾经对晋国有过恩惠：他左右犯难。先轸说：“把曹伯拘执起来，把曹国、卫国的土地分给宋国，为此楚国就要急于救援曹国、卫国，势必会放弃对宋国的包围。”于是文公就按他的建议去做，

成王乃引兵归。

楚成王果然领兵回国了。

注释 1 河南：当依《左传》作“南河”，亦谓之棘津、济津、石济津，在今河南淇县之南，延津县之北。今河道已湮。 2 说(yuè)晋：讨晋国的喜欢。说，通“悦”。 3 公子买：鲁人，字子丛。《春秋·僖公二十八年》云：“公子买戍卫，不卒戍，刺之。” 4 不卒：一本作“不胜”，《左传》作“不克”。 5 数之：此指列举其罪。 6 宗家：宫室及其宗族。 报德：报馈盘飧置璧之恩德。德，恩惠，恩德。 7 患：犯难。

楚将子玉曰：“王遇晋至厚，今知楚急曹、卫而故[1]伐之，是轻王。”王曰：“晋侯亡在外十九年，困日久矣，果得反国，险阸尽知之，能用其民，天之所开，不可当。”子玉请曰：“非敢必有功，愿以间执谗慝之口也[2]。”楚王怒，少与之兵。于是子玉使宛春告晋：“请复卫侯而封曹，臣亦释宋。”[3]咎犯曰：“子玉无礼矣，君取一，臣取二，勿许。[4]”先轸曰：“定人[5]之谓礼。楚一言定三国，子一言

楚国将领子玉说：“大王当年厚待晋君，如今他知道楚国急于救援曹国、卫国而仍然去攻打它们，这是轻视君王。”楚王说：“晋侯流亡在外十九年，困迫的时间非常长，最终能够返回本国，各种艰难险阻全都知道，能够利用他的民众，是上天护佑他，不可以抵挡。”子玉请求说：“不敢说一定能够建功，希望通过这次行动来堵塞住那些说我坏话之人的嘴。”楚王大怒，给他很少的兵众。这时子玉派宛春告诉晋国：“如能恢复卫侯的君位并保存曹国，我就解除对宋国的包围。”咎犯说：“子玉太无礼了，如此，晋侯只能获得一项好处，而他却获得了两项好处，不能同意。”先轸说：“安定民众就叫作礼。楚国说一句话安定了三个国家，您一句话却亡掉了

而亡之,我则毋礼。不许楚,是弃宋也。不如私许曹、卫以诱之,执宛春以怒楚,既战而后图之。”晋侯乃囚宛春于卫,且私许复曹、卫。曹、卫告绝于楚。楚得臣[6]怒,击晋师,晋师退。军吏曰:“为何退?”文公曰:“昔在楚,约退三舍,可倍乎!”[7]楚师欲去,得臣不肯。

四月戊辰,宋公、齐将、秦将与晋侯次城濮。[8]己巳,与楚兵合战,楚兵败,得臣收余兵去。甲午,晋师还至衡雍,作王宫于践土。

初,郑助楚,楚败,惧,使人请盟晋侯。晋侯与郑伯盟。

它们,我们就会无礼。不同意楚国的提议,就会抛弃宋国。不如暗地里答应曹国、卫国来引诱楚国,把宛春拘执起来,用这个办法激怒楚国,战争打起来以后视情况再进行谋划。”晋侯就把宛春拘囚在卫国,并且暗地里答应恢复曹国、卫国。曹国、卫国向楚国表示断绝友好关系。楚国得臣大怒,出击晋国军队,晋国军队退却。军吏们问:“为什么要退却?”文公说:“从前我在楚国的时候,约定要退避三舍,怎能违背诺言呢?”楚国军队想撤走,得臣不让。

四月戊辰日,宋公、齐将、秦将和晋侯驻扎在城濮。己巳日,和楚兵交战,楚兵失败,得臣收集残余部队撤走了。甲午日,晋国军队回到衡雍,在践土建筑了一座王宫。

当初,郑国协助楚国,楚国失败了,郑国恐惧起来,派人请求和晋侯结盟。晋侯和郑伯订立盟约。

注释 1 故:依然,仍旧。 2 间(jiàn)执:堵塞。 谗慝之口:《左传·僖公二十七年》载,苏贾(字伯嬴,孙叔敖之父)议论云:“子玉刚而无礼,不可以治民(当指治军),过三百乘,其不能以入矣(谓全师入国)。”“谗慝”

指此而言。 3 宛春:楚大夫。 封曹:保存曹国。封,疆界。 4 君:指晋文公。 一:指“释宋”。 臣:指子玉。 二:指“复卫”“封曹”。 5 定人:安定民众。 6 得臣:即子玉。 7 按:此语实为子犯之言,下文有“城濮之事,偃说我毋失信”语,正指此处之言。 8 戊辰:初二。 宋公:成公王(sù)臣。 齐将:国归父。 秦将:小子憖。 次:驻扎。

五月丁未,献楚俘于周,驷介百乘,徒兵千。[1] 天子使王子虎命晋侯为伯,赐大辂,彤弓矢百,玈弓矢千,秬鬯一卣,珪瓒,虎贲三百人。[2] 晋侯三辞,然后稽首[3]受之。周作《晋文侯命》[4]:“王若曰:父义和,丕显文、武,能慎明德,昭登于上,布闻在下,维时上帝集厥命于文、武。[5] 恤朕身,继予一人永其在位。[6]” 于是晋文公称伯。癸亥,王子虎盟诸侯于王庭。[7]

五月丁未日,晋国向周王进献楚国俘虏,有披甲的驷马百乘,步兵千人。天子派王子虎拿策书命令晋侯为霸主,赐给大辂和赤色弓箭一百副,黑色弓箭一千副,黑黍酿的香酒一坛,玉勺,勇士三百名。晋侯多次推辞,然后才叩头接受。周王写了《晋文侯命》:“王这样说:族父用道义使诸侯和睦,伟大光明的文王、武王,能够慎行美德,德辉升到天上,名声传播于下土,于是上帝降下福命给文王、武王。希望你能替我分担忧虑,使我长久地处于王位。”于是晋文公就称霸了。癸亥日,王子虎在践土的王宫和诸侯们订立盟约。

注释 1 丁未:十一日。 驷介:披甲的驷马。 徒兵:步兵。 2 王子虎:周大夫。 命:策命,以策书命之。 伯:侯伯,为诸侯之长。 大辂:天子所乘之车,此指金辂。 彤、玈(lú):弓矢所漆之色。彤,赤。玈,黑。 秬鬯(jù chàng):黑黍和香酒。二者所以降神。 卣(yóu):盛酒之器。 珪瓒:玉柄酒器。 虎贲:勇士,言其士之勇猛如虎之奔。贲,通"奔"。《史记集解》引贾逵曰:"天子卒曰虎贲。" 3 稽首:叩头至地。4《晋文侯命》:《尚书·周书》篇名,是周王表彰晋文侯功绩的册书。《史记》以为晋文侯指重耳。然《左传》《国语》的记载及《书序》以为是周平王时的晋文侯仇。《史记索隐》:"《尚书·文侯之命》是平王命晋文侯仇之语,今此文乃襄王命文公重耳之事,代数悬隔,勋策全乖。太史公虽复弥缝《左氏》,而系家颇亦时有疏谬。裴氏《集解》亦引孔、马之注,而都不言时代乖角,何习迷而同醉也?"又,《史记志疑》《春秋左传注》均同后说。 5 若:如此,这样。 父:周天子对同姓诸侯中长者的称呼。《史记集解》引孔安国曰:"同姓,故称曰父。" 义和:以义和辑诸侯。 丕:大。 显:光明。 明德:完美的德行。 昭:明。 上:上天。 闻:名声。 下:下土。 6 恤:忧虑。 继:《尚书》作"有绩",有人促成。绩,成。 予一人:天子的自称。 7 癸亥:二十七日。 王庭:践土之王宫。

晋焚楚军,火数日不息,文公叹。左右曰:"胜楚而君犹忧,何?"文公曰:"吾闻能战胜安者唯圣人,是以惧。且子玉犹在,庸可喜乎!"子玉之败而归,楚成王怒其不用其言,贪与晋战,让责子玉,子玉自杀。晋文公曰:"我击其外,楚诛其内,内外相应。"于是乃喜。

六月,晋人复入卫侯。

晋国用火烧楚军,大火好多天都不熄灭,文公叹息。左右的侍从说:"战胜了楚国而您还忧愁,为什么?"文公说:"我听说能在打了胜仗后心情安定的,只有圣人,因此我感到恐惧。况且子玉还活着,怎么可以高兴呢!"子玉失败回国,楚成王恼怒他不听自己的话,贪图和晋国交战得利,责备子玉,子玉就自杀了。晋文公说:"我们在外面攻击,楚国在内部诛杀,内外互相响应。"于是才高兴起来。

六月,晋国人重新把卫侯送回

壬午，晋侯度河北归国。行赏，狐偃为首。或曰："城濮之事，先轸之谋。"文公曰："城濮之事，偃说我毋失信。先轸曰'军事胜为右[1]'，吾用之以胜。然此一时之说，偃言万世之功，柰何以一时之利而加万世功乎？是以先之。"

冬，晋侯会诸侯于温，欲率之朝周。力未能，恐其有畔者，乃使人言周襄王狩[2]于河阳。壬申，遂率诸侯朝王于践土。孔子读史记至文公，曰"诸侯无召王"。"王狩河阳"者，《春秋》讳[3]之也。

丁丑，诸侯围许[4]。曹伯臣或说晋侯曰："齐桓公合诸侯而国异姓，今君为会而灭同姓。曹，叔振铎之后；晋，唐叔之后。合诸侯而灭兄弟，非礼。"

国都。壬午日，晋侯渡过黄河北上回国。颁行奖赏，狐偃排在最高的位置。有人说："城濮一仗取胜，是先轸出的计谋。"文公说："城濮交战之前，狐偃提醒我不要失信。先轸说'打仗是以取胜为上'，我采纳这个意见而取胜了。然而先轸的话只是一时的道理，狐偃的话可建万代功业，怎么可以将一时的利益放在万世功业之上呢？因此认为狐偃的功劳最大。"

冬天，晋侯在温邑会盟诸侯，想领着他们朝见周王。但晋国的国力还没有达到这个程度，晋侯担心会有人叛离，就派人说服周襄王到河阳地方打猎。壬申日，就领着诸侯们在践土朝见周王。孔子读历史记载到讲文公的地方，说"诸侯是不能召唤天子的"。记上"王狩河阳"这样的文字，是《春秋》关于这件事的讳笔。

丁丑，诸侯包围许国。曹伯的臣子有人劝晋侯说："齐桓公会合诸侯的时候恢复异姓国家，如今您主持盟会反倒灭亡同姓。曹国，是叔振铎的后代；晋国，是唐叔的后代。会合诸侯要灭掉兄弟国家，不合礼制。"晋侯晋侯说，复曹伯。

于是晋始作三行[5]。荀林父将中行，先縠将右行，先蔑将左行。

听了很高兴，恢复了曹伯的国君地位。

这时晋国开始设置三行军制。荀林父统率中行，先縠统率右行，先蔑统率左行。

注释 1 右:上等。古代尚右。右，此处意为最佳选择。 2 狩:打猎。 3 讳:《春秋》记事，于不合礼制而又不可不记者，则不直叙其事，采取一种委婉的笔法来记之。《周本纪》载:"晋文公召襄王，襄王会之河阳、践土，诸侯毕朝，书讳曰:'天王狩于河阳。'"《孔子世家》亦载:"践土之会实晋召周天子，而《春秋》讳之曰'天王狩于河阳'。"推此类以绳当世。《史记》中三处记载此事，足见司马迁对此甚为重视。 4 围许:许不从晋，襄王在践土、河阳时，地近许而许不来朝，故伐之。又据《说苑·敬慎篇》，此役似无功而罢。许，国名，周初所分封，地在今河南许昌市东。战国初为楚所灭。 5 三行(háng):右、中、左三支步兵。晋已有三军，今增三行，为六军，为回避周天子六军的名称，故改称"三行"。依《左传》，当为"屠击"将右行。

七年，晋文公、秦缪公共围郑，以其无礼于文公亡过时，及城濮时郑助楚也。围郑，欲得叔瞻[1]。叔瞻闻之，自杀。郑持叔瞻告晋。晋曰:"必得郑君而甘心焉。"郑恐，乃间令使[2]谓秦缪公曰:"亡郑厚晋，于晋得矣，而秦未

七年，晋文公、秦穆公率军一同包围郑国，是因为郑国在文公流亡经过时不以礼相待，以及城濮交战时郑国帮助楚国。晋、秦两军围住郑国，想要获得叔瞻。叔瞻听说了，自杀而死。郑国拿着叔瞻的尸首来报告晋文公。晋文公说:"一定要得到郑君才甘心。"郑国恐惧，就找机会派使者对秦穆公说:"灭亡了郑国可使晋国增强，对晋国有好处，而对秦国没有什么好

为利。君何不解郑，得为东道交[3]？"秦伯说，罢兵。晋亦罢兵。

九年冬，晋文公卒，子襄公[4]欢立。是岁郑伯亦卒。

郑人或卖其国于秦，秦缪公发兵往袭郑。[5]十二月，秦兵过我郊。襄公元年春，秦师过周，无礼，王孙满[6]讥之。兵至滑，郑贾人弦高将市于周，遇之，以十二牛劳秦师。[7]秦师惊而还，灭滑而去。

处。您何不解除对郑国的包围，使郑国能成为您以后往东行进道路上的友好国家呢？"秦穆公听了很高兴，罢兵而去。晋国也就罢兵了。

九年冬天，晋文公去世，儿子襄公欢继位。这一年郑伯也去世了。

郑国有人出卖他的国家给秦国，秦穆公出动军队前往袭击郑国。十二月，秦兵经过我国都城的郊外。襄公元年春天，秦国军队经过周的京城，行为不符合礼仪规范，王孙满讥刺他们。秦军到了滑国，郑国商人弦高将要到周的京城做买卖，碰见了他们，就用十二头牛去犒劳他们。秦军很惊异，就班师了，途中灭掉滑国而后离去。

注释 1 叔瞻：亦作"叔詹"。上文载重耳亡过郑，叔瞻建议杀重耳，故今"欲得"之。《史记志疑》："文公围郑，曰：'予我詹而师还。'郑以詹与晋。詹有辞，乃弗杀，礼而归之。郑以詹为将军，则詹未尝自杀，晋亦无'必得郑君'语也。此及《郑世家》皆妄。" 2 使：使者。据《左传》可知，此使为烛之武。 3 东道交：《史记索隐》："交犹好也。诸本及《左传》皆作'主'。"《春秋左传注》："东道主，东道之主人也。秦有事于诸侯，必须向东行，多须经过郑国国境，郑可任招待之责，为秦东道之主人。后世专以东道指主人，盖误会其义而用之。" 4 襄公：公元前627年—前621年在位。 5 《史记正义》："《左传》云秦晋伐郑，烛之武说秦，师罢。令杞子、逢孙、杨孙三大夫戍郑。杞子自郑使告于秦曰：'郑人使我掌其北门之管，若潜师以来，国可得也。'" 6 王孙满：后为周朝大夫。 7 滑：国名。地在今河南偃师市东南。 劳：犒劳。

晋先轸曰："秦伯不用蹇叔，反其众心，此可击。"栾枝曰："未报先君施于秦，击之，不可。"先轸曰："秦侮吾孤，伐吾同姓，何德之报？"遂击之。襄公墨衰绖[1]。四月，败秦师于殽[2]，虏秦三将孟明视、西乞秫、白乙丙以归。遂墨以葬文公。文公夫人秦女，谓襄公曰："秦欲得其三将戮之。"公许，遣之。先轸闻之，谓襄公曰："患生矣。"轸乃追秦将。[3]秦将渡河，已在船中，顿首谢，卒不反。

后三年，秦果使孟明伐晋，报殽之败，取晋汪[4]以归。

四年，秦缪公大兴兵伐我，度河，取王官，封[5]

晋国先轸说："秦伯不采纳蹇叔的意见，违背了民众的心意，这种情况下可以进行攻击。"栾枝说："还没有报答秦国施给先君的恩德，攻击它，不可以。"先轸说："秦国侮辱我们刚刚丧父的新君，攻打我们的同姓国家，还有什么恩德可以报答？"就攻击秦国。襄公穿着黑色丧服。四月，在殽山打败秦国军队，俘虏了秦国的三位将领孟明视、西乞秫、白乙丙才回来。襄公穿着黑色丧服安葬了文公。文公的夫人是秦国女子，对襄公说："秦国想得到他的三位将领把他们杀掉。"襄公答应了，遣返他们。先轸听说了，对襄公说："祸患将要发生了。"先轸就去追秦国将领。秦国将领正要渡过黄河，已经在船里面，叩头道谢，先轸最终没有追回他们。

三年后，秦国果然派孟明视讨伐晋国，报在殽之战失败的仇恨，取得了晋国汪邑后回去了。

四年，秦穆公大肆兴兵进攻我国，渡过黄河，攻下了王官，为在殽山中失败被杀的秦军尸首建筑坟墓后

殽尸而去。晋恐，不敢出，遂城守。五年，晋伐秦，取新城，报王官役也。

六年，赵衰成子、栾贞子、咎季子犯、霍伯皆卒。[6]赵盾代赵衰执政。

离去了。晋国恐惧，不敢出军，就据城防守。五年，晋国攻打秦国，攻下了新城，报了王官一战之仇。

六年，赵衰成子、栾贞子、咎季子犯、霍伯都去世了。赵盾代替赵衰执掌国政。

注释 1 墨衰绖：穿着黑色丧服。在家守丧衰绖用白色，因战争及其他大事不在家守丧则用黑色。《史记集解》引杜预曰："以凶服从戎，故墨之。" 2 殽(yáo)：山名，即崤山，在今河南三门峡市东南。 3 据《左传》，追秦将的是阳处父，非先轸。 4 汪：秦地名，在今陕西澄城县西南。《史记志疑》："是年晋败秦于彭衙，又取秦汪，两事也，此误。" 5 封：聚土筑坟。 6 栾贞子：栾枝。 咎季：依《左传》及《年表》当作"臼季"，即胥臣。咎季已先于四卿去世，并先于文公去世，此误。 霍伯：先且居，先轸之子，襄公元年代其父将中军。霍，食邑。伯，字。

七年八月，襄公卒。太子夷皋少，晋人以难故，欲立长君。[1]赵盾曰："立襄公弟雍。好善而长，先君爱之；且近于秦，秦故好也。[2]立善则固，事长则顺，奉爱则孝，结旧好则安。"贾季曰："不如其弟乐。辰嬴嬖于二君，立其子，民必安

七年八月，襄公去世。太子夷皋年纪小，晋国人由于有过多次祸难的缘故，想扶立一位年长的国君。赵盾说："扶立襄公的弟弟雍。他好善而年长，先君文公很爱他；而且他和秦国亲近，秦国本是我国的友好邻国。扶立善良之人为君就能稳固，服侍年长之人就能和顺，侍奉先君宠爱之人就是孝敬，结交旧有的友国就能安定。"贾季

之。”[3]赵盾曰：“辰嬴贱，班在九人下[4]，其子何震之有！且为二君嬖，淫也。为先君子，不能求大而出在小国，僻[5]也。母淫子僻，无威；陈小而远，无援：将何可乎！”使士会[6]如秦迎公子雍。贾季亦使人召公子乐于陈。[7]赵盾废贾季，以其杀阳处父[8]。十月，葬襄公。十一月，贾季奔翟。是岁，秦缪公亦卒。

说：“雍不如他弟弟乐。辰嬴受过怀公、文公的宠幸，扶立她的儿子，民众必会安定。”赵盾说：“辰嬴低贱，在妃妾中的位次排在九人中的最下，她的儿子能有什么威严！而且她受到两位国君的宠幸，这是淫乱。作为先君的儿子，不能求得大国的支持却走出都城住在小国，是鄙陋。母亲淫乱而儿子鄙陋，没有威严；陈国小而且距离远，得不到援助：这怎么可以呢？”派士会到秦国去迎接公子雍。贾季也派人到陈国去召来公子乐。赵盾废除了贾季的职位，因为他派人杀死了阳处父。十月，安葬襄公。十一月，贾季逃奔到翟族国家。这一年，秦穆公也去世了。

注释　1 难：患难。晋国连年有秦、狄的入侵，楚亦伐其与国。　长君：年长的国君。立长君，则废太子。　2 先君：指文公。　近：亲近。公子雍仁于秦，为秦亚卿，故与秦亲近为旧好。　3 贾季：人名，即狐射姑，时为中军佐。　乐：雍之弟，文公之子。　辰嬴：原为子圉妻，后为文公妻。为子圉妻时称怀嬴，为文公妻时称辰嬴。　嬖：宠爱。　二君：怀公、文公。　4 班：指在妃妾中的位次。　九人下：九个人当中在最下，即最后第九名。　震：威。　5 僻：僻陋，鄙陋。　6 士会：人名。士蒍之孙，成伯之子，字季，谥武子，因食采于随、范，故又称随会、范会。据《左传》，迎公子雍的还有先蔑，亦见下文。　7 此句之下，《左传》有“赵孟使杀诸郫”一语，似不可缺。郫，晋邑，在今河南济源市西。　8 阳处父：人名，时为太傅。晋君命贾季为中军帅，阳处父将他改为中军佐，故怨而派人杀了阳处父。

灵公元年四月，秦康公曰："昔文公之入也无卫[1]，故有吕、郤之患。"乃多与公子雍卫。太子母缪嬴日夜抱太子以号泣于朝，曰："先君何罪？其嗣亦何罪？舍適而外求君，将安置此？[2]"出朝，则抱以适赵盾所，顿首曰："先君奉此子而属之子，曰'此子材，吾受其赐；不材，吾怨子'。今君卒，言犹在耳，而弃之，若何？"[3]赵盾与诸大夫皆患缪嬴，且畏诛，乃背所迎而立太子夷皋，是为灵公。[4]发兵以距秦送公子雍者。赵盾为将，往击秦，败之令狐[5]。先蔑、随会亡奔秦。秋，齐、宋、卫、郑、曹、许君皆会赵盾，盟于扈，以灵公初立故也。[6]

四年，伐秦，取少梁。秦亦取晋之郩[7]。六年，秦康公伐晋，取羁马[8]。

灵公元年四月，秦康公说："过去文公回国缺乏警卫人员，所以有吕省、郤芮的祸患。"就多给公子雍一些护卫人员。太子的母亲缪嬴日夜抱着太子在朝堂号哭，说："先君有什么罪过？他的继承人又有什么罪过？舍弃嫡子而到国外寻找国君，将怎么来安置太子？"出了朝堂，就抱着太子来到赵盾的处所，叩头说："先君捧着这个儿子把他托付给您，说'这孩子若成材，我就受了您的恩赐；若是不成材，我要怨恨您'。如今先君已经去世，他的话还在耳边，您却抛弃太子，怎么可以这样呢？"赵盾与诸大夫都顾忌缪嬴，而且害怕被她的党徒诛杀，就背弃所要迎接的雍而扶立太子夷皋，这就是灵公。晋国出动军队抵御秦国护送公子雍回国的军队。赵盾做主将，前往出击秦军，在令狐打败了秦军。先蔑、随会逃奔秦国。秋天，齐、宋、卫、郑、曹、许的国君都来和赵盾相会，在扈地约盟，是因为灵公刚刚继位的缘故。

四年，攻打秦国，夺取了少梁。秦国也夺取了晋国的郩地。六年，秦康公攻打晋国，夺取了羁马。晋

晋侯怒，使赵盾、赵穿、郤缺击秦，大战河曲，赵穿最有功。[9] 七年，晋六卿患随会之在秦，常为晋乱，乃详令魏寿余反晋降秦。秦使随会之魏，因执会以归晋。

侯发怒，派赵盾、赵穿、郤缺出击秦国，在河曲大战，赵穿最有功劳。七年，晋国六卿害怕随会在秦国，常常给晋国制造祸乱，就让魏寿余假装反叛晋国投降秦国。秦国派随会到魏邑，晋国趁机把随会拘执回国。

注释 1 卫：警卫、防卫。 2 適：通“嫡”，嫡子。 此：指太子。 3 顿首：头叩地而拜。古代九拜之中仅次于稽首。 奉：捧。 属：通“嘱”，托付。 4 畏：害怕。此指害怕被缪嬴的党徒诛杀。 灵公：公元前620年—前607年在位。 5 令狐：晋邑名，在今山西临猗县西南。 6 据《左传》，陈侯亦曾与会，故此处“卫”后脱“陈”字。 扈：郑地名，在今河南原阳县西，在当时的黄河南岸。 7 郗：《史记索隐》：“按《左传》，文十年春，晋人伐秦，取少梁。夏，秦伯伐晋，取北徵(chéng)，北徵即《年表》之徵。今云‘郗’者，字误也。”按：注家以为北徵在今陕西澄城县西南，然为晋地，不当在黄河西岸，可疑。 8 羁马：晋邑名，在今山西永济市西南，近黄河自北向东转弯处。 9 赵穿：人名，赵夙庶孙，赵盾的从父兄弟，下文云“盾昆弟将军赵穿”。 郤缺：晋卿，未有军列，食邑于冀。此时代箕郑将上军。 河曲：晋地名，在今山西永济市南，黄河自此折而东，故名。

八年，周顷王崩，公卿争权，故不赴[1]。晋使赵盾以车八百乘平周乱而立匡王。是年，楚庄王初即位。十二年，齐人弑其君懿公。

八年，周顷王去世，公卿之间互相争夺权力，所以没有报丧。晋国派赵盾率领八百乘车士平定周室内乱而扶立匡王。这一年，楚庄王刚刚就国君之位。十二年，齐国人杀了其国君懿公。

十四年，灵公壮，侈，厚敛以雕墙，从台上弹人，观其避丸也。[2] 宰夫胹熊蹯不熟，灵公怒，杀宰夫，使妇人持其尸出弃之，过朝。[3] 赵盾、随会前数谏，不听；已又见死人手，二人前谏。随会先谏，不听。灵公患之，使鉏麑刺赵盾。[4] 盾闺门开，居处节，鉏麑退，叹曰："杀忠臣，弃君命，罪一也。"[5] 遂触树[6] 而死"。

十四年，灵公长大了，生活奢侈，加重赋敛并用彩画装饰城墙，从宫中的高台上用弹弓弹人，以观看人们躲避弹丸来取乐。膳夫没有把熊掌煮熟，灵公发怒，杀了膳夫，让妇女们用畚箕装着尸体抬出去抛弃，经过朝堂。赵盾、随会以前屡次进谏，灵公不听从；这时又见到了死人的手伸出畚箕外，二人向前进谏。随会先劝说，灵公不听从。灵公痛恨赵盾，竟派力士鉏麑去刺杀赵盾。赵盾敞开内室的门，居处行为符合礼仪，鉏麑退出来，叹息说："杀害忠臣，违弃君命，罪过都是一样的。"就头触槐树死去了。

注释　1 赴：讣告，报丧。 2 厚敛：加重赋收，重敛财物。 雕：画。 弹人：用弹弓弹人。 丸：即弹，取好土为之。 3 宰夫：相当于天子的膳夫。 胹(ér)：煮。 熊蹯(fán)：熊掌。蹯，兽足掌。 过朝：《春秋左传注》："晋灵公杀膳宰在小寝中，使人以畚载尸出小寝门。诸侯有三小寝，门皆南向，东西小寝在路寝后两旁，故于路门外之朝得见之。" 4 患：痛恨。 鉏麑(chú ní)：晋力士。 5 闺门：《左传》作"寝门"，内室。 节：礼仪，《左传》作"盛服将朝"，即朝衣朝冠皆已穿戴，将以往朝，当指居处的行为符合礼仪。 6 树：指赵盾私家庭院中之槐树。

初，盾常田首山[1]，见桑下有饿人。饿人，亓眯明[2]也。盾与之食，食其半。问其故，曰："宦三年，未知母之存不，愿遗母。[3]"盾义之，益与之饭肉。已而为晋宰夫，赵盾弗复知也。九月，晋灵公饮[4]赵盾酒，伏甲将攻盾。公宰亓眯明知之，恐盾醉不能起，而进曰："君赐臣，觞[5]三行可以罢。"欲以去赵盾，令先，毋及难。盾既去，灵公伏士未会，先纵啮狗名敖[6]。明为盾搏杀狗。盾曰："弃人用狗，虽猛何为。"然不知明之为阴德[7]也。已而灵公纵伏士出逐赵盾，亓眯明反击灵公之伏士，伏士不能进，而竟脱盾。盾问其故，曰："我桑下饿人。"问其名，弗告。明亦因亡去。

盾遂奔，未出晋境。

当初，赵盾曾经在首阳山打猎，见到桑树下有一位饥饿的人。那个饥饿的人，是亓眯明。赵盾给了他一些吃的，他只吃了其中的一半。赵盾问他是什么原因，他说："自己在外做奴仆已经三年，还不知母亲活着没有，希望把剩下的食物送给母亲吃。"赵盾赞赏他，给了他更多饭和肉食。不久他做了晋侯的膳夫，赵盾并不知情。九月，晋灵公请赵盾饮酒，并埋伏甲士准备攻杀赵盾。灵公的膳夫亓眯明得知消息，担心赵盾喝醉了不能脱身，就上前对他说："君主赐臣子饮酒，敬了三轮就可以作罢。"想用这话支开赵盾，让他先走，不要碰上危难。赵盾已经离开，灵公埋伏的甲士还没有集合好，就先放出一条叫敖的恶狗去咬他。亓眯明替赵盾搏杀了恶狗。赵盾说："不用人而用狗，就算凶猛又有什么用。"然而他不知道亓眯明暗中帮他摆脱了困境。接着，灵公指使埋伏的甲士出去追逐赵盾，亓眯明反过来阻击灵公埋伏的甲士，这些甲士不能前进，最终赵盾脱离了危险。赵盾问亓眯明这样做的缘故，他回答说："我就是那个桑树下的饥饿之

乙丑，盾昆弟将军赵穿袭杀灵公于桃园而迎赵盾。赵盾素贵，得民和；灵公少，侈，民不附，故为弑易。盾复位。晋太史董狐书曰“赵盾弑其君”，以视于朝。盾曰：“弑者赵穿，我无罪。”太史曰：“子为正卿，而亡不出境，反不诛国乱，非子而谁？”孔子闻之，曰：“董狐，古之良史也，书法不隐[8]。宣子，良大夫也，为法受恶[9]。惜也，出疆乃免[10]。”

人。”赵盾问他的名字，他不说。亓眯明也因此逃亡而去。

赵盾于是得以逃脱，但没有逃出晋国边境。乙丑日，赵盾的弟弟将军赵穿在桃园袭击杀死了灵公，来迎接赵盾。赵盾一向高贵，能得民众亲和；灵公年纪小，生活奢侈，民众不归附他，所以要弑杀他比较容易。赵盾恢复了原来的官位。晋国太史董狐记载说“赵盾弑杀了他的国君”，拿出在朝堂上让大家看。赵盾说：“弑杀灵公的是赵穿，我没有罪过。”太史说：“您是正卿，逃亡时还没有出国境，返回来又不诛讨在国内作乱的人，不是您是谁？”孔子听说了，说：“董狐，是古代的优秀史官，秉笔直书而毫不隐讳。赵宣子，是一位优秀大夫，因为这样的写史笔法遭受了恶名。真是可惜啊，要是逃出了国境就会免遭恶名。

注释　1 常：通“尝”，曾经。　首山：即首阳山，亦即雷首山，在今山西永济市西南。　2 亓(qí)眯明：人名，《左传》作“提弥明”。　3 宦：为人臣隶。　不：同“否”。　遗(wèi)：赠送。　4 饮(yìn)：使……喝。　5 觞(shāng)：向人敬酒或自饮。　6 啮(niè)：咬。　敖(áo)：通“獒”，猛犬。《史记集解》引何休曰：“犬四尺曰敖。”　7 阴德：暗中有德于人的行为。　8 书法：即写史的笔法。　隐：指隐瞒赵盾的罪过。　9 恶：恶名，此指弑君之恶名。　10 出疆：指出国境后再不返回，就断绝了君臣关系。　免：免除，免去。指出国了可以不讨贼，也就免去了恶名。

赵盾使赵穿迎襄公弟黑臀于周而立之,是为成公[1]。

成公者,文公少子,其母周女也。壬申,朝于武宫。[2]

成公元年,赐赵氏为公族[3]。伐郑,郑倍晋故也。三年,郑伯初立,附晋而弃楚。楚怒,伐郑,晋往救之。

六年,伐秦,虏秦将赤[4]。

七年,成公与楚庄王争强,会诸侯于扈。陈畏楚,不会。晋使中行桓子[5]伐陈,因救郑,与楚战,败楚师。是年,成公卒,子景公[6]据立。

赵盾派赵穿从周京把襄公的弟弟黑臀迎接回来,扶立他为国君,这就是成公。

成公,是文公的小儿子,他母亲是周王室的女子。壬申,到武公庙朝拜。

成公元年,赐封赵氏为公族大夫。攻打郑国,是由于郑国背叛晋国的缘故。三年,郑伯刚刚继位,依附晋国而背弃楚国。楚国愤怒,攻打郑国,晋国前往救援。

六年,攻打秦国,俘虏了秦国将领赤。

七年,成公和楚庄王争强,在扈地会盟诸侯。陈国害怕楚国,没有与会。晋国派中行桓子攻打陈国,趁机援救郑国,和楚国交战,打败了楚军。这一年,成公去世,儿子景公据继位。

注释 1 成公:公元前606年—前600年在位。 2 壬申:十月三日。 武宫:曲沃武公之庙,凡晋侯即位必朝之。 3 公族:公族大夫。自此赵有公族、余子、公行之分。嫡子为公族,支庶子俱为余子,妾子为公行。 4 秦将赤:《史记索隐》:"赤即斥,谓斥候之人也。按:宣八年《左传》'晋伐秦,获秦谍,杀诸绛市'。盖彼谍即此赤也。"然《秦本纪》于桓公三年(实当为四年)载"败一将",则赤或为将名。《史记志疑》从《左传》《索隐》。 5 中行桓子:荀林父。 6 景公:公元前599年—前581年在位。其名,《春秋》作“獳(nòu)”。

景公元年春,陈大夫夏徵舒弑其君灵公。二年,楚庄王伐陈,诛徵舒。三年,楚庄王围郑,郑告急晋。晋使荀林父将中军,随会将上军,赵朔将下军,郤克、栾书、先縠、韩厥、巩朔佐之。[1]六月,至河。闻楚已服郑,郑伯肉袒[2]与盟而去,荀林父欲还。先縠曰:“凡来救郑,不至不可,将率[3]离心。”卒度河。楚已服郑,欲饮马于河为名[4]而去。楚与晋军大战。郑新附楚,畏之,反助楚攻晋。晋军败,走河,争度,船中人指甚众[5]。楚虏我将智䓨。归而林父曰:“臣为督将,军败当诛,请死。”景公欲许之,随会曰:“昔文公之与楚战城濮,成王归杀子玉,而文公乃喜。

景公元年春天,陈国大夫夏徵舒弑杀了他的国君灵公。二年,楚庄王讨伐陈国,诛杀了徵舒。三年,楚庄王包围郑国,郑国向晋国告急。晋国派荀林父统率中军,随会统率上军,赵朔统率下军,有郤克、栾书、先縠、韩厥、巩朔辅佐他们。六月,到达黄河北岸。听说楚国已经征服了郑国,郑伯袒露上身向楚国谢罪,与楚国结盟后楚国才撤军,荀林父想回国。先縠说:“我们是来援救郑国的,不到达郑国不行,否则将帅们会离心离德。”于是渡过黄河。楚国征服郑国后,想让战马在黄河里饮口水显示一下威名就离去。楚国和晋国两军大战。郑国刚刚依附楚国,害怕楚国,反而帮助楚国进攻晋国。晋军失败,逃往黄河,争着要渡过去,船里面斩断的手指特别多。楚国俘虏了我方将领智䓨。回国后,荀林父说:“我是督战的主将,战争失败应当被诛杀,请允许我自杀。”景公想答应他,随会说:“过去文公在城濮和楚国交战,成王在军队回国后杀了子玉,文公很高兴。如今

今楚已败我师，又诛其将，是助楚杀仇也。”[6]乃止。

楚国已经打败了我军，我们又来诛杀我们的主将，这是帮助楚国杀了仇人。”这才阻止了荀林父自杀。

注释 1 依《左传》，郤克，即郤缺之子郤献子，佐上军。栾书，佐下军。先縠，佐中军。韩厥，曲沃桓叔之子韩万的玄孙，为司马。巩朔，又名巩伯、古庄伯，晋大夫，为上军大夫。还有赵括、赵婴齐为中军大夫，韩穿为上军大夫，荀首、赵同为下军大夫，此处未加记述。 2 肉袒：去衣露体。此为谢罪时表示恭敬或惶恐。 3 率：通“帅”。 4 为名：显示威名。 5 船中人指甚众：先上船的人用刀砍断后来者攀附于船舷的手指，砍下的手指非常多。 6 此役，《春秋·宣公十二年》载：“夏六月乙卯，晋荀林父帅师及楚子战于邲，晋师败绩。”此即晋楚“邲之战”。邲，郑地，本为水名，在今河南郑州市西北，黄河之南岸，其南有敖山。

四年，先縠以首计而败晋军河上，恐诛，乃奔翟，与翟谋伐晋。晋觉，乃族縠。縠，先轸子也。

四年，先縠由于最先提出此计策而使得晋国军队在黄河南岸失败了，害怕被诛杀，就逃往翟国，和翟国谋划讨伐晋国。晋国发觉了，就灭了先縠的全族。縠，是先轸的儿子。

五年，伐郑，为助楚故也。是时楚庄王强，以挫晋兵河上也。

五年，攻打郑国，因为它帮助楚国的缘故。这时楚庄王强大，因为在黄河边上挫败了晋军。

六年，楚伐宋，宋来告急晋，晋欲救之，伯宗谋曰：“楚，天方开之，不可当。”乃使解扬给[1]为救宋。

六年，楚国攻打宋国，宋国向晋国告急，晋国想援救它，大夫伯宗谋划说：“楚国，上天在护佑它，不可以郑人执与楚，楚厚赐，使反其言，令宋急下。解扬绐许之，卒致晋君言[2]。楚欲杀之，或谏，乃归解扬。

抵挡。”就派大夫解扬谎称要去救助宋国。郑国人拘执了他交给楚国，楚国拿厚重礼物赏赐他，让他去宋国说反话，告诉宋国赶紧投降。解扬假装答应楚国，最终传达了晋君的话。楚国想杀了他，有人劝谏，才放解扬回国。

七年，晋使随会灭赤狄[3]。

七年，晋国派随会灭掉了赤狄。

八年，使郤克于齐。齐顷公母从楼上观而笑之。所以然者，郤克偻，而鲁使蹇，卫使眇，故齐亦令人如之以导客。[4]郤克怒，归至河上，曰：“不报齐者，河伯视之！”至国，请君，欲伐齐。景公问知其故，曰：“子之怨，安足以烦国！”弗听。魏文子请老休，辟郤克，克执政。[5]

八年，派郤克出使齐国。齐顷公的母亲从楼上观看而笑他。之所以如此，是因为郤克驼背，鲁国使者跛足，卫国使者瞎了一只眼，所以齐国也让和他们一样驼背、跛足、瞎了一只眼的人来引导客人。郤克很生气，回到黄河岸边，说：“不报齐国这个仇，河伯可以作证！”到了晋国，向国君请求去攻打齐国。景公问过后知道其中的缘故，说：“您个人的怨恨，怎么值得烦劳整个国家！”不听他的建议。范武子请求告老退休，举荐郤克接替自己，郤克执掌国政。

九年，楚庄王卒。晋伐齐，齐使太子彊为质于晋，晋兵罢。

九年，楚庄王去世。晋国攻打齐国，齐国派太子彊到晋国做质子，晋兵撤走。

注释　1 绐(dài)：欺骗。 2 致：送到，传达。 晋君言：据《左传》，为“晋师悉起，将至矣”，使无降楚。 3 赤狄：此指赤狄之别种潞氏国，地在今山西潞城市东北。 4 偻:驼背。 蹇:跛足。 眇:一只眼瞎。 令人如之以导客:以偻者迎偻者,蹇者迎蹇者,眇者迎眇者。 5 魏文子:当作“范武子”,即晋中军帅士会,先封随,后封范,故称范武子。魏文子是魏颉,在悼公朝,景公时尚无其人。 老休:告老退休。 辟:推荐。

十一年春,齐伐鲁,取隆。鲁告急卫,卫与鲁皆因郤克告急于晋。晋乃使郤克、栾书、韩厥以兵车八百乘与鲁、卫共伐齐。夏,与顷公战于鞌,伤困顷公。顷公乃与其右易位,下取饮,以得脱去。齐师败走,晋追北至齐。顷公献宝器以求平,不听。郤克曰:“必得萧桐姪子[1]为质。”齐使曰:“萧桐姪子,顷公母;顷公母犹晋君母,柰何必得之?不义[2]。请复战。”晋乃许与平[3]而去。

楚申公巫臣盗夏姬以奔晋[4],晋以巫臣为邢大夫。

十二年冬,齐顷公如晋,欲上尊[5]晋景公为王,景公让不敢。晋始作六卿,

十一年春天,齐国攻打鲁国,夺取了隆邑。鲁国向卫国告急,卫国和鲁国都通过郤克向晋国告急。晋国就派郤克、栾书、韩厥率领兵车八百乘和鲁国、卫国共同攻打齐国。夏天,和顷公在鞌地开战,使顷公受伤被困。顷公就和他的车右调换位置,下车去取水饮,因而得以逃脱。齐师失败逃跑,晋国追击败北的军队到了齐国都城。顷公献出珠宝玉器请求媾和,晋国不听。郤克说:“一定要得到萧桐姪子做人质。”齐国使者说:“萧桐姪子,是顷公的母亲;顷公的母亲就等于是晋君的母亲,凭什么非要得到她呢?不符合道德法则。请求重新开战。”晋国就答应和齐国媾和后离去。

楚国申公巫臣偷娶了夏姬,逃奔到晋国,晋国任用巫臣做邢邑大夫。

十二年冬天,齐顷公到达晋

韩厥、巩朔、赵穿、荀骓、赵括、赵旃皆为卿。[6]智罃自楚归。

国,想尊崇晋景公做王,景公推让不敢接受。晋国开始设置六卿,韩厥、巩朔、赵穿、荀骓、赵括、赵旃都做了卿。智罃从楚国回来。

十三年,鲁成公朝晋,晋弗敬,鲁怒去,倍晋。晋伐郑,取氾[7]。

十三年,鲁成公来晋国朝见,晋国对他不尊敬,鲁成公愤怒而去,背弃晋国。晋国攻打郑国,夺取了氾。

十四年,梁山崩。问伯宗,伯宗以为不足怪也。

十四年,梁山崩塌。询问大夫伯宗,伯宗认为不值得奇怪。

注释　1 萧桐姪子:《左传》作"萧桐叔子",即齐顷公母,上文之笑郤克者。　2 不义:即《左传》之"非德类",犹言"不符合道德法则"。　3 平:媾和。　4 申公巫臣:楚县尹称"公",巫臣为申县之尹,故称"申公巫臣"。姓屈,又称屈巫,字子灵。　夏姬:陈国夏徵舒之妻,本郑灵公之妹。
5 上尊:尊崇。上,崇尚,敬重。　6 六卿:张文虎《史记札记》以为"卿"当作"军",是。《左传·成公三年》:"十二月甲戌,晋作六军。"依礼,只有天子才能拥有六军,故《史记集解》引贾逵曰:"初作六军,僭王也。"　赵穿:当作"韩穿"。　荀骓(zhuī):谥文子。　赵旃(zhān):赵括之子。按:杜预以为六人依次为新中军将、佐,新上军将、佐,新下军将、佐。六人"皆为卿",《左传》下文言"赏搴之功也"。　7 氾:应作"汜(sì)"。氾、汜二字形近易讹。汜在今河南荥阳市西北。

十六年,楚将子反怨巫臣,灭其族。巫臣怒,遗子反书曰:"必令子罢[1]于奔命!"乃请使吴,令其子为吴行人[2],教吴乘车用

十六年,楚将子反怨恨巫臣,灭了他的全族。巫臣大怒,给子反一封信说:"一定要让您疲于奔命!"就请求出使吴国,让他的儿子做了吴国负责宾客礼仪和出使四方的行人一

兵。吴晋始通，约伐楚。

十七年，诛赵同、赵括，族灭之。韩厥曰："赵衰、赵盾之功岂可忘乎？柰何绝祀！"乃复令赵庶子武[3]为赵后，复与之邑。

十九年夏，景公病，立其太子寿曼为君，是为厉公[4]。后月余，景公卒。

厉公元年，初立，欲和诸侯，与秦桓公夹河而盟[5]。归而秦倍盟，与翟谋伐晋。三年，使吕相让秦[6]，因与诸侯伐秦。至泾，败秦于麻隧，虏其将成差。五年，三郤[7]谗伯宗，杀之。伯宗以好直谏得此祸，国人以是不附厉公。

官，教导吴国乘车用兵的战法。吴国与晋国开始有交往，相约攻打楚国。

十七年，诛杀了赵同、赵括，灭了他们的全族。韩厥说："赵衰、赵盾的功绩难道可以忘掉吗？为什么要断绝对他们的祭祀！"于是再次命令赵的庶子武为赵氏后代，重新封给他食邑。

十九年，景公生病，立太子寿曼做国君，这就是厉公。一个多月后，景公去世。

厉公元年，厉公刚刚继位，想与诸侯亲和，与秦桓公隔着黄河结盟。回国后秦国违背盟约，和翟国谋划攻打晋国。三年，派吕相责备秦国，因而和诸侯去攻打秦国。到达泾水，在麻隧打败了秦国，俘虏了他的将领成差。五年，郤锜、郤犨、郤至诋毁伯宗，把他杀了。伯宗因为喜好直谏才遭受这样的灾祸，晋国人因此不亲附厉公。

注释 **1** 罢：通"疲"。 **2** 行人：在诸侯国通掌宾客礼仪及出使四方。有临时兼职任之者。 **3** 赵庶子武：即赵武，为赵盾子赵朔与晋成公女庄姬所生。景公为赵武之舅。《左传》载，赵武"从姬氏畜于公宫"。《史记志疑》："武不得言庶。" **4** 厉公：公元前 580 年—前 573 年在位。 **5** 夹河而盟：秦晋约定在令狐（今山西临猗县西南）会盟，晋侯先到了。

秦桓公后到不肯过黄河，驻在王城（今陕西大荔县东），派大夫史颗到河东与晋侯订立盟约。晋派郤犨（又作“犫”）到河西与秦伯订立盟约。这说明两国没有和好的诚意，所以秦伯回去后就背叛了盟约。 6 吕相：晋大夫。亦称“魏相”，吕锜（即魏锜）之子。 让秦：以《绝秦书》责备秦国。此书见《左传》。 7 三郤：指郤锜、郤犨、郤至，均为晋卿。

六年春，郑倍晋与楚盟，晋怒。栾书曰：“不可以当吾世而失诸侯。”乃发兵。厉公自将，五月，度河。闻楚兵来救，范文子请公欲还。郤至曰：“发兵诛逆，见强辟[1]之，无以令诸侯。”遂与战。癸巳，射中楚共王目，楚兵败于鄢陵。子反收余兵，拊循[2]欲复战，晋患之。共王召子反，其侍者竖阳榖[3]进酒，子反醉，不能见。王怒，让子反，子反死。王遂引兵归。晋由此威诸侯，欲以令天下求霸。

六年春天，郑国背离晋国和楚国结盟，晋国愤怒。栾书说：“不可以在我们掌权的时候失掉诸侯。”就出动军队。厉公亲自统率，五月，渡过黄河。听说楚军来援救郑国，范文子向厉公请求想回国去。郤至说：“出动军队来诛讨叛逆，见到强敌就逃避，今后无法号令诸侯。”就与楚军交战。癸巳日，射中楚共王的眼睛，楚兵就在鄢陵失败。子反收集残余兵众，进行抚慰，想重新开战，晋国忧虑。共王召唤子反，子反的侍从竖阳榖向他进了酒，子反醉倒了，不能去见共王。楚王大怒，责备子反，子反就死去了。楚王于是领兵回国。晋国从此在诸侯国中享有声威，想借机号令天下求得霸主地位。

厉公多外嬖姬[4]，归，欲尽去群大夫而立诸姬兄弟。宠姬兄曰胥童，尝与

厉公在朝外有很多宠幸的大夫，回国后，想把各个大夫全都除去而任用各个姬妾的兄弟。有个宠姬的哥哥叫胥童，曾经和郤至有仇怨，

郤至有怨，及栾书又怨郤至不用其计而遂败楚，乃使人间谢楚。[5]楚来诈厉公曰：“鄢陵之战，实至召楚，欲作乱，内子周立之。[6]会与国[7]不具，是以事不成。”厉公告栾书。栾书曰：“其殆有矣！愿公试使人之周微考之[8]。”果使郤至于周。栾书又使公子周见郤至，郤至不知见卖也。厉公验之，信然，遂怨郤至，欲杀之。

加之栾书又怨恨郤至在鄢陵之战前未采用他的计策而打败了楚国，就派人找机会向楚国谢罪。楚国派人来欺骗厉公说：“鄢陵之战，实际上是郤至召楚国来的，他想发动内乱，迎公子周回国继位。碰巧盟国未到齐，因此事情没有成功。”厉公将此事告诉栾书。栾书说：“这样的事大概有吧！希望您试着派人到周王室暗中考察一下。”厉公果真派郤至到周京师去。栾书又让公子周会见郤至，郤至不知道自己被人出卖了。厉公查验后，发现果真如此，就怨恨郤至，想杀了他。

注释　1 辟：通“避”。　2 拊(fǔ)循：亦作“抚循”，安抚，抚慰。拊，同“抚”。　3 竖阳穀(gǔ)：人名，或作“穀阳竖”“竖穀阳”。　4 厉公多外嬖姬：文前失书“七年”二字。外嬖，即“爱幸大夫”，指男宠，如胥童、夷羊五、长鱼矫等人。姬，衍文。　5 栾书又怨郤至：鄢陵战前，栾书欲坚守三日，待楚师退而击之。而郤至以为楚军有六方面的空子可钻，不可失掉机会。故有怨。　间：间隙，机会。　谢：谢罪。　6 至：指郤至。　子周：即后来的悼公。　7 与国：盟国。　8 周：此指周都。　微：暗中。

八年，厉公猎，与姬饮，郤至杀豕奉进，宦者夺之。郤至射杀宦者。公怒，曰：“季子[1]欺予！”将诛

八年，厉公去打猎，和爱姬饮酒，郤至射杀一只猪来进献，宦者孟张夺过去。郤至射杀了孟张。厉公大怒，说：“季子欺负我！”准备诛杀

三郤，未发也。郤锜欲攻公，曰："我虽死，公亦病[2]矣。"郤至曰："信不反君，智不害民，勇不作乱。失此三者，谁与[3]我？我死耳！"十二月壬午，公令胥童以兵八百人袭攻杀三郤。胥童因以劫栾书、中行偃于朝，曰："不杀二子，患必及公。"公曰："一旦杀三卿，寡人不忍益也。"对曰："人将忍君。"公弗听，谢[4]栾书等以诛郤氏罪："大夫复位。"二子顿首曰："幸甚幸甚！"公使胥童为卿。闰月乙卯，厉公游匠骊氏[5]，栾书、中行偃以其党袭捕厉公，囚之。杀胥童，而使人迎公子周于周而立之，是为悼公[6]。

悼公元年正月庚申，栾书、中行偃弑厉公，葬之以一乘车[7]。厉公囚六日死，死十日庚午，智罃迎公子周来，至绛，刑鸡与大夫盟而

三郤，还没有动手。郤锜想攻击厉公，说："就算我死了，您也会遭难。"郤至说："诚信而不反叛国君，智慧而不危害民众，勇敢而不发动叛乱。失掉了信、智、勇这三条，谁来援助我？我要死了！"十二月壬午日，厉公命令胥童带领士兵八百人袭攻并杀死了三郤。胥童借机在朝堂劫持了栾中、中行偃，说："不杀掉这两个人，祸患必定殃及国君。"厉公说："一日杀了三位卿，我不忍心杀更多的人了。"胥童回答说："这两个人将会忍心杀了您。"厉公不听从，告诉栾书等人是因为什么罪诛杀了郤氏，并说："大夫们重新就位。"两个人叩头说："非常荣幸非常荣幸！"厉公让胥童做卿。闰月乙卯日，厉公在匠骊氏家游玩，栾书、中行偃率领他们的党徒袭击拘捕了厉公，将他囚禁起来。又杀了胥童，派人到周京师去迎接公子周而立他为君，这就是悼公。

悼公元年正月庚申日，栾书、中行偃弑杀了厉公，仅用一辆车为他送葬。厉公被囚禁六日后死去，死去后十日是庚午，智罃把公子周迎来了，至了绛都，杀鸡与大夫们盟

立之，是为悼公。[8]辛巳，朝武宫。二月乙酉，即位。

誓而扶立他，这就是悼公。辛巳日，到武宫朝拜。二月乙酉日，公子周即位。

注释 1 季子：即郤至，字季子。 2 病：《左传》作“危”，难也，亡也。 3 与：亲附，援助。 4 谢：告诉。 5 匠骊氏：厉公的外嬖(bì)大夫。 6 悼公：公元前572年—前558年在位。 7 一乘车：诸侯葬车当用七乘，此仅一乘，是不以君礼葬之。 8 《左传》载：“使荀罃、士鲂迎周子于京师而立之。”“大夫迎于清原。”此处有脱误。

悼公周者，其大父[1]捷，晋襄公少子也，不得立，号为桓叔，桓叔最爱。桓叔生惠伯谈，谈生悼公周。周之立，年十四矣。悼公曰：“大父、父皆不得立而辟难于周，客死焉。寡人自以疏远，毋幾[2]为君。今大夫不忘文、襄之意而惠立桓叔之后，赖宗庙大夫之灵，得奉晋祀，岂敢不战战[3]乎？大夫其亦佐寡人！”于是逐不臣者[4]七人，修旧功，施德惠，收文公入时功臣后。秋，伐郑，郑师败，遂至陈。

悼公周的祖父是捷，是晋襄公的小儿子，不能继位，号称桓叔，桓叔最受襄公喜爱。桓叔生了惠伯谈，谈生了悼公周。周继位的时候，十四岁了。悼公说：“祖父、父亲都不能继位而在周王室避难，客死在那里。我自知被疏远，没有盼望做国君。如今大夫们没有忘记文公、襄公的意愿而仁慈地拥立桓叔的后代，仰赖祖宗和大夫们的威灵，我能够承奉晋国的祭祀，怎敢不畏惧戒慎呢？大夫们也要辅佐我！”于是驱逐不臣服于新君的七个人，修明祖先的旧业，施恩惠于民，抚恤追随文公回国的功臣的后代。秋天，攻打郑国，郑国军队失败，就入侵陈国。

三年，晋国会盟诸侯。悼公向

三年，晋会诸侯。悼公问群臣可用者，祁傒举解狐。解狐，傒之仇。复问，举其子祁午。君子曰："祁傒可谓不党矣！外举不隐仇，内举不隐[5]子。"方会诸侯，悼公弟杨干乱行，魏绛戮其仆。[6]悼公怒，或谏公，公卒贤绛，任之政，使和戎，戎大亲附。十一年，悼公曰："自吾用魏绛，九合诸侯[7]，和戎、翟，魏子之力也。"赐之乐，三让乃受之。冬，秦取我栎[8]。

十四年，晋使六卿率诸侯伐秦，度泾，大败秦军，至棫林而去。[9]

十五年，悼公问治国于师旷[10]。师旷曰："惟仁义为本。"冬，悼公卒，子平公[11]彪立。

群臣询问可以被重用的人，祁傒举荐解狐。解狐，是祁傒的仇人。再问，他举荐自己的儿子祁午。君子说："祁傒可以称得上是不偏私的人了！推举外人不回避仇人，推举家人不回避儿子。"正在会盟诸侯，悼公的弟弟杨干扰乱了军队行列，魏绛杀了杨干的驾车人。悼公大怒，有人劝说悼公，悼公最终认为魏绛贤能，任用他主持国政，派他去安抚戎族，戎族开始对晋国特别亲近归附。十一年，悼公说："自从我任用了魏绛，九次会合诸侯，安抚戎族、翟族，这都是魏子的功劳。"赐给他音乐，魏绛三次辞让才接受。冬天，秦国在栎地打败了我军。

十四年，晋国派六卿率领诸侯攻打秦国，渡过了泾水，把秦军打得大败，到了棫林后离去了。

十五年，悼公向师旷询问治国的道理。师旷说："只有仁义才是根本。"冬天，悼公去世，儿子平公彪继位。

注释 1 大父：祖父。 2 幾(jì)：通"冀"，盼望。 3 战战：畏惧戒慎。今言为"战战兢兢"，是其意。 4 不臣者：指不尽臣责引导厉公为恶和不臣属新主而为厉公死党的人。 **5** 隐:回避。 **6** 行(háng):军队行列。 仆:驾车者。时魏绛为中军司马,主管晋军军法。 **7** 九合诸侯:《史记集解》引服虔曰:“九合:一谓会于戚,二会城棣救陈,三会于鄬,四会于邢丘,五同盟于戏,六合于柤,七戍郑虎牢,八同盟于亳城北,九会于萧鱼。” **8** 栎(lì):郑地,在今河南禹州市。此役秦伐晋救郑,栎为郑地,故《史记志疑》以为“疑‘取’当作‘败’”。 **9** 六卿:士匄将中军,知伯佐之;赵武将上军,韩起佐之;栾黡将下军,魏绛佐之。 棫(yù)林:秦地名,在今陕西泾阳县西南。《史记志疑》:“此迁延之役,不可言败。” **10** 师旷:晋国著名乐师子野。 **11** 平公:公元前557年—前532年在位。

平公元年,伐齐,齐灵公与战靡下[1],齐师败走。晏婴曰:“君亦毋勇,何不止战?”遂去。晋追,遂围临菑,尽烧屠其郭中。[2]东至胶,南至沂,齐皆城守,晋乃引兵归。[3]六年,鲁襄公朝晋。晋栾逞[4]有罪,奔齐。八年,齐庄公微遣栾逞于曲沃[5],以兵随之。齐兵上太行,栾逞从曲沃中反,袭入绛。绛不戒,平公欲自杀,范献子[6]止公,以其徒击逞,逞败走曲沃。曲沃攻逞,逞死,遂灭

平公元年,攻打齐国,齐灵公和晋军战于靡笄山下,齐军失败逃跑。晏婴说:“国君也太没勇气了,何不停下来交战?”最后他随齐军一起撤退了。晋军追击,就围住了临菑城,把它的外城烧杀屠掠干净。东边到达了胶水,南边到达了沂水,齐国人据城守御,晋国就领兵回国了。六年,鲁襄公来晋国朝见。晋国栾逞犯有罪过,逃奔齐国。八年,齐庄公暗中遣送栾逞到曲沃,派兵跟随他。齐国兵士登上了太行陉,栾逞从曲沃内部反叛,袭击进入绛都。绛都不加戒备,平公想自杀,范献子制止平公,率领他的徒众攻击栾逞,栾逞败逃曲沃。曲沃的军士进攻栾逞,栾逞死去,并灭掉栾氏的族党。

栾氏宗[7]。逞者，栾书孙也。其入绛，与魏氏[8]谋。齐庄公闻逞败，乃还，取晋之朝歌去，以报临菑之役也。

栾逞，是栾书的孙子。栾逞曾进入绛都，与魏舒一起谋划。齐庄公听说栾逞失败，就令齐军回国，夺取了晋国的朝歌后离去，以报临菑之役的仇怨。

注释 1 靡下：即靡笄(jī)山下。靡笄山，在今山东济南市西南。 2 临菑：齐都城，故城在今山东淄博市东北。 郭：外城。 3 胶：水名，胶水。 沂：水名，沂水。 4 逞：《左传》作"盈"。栾逞，祖父栾书，父亲栾黡。本为晋大夫。 5 微：暗中。 曲沃：本武公起家之地，在今山西闻喜县东北。杜预以为"栾盈邑也"，可能曲沃中的一部分封给栾氏，亦名曲沃。一说曲沃即桃林塞，在今河南灵宝市西南，今之曲沃镇。 6 范献子：亦称士鞅、范鞅、范叔，晋公族大夫。 7 灭栾氏宗：据《左传·襄公二十三年》中"尽杀栾氏之族党"可知，"宗"为"族党"。 8 魏氏：指魏舒，亦称魏献子，魏绛之子。

十年，齐崔杼弑其君庄公。晋因齐乱，伐败齐于高唐[1]去，报太行之役也。

十四年，吴延陵季子来使，与赵文子、韩宣子、魏献子语，曰："晋国之政，卒归此三家矣。"

十九年，齐使晏婴如晋，与叔向[2]语。叔向曰："晋，季世[3]也。公厚赋为台池而

十年，齐国崔杼弑杀他的国君庄公。晋国借着齐国内乱，攻击并在高唐打败了齐国后离去，报了太行一仗的仇怨。

十四年，吴国延陵季子前来出使，和赵文子、韩宣子、魏献子交谈说："晋的国家政权，最终要归这三家所有。"

十九年，齐国派晏婴来到晋国，和叔向交谈。叔向说："晋国，到了衰微之世。国君加重赋税，

不恤政，政在私门，其可久乎！[4]”晏子然之。

二十二年，伐燕[5]。二十六年，平公卒，子昭公[6]夷立。

建筑高台深池，不忧虑国政，国政落到了大夫手中，难道还能长久统治吗？”晏子同意这个说法。

二十二年，攻打燕国。二十六年，平公去世，儿子昭公夷继位。

注释 1 高唐：齐邑名，在今山东禹城市西南。以上记栾盈及齐、晋间事，与《左传》《国语》稍有出入，参见《史记志疑》。 2 叔向：叔肸，即羊舌肸之字，亦字叔誉。食邑于杨(今山西洪洞县东南)。又称杨肸。晋大夫。 3 季世：末代，即衰微之世。 4 恤：忧虑。 私门：大夫家门，指韩、赵诸氏专政。 5 伐燕：《史记志疑》：“晋无伐燕事。” 6 昭公：公元前531年—前526年在位。

昭公六年卒。六卿[1]强，公室卑。子顷公[2]去疾立。

顷公六年，周景王崩，王子争立。晋六卿平王室乱，立敬王。

九年，鲁季氏逐其君昭公，昭公居乾侯。[3]十一年，卫、宋使使请晋纳鲁君。季平子私赂范献子，献子受之，乃谓晋君曰：“季氏无罪。”不果入鲁君。

十二年，晋之宗家祁

昭公六年去世。六卿强大，公室卑微。儿子顷公去疾继位。

顷公六年，周景王去世，王子争着继位。晋国六卿平定王室的内乱，拥立敬王。

九年，鲁国季氏驱逐他们的国君昭公，昭公居住在晋国乾侯。十一年，卫国、宋国派遣使者请求晋国送鲁君回国。季平子贿赂范献子，献子接受了贿赂，就对晋君说：“季氏没有罪过。”最后还是没能送鲁君回国。

十二年，晋国同宗族的人祁傒的孙子、叔向的儿子在国君面前互

傒孙、叔向子相恶于君。[4]六卿欲弱公室，乃遂以法尽灭其族，而分其邑为十县，各令其子为大夫。[5]晋益弱，六卿皆大。

十四年，顷公卒，子定公[6]午立。

相诋毁。六卿想削弱公室的势力，于是就依据法令将其家族全都灭了，而将其封邑分成十个县，每个县都让六卿自己的儿子做大夫。晋公室更加卑弱，六卿都强大起来。

十四年，顷公去世，儿子定公午继位。

注释 1 六卿：指韩、赵、魏、范、中行及智氏。 2 顷公：公元前525年—前512年在位。 3 季氏：季平子。昭公是年逊（讳奔，故曰逊）于齐，晋顷公十二年如晋乃居乾侯，四年后卒于此。详见《鲁周公世家》。 乾（gān）侯：晋地名，在今河北成安县东南。 4 宗家：同宗族的人。程公说《春秋分记》《通志·氏族略》三皆谓祁氏为晋献侯后；《唐书·世系表》谓羊舌氏为晋武公子伯侨之后（《史记志疑》及其自注）。 祁傒孙：祁盈，祁午子。晋大夫。 叔向子：杨食我，亦即羊舌食我，字伯石。晋大夫。 5 十县：分祁氏之田为七县：邬、祁、平陵、梗阳、涂水、马首、盂；分羊舌氏之田为三县：铜鞮、平阳、杨氏。 大夫：邑长之称。司马弥牟为邬大夫，贾辛为祁大夫，司马乌为平陵大夫，魏戊为梗阳大夫，知徐吾为涂水大夫，韩固为马首大夫，孟丙为盂大夫，乐霄为铜鞮大夫，赵朝为平阳大夫，僚安为杨氏大夫。其中只有知徐吾、赵朝、韩固、魏戊为"六卿"之子，贾辛、司马乌为有力于王室，司马弥牟、孟丙、乐霄、僚安为举贤。 6 定公：公元前511年—前475年在位。其在位之末年为战国时期之始。

定公十一年，鲁阳虎奔晋，赵鞅[1]简子舍之。十二年，孔子相鲁。[2]

定公十一年，鲁国的阳虎逃奔到晋国，赵鞅简子给他地方居住。十二年，孔子在鲁国任国相。

十五年，赵鞅使邯郸大夫午，不信，欲杀午，午与中行寅、范吉射亲攻赵鞅，鞅走保晋阳。[3]定公围晋阳。荀栎、韩不信、魏侈与范、中行为仇，乃移兵伐范、中行。范、中行反，晋君击之，败范、中行。范、中行走朝歌，保之。韩、魏为赵鞅谢晋君，乃赦赵鞅，复位。二十二年，晋败范、中行氏，二子奔齐。

三十年，定公与吴王夫差会黄池，争长，赵鞅时从，卒长吴。[4]

三十一年，齐田常弑其君简公，而立简公弟骜为平公。三十三年，孔子卒。

三十七年，定公卒，子出公[5]凿立。

十五年，赵鞅让邯郸大夫午办一件事，邯郸午答应后又不办，赵鞅想杀了邯郸午，邯郸午与中行寅、范吉射亲自领众进攻赵鞅，赵鞅逃入晋阳坚守。定公派兵围住晋阳。荀栎、韩不信、魏侈和范氏、中行氏彼此之间互相仇视，就调动军队攻打范氏、中行氏。范氏、中行氏反叛，晋君回击他们，打败了范氏、中行氏。范氏、中行氏逃往朝歌，据守城池。韩氏、魏氏替赵鞅向晋君道歉，于是晋君赦免了赵鞅，恢复了他的职位。二十二年，晋国打败了范氏、中行氏，两人逃奔到齐国。

三十年，定公和吴王夫差在黄池会盟，争当盟主，赵鞅当时跟从定公，最终让吴王做了盟主。

三十一年，齐国田常杀了他的国君简公，而扶立简公的弟弟骜，这就是平公。三十三年，孔子去世。

三十七年，定公去世，儿子出公凿继位。

注释　1 赵鞅：亦称赵简子。定公十五年至三十七年，为晋国之执政大臣。　2 按：是年，孔子没有相鲁。详见《孔子世家》。　3 邯郸大夫午：与赵鞅同族，为五从兄弟，以其先别封邯郸，故称。赵鞅为赵衰之后，邯郸午为赵衰之兄赵夙之后。 不信:午开始许诺后又不从,故不诚信。 欲杀午:据《左传》,夏六月前已杀午,亦无后之参与进攻赵鞅事。 中行寅:荀寅,荀偃之孙。 范吉射(yì):士吉射,亦即范献于,士鞅之子。 **4** 争长:争当盟主。《左传》作"争先",即争歃血之先后",先歃血者当盟主。 长吴:此处和《秦本纪》《赵世家》均言"长吴",《吴太伯世家》则言"长晋定公"。是存异说。 **5** 出公:公元前 474 年—前 452 年在位。

出公十七年,知伯与赵、韩、魏共分范、中行地以为邑。出公怒,告齐、鲁,欲以伐四卿。四卿恐,遂反攻出公。出公奔齐,道死[1]。故知伯乃立昭公曾孙骄为晋君,是为哀公[2]。哀公大父雍,晋昭公少子也,号为戴子。戴子生忌。忌善知伯,蚤[3]死,故知伯欲尽并晋,未敢,乃立忌子骄为君。当是时,晋国政皆决知伯,晋哀公不得有所制。知伯遂有范、中行地,最强。哀公四年,赵襄子、韩康子、魏桓子共杀知伯,尽并其地。[4]十八年,哀公卒,子幽公[5]柳立。

出公十七年,知伯和赵氏、韩氏、魏氏共同瓜分了范氏、中行氏的土地而作为自己的封邑。出公愤怒,告诉齐国、鲁国,想借此讨伐四卿。四卿恐惧,就反攻出公。出公逃奔齐国,半道上死去了。因此知伯就扶立昭公的曾孙骄为晋君,这就是哀公。哀公的祖父雍,是晋昭公的小儿子,称号叫戴子。戴子生下了忌。忌和知伯相友善,早死去了,所以知伯虽想将晋国全部并吞,但还不敢,就扶立忌的儿子骄做国君。正当这个时候,晋国的政事完全决定于知伯,晋哀公无法制约他的行为。知伯就占有了范氏、中行氏的土地,势力最为强大。哀公四年,赵襄子、韩康子、魏桓子一起杀了知伯,并吞了他的全部土地。十八年,哀公去世,儿子幽公柳继位。

幽公之时，晋畏[6]，反朝韩、赵、魏之君。独有绛、曲沃，余皆入三晋[7]。十五年，魏文侯初立[8]。十八年，幽公淫妇人，夜窃出邑中，盗杀幽公。魏文侯以兵诛晋乱，立幽公子止，是为烈公[9]。

幽公在位时，晋君畏惧，反而去朝见韩氏、赵氏、魏氏的君主。他只拥有绛、曲沃，其余的土地全都归入三晋。十五年，魏文侯刚刚继位。十八年，幽公奸淫妇女，夜里偷偷离开城邑，让强盗杀死了。魏文侯领兵来平定晋国的内乱，扶立幽公的儿子止，这就是烈公。

注释 1 道死：《史记志疑》："《赵世家》亦有此言，史公以奔齐为立年之断，故云道死。据《纪年》，出公在位二十三年，奔齐之后六年始薨，非死于十七年奔齐时也。" 2 哀公：公元前 451 年—前 434 年在位。或作"懿公"，或作"敬公"。 3 蚤：通"早"。 4《史记索隐》："如《纪年》之说，此乃出公二十二年事。" 5 幽公：公元前 433 年—前 416 年在位。6 畏：《史记索隐》："畏，惧也。为衰弱故，反朝韩、赵、魏也。宋忠引此注《系本》，而'畏'字为'衰'。" 7 三晋：韩、赵、魏为三卿后，三分晋国，故曰"三晋"。 8 依《中国历史纪年表》，魏文侯初立在周贞定王二十四年，晋幽公（敬公）七年，即公元前 445 年。 9 烈公：公元前 415 年—前 389 年在位。

烈公十九年，周威烈王赐赵、韩、魏皆命为诸侯。[1]

二十七年，烈公卒，子孝公[2]颀立。孝公九年，魏武侯初立，袭邯郸，不胜而去。[3]十七年，孝公卒，子静

烈公十九年，周威烈王赐封赵氏、韩氏、魏氏，策命他们为诸侯。

二十七年，烈公去世，儿子孝公颀继位。孝公九年，魏武侯刚刚继位。袭击邯郸，没有获胜就离去了。十七年，孝公去世，儿子

公俱酒立。是岁，齐威王元年也。[4]

静公二年，魏武侯、韩哀侯、赵敬侯灭晋后而三分其地。[5]静公迁为家人，晋绝不祀。

静公俱酒继位。这一年，是齐威王元年。

静公二年，魏武侯、韩哀侯、赵敬侯灭亡晋国后而又三分晋国的土地。静公降为平民，晋国的祭祀断绝。

注释 1《周本纪》载，周威烈王二十三年，命韩、魏、赵为诸侯。依《中国历史纪年表》，是年为公元前403年，当晋烈公之十三年。 2 孝公：《中国历史纪年表》作“桓公”，公元前388年—前369年在位。其后无静公立事，晋灭。《史记索隐》：“《纪年》以孝公为桓公，故《韩子》有‘晋桓侯’。”又，“《纪年》云桓公二十年赵成侯、韩共侯迁桓公于屯留。已后更无晋事。” 3 依《中国历史纪年表》，魏武侯初立，在周安王七年，即公元前395年，为晋烈公之二十一年，非孝公时。 4 依《中国历史纪年表》，齐威王元年，为周显王十三年，即公元前356年。时晋绝祀已十三年。 5《史记志疑》：“分地在晋孝公十七年。” 按：依《中国历史纪年表》，其时为魏武侯、韩懿侯、赵成侯，均在韩哀侯、赵敬侯之后。

太史公曰：晋文公，古所谓明君也，亡居外十九年，至困约[1]，及即位而行赏，尚忘介子推，况骄主乎？灵公既弑，其后成、景致严，至厉大刻，大夫惧诛，祸作。[2]悼公以后日衰，六卿专权。故

太史公说：晋文公，是古代所说的英明国君，流亡在外十九年，非常困顿贫乏，等到他登上国君之位后进行奖赏，尚且还忘记了介子推，更何况是骄纵的君主呢？灵公被杀后，成公、景公对臣下很严厉，到了厉公时更加苛刻，大夫们害怕被诛杀，祸乱由此兴起。悼公之后君权日益衰弱，六卿专权。所以说国君如何运用权

| 原文 | 译文 |
| --- | --- |
| 君道之御其臣下[3],固不易哉! | 术来驾驭他的臣下,本来就不容易呀! |

注释 1 困约:困顿贫乏。约,紧缩,节俭。引申为贫困。 2 致严:达到了严厉的程度。 刻:刻薄、苛刻。 3 君道:为君之道,即君主统治的权术。 御:驾驭。

# 史记卷四十

## 楚世家第十

原文

楚之先祖出自帝颛顼高阳。高阳者，黄帝之孙，昌意之子也。高阳生称，称生卷章，卷章生重黎[1]。重黎为帝喾高辛居火正[2]，甚有功，能光融天下，帝喾命曰祝融。共工氏[3]作乱，帝喾使重黎诛之而不尽。帝乃以庚寅日诛重黎，而以其弟吴回为重黎后，复居火正，为祝融。

吴回生陆终。陆终生子六人，坼剖[4]而产焉。其长一曰昆吾；二曰参胡；三曰彭祖；四曰会人；五曰曹姓；六曰季连，芈姓，楚其后也。[5]

译文

楚国的祖先出自帝颛顼高阳。高阳，是黄帝的孙子，昌意的儿子。高阳生了称，称生了卷章，卷章生了重黎。重黎替帝喾高辛做掌管火的官，功劳特别大，能使天下光明和乐，帝喾策命他为祝融。共工部族发动叛乱，帝喾派重黎去诛讨他们，但事情办得不彻底。帝喾就在庚寅日诛杀了重黎，而让他的弟弟吴回做重黎的继承人，重新做火正官，为祝融。

吴回生了陆终。陆终生了六个儿子，都是剖腹而产的。其中最大的一个叫昆吾；老二叫参胡；老三叫彭祖；老四叫会人；老五叫曹姓；老六叫季连，芈姓，楚国是他的后代。昆吾氏，在夏朝

昆吾氏,夏之时尝为侯伯[6],桀之时汤灭之。彭祖氏,殷之时尝为侯伯,殷之末世灭彭祖氏。季连生附沮,附沮生穴熊。其后中微,或在中国,或在蛮夷,弗能纪其世。[7]周文王之时,季连之苗裔[8]曰鬻熊。鬻熊子事文王,蚤卒。其子曰熊丽。熊丽生熊狂,熊狂生熊绎。

时曾经是诸侯国,桀时被汤灭亡了。彭祖氏,在殷朝时曾经是诸侯国,殷末灭掉了彭祖氏。季连生了附沮,附沮生了穴熊。此后季连的后代开始衰落,有的去了中原地区,有的去了中原以外的部族地方,无法记载其世系。周文王之时,季连的后代叫鬻熊。鬻熊的儿子侍奉过周文王,早死了。他的儿子叫熊丽。熊丽生了熊狂,熊狂生了熊绎。

注释 1 卷章生重黎:《史记索隐》:"卷章名老童,故《系本》云'老童生重黎'。重氏、黎氏二官代司天地,重为木正,黎为火正。案:《左氏传》少昊氏之子曰重,颛瑞氏之子曰黎。今以重黎为一人,仍是颛顼之子孙者,刘氏云'少昊氏之后曰重,颛顼氏之后曰重黎,对彼重则单称黎,若自言当家则称重黎。故楚及司马氏皆重黎之后,非关少昊之重'。愚谓此解为当。" 2 火正:掌火的官。《史记索隐》:"此重黎为火正,彼少昊氏之后重自为木正,知此重黎即彼之黎也。" 祝融:掌火官的封号。意为大明。 3 共工氏:古代氏族名。共工为古代神话传说中的水神。 4 坼(chè)剖:此指剖腹。坼、剖二字同义。 5 昆吾:名樊,己姓,后为部落名。在今河南濮阳一带。 参胡:名惠连,斟姓,后为部落名。在今河南宜阳一带。 彭祖:名铿或翦,彭姓,后为部落名。在今江苏徐州市。 会人:名求言,坛姓,后为部落名,在今河南新郑一带。 曹姓:名安,诸曹所出,后为部落名。在今湖北黄冈一带。 芈(mǐ):楚国祖先的族姓。 6 侯伯:即诸侯。 7 微:衰弱,衰落。 中国:指黄河以北的中原地区。 蛮夷:

泛指中原以外的边境部族地区。 8 苗裔:后代子孙。

熊绎当周成王之时,举文、武勤劳之后嗣,而封熊绎于楚蛮,封以子男之田,姓芈氏,居丹阳。[1]楚子熊绎与鲁公伯禽、卫康叔子牟、晋侯燮、齐太公子吕伋俱事成王。

熊绎生熊艾,熊艾生熊䵣[2],熊䵣生熊胜。熊胜以弟熊杨为后[3]。熊杨生熊渠。

熊渠生子三人。当周夷王之时,王室微,诸侯或不朝,相伐。熊渠甚得江汉间民和,乃兴兵伐庸、杨粤,至于鄂。[4]熊渠曰:"我蛮夷也,不与[5]中国之号谥。"乃立其长子康为句亶王,中子红为鄂王,少子执疵为越章王,皆在江上楚蛮之地。[6]及周厉王之时,暴虐,熊渠畏其伐楚,亦去其王。

熊绎正处在周成王时期,周成王举荐文王、武王时期功臣的后代,就把熊绎封在楚蛮,封给相当于子爵、男爵爵位的田地,他姓芈氏,居住在丹阳。楚子熊绎和鲁公伯禽、卫康叔的儿子牟、晋侯燮,齐太公的儿子吕伋在一起,在京城侍奉成王。

熊绎生了熊艾,熊艾生了熊䵣,熊䵣生了熊胜。熊胜让他弟弟熊杨做继承人。熊杨生了熊渠。

熊渠生了三个儿子。正处在周夷王时期,王室衰微,有的诸侯不来朝见,还互相进行攻伐。熊渠很得长江、汉水交汇地带民众的亲附,就出动军队讨伐庸、杨粤,到达鄂地。熊渠说:"我们这里是蛮夷地区,不必用中原地区的名位谥号。"于是就确立他的长子康为句亶王,第二个儿子红为鄂王,小儿子执疵为越章王,都在长江一带的楚蛮地区。到周厉王时期,政治暴虐,熊渠害怕周厉王来攻打楚国,亦除去了他的王号。

注释 1 举:举荐,选拔。 文、武勤劳:指帮助周文王、武王灭商的功臣。 楚蛮:楚地蛮荒之域。 子男:爵位名,公、侯、伯、子、男五等爵位中,排在第四、第五等。 2 黫(dá):一作“亶”。 3 后:继承人。 4 江汉:长江、汉水。 和:亲和。 庸:国名,在今湖北竹山一带。 杨粤:有本作“杨雩”,地区名,在今汉水南至湖南南部一带。 鄂:地名,在今湖北鄂州市一带。 5 与:以,用。 6 句亶(gōu dǎn):地名,在今湖北江陵县境。 中(zhòng):同“仲”,第二。 红:人名,即下文之“挚红”。 鄂:地名,今湖北武汉市武昌区。

后为熊毋康,毋康蚤死。熊渠卒,子熊挚红立。[1]挚红卒,其弟弑而代立,曰熊延。熊延生熊勇。

熊勇六年,而周人作乱,攻厉王,厉王出奔彘。熊勇十年,卒,弟熊严[2]为后。

熊严十年,卒。有子四人,长子伯霜,中子仲雪,次子叔堪,少子季徇。熊严卒,长子伯霜代立,是为熊霜[3]。

熊霜元年,周宣王初立。熊霜六年卒,三弟争立。仲雪死;叔堪亡,避难于濮;而少弟季徇立,是为熊徇。[4]熊徇十六年,郑桓公初封于

熊渠的继承人是熊毋康,毋康早死。熊渠去世,儿子熊挚红继位。挚红去世,他的弟弟杀了继位者而自立为王,叫熊延。熊延生了熊勇。

熊勇六年,周国人作乱,进攻厉王,厉王逃出京城奔往彘地。熊勇十年,去世,弟弟熊严做继承人。

熊严十年,去世。有四个儿子,长子伯霜,老二仲雪,老三叔堪,小儿子季徇。熊严去世,长子伯霜接替继位,这就是熊霜。

熊霜元年,周宣王刚刚继位。熊霜六年去世,他的三位弟弟争着要继位。仲雪死去;叔堪逃亡,到濮地去避难;而小弟弟季徇继位,这就是熊徇。熊徇十六年,郑桓公

郑。二十二年，熊徇卒，子熊咢[5]立。熊咢九年，卒，子熊仪立，是为若敖[6]。

刚刚被封在郑地。二十二年，熊徇去世，儿子熊咢继位。熊咢九年，去世，儿子熊仪继位，这就是若敖。

注释 1 谯周《古史考》以为"熊渠卒，子熊翔立；卒，长子挚有疾，少子熊延立"，疑其有脱漏。 2 熊严：公元前837年—前828年在位。 3 熊霜：公元前827年—前822年在位。 4 濮：古部族名，居住在今湖南西北部和湖北西南部一带。 熊徇：公元前821年—前800年在位。 5 熊咢：公元前799年—前791年在位。 6 若敖：公元前790年—前764年在位。其在位之二十一年，即公元前770年，为春秋时期之始。

若敖二十年，周幽王为犬戎所弑，周东徙，而秦襄公始列为诸侯。

二十七年，若敖卒，子熊坎立，是为霄敖[1]。霄敖六年卒，子熊眴立，是为蚡冒[2]。蚡冒十三年，晋始乱，以曲沃之故。蚡冒十七年卒。蚡冒弟熊通弑蚡冒子而代立，是为楚武王[3]。

武王十七年，晋之曲沃庄伯弑主国晋孝侯。十九年，郑伯弟段作乱。二十一年，郑侵天子之田。二十三年，

若敖二十年，周幽王被犬戎部族所杀，周王室向东迁徙，而秦襄公开始被列于诸侯。

二十七年，若敖去世，儿子熊坎继位，这就是霄敖。霄敖六年去世，儿子熊眴继位，这就是蚡冒。蚡冒十三年，晋国开始内乱，是由于曲沃的缘故。蚡冒十七年去世。蚡冒的弟弟熊通弑杀了蚡冒的儿子而接替继位，这就是楚武王。

武王十七年，晋国的曲沃庄伯弑杀了君主国的晋孝侯。十九年，郑伯的弟弟共叔段发动内乱。二十一年，郑国侵占了天子的田地。二十三年，卫国人杀了他的

卫弑其君桓公[4]。二十九年，鲁弑其君隐公。三十一年，宋太宰华督弑其君殇公。

三十五年，楚伐随[5]。随曰："我无罪。"楚曰："我蛮夷也。今诸侯皆为叛相侵，或相杀。我有敝甲，欲以观中国之政，请王室尊吾号。[6]"随人为之周，请尊楚，王室不听，还报楚。三十七年，楚熊通怒曰："吾先鬻熊，文王之师也，蚤[7]终。成王举我先公，乃以子男田令居楚，蛮夷皆率服，而王不加位，我自尊耳。[8]"乃自立，为武王，与随人盟而去。于是始开濮地而有之。五十一年，周召随侯，数[9]以立楚为王。楚怒，以随背己，伐随。武王卒师中而兵罢[10]。子文王熊赀立，始都郢。

国君桓公。二十九年，鲁国人杀了他的国君隐公。三十一年，宋太宰华督杀了他的国君殇公。

三十五年，楚国攻打随国。随君说："我没有罪过。"楚国说："我是蛮夷之国。如今诸侯叛乱，互相侵害，有的互相残杀。我国有破旧的铠甲，想以此参与中原国家的政事，请求周王室提高我的爵位。"随国人为此前往周王室，请求提高楚国的爵位，王室不听，那人回来报告楚王。三十七年，楚王熊通发怒说："我的祖先鬻熊，是文王的老师，很早就去世了。成王举荐了我的先公，赐给他子男的爵位和田土，让他居住在楚地，蛮夷都顺服他，而周王不给我加封，我就自己加封。"于是自立为武王，和随国人结盟后离去了。自此楚国开始开发濮地，据为己有。五十一年，周王室召唤随侯，责备他拥立楚君做王。楚国发怒，认为随国背离了自己，攻打随国。武王死在军中，楚国才罢兵。儿子文王熊赀继位，楚国开始建都于郢城。

注释 1 霄敖：公元前763年—前758年在位。 2 蚡冒：公元前757

年—前 741 年在位。 3 武王:公元前 740 年—前 690 年在位。 4 卫弑其君桓公:事在二十二年。 5 随:诸侯国名,姬姓,在今湖北随州市南。 6 敝甲:谦语,破旧的铠甲。代指军队。 观:观察,此处意为参与。 7 蚤:通“早”。 8 率服:顺服。率,有遵循号令之意。 自尊:自加尊号。 9 数(shǔ):责备。 10 罢:停止。

文王二年,伐申,过邓,邓人曰“楚王易取”,邓侯不许也。[1]六年,伐蔡,虏蔡哀侯以归,已而释之[2]。楚强,陵[3]江汉间小国,小国皆畏之。十一年,齐桓公始霸,楚亦始大。

十二年,伐邓,灭之。十三年,卒,子熊囏立,是为庄敖。[4]庄敖五年,欲杀其弟熊恽,恽奔随,与随袭弑庄敖代立,是为成王。[5]

成王恽元年,初即位,布德施惠,结旧好于诸侯。使人献天子,天子赐胙[6],曰:“镇尔南方夷越之乱,无侵中国。”于是楚地千里。十六年,齐桓公以兵侵楚,至陉山。楚成王使将军

文王二年,去攻打申国时经过邓国,邓国人说“楚王容易擒获”,只是邓侯不允许。六年,攻打蔡国,俘虏蔡哀侯回国了,随后释放了他。楚国强大,欺凌长江汉水一带的小国,小国都害怕它。十一年,齐桓公开始称霸,楚国也开始强大起来。

十二年,攻打邓国,灭亡了它。十三年,文王去世,儿子熊囏继位,这就是庄敖。庄敖五年,想杀了他的弟弟熊恽,恽逃奔到随国,和随国袭击并杀死庄敖而继位,这就是成王。

成王恽元年,刚刚就国君之位,遍行德政,广施恩惠,和诸侯各国重结旧好。成王派人献礼物给周天子,天子赐给他祭肉,说:“平定南方夷越各族的叛乱,不要侵害中原国家。”这时楚国已有土地千里。十六年,齐桓公率领军队侵犯楚

屈完以兵御之，与桓公盟。桓公数以周之赋不入王室，楚许之，乃去。十八年，成王以兵北伐许，许君肉袒谢[7]，乃释之。二十二年，伐黄[8]。二十六年，灭英[9]。三十三年，宋襄公欲为盟会，召楚。楚王怒曰：“召我，我将好往袭辱之。”遂行，至盂，遂执辱宋公，已而归之。三十四年，郑文公南朝楚。楚成王北伐宋，败之泓，射伤宋襄公，襄公遂病创死。[10] 三十五年，晋公子重耳过，成王以诸侯客礼飨[11]，而厚送之于秦。

国，到了陉山。楚成王派将军屈完率领兵众抵御，和齐桓公约盟。桓公责备楚国不向周王室献纳贡赋，楚国答应献纳后，就离去了。十八年，成王领兵往北攻打许国，许君肉袒谢罪，才被放过。二十二年，攻打黄国。二十六年，灭掉了英国。三十三年，宋襄公想组织盟会，召唤楚王来。楚王生气地说：“召唤我，我将要去袭击并侮辱他。”就出发了，到了盂地，就把宋公拘执起来，随后又放他回去。三十四年，郑文公往南来朝见楚国。楚成王往北去攻打宋国，在泓大败宋国，射伤了宋襄公，襄公因创伤而病死了。三十五年，晋国公子重耳经过楚国，成王用对待诸侯王的客礼款待他，并赠厚礼送他去了秦国。

注释　1 文王：公元前 689 年—前 677 年在位。　申：国名，在今河南南阳市西北。　邓：国名，在今襄阳市西北。　2 释之：《管蔡世家》言留而不释。　3 陵：欺凌，侮辱。　4 十三：当作“十五”。　庄敖：公元前 676 年—前 672 年位。庄，当作“堵”或“杜”。　5 五年：当作“二年”。　恽(yùn)：《左传》作“頵(jūn)”。　成王：公元前 671 年—前 626 年在位。　6 胙：祭肉。天子赐祭肉，是表示奖赏、嘉许。　7 许：国名，姜姓，在今河南许昌市东。　肉袒：裸露上身，表示惶恐。　8 黄：国名，嬴姓，在今河南潢川县西北。事在成王二十三年。　9 英：国名，在今安徽英山县。《史记志疑》:“此当作‘二十四年灭黄’。” **10** 泓:指泓水北岸。泓水,在今河南柘城县西北,今已堙。 创(chuāng):创伤。按:据《史记志疑》,宋襄公死于楚成王三十五年。 **11** 飨(xiǎng):用酒食款待人。

三十九年[1],鲁僖公来请兵以伐齐,楚使申侯将兵伐齐,取穀,置齐桓公子雍焉。齐桓公七子皆奔楚,楚尽以为上大夫。灭夔[2],夔不祀祝融、鬻熊故也。夏,伐宋,宋告急于晋,晋救宋,成王罢归。[3]将军子玉请战,成王曰:“重耳亡居外久,卒得反国,天之所开,不可当。”子玉固请,乃与之少师[4]而去。晋果败子玉于城濮。成王怒,诛子玉。

四十六年。初,成王将以商臣为太子,语令尹子上[5]。子上曰:“君之齿未也,而又多内宠,绌乃乱也。[6]楚国之举,常在少者。且商臣蜂目而豺声,

三十九年,鲁僖公请求借兵去攻打齐国,楚国派申侯统兵攻打齐国,夺取了穀地,把齐桓公的儿子雍安置在那里。齐桓公的七个儿子都逃奔到楚国,楚国将他们全都任命为上大夫。楚国灭掉了夔国,是因为夔国不祭祀祝融、鬻熊的缘故。夏天,楚国攻打宋国,宋国向晋国告急,晋国援救宋国,成王罢兵回国。将军子玉请求开战,成王说:“重耳流亡在国外已经很久,最终能够返回本国,这是上天护佑他,不可抵挡。”子玉坚决请战,成王就给了他少量军队。晋国果然在城濮打败了子玉。成王很生气,诛杀了子玉。

四十六年。当初,成王将要立商臣做太子,告诉令尹子上。子上说:“您还年轻,又有很多受宠的姬妾,废黜太子就会产生祸乱。楚国立太子,常常确立年纪小的。而且商臣有像蜂一样的眼睛而发出豺狼

忍人[7]也,不可立也。”王不听,立之。后又欲立子职而绌太子商臣。商臣闻而未审也,告其傅潘崇曰:“何以得其实?”崇曰:“飨王之宠姬江芈而勿敬也。”商臣从之。江芈怒曰:“宜乎王之欲杀若而立职也。”商臣告潘崇曰:“信矣。”崇曰:“能事之乎?”曰:“不能。”“能亡去乎?”曰:“不能。”“能行大事[8]乎?”曰:“能。”冬十月,商臣以宫卫兵围成王。成王请食熊蹯[9]而死,不听。丁未,成王自绞杀。商臣代立,是为穆王[10]。

一样的声音,是残忍而会行不义之事的人,不可以立他。”成王不听从,立了他。后来又想确立庶子职而废黜太子商臣。商臣听说了,但不能确信,就对他的师傅潘崇说:“用什么方法才能得到真相呢?”潘崇说:“设宴招待王的宠姬江芈而不对她表示恭敬。”商臣按他说的去做。江芈生气说:“王想杀掉你而确立职真是太应该了。”商臣告诉潘崇说:“消息果真是真的。”潘崇说:“能够侍奉他吗?”商臣说:“不能。”潘崇说:“能逃亡吗?”商臣说:“不能。”潘崇说:“能干弑君的大事吗?”商臣说:“能。”冬天十月,商臣率领宫中的卫兵围住成王。成王请求吃完一只煮熟的熊掌后再死,商臣不答应。丁未日,成王绞死了自己。商臣取代成王而继位,这就是穆王。

注释　1 三十九年:当作“三十八年”。　2 夔(kuí):国名,芈姓,《公羊传》作“隗”,亦作“归”。在今湖北秭归县。　3 夏:据《左传》当为“三十九年冬”。　晋救宋:事在成王四十年。　4 与之少师:即“少与之师”。《左传·僖公二十八年》云“王怒,少与之师,唯西广、东宫与若敖之六卒实从之”,为所记之事。　5 语:告诉。　令尹:楚官名,掌军政大权的最高官职,相当于中原国家的国相。　6 齿未:指年岁尚少。　内宠:指姬妾。　绌:《左传》作“黜”,废黜。　7 忍人:残忍之人。《史记集解》

引服虔曰:“言忍为不义。” 8 行大事:指弑君。 9 熊蹯(fán):熊掌。《史记集解》引杜预曰:“熊掌难熟,冀久将有外救之也。”成王以此来拖延时间,以期救援。 10 穆王:公元前625年—前614年在位。

穆王立,以其太子宫予潘崇,使为太师,掌国事。穆王三年,灭江[1]。四年,灭六、蓼[2]。六、蓼,皋陶[3]之后。八年,伐陈[4]。十二年,卒。子庄王[5]侣立。

庄王即位三年,不出号令,日夜为乐,令国中曰:“有敢谏者死,无赦!”伍举入谏[6]。庄王左抱郑姬,右抱越女,坐钟鼓之间。伍举曰:“愿有进。”隐曰:“有鸟在于阜,三年不蜚不鸣,是何鸟也?[7]”庄王曰:“三年不蜚,蜚将冲天;三年不鸣,鸣将惊人。举退矣,吾知之矣。”居数月,淫益甚。大夫苏从乃入谏。王曰:“若不闻令乎?”对曰:“杀身以明君,臣之愿也。”于是乃罢淫乐,听政,

穆王继位,把他以前的太子宫给了潘崇,让潘崇做太师,掌管国家政事。穆王三年,灭掉了江国。四年,灭掉了六国、蓼国。六国、蓼国是皋陶的后代。八年,攻打陈国。十二年,穆王去世。儿子庄王侣继位。

庄王即位三年,从未发出过号令,日夜寻欢作乐,在国内下命令说:“有敢于进谏的人就处决,不赦!”伍举入宫进谏。庄王左边抱着郑国之姬,右边抱着越国女子,坐在钟声鼓乐中间。伍举说:“希望能进上隐语。”隐语说:“有只鸟蹲在土山上,三年中不飞翔又不鸣叫,这是什么鸟?”庄王说:“三年中不飞翔,飞翔起来就将冲破云天;三年中不鸣叫,鸣叫起来就将惊动人众。伍举退出去吧,我知道你要说什么了。”过了几个月,庄王更加荒淫。大夫苏从就进宫劝谏。庄王说:“你没有听说过我下达的命令吗?”苏从回答说:“杀了我而能让国君明白事理,正是我的愿望。”于是庄王就

所诛者数百人,所进者数百人,任伍举、苏从以政,国人大说[8]。是岁灭庸。六年,伐宋,获五百乘。[9]

停止了淫乐,处理政事,诛杀了数百个奸邪之臣,提拔了数百个忠贞之臣,任命伍举、苏从参与政事,国人非常高兴。这一年楚国灭掉了庸国。六年,攻打宋国,获得战车五百乘。

注释 1 江:国名,嬴姓,在今河南信阳有江国故城。 2 六:国名,偃姓,在今安徽六安市东北。 蓼(liǎo):国名,姬姓,在今河南固始县东。 3 皋陶(yáo):传说中东夷族的首领。“皋陶”下缺“庭坚”二字,雷学淇《世本校辑》云:“皋陶出自少昊,其后为六,偃姓;庭坚乃出颛顼,其后为蓼,姬姓。二国之姓,并详见《世本》。” 4 陈:国名,妫姓,都城在今河南淮阳县。事详《陈杞世家》。 5 庄王:公元前613年—前591年在位。 6 伍举入谏:《史记志疑》:“伍举在康、灵之世,事庄王者乃其父伍参,此与《子胥传》同误……然大鸟之谏,《史》误以为伍举,而《韩子·喻老篇》称右司马,《吕氏春秋·重言篇》作成公贾,《新序·杂事》二作士庆,莫定所属。”按:《吴越春秋》误从《史记》。 7 阜(fù):土山。 蜚:通“飞”。 8 说:通“悦”。 9 按:本年有侵陈事,此脱。又,获五百乘为次年郑受楚命伐宋事。

八年,伐陆浑戎,遂至洛,观兵于周郊。[1]周定王使王孙满劳楚王。[2]楚王问鼎小大轻重,对曰:“在德不在鼎[3]。”庄王曰:“子无阻九鼎!楚国折钩之喙[4],足以为九鼎。”王

八年,攻打陆浑戎族,到达了洛水,在周王室境内陈兵示威。周定王派王孙满慰劳楚王。楚王询问九鼎的大小轻重,王孙满回答说:“统治国家在于君王的德政,不在于鼎的大小轻重。”庄王说:“您不要倚仗九鼎!楚国折下戟的钩尖,就足以铸成九鼎。”王孙满说:“哎呀!君王难道忘

孙满曰:“呜呼!君王其忘之乎?昔虞夏之盛,远方皆至,贡金九牧,铸鼎象物,百物而为之备,使民知神奸。[5]桀有乱德,鼎迁于殷,载祀六百。[6]殷纣暴虐,鼎迁于周。德之休明,虽小必重;其奸回昏乱,虽大必轻。[7]昔成王定鼎于郏鄏,卜世三十,卜年七百,天所命也。[8]周德虽衰,天命未改。鼎之轻重,未可问也。”楚王乃归。

记了吗?从前的虞夏盛世,远方都来朝拜,天下都贡献金属,在鼎上铸出各州所产及本地奇物,因此铸在鼎上的万物齐备,使民众知道何物是神、何物是奸。夏桀政治昏乱,鼎就迁到殷,享国六百年。殷纣王政治暴虐无道,鼎又迁到周。君主之德要是美善光明,九鼎虽小必定重得不可移动;君主之德要是邪恶昏乱,九鼎虽大必定轻得可以迁移。从前成王把九鼎安置在王城,占卜得知周朝要享国三十代,共七百年,这是天命所决定的。周王室的政治虽然衰败,但天命还没有改变。九鼎的轻重,是不可以询问的。”楚王就回国了。

注释 1 陆浑戎:戎族中允姓的一支,先有居于伊、洛间者,后于公元前638年,又有“秦、晋迁陆党之戎于伊川”事,集中居于此地。在今河南西部洛水中游一带。 观兵:陈兵示威,炫耀武力。 周郊:《左传》作“周疆”,周王室境内。 2 王孙满:周大夫。 劳:慰劳。 3 鼎:九鼎相传是夏代用九州所进贡的铜铸成。它是传国的宝器,天子权力的象征。《史记集解》引杜预曰:“示欲逼周取天下。” 4 喙(huì):《史记正义》:“凡戟有钩。喙,钩口之尖也。言楚国戟之钩口尖有折者,足以为鼎,言鼎之易得也。” 5 九牧:九州之牧,犹言天下。牧,州长。 象物:传说是将各州所画的物品铸在鼎上。 百物:万物。 备:完备,齐备。 使民知神奸:万物都铸在鼎上,以使人民都知道何物为神,何物为奸。 6 乱德:《左传》作“昏德”，政治昏乱，道德败坏。 载(zǎi)祀：二字同义，均为“年”。《尔雅·释天》：“夏曰岁，商曰祀，周曰年，唐、虞曰载。” 7 休明：美善光明。休，美。 重：指重而不可迁。 奸回：邪恶。回，邪僻。 轻：指轻而可迁。8 郏鄏(jiá rǔ)：即郏，以郏山(北邙山)得名，又曰王城，今河南洛阳市。卜：占卜。周代凡三十六王，八百六十七岁，此括总数言之。

九年，相若敖[1]氏。人或谗之王，恐诛，反攻王，王击灭若敖氏之族。十三年，灭舒[2]。

九年，任命若敖氏做相国。有人在庄王面前说他的坏话，他害怕诛杀，反回来进攻庄王，庄王进击灭亡了若敖氏家族。十三年，灭亡了舒国。

十六年，伐陈，杀夏徵舒。徵舒弑其君，故诛之也。已破陈，即县之[3]。群臣皆贺，申叔时[4]使齐来，不贺。王问，对曰：“鄙语曰：‘牵牛径[5]人田，田主取其牛。’径者则不直[6]矣，取之牛，不亦甚乎？且王以陈之乱而率诸侯伐之，以义伐之而贪其县，亦何以复令于天下！”庄王乃复国陈后[7]。

十六年，楚国攻打陈国，杀了夏徵舒。徵舒杀了陈国国君，所以楚国要把他杀掉。楚国攻破陈国后，就将它设为县。群臣都来道贺，申叔时出使齐国回来，未表示祝贺。庄王问他，他回答说：“俗话说：‘牵着牛取直路通过人家的田地，田地的主人把他的牛夺走了。’取直路通过的人是理屈，但因此而夺走他的牛，不也太过分吗？而且大王因陈国内乱才率领诸侯讨伐它，以道义讨伐它而又贪图它的土地，将它设置为县，又怎么能再次号令天下！”庄王于是恢复陈国，让原陈君的后代做国君。

十七年春，楚庄王围郑，三月克之。入自皇门，郑伯肉袒牵羊以逆，

十七年春天，楚庄王包围郑国，三个月攻下了它。从皇门进入郑国都城，郑伯袒露上身，左手牵羊迎接，

曰:“孤不天,不能事君,君用怀怒,以及敝邑,孤之罪也。敢不惟命是听!宾之南海,若以臣妾赐诸侯,亦惟命是听。若君不忘厉、宣、桓、武,不绝其社稷,使改事君,孤之愿也,非所敢望也。敢布腹心。”[8]楚群臣曰:“王勿许。”庄王曰:“其君能下人[9],必能信用其民,庸可绝乎!”庄王自手旗,左右麾军,引兵去三十里而舍,遂许之平。[10]潘尪入盟,子良出质。[11]夏六月,晋救郑,与楚战,大败晋师河上,遂至衡雍而归。

说:“我不承奉上天旨意,不能侍奉您,您因此怀着愤怒之情,来到鄙邑,这是我的罪过。怎敢不听您的命令!把我摈弃于江南边徼,或者把我当作奴婢赐给诸侯,也完全听您的命令。假若您看在周厉王、周宣王、郑桓公、郑武公的份上,不绝了他们的国家,让我改过而重新侍奉您,这正是我的愿望,但不是我所敢企求的。斗胆向您表白心意。”楚国的群臣们说:“大王不要答应。”庄王说:“郑国国君能对人卑下谦恭,一定能取信于他的人民,怎么可以绝了郑国呢!”庄王亲自拿着令旗,左右指挥军队,领兵退出三十里宿营,就答应和郑国讲和。潘尪进入郑都签订盟约,子良到楚国做人质。夏天六月,晋国援救郑国,和楚国交战,楚军在黄河边大败晋军,趁势到达衡雍后才回国。

注释 1 若敖:楚武王之祖。楚君之无谥者,皆称“敖”。“若”为所葬之地。 2 舒:国名,偃姓。《左传·文公十四年》有“群舒”之称,盖有同宗异国之舒庸、舒蓼、舒鸠、舒龙、舒鲍、舒龚等,散布在今安徽舒城、庐江、桐城、霍山诸市县一带。依《左传》,此被灭者为舒蓼。 3 县之:即设为县。 4 申叔时:楚大夫。 5 径:作为捷径而走过。 6 不直:理屈。 7 复国陈后:让陈的后代做国君而恢复陈国。陈后,指陈灵公的太子妫午。 8 皇门:贾逵解为城门,何休解为郭门。 肉袒牵羊:袒衣露体以示臣服,牵羊以示愿为臣仆。 逆:迎,接。 不夭:不承奉天的旨意。 宾(bìn):通“摈”,摈弃。 南海:漫为侈大之辞,实指江南之边徼。 臣妾:指奴婢。男为臣,女为妾。 厉、宣:周厉王、周宣王。郑桓公为周厉王之子,郑国第一位国君;郑桓公被封在宣王时,宣王为桓公之兄。 桓、武:郑桓公、郑武公,始封之贤君。武公为桓公之子。 布腹心:当时惯语,即表白心意。 **9** 下人:对人卑下谦恭。 **10** 麾:通“挥”,指挥。 舍:居住,住宿。又指军营,营舍。 平:媾和。 **11** 潘尪(wāng):楚大夫。字师叔,或为潘崇之子。 子良:郑襄公之弟。 质:此处为动词,做人质。

二十年,围宋,以杀楚使[1]也。围宋五月[2],城中食尽,易子而食,析骨而炊。宋华元出告以情[3]。庄王曰:“君子哉!”遂罢兵去。

二十三年,庄王卒,子共王[4]审立。

共王十六年,晋伐郑。郑告急,共王救郑。与晋兵战鄢陵,晋败楚,射中共王目。共王召将军子反。子反嗜酒,从者竖阳穀进酒,醉。王怒,射杀子反,遂罢兵归。

三十一年,共王卒,子

二十年,包围宋国,是因为宋国前年杀了楚国使者。包围宋国九个月,宋国都城中食物殆尽,人们交换子女来吃,敲碎骨头当柴烧。宋国华元出城将实情告诉庄王,庄王说:“真是一位君子呀!”就罢兵离去。

二十三年,庄王去世,儿子共王审继位。

共王十六年,晋国攻打郑国。郑国告急,共王援救郑国。和晋兵在鄢陵开战,晋国打败了楚国,射中了共王的眼睛。共王召唤将军子反。子反嗜好喝酒,他的侍人竖阳穀向他进酒,他喝醉了。庄王大怒,射杀了子反,就罢兵回国。

三十一年,共王去世,儿子康

康王[5]招立。康王立十五年卒，子员立，是为郏敖[6]。

康王宠弟公子围、子比、子晳、弃疾。郏敖三年，以其季父康王弟公子围为令尹[7]，主兵事。四年，围使郑[8]，道闻王疾而还。十二月己酉[9]，围入问王疾，绞而弑之，遂杀其子莫及平夏。使使赴于郑。伍举问曰："谁为后？"对曰："寡大夫围。"伍举更曰："共王之子围为长。"子比奔晋，而围立，是为灵王[10]。

王招继位。康王继位十五年去世，儿子员继位，这就是郏敖。

康王宠爱的弟弟有公子围、子比、子晳、弃疾。郏敖三年，任用他叔父康王的弟弟公子围做令尹，主掌军事。四年，公子围出使郑国，半道上听说郏敖生病就返回来。十二月己酉日，公子围进宫问候郏敖的病情，用帽带紧绞把郏敖勒死了，同时杀死了他的两个儿子莫和平夏。派使者去郑国报丧。伍举问使者："谁做了继承人？"使者回答说："我们的大夫公子围。"伍举更正他的话说："共王的儿子中围最年长。"子比逃奔到晋国，公子围继位，这就是灵王。

注释　1 楚使：指申舟。事在庄王十八年。　2 五月：当作"九月"。自去年九月至是年五月，共九个月。　3 华元：宋大夫。　情：实情。　4 共(gōng)王：公元前590年—前560年在位。共，通"恭"。　5 康王：公元前559年—前545年在位。　6 郏敖：公元前544年—前541年在位。　7 《史记志疑》："围为令尹在元年。"　8 围使郑：伍举为副使，子围返回，伍举出使郑。　9 十二月己酉：《春秋》作"冬十有一月己酉"。己酉，十一月四日。　绞而弑之：《史记集解》引荀卿曰："以冠缨绞之。"《左传》曰："葬王于郏，谓之郏敖。"　10 灵王：公元前540年—前529年在位。

灵王三年六月，楚使使告晋，欲会诸侯。诸侯皆会楚于申[1]。伍举曰："昔夏启有钧台之飨，商汤有景亳之命，周武王有盟津之誓，成王有岐阳之蒐，康王有丰宫之朝，穆王有涂山之会，齐桓有召陵之师，晋文有践土之盟，君其何用？[2]"灵王曰："用桓公[3]。"时郑子产在焉。于是晋、宋、鲁、卫不往[4]。灵王已盟，有骄色。伍举曰："桀为有仍之会，有缗叛之。[5]纣为黎山[6]之会，东夷叛之。幽王为太室[7]之盟，戎、翟叛之。君其慎终！"七月，楚以诸侯兵伐吴，围朱方。八月，克之，囚庆封，灭其族。以封徇，曰："无效齐庆封弑其君而弱其孤，以盟诸大夫！"[8]封反曰："莫如楚共王庶子围弑其君兄之子员而代之立！"于是灵王使

灵王三年六月，楚国派遣使者告诉晋国，想要与诸侯举行盟会。诸侯们都到申地和楚王会合。伍举说："从前夏启有钧台的宴享之礼，商汤有景亳的诰命之礼，周武王有盟津的誓师之礼，成王有岐阳的会猎之礼，康王有丰宫的朝觐之礼，穆王有涂山的会盟之礼，齐桓公有召陵的会师之礼，晋文公有践土的结盟之礼，您打算使用哪种礼仪？"灵王说："使用齐桓公召陵会师之礼。"当时子产正在楚国。于是晋、宋、鲁、卫等国不去参加盟会。灵王在盟会之后产生了骄傲的神色。伍举说："夏桀举行了有仍的聚会，缗国背叛了他。商纣举行了黎山的聚会，东夷部族背叛了他。周幽王举行了太室的盟会，戎狄部族背叛了他。您还是要慎重考虑结局呀！"七月，楚国率领诸侯军队攻打吴国，围困朱方城。八月，攻下朱方，把庆封囚禁起来，灭了他的全族。将庆封示众，说："不要效法齐国的庆封弑杀国君并欺压、挟制年幼的国君，与各位大夫盟誓！"庆封反过来说："谁也不要像楚共王的庶子围那样弑杀国君即哥哥的儿子员而取而代之！"于

疾[9]杀之。

是灵王派人迅速杀了庆封。

注释 1 申:楚邑名,在今河南南阳市北。据《左传》载,会楚于申的诸侯有蔡侯、陈侯、郑伯、许男、徐子、滕子、顿子、胡子、沈子、小邾子、宋世子佐、淮夷。 2 钧台:台名,当为桀囚汤之夏台。在今河南禹州市南。 蒐(sōu):特指春天打猎。 3 用桓公:指用齐桓公邵陵之会的礼仪。《史记集解》引服虔曰:"召陵之役,齐桓退舍以礼,楚灵王今感其意,是以用之。" 4 晋、宋、鲁、卫不往:《左传·昭公四年》载子产对楚王语:"不来者,其鲁、卫、曹、邾乎! 曹畏宋,邾畏鲁,鲁、卫逼于齐而亲于晋,唯是不来。"则是晋、齐、宋、鲁、卫、曹、邾未与此会。 5 有仍:国名,仍即任,太昊风姓后。在今山东济宁市附近。 有缗:国名,帝舜后,姚姓。在今山东金乡县东北。 6 黎山:指古黎国,周武王命封帝尧之后于此。在今山西长治市西南。 7 太室:中岳嵩山。 8 徇:《左传》作"以徇于诸侯",于诸侯各居处巡行以示众。 弱:削弱。 孤:指齐景公幼小。 9 疾:《左传》作"速"。

七年,就章华台,下令内亡人实之。[1]八年,使公子弃疾将兵灭陈[2]。十年,召蔡侯[3],醉而杀之。使弃疾定蔡,因为陈蔡公[4]。十一年,伐徐[5]以恐吴。灵王次[6]于乾谿以待之。王曰:"齐、晋、鲁、卫,其封皆受宝器,我独不[7]。今吾使使周求鼎以

七年,建成了章华台,下令把逃亡的人安置在里面服役。八年,楚国派公子弃疾统兵灭了陈国。十年,召蔡侯来,灌醉后杀了他。派弃疾去平定蔡国,并任命他为陈蔡公。十一年,楚国攻打徐国来恐吓吴国。灵王驻扎在乾谿等待攻打的消息。灵王说:"齐国、晋国、鲁国、卫国,他们被封时都从周王室那里得到过宝器,只有我没有。如今我的使者出使周王室请求将鼎作为分封的宝器,他会给

为分[8],其予我乎?"析父[9]对曰:"其予君王哉!昔我先王熊绎辟在荆山,荜露蓝蒌以处草莽,跋涉山林以事天子,唯是桃弧棘矢以共王事。[10]齐,王舅也;晋及鲁、卫,王母弟也:楚是以无分而彼皆有。[11]周今与四国服事君王,将惟命是从,岂敢爱[12]鼎?"灵王曰:"昔我皇祖伯父昆吾旧许是宅[13],今郑人贪其田,不我予,今我求之,其予我乎?"对曰:"周不爱鼎,郑安敢爱田?"灵王曰:"昔诸侯远我而畏晋,今吾大城陈、蔡、不羹,赋皆千乘,诸侯畏我乎?[14]"对曰:"畏哉!"灵王喜曰:"析父善言古事焉。"[15]

我吗?"析父回答说:"他会给君王的呀!从前我们的先王熊绎处在偏僻的荆山,赶着柴车,穿着破衣,住在荒野之地,跋山涉水来侍奉天子,把仅有的特产桃木弓、荆条箭进贡给王室。齐,是周王的舅舅;晋国和鲁国、卫国,是周王的同母弟弟:楚国因此没有得到宝器而他们都有。周王室如今和这四个国家一起服侍君王,将会听从您的命令,难道还敢吝惜宝鼎?"灵王说:"从前我的皇祖伯父昆吾拥有许国之地,如今郑国人贪图那里的田地,不给我,现在我要求郑国归还,它会给我吗?"析父回答说:"周王室不吝惜宝鼎,郑国怎敢吝惜田地?"灵王说:"从前诸侯认为我国偏远而害怕晋国,如今我扩大加固陈、蔡、不羹的城池,军队配有千乘兵车,诸侯害怕我吗?"析父回答说:"害怕呀!"灵王高兴地说:"析父善于谈论古代的事。"

注释 **1** 七年:当作"六年"。 章华台:楚离宫名,地基宽十五丈,台高十丈。在今湖北潜江市西南龙湾古华容县城内。 内:同"纳"。 **2** 弃疾将兵灭陈:事在"七年"。 **3** 召蔡侯:三月丙申(十七日)醉而执之,四月丁巳(七日)杀之。非"醉而杀之"。 **4** 陈蔡公:楚使弃疾为蔡公,在此之前使穿封戌为陈公。非弃疾为"陈蔡公"。 **5** 徐:国名,与吴为舅甥之国,故为与国(友好国家)。在今江苏泗洪县南。 6 次:驻扎。 7 不:同“否”。 8 分:珍宝之器。 9 析父:楚大夫。官为太仆(楚称“仆夫”),时在王左右。 10 辟:通“僻”,偏僻。 荜(bì)露蓝蒌:《史记集解》引服虔曰:“荜露,柴车素木辂也。蓝蒌,言衣敝坏,其蒌蓝蓝然也。” 草莽:草野。有与朝廷、庙廊相对之意。 跋涉:登山涉水。形容旅途艰辛。草行曰跋,水行曰涉。 桃弧荆矢:桃木制的弓,荆条制的箭。 共:通“供”,供奉,供给。 11 王舅:指吕汲为周成王之舅。成王母邑姜,为齐太公之女。 母弟:同母所生的弟弟(包括女弟,即妹妹)。鲁姬旦、卫康叔皆周武王母弟;唐叔乃周成王母弟。 12 爱:吝惜。 13 伯父:前文已言“陆终生子六人”,长曰昆吾,六曰季连。季连为楚之祖,故称昆吾为伯父。 旧许是宅:即“旧宅许”,曾经居住许地。许,即许国,在今河南许昌市,后迁于叶,又迁于夷,故其地为郑所有。 14 远我:即以我为僻远。 大城:扩建加固城池。 不羹(láng):分为东、西二城。在今河南襄城县东者为西不羹,在今河南舞阳县北者为东不羹。韦昭以为“二国,楚别都也”。此指西不羹。 赋:兵赋。古以田赋出兵,故赋亦代指军队。 乘:甲车。配有甲兵之兵车。 15 据《左传·昭公十二年》,以上为右尹子革对灵王语。析父听后对子革说:“吾子,楚国之望也。今与王言,如响,国其若之何?”讥笑子革顺从灵王心意。

十二年春,楚灵王乐乾谿,不能去也。国人苦役。初,灵王会兵于申,僇[1]越大夫常寿过,杀蔡大夫观起。起子从亡在吴,乃劝吴王伐楚,为间越大夫常寿过而作乱,为

十二年春天,楚灵王在乾谿尽情欢乐,不愿离去。国中的人苦于劳役。当初,灵王在申地会合军队,欺辱了越国大夫常寿过,杀死了蔡国大夫观起。观起的儿子观从逃亡在吴国,就劝吴王攻打楚国,挑拨越国大夫常寿过作乱,当吴国的间谍。观从派人诈称公子弃疾的命令到晋

吴间。[2]使矫[3]公子弃疾命召公子比于晋，至蔡，与吴、越兵欲袭蔡。令公子比见弃疾，与盟于邓。遂入杀灵王太子禄，立子比为王，公子子晳为令尹，弃疾为司马[4]。先除王宫，观从从师于乾谿，令楚众曰："国有王矣。先归，复爵邑田室。后者迁之。"[5]楚众皆溃，去灵王而归。

灵王闻太子禄之死也，自投[6]车下，而曰："人之爱子亦如是乎？"侍者曰："甚是。"王曰："余杀人之子多矣，能无及此乎？"右尹曰："请待于郊以听国人。"[7]王曰："众怒不可犯。"曰："且入大县[8]而乞师于诸侯。"王曰："皆叛矣。"又曰："且奔诸侯以听大国之虑。"王曰："大福不再，只取辱耳。"于是王乘舟将欲入鄢[9]。右尹度[10]

国召唤公子比，到了蔡邑，和吴国、越国的军队会合想袭击蔡邑。让公子比去见弃疾，和他在邓地结盟。于是他们就进入楚国都城杀了灵王的太子禄，扶立公子比做国君，公子子晳做令尹，弃疾做司马。先去清除王宫中灵王的亲信，观从跟着军队到了乾谿，向楚国的官兵宣布说："国家已经有了新王。先回去的，恢复其爵位封邑田地居室。后回去的就要被流放。"楚国官兵一听都逃散，离开灵王回国了。

灵王听说太子禄已经死了，在车下以头碰地，说："人家爱护儿子也像我这样吗？"侍从的人说："比这还厉害。"灵王说："我杀了太多别人家的儿子，能够不落到这个地步吗？"右尹说："请您到国都郊外去等待国中人们的选择。"灵王说："众人的愤怒不可去冒犯。"右尹说："暂且进入大的都邑去向诸侯们请求救兵。"灵王说："诸侯都已经叛离了。"右尹又说："暂且奔往诸侯国以便听从大国的安排。"灵王说："为君之大福不会再降临，只是自取其辱罢了。"这时灵王乘船想要进入鄢城。右尹估计灵王不会采纳他的计策，害怕和他一王不用其计，惧俱死，亦去王亡。

起去死，也离开灵王逃走了。

注释 1 僇(lù)：侮辱。 2 间(jiàn)：从中挑拨离间。 吴间：吴国间谍。 3 矫：诈称，假托。 4 司马：官名，掌管军队、军赋。 5 除王宫：驱除宫中的灵王亲信。 从师：跟从军队。 爵邑：爵位封邑。 迁：流放。 6 自投：以头碰地，表自责。 7 右尹：官名，次于令尹。此指子革。 郊：国都郊外。 听国人：听国人来选择、决断。 8 大县：《左传》作“大都”，指大的都邑，如陈、蔡、不羹、许、叶之属。 9 鄢：楚的别都，在今湖北宜城市东南。 10 度(duó)：推测，估计。

灵王于是独傍偟山中，野人莫敢入王。[1]王行遇其故铜人[2]，谓曰：“为我求食，我已不食三日矣。”铜人曰：“新王下法，有敢饷王从王者，罪及三族，且又无所得食。[3]”王因枕其股而卧。铜人又以土自代，逃去。王觉而弗见，遂饥弗能起。芋尹申无宇之子申亥曰：“吾父再犯王命，王弗诛，恩孰大焉！”[4]乃求王，遇王饥于釐泽，奉之以

灵王于是一个人徘徊在山野中，农夫们谁也不敢请他进入自己家中。灵王行走中遇见了他从前宫中负责清洁打扫的铜人，对他说：“替我找点食物来，我已经三日没有吃东西了。”铜人说：“刚就位的这位王下达命令，有敢于用食物款待灵王和跟从灵王的人，要诛灭三族，况且又没有地方可以找到食物。”灵王因而枕着铜人的大腿就睡下了。铜人又用土块垫上抽出大腿，逃去了。灵王醒来没有见到铜人，饿得站不起来。一位驱兽官员申无宇的儿子申亥说：“我父亲两次触犯灵王的命令，灵王都没有诛杀他，恩德没有比这更大的了！”就到处寻找灵王，在釐泽遇见了饥饿的灵王，把他扶到自己家中。夏天五月癸丑日，灵王死在申亥家中，申亥

归。夏五月癸丑，王死申亥家，申亥以二女从死，并葬之。[5]

让他的两个女儿为灵王殉死，将他们一并安葬了。

注释 1 傍偟：同“彷徨”，徘徊。 野人：农夫。 2 锔（juān）人：同“涓人”，宫廷中主管清洁打扫的人员。 3 新王：指公子比。 饷：用食物款待。 4 芋尹：官名，驱兽之官。 再犯王命：据《左传·昭公七年》，一为断王旌，楚为诸侯而使用周天子的旗帜，今断其超出规范的装饰部分。二为执人于章华之宫，宫成，“纳亡人以实之”，也收纳了申无宇家的有罪逃人。申无宇被拘执，据理力争后，楚王赦免了他。 5 癸丑：十五日。 死：《左传》作“缢”。 从死：用活人殉葬。《国语·吴语》：“王缢，申亥负王以归而土埋之其室。”没有二女从死事。

是时楚国虽已立比为王，畏灵王复来，又不闻灵王死，故观从谓初王[1]比曰：“不杀弃疾，虽得国，犹受祸。”王曰：“余不忍。”从曰：“人将忍王。”王不听，乃去。弃疾归。国人[2]每夜惊，曰：“灵王入矣！”乙卯夜，弃疾使船人从江上走呼曰：“灵王至矣！”[3]国人愈惊。又使曼成然告初王比及令尹子皙曰：“王至矣！国人将杀君，司马[4]将至矣！君蚤

这时楚国虽然已经扶立公子比做王，还是害怕灵王重新回来，又没有听说灵王死去，所以观从对刚就王位的比说：“不杀掉弃疾，即使得到了国家，还是会遭受祸患。”王说：“我不忍心杀他。”观从说：“人家将会忍心杀王。”王不听从，观从便离去了。弃疾回到国中。国都的人常常在夜晚惊恐，喊：“灵王进城了！”乙卯这天夜晚，弃疾派驾船人在江岸上边跑边喊，说：“灵王到了！”国都的人更加惊恐。又派曼成然告诉刚就王位的比和令尹子皙说：“君王到了！国都的人将会杀了你们，司马将要来到

自图，无取辱焉。众怒如水火，不可救也。”初王及子皙遂自杀。丙辰，弃疾即位为王，改名熊居，是为平王。[5]

平王以诈弑两王[6]而自立，恐国人及诸侯叛之，乃施惠百姓。复陈蔡之地而立其后如故，归郑之侵地。存恤[7]国中，修政教。吴以楚乱故，获五率[8]以归。平王谓观从：“恣[9]尔所欲。”欲为卜尹[10]，王许之。

初，共王有宠子五人，无适立，乃望祭群神，请神决之，使主社稷，而阴与巴姬埋璧于室内，召五公子斋而入。[11]康王跨之，灵王肘加之，子比、子皙皆远之。[12]平王幼，抱而入再拜，压纽[13]。故康王以长立，至其子失之；围为灵王，及身而弑；

了！你们早做打算，不要自取羞辱。众人的愤怒如同洪水大火，是不可救止的。”刚就位的王和子皙就自杀了。丙辰日，弃疾即位为王，改名叫熊居，这就是平王。

平王用欺诈手段弑杀两位君王而自立为王，恐怕国都的人和诸侯背叛他，就给百姓施加恩惠。他恢复了陈国、蔡国的土地，扶立他们的后代做国君，归还了侵占的郑国土地。在国内进行慰问救济，修明政治教化。吴国由于楚国内乱之故，俘获了楚国的五位将领回国了。平王对观从说，“你想要什么我都答应。”观从想做卜师官，平王答应了。

当初，共王宠爱的儿子有五个，没有嫡长子可以继位，就遥祭名山大川诸多神灵，请求神灵来决定，让哪位儿子掌管社稷，暗中和巴姬把祭神用过的一块璧埋在祖庙庭中，召唤五个儿子斋戒后进入祖庙。康王骑在璧的两边，灵王的手肘压在璧上，子比、子皙都离璧较远。平王年幼，抱着他进来跪了两拜，正好压在璧正中的鼻纽上。所以康王因为年长继位，到他儿子时就失掉了君位；公子围做了灵王，在当政时就被弑杀了；子比

子比为王十余日，子晳不得立，又俱诛。四子皆绝无后。唯独弃疾后立，为平王，竟续楚祀，如其神符[14]。

做王只有十几日，子晳没能继位，二人又都被诛杀。这四个儿子都没有后代。唯独弃疾最后继位，做了平王，终于接续了楚国的祭祀，正像神符所显示的那样。

注释 1 初王：子比即位后时间短，死后无谥，故曰“初王”。 2 国人：指国都中的贵族阶层。 3 乙卯：十七日。 灵王：“灵”为谥号，并上句，二“灵”字当衍。下句仅作“王”，是。 4 司马：此指弃疾。 5 丙辰：十八日。 熊居：楚太子或公子为王后多冠以“熊”字，因楚君之名多用“熊”。 平王：公元前528年—前516年在位。 6 两王：灵王、初王。 7 存恤：慰问救济。 8 五率：即“五帅”。率，通“帅”。五帅，去年率师伐徐国的五员将领：荡侯、潘子、司马督、嚣尹午、陵尹喜。 9 恣：听任，任凭。 10 卜尹：卜师，掌管卜筮的官。 11 適：通“嫡”，指嫡长子。 望祭：遥望而祭祀名山大川。 巴姬：共王之妾。 璧：望祭群神时所荐用之璧。 室：太室，即祖庙。《左传》作“大室之庭”。言“内”，欠明。 斋：斋戒。 12 跨之：即骑之，两足各跨璧一边。 远之：远离璧。 13 纽：即鼻。凡器物之隆起如鼻者皆谓之鼻。 14 神符：神灵赋予的统治天下的凭信，即上文所言跨之、肘加之、皆远之、压纽等事。

初，子比自晋归，韩宣子问叔向曰：“子比其济乎？”[1]对曰：“不就[2]。”宣子曰：“同恶相求，如市贾焉，何为不就？[3]”对曰：“无与同好，谁与同

当初，子比从晋国回来，韩宣子问叔向说：“子比将会成功吗？”叔向回答说：“不会成功。”宣子说：“臭味相合的人总在相互找寻，如同商人追逐利益一样，为什么不能成功？”叔向回答说：“一个人不能和别人一起做好事，那谁会同他去做坏事呢？取

恶?[4]取国有五难:有宠无人,一也;有人无主,二也;有主无谋,三也;有谋而无民,四也;有民而无德,五也。[5]子比在晋十三年矣,晋、楚之从不闻通者,可谓无人矣;族尽亲叛,可谓无主矣;无衅而动,可谓无谋矣;为羁终世,可谓无民矣;亡无爱征,可谓无德矣。[6]王虐而不忌[7],子比涉五难以弑君,谁能济之!有楚国者,其弃疾乎?君陈、蔡,方城外属焉。[8]苛慝不作,盗贼伏隐,私欲不违,民无怨心。[9]先神命之[10],国民信之。芈姓有乱,必季实立[11],楚之常也。子比之官,则右尹也;数其贵宠,则庶子也;以神所命,则又远之;民无怀焉,将何以立?"宣子曰:

得国家有五方面的困难:获得了宠爱但没有贤人辅佐,是一;有了贤人辅佐但宫内没有依靠的力量,是二;有了内部依靠的力量但又缺乏计谋,是三;有了计谋但又没有民众支持,是四;有了民众支持但自己又没有相应的德行,是五。子比在晋国十三年了,晋国、楚国跟随他的人中没听说哪位是贤达的,可谓是没有辅佐之人;家族被灭且亲人背叛,可谓是没有内部依靠的力量;没有可乘之机而妄自行动,可谓是没有计谋;一辈子客居在外,可谓是没有民众的支持;逃亡国外而没有被人惦念的迹象,可谓是没有德行。灵王虽然暴虐但还不忌刻,子比有五项困难而想弑杀国君,谁能使他成功呢?得到楚国的人,大概是弃疾吧?他做过陈、蔡地方的长官,方城以外都归附于他。他管辖的范围内没有发生过烦琐邪恶的事,盗贼都隐伏不见踪影,他虽有私欲而不违逆众意,民众没有怨恨之心。祖先神灵保佑他,国家民众相信他。芈姓凡是发生内乱,实际继位的一定是年纪最小的人,这是楚国的常规。论官职,子比不过是右尹;论贵宠,子比不过是庶子;论神命,子比离璧又很远;民众又不怀念他,他凭什么来继位?"

"齐桓、晋文不亦是乎?"对曰:"齐桓,卫姬之子也,有宠于釐公。[12]有鲍叔牙、宾须无、隰朋以为辅,有莒、卫以为外主,有高、国以为内主。[13]从善如流,施惠不倦。有国,不亦宜乎?昔我文公,狐季姬之子也,有宠于献公[14]。好学不倦。生十七年,有士五人,有先大夫子余、子犯以为腹心,有魏犨、贾佗以为股肱,有齐、宋、秦、楚以为外主,有栾、郤、狐、先以为内主。[15]亡十九年,守志弥笃[16]。惠、怀弃民[17],民从而与之。故文公有国,不亦宜乎?子比无施于民,无援于外,去晋,晋不送;归楚,楚不迎。何以有国!"子比果不终焉,卒立者弃疾[18],如叔向言也。

宣子说:"齐桓公、晋文公不也是这样吗?"叔向回答说:"齐桓公,是釐公之妾卫姬所生的儿子,受到了釐公的宠爱。有鲍叔牙、宾须无、隰朋等人为辅佐,有莒国、卫国作为外部的支援力量,有高氏、国氏为内部的依靠力量。他能迅速地采纳别人的正确意见,施加恩惠不知疲倦。他享有齐国,不也是应该的吗?从前我国文公,是狐季姬生的儿子,受到了献公的宠爱。他好学不知疲倦。十七岁时,就有五位贤士辅佐,有先大夫子余、子犯作为心腹,有魏犨、贾佗作为股肱之臣,有齐国、宋国、秦国、楚国作为外部支援的力量,有栾枝、郤縠、狐突、先轸等人作为内部依靠的力量。流亡在外十九年,坚守初志,更加专一。惠公、怀公抛弃民众,民众反过来和他亲和。所以文公得到国家,不也是应该的吗?子比没有给民众施加恩惠,在外部又没有援助力量,离开晋国,晋国不送别他;到楚国,楚国没有迎接他。他怎么能够得到国家?"子比果然没有好的结局,最终继位的人是弃疾,正像叔向所说的那样。

注释 1 韩宣子：韩起，晋国执政大臣。 叔向：羊舌肸(xī)，晋大夫。 济：成功。 2 就：成。 3 同恶：此指仇恨、厌恶灵王之人。 市贾(gǔ)：商人。《史记集解》引服虔曰："谓国人共恶灵王者，如市贾之人求利也。" 4 无与同好，谁与同恶：《史记集解》引服虔曰："言无党于内，当与谁共同好恶。" 5 宠：宠幸，宠爱。 人：指贤人。《史记集解》引杜预曰："宠须贤人而固。" 主：从下文看，主有内主、外主，当指可依靠的力量。《史记集解》引杜预曰："虽有贤人，当须内主为应。" 谋：策谋。 民：民众。 德：德行。《史记集解》引杜预曰："四者既备，当以德成之。" 6 从：跟从。 通：显达。 无主：无亲族在楚。 无衅：指楚未有大衅。衅，事端。 无民：没有民众支持。《史记集解》引杜预曰："终身羁客在于晋，是无民。"羁(jī)，停留。 无爱征：《史记集解》引杜预曰："楚人无爱念者。" 7 不忌：不忌刻。俞樾《春秋左传平议》："灵王虽暴虐，而尚不忌刻，观其赦芋尹无宇及使穿封戌为陈公二事，殊有君人之度。" 8 君陈、蔡：时穿封戌已死，弃疾并领陈、蔡。 方城：春秋时楚国所筑长城。北起今河南方城北，南至今泌阳东北。 属：归附。 9 苛：烦琐。 慝(tè)：邪恶。 违：指违礼。 10 先神命之：祖先之神已有命在先。此指上文再拜压纽事。 11 必季实立：最后登基的必然是先君最小的儿子。即上文所言"楚国之举常在少者"。季，排行最末，即"少"。 12 卫姬：齐釐公之妾。 釐公：桓公之父。 13 鲍叔牙：齐大夫。力荐管仲为相，助桓公成霸业。 宾须无：齐贤臣，桓公立为大行。 隰(xí)朋：齐大夫，桓公立为大司理。 莒(jǔ)：国名，在今山东莒县，桓公曾避难于此。 卫：国名。《史记集解》引杜预曰："卫有舅氏之助。" 高、国：高氏、国氏，均齐上卿。 14 献公：晋献公，文公之父。 15 五人：据《左传》，指从亡之狐偃、赵衰、颠颉、魏武子、司空季子。 子余：即赵衰。 子犯：即狐偃。 魏犨(chōu)：魏武子。 贾佗：文公旧臣，尝从亡。 栾、郤、狐、先：指栾枝、郤縠、狐突、先轸，均晋大夫。 16 弥笃：更加深厚。 17 惠、怀：指晋惠公、怀公父子。 18 卒立者弃疾：《史记正义》引《左传》云："获神，一也；有民，二也；令德，三也；宠贵，四也；居常，五也。有五利以去五难，谁能害之！”又引杜预云：“获神，当璧拜也；有民，民信也；令德，无苛慝也；宠贵，妃子也；居常，弃疾季也。”

平王二年，使费无忌如秦为太子建取妇[1]。妇好，来，未至，无忌先归，说平王曰：“秦女好，可自娶，为太子更求。”[2]平王听之，卒自娶秦女，生熊珍。[3]更为太子娶。是时伍奢为太子太傅，无忌为少傅。[4]无忌无宠于太子，常谗恶太子建。建时年十五矣，其母蔡女也，无宠于王，王稍益疏外建也[5]。

六年，使太子建居城父，守边。无忌又日夜谗太子建于王曰：“自无忌入秦女，太子怨，亦不能无望于王，王少自备焉。[6]且太子居城父，擅[7]兵，外交诸侯，且欲入矣。”平王召其傅伍奢责之。伍奢知无忌谗，乃

平王二年，派费无忌到秦国去给太子建娶媳妇。太子的媳妇长得很漂亮，已经在去楚国的路上了，但还没有到达，无忌先回来了，劝告平王说：“那个秦国女子很漂亮，您可以自己娶了，给太子另外找一个。”平王听从，自己娶了那个秦国女子，生下了熊珍。另外给太子娶妻。这时伍奢做太子太傅，无忌做少傅。无忌没有得到太子的宠信，常常诋毁太子建。建这时十五岁了，他母亲是蔡国女子，不受平王宠爱，平王逐渐疏远了太子建。

六年，派太子建居住在城父，守护边塞。无忌又日夜在平王面前说太子建的坏话：“自从无忌迎来秦国女子，太子怨我，也不能不怨恨君王，君王要稍微有所戒备。而且太子居住在城父，专掌兵权，对外和诸侯结交，还想进入国都。”平王召太子的太傅伍奢来进行责备。伍奢知道是无忌说了太子的

曰:“王柰何以小臣[8]疏骨肉?”无忌曰:“今不制[9],后悔也。”于是王遂囚伍奢。乃令司马奋扬召[10]太子建,欲诛之。太子闻之,亡奔宋。

坏话,就说:“君王为什么听小臣的话来疏远自己的骨肉呢?”无忌说:“如今不加制止,日后一定会后悔的。”这时平王就把伍奢囚禁起来。平王又命令司马奋扬去召唤太子建,想杀了他。太子听说了,逃往宋国。

注释 1 费无忌:《左传》作“费无极”,楚大夫。 太子建:弃疾聘于蔡国时,和蔡之郧(yún)邑女姘居所生。 取:通“娶”。 2 好:长得漂亮。 说(shuì):劝说。 3 秦女:嬴氏。 珍:《史记志疑》以为当作“轸”。事在“六年”,非“二年”。 4 伍奢:楚大夫。 太子太傅、少傅:教导、辅佐太子的官。《左传》说伍奢为师,无忌为少师。 5 稍:逐渐。 疏外:疏远。 6 望:怨恨。 少:稍,略微。 7 擅:专,独揽。 8 小臣:意为小人。 9 制:制服,制住。 10 召:召唤。《左传》言平王派司马奋扬杀太子,司马奋扬遣人通知太子离去。

无忌曰:“伍奢有二子,不杀者,为楚国患。盍[1]以免其父召之,必至。”于是王使使谓奢:“能致二子则生,不能将死。”奢曰:“尚至,胥不至。[2]”王曰:“何也?”奢曰:“尚之为人,廉,死节,慈孝而仁,闻召而免父,必至,不顾其死。胥之

无忌说:“伍奢有两个儿子,不杀掉他们,他们会成为楚国的祸患。何不用免除他父亲的死召唤他们,他们一定会来。”于是平王派人对伍奢说:“你能够招你的两个儿子来就能活,不能就得死。”伍奢说:“伍尚会来,伍子胥不会来。”平王问:“为什么?”伍奢说:“伍尚的为人,很廉洁,能死于节义,慈爱孝敬而有仁心,听说召唤去了可免除父

为人，智而好谋，勇而矜[3]功，知来必死，必不来。然为楚国忧者必此子。”于是王使人召之，曰：“来，吾免尔父。”伍尚谓伍胥曰：“闻父免而莫奔，不孝也；父戮莫报，无谋也；度能任事，知也。子其行矣，我其归死。”伍尚遂归。伍胥弯弓属[4]矢，出见使者，曰：“父有罪，何以召其子为？”将射，使者还走。遂出奔吴。伍奢闻之，曰：“胥亡，楚国危哉！”楚人遂杀伍奢及尚。

亲被杀，一定会到来，不顾忌自己的生死。伍子胥的为人，智慧并喜好谋略，勇敢并夸耀功劳，知道来了一定会被杀，一定不会来。然而会成为楚国忧患的一定是这个孩子。”于是平王派人召唤他们，说：“你们来，我就免除你们的父亲的罪过。”伍尚对伍胥说：“听说父亲可以免除被杀而没有人前去，是不孝；父亲被杀戮而将来没有人报仇，是没有谋略；估计能力来承担工作，是明智的表现。你还是逃走，我去领死。”伍尚就回国都。伍子胥张着弓搭上箭，出来面见使者，问道：“父亲有罪，为什么要召唤他的儿子？”将要射箭，使者转身就跑。伍子胥于是逃往吴国。伍奢听到后，说：“子胥逃亡，楚国就要危险呀！”楚国人就杀死了伍奢和伍尚。

十年，楚太子建母在居巢，开吴。[5]吴使公子光伐楚，遂败陈、蔡，取太子建母而去。楚恐，城郢。

十年，楚国太子建的母亲住在居巢，给吴国开启了城门。吴国派公子克攻打楚国，就打败了陈国、蔡国，取得太子建的母亲以后离去。楚国恐惧，修筑郢城的城池。

初，吴之边邑卑梁与楚边邑钟离小童争桑，两家交怒相攻，灭卑梁人。卑梁大夫[6]怒，发邑兵攻钟离。楚王闻之，怒，发国

当初，吴国的边邑卑梁和楚国的边邑钟离的小孩争夺桑叶，两家都发怒而导致格斗，结果卑梁人一家被灭族。卑梁的大夫大怒，出动

兵灭卑梁。吴王闻之,大怒,亦发兵,使公子光因[7]建母家攻楚,遂灭钟离、居巢。楚乃恐而城郢。

邑兵进攻钟离。楚王听说了,很生气,出动国家军队灭了卑梁。吴王听说了,大发雷霆,也出动军队,派公子光依靠建的母亲为内应进攻楚国,就灭掉了钟离、居巢。楚国就是因为恐惧才修筑郢都城池的。

十三年,平王卒。将军子常[8]曰:"太子珍少,且其母乃前太子建所当娶也。"欲立令尹子西。子西,平王之庶弟也,有义。子西曰:"国有常法,更立则乱,言之则致诛。"乃立太子珍,是为昭王[9]。

十三年,平王去世。将军子常说:"太子珍年纪小,而且他的母亲是以前的太子建所应当娶的。"想扶立令尹子西。子西,是平王的庶弟,很讲道义。子西说:"国家有常规法度,变更继位人就会内乱,再提这件事就要招致杀身之祸。"于是扶立太子珍,这就是昭王。

注释 1 盍:何不。 2 尚:伍尚。 胥:伍子胥。 3 矜:夸耀。 4 属(zhǔ):连接。此指搭上。 5 居巢:楚邑名,在今安徽合肥市西北。《左传》作"建母在郹"。 开:此指开启城门。 6 大夫:此指地方行政长官。 7 因:凭借,依靠。 8 将军子常:《左传》作"令尹子常"。子常,名囊瓦,时为楚国令尹。 9 昭王:公元前515年—前489年在位。

昭王元年,楚众不说费无忌,以其谗亡太子建,杀伍奢子父与郤宛[1]。宛之宗姓伯氏[2]子嚭及子胥皆奔吴,吴兵数侵楚,楚人怨无忌

昭王元年,楚国民众不喜欢费无忌,因为他进谗言而使得太子建逃亡,还杀害了伍奢父子和郤宛。和郤宛宗族同姓的伯氏的儿子嚭和子胥都奔往吴国,吴兵多次侵犯楚国,楚国人非常怨恨无忌。楚国令尹子常诛杀了无忌来取悦民众,民众这才高兴。

甚。楚令尹子常诛无忌以说众，众乃喜。

四年，吴三公子奔楚，楚封之以捍吴。[3] 五年，吴伐取楚之六、潜。

七年[4]，楚使子常伐吴，吴大败楚于豫章。

十年冬，吴王阖闾、伍子胥、伯嚭与唐、蔡俱伐楚，楚大败，吴兵遂入郢，辱平王之墓，以伍子胥故也。[5] 吴兵之来，楚使子常以兵迎之，夹汉水阵[6]。吴伐败子常，子常亡奔郑。楚兵走，吴乘胜逐之，五战及郢。己卯[7]，昭王出奔。庚辰[8]，吴人入郢。

四年，吴国的三位公子逃奔到楚国，楚国封给他们田土以便防御吴国。五年，吴国攻打并夺取了楚国的六邑、潜邑。

七年，楚国派子常攻打吴国，吴国在豫章地区把楚国打得大败。

十年冬天，吴王阖闾、伍子胥、伯嚭和唐国、随国一起攻打楚国，大败楚国，吴兵就进入郢都，羞辱了平王的坟墓，这是因为伍子胥要报仇的缘故。吴兵来的时候，楚国派子常领兵去迎战，与吴兵在汉水两岸摆开阵势。吴国打败了子常，子常逃奔郑国。楚兵逃跑，吴国乘胜追逐，双方五次交战后吴兵到达了郢都。己卯日，昭王逃出国都。庚辰日，吴国人进入郢都。

注释　1 郤宛：即子恶，楚国左尹。为人正直而温和，费无忌毁谤他，令尹子常受贿信谗，尽灭郤氏之族党。　2 伯氏：指伯嚭一族。《史记志疑》："郤宛与伯氏不同族。"　3 三公子："三"当作"二"。二公子奔楚，指公子盖余奔徐，公子烛庸奔钟离。　捍：捍卫、抵御。　4 七年：事在"八年"。　5 伯嚭(pǐ)：亦作"伯嚭"。伯州犁之孙，时为吴太宰。　唐：国名，在今湖北省随州市西北。　楚大败，吴兵遂入郢：是为柏(bó)举之战，吴五战五胜，才到达楚都郢城。　辱：羞辱。指此伍子胥掘墓鞭平王尸三百。　6 夹汉水阵：楚子常听信大夫史皇的建议企图速战速决，故渡汉水,自小别山至于大别山,最后在大别山西侧的柏举交战。 7 己卯:十一月二十七日。 8 庚辰:十一月二十八日。

昭王亡也,至云梦。云梦不知其王也,射伤王。王走郧。郧公[1]之弟怀曰:“平王杀吾父,今我杀其子,不亦可乎?”郧公止之,然恐其弑昭王,乃与王出奔随。吴王闻昭王往,即进击随,谓随人曰:“周之子孙封于江汉之间者,楚尽灭之。”[2]欲杀昭王。王从臣子綦乃深匿王[3],自以为王,谓随人曰:“以我予吴。”随人卜予吴,不吉,乃谢吴王曰:“昭王亡,不在随。”[4]吴请入自索[5]之,随不听,吴亦罢去。

昭王逃亡,到达云梦地带。云梦的人不知道他是国王,射伤了昭王。昭王逃至郧邑。郧邑大夫的弟弟斗怀说:“平王杀了我们的父亲,如今我杀了他的儿子,难道不可以吗?”郧邑大夫制止他,可还担心他会弑杀昭王,就和昭王出奔到随国。吴王听说昭王去了那里,立即进兵攻击随国,对随国人说:“周封在长江、汉水一带的子孙,楚国把他们全都灭了。”想要随国人杀死昭王。昭王的从臣子綦就把昭王深藏起来,自己着衣饰装扮成昭王,对随国人说:“把我交给吴国。”随国人占卜把昭王给吴国,不吉利,就谢绝吴王说:“昭王逃走了,不在随国。”吴国请求进城自己搜索,随国不答应,吴国也就罢兵离去了。

昭王之出郢也,使申包胥[6]请救于秦。秦以车五百乘[7]救楚,楚亦收余散兵,与秦击吴。十一年六月,败吴于稷。会吴王

昭王逃出郢都,派申包胥到秦国去请求援救。秦国调五百乘车援救楚国,楚国也收集余下的散兵,和秦国攻击吴国。十一年六月,在稷地打败吴国。正碰上吴王的弟弟夫概见吴王兵败,就逃回国内,自立为

弟夫概见吴王兵伤败，乃亡归，自立为王。阖闾闻之，引兵去楚，归击夫概。夫概败，奔楚，楚封之堂谿，号为堂谿氏。楚昭王灭唐。九月，归入郢。

十二年，吴复伐楚，取番。楚恐，去郢，北徙都鄀[8]。

王。阖闾听说后，领兵离开楚国，回国攻击夫概。夫概失败，逃奔到楚国，楚国封他在堂谿邑，称作堂谿氏。楚昭王灭掉了唐国。九月，回到郢都。

十二年，吴国再次攻打楚国，取得了番邑。楚国恐惧，离开郢都，向北迁都于鄀。

注释　1 郧公：郧邑大夫，蔓成然之子斗辛。蔓成然，楚平王在其元年将其杀害。 2 按：《左传·僖公二十八年》云："汉阳诸姬，楚实灭之。"吴、随都是姬姓，故有此语。 3 子綦(qí)：昭王之兄公子结，面貌似王。 匿：隐藏。 4 谢：谢绝。 昭王：此处并上文二"昭王"，当作"楚王"。 5 索：搜索。《左传》不记自索事。 6 申包胥：楚大夫，楚武王之兄蚡冒之裔。申，食邑在申，故以申为氏。包胥，其字。 7 五百乘：一车十卒之制，五千人。 8 鄀(ruò)：楚邑名，一名鄢郢，在今湖北宜城市东南。

十六年，孔子相鲁。二十年，楚灭顿，灭胡。[1] 二十一年，吴王阖闾伐越。越王句践射伤吴王，遂死。吴由此怨越而不西伐楚。

二十七年春，吴伐陈，楚昭王救之，军城父。十月，昭王病于军中，有赤云如鸟，夹日而蜚。昭王问

十六年，孔子担任鲁国国相。二十年，楚国灭了顿国，灭了胡国。二十一年，吴王阖闾攻打越国。越王句践射伤了吴王，他因此死去了。吴国从此仇恨越国，不再向西攻打楚国了。

二十七年春天，吴国攻打陈国，楚昭王去援救，驻军城父。十月，昭王在军中病倒，有块赤色的云彩像鸟，夹着太阳飞。昭王去问周太史，

周太史[2]，太史曰："是害于楚王，然可移于将相。"将相闻是言，乃请自以身祷于神。昭王曰："将相，孤之股肱也，今移祸，庸去是身乎！"弗听。卜而河为祟[3]，大夫请祷河。昭王曰："自吾先王受封，望[4]不过江、汉，而河非所获罪也。"止不许。孔子在陈，闻是言，曰："楚昭王通[5]大道矣，其不失国，宜哉！"

昭王病甚，乃召诸公子大夫曰："孤不佞，再辱楚国之师，今乃得以天寿终，孤之幸也。[6]"让其弟公子申为王，不可。又让次弟公子结，亦不可。乃又让次弟公子闾，五让，乃后许为王。将战，庚寅[7]，昭王卒于军中。子闾曰："王病甚，舍其子让群臣，臣所以许王，以广[8]王意也。今君王卒，臣岂敢忘

太史说："这对楚王有危害，然而可以把祸患转移给将相。"将相们听说这话，就请求以自己为牺牲向神祷告。昭王说："将相，就像我的大腿和胳膊，如今把祸患转移给他们，难道祸患就会离开我的身体吗？"不同意。占卜说是河神作怪，大夫请求向河神祈祷。昭王说："自从我的先王受封以来，祭祀山川不过长江、汉水，我不曾得罪过黄河神。"制止他们，不允许祭黄河神。孔子在陈国，听说了这些话，说："楚昭王是通晓大义啊，他不失去国家，是应该的！"

昭王病得很严重，就召各位公子和大夫来说："我没有才能，使楚国军队再次遭受失败，如今能够享受天年后死去，是我的幸运。"把君位让给他的弟弟公子申，公子申不接受。又让给次弟公子结，公子结也不接受。又让给次弟公子闾，他五次推让以后，才最后答应做国君。将要开战，庚寅日，昭王在军中去世。子闾说："大王病得很厉害，才舍弃自己的儿子把君位让给各位臣子，我之所以答应王，是为了使他心安。如今大王已去世，我难道敢忘

君王之意乎!"乃与子西、子綦谋,伏师闭涂,迎越女之子章立之,是为惠王。[9]然后罢兵归,葬昭王。

掉君王的心意吗?"就与子西、子綦谋划,秘密转移军队,封闭道路不让消息外传,迎接越国女子所生的儿子熊章而立之,这就是惠王。然后罢兵回国,安葬昭王。

注释 1 顿:国名,姬姓,在今河南项城稍西之南顿故城。 灭胡:事在昭王二十一年。 2 周太史:周王室之太史官州黎。城父距王城近,故至问之。《说苑·君道篇》云:"昭王患之,使人乘驲(rì,传车),东而问诸太史州黎。" 3 祟(suì):古谓鬼怪祸害人。 4 望:望祭,遥祭山川之神。 5 通:通晓,明白。 6 佞(nìng):才,有才能。 再辱:指八年败于豫章,十年败于柏举,弃郢出奔。 天寿:天年。 7 庚寅:七月十六日。上文"十月",当作"七月"。 8 广:宽慰。 9 伏师:《左传》作"潜师",秘密转移师旅。 闭涂:封闭道路,不使己情外泄。 越女:越王句践之女。 章:熊章。 惠王:公元前488年—前432年在位。其十四年,即周元王元年,公元前475年,为战国时期之始。

惠王二年,子西召故平王太子建之子胜于吴,以为巢大夫,号曰白公。[1]白公好兵而下士,欲报仇。六年,白公请兵令尹子西伐郑。初,白公父建亡在郑,郑杀之,白公亡走吴,子西复召之,故以此怨郑,欲伐之。子西许而未为发兵。

惠王二年,子西从吴国召从前平王太子建的儿子胜回国,让他做巢地大夫,称为白公。白公喜好兵事并能礼贤下士,想报家仇。六年,白公向令尹子西请求领兵去攻打郑国。当初,白公的父亲建逃亡到郑国,郑国杀了他,白公逃亡到吴国,子西又召回了他,因此白公怨恨郑国,想去攻打。子西答应了,但没有派军给他。

八年，晋伐郑，郑告急楚，楚使子西救郑，受赂而去。[2] 白公胜怒，乃遂与勇力死士石乞等袭杀令尹子西、子綦于朝，因劫惠王，置之高府，欲弑之。[3] 惠王从者屈固负王亡走昭王夫人[4] 宫。白公自立为王。[5] 月余，会叶公来救楚，楚惠王之徒与共攻白公，杀之。[6] 惠王乃复位。是岁也，灭陈而县之。

十三年，吴王夫差强，陵齐、晋，来伐楚。十六年，越灭吴。四十二年，楚灭蔡。四十四年，楚灭杞。与秦平。是时越已灭吴，而不能正江、淮北；楚东侵，广地至泗上。[7]

五十七年，惠王卒，子简王[8] 中立。

八年，晋国攻打郑国，郑国向楚国告急，楚国派子西援救郑国，子西接受贿赂后就离开了郑国。白公胜发怒，于是就和敢死的勇士石乞等人袭击朝堂杀死了令尹子西、子綦，并劫持了惠王，将他安置于高府中，想要弑杀他。惠王的侍从屈固背起惠王逃到昭王夫人的宫中。白公自立为王。一个多月后，正碰上叶公来援救楚国，楚惠王的徒属和叶公一起进攻白公，杀死了他。惠王复位。这一年，楚国灭掉了陈国，把它设为县。

十三年，吴王夫差强大起来，欺凌齐国、晋国，来攻打楚国。十六年，越国灭掉了吴国。四十二年，楚国灭了蔡国。四十四年，楚国灭了杞国。同年，与秦国讲和。这时越国已经灭了吴国，但不能管辖长江、淮水以北地区；楚国向东侵犯，扩展国土到达了泗水之滨。

五十七年，惠王去世，儿子简王中继位。

注释　**1** 巢：殷商旧国，偃姓，在今安徽安庆市北。公元前518年，楚平王十一年已为吴所灭，不当属楚。《左传·哀公十六年》载，“召之，使处吴境为白公”,即召唤胜回国,将他封在吴楚交界之地,称为白公。吴境,指楚与吴接界之境,实为邻近吴国。 白公:白邑之长。楚号邑之长为尹为公。 **2** 八年:晋伐郑在“九年”。 受赂:非,为“与之盟”。 **3** 白公之乱应在惠王十年,非惠王八年。 高府:府名,楚别府。 **4** 昭王夫人:惠王母,越女。 **5** 《史记志疑》:“白公未尝为王。” **6** 叶公:子高,即沈诸梁。 杀之:《左传》作“奔山而缢”。 **7** 正:长,管辖。 泗上:泗水之滨。 **8** 简王:名中(zhòng),公元前431年—前408年在位。

简王元年,北伐灭莒[1]。八年,魏文侯、韩武子、赵桓子始列为诸侯。[2]

二十四年,简王卒,子声王[3]当立。声王六年,盗杀声王,子悼王[4]熊疑立。悼王二年,三晋[5]来伐楚,至乘丘而还。四年,楚伐周[6]。郑杀子阳[7]。九年,伐韩,取负黍。十一年,三晋伐楚,败我大梁、榆关。楚厚赂秦,与之平。二十一年,悼王卒,子肃王[8]臧立。

肃王四年,蜀伐楚,取兹方。于是楚为扞关以距之。十年,魏取我鲁阳。十一年,肃王卒,无子,立其

简王元年,往北攻打莒国。八年,魏文侯、韩武子、赵桓子开始被列为诸侯。

二十四年,简王去世,儿子声王当继位。声王六年,强盗杀死了声王,儿子悼王熊疑继位。悼王二年,三晋前来攻打楚国,到乘丘之后回去了。四年,楚国攻打郑国。郑国杀了国相子阳。九年,攻打韩国,夺取了负黍。十一年,三晋攻打楚国,在大梁、榆关打败我国。楚国用厚礼贿赂秦国,和他讲和。二十一年,悼王去世,儿子肃王臧继位。

肃王四年,蜀国攻打楚国,夺取了兹方。这时楚国修筑扞关来防御蜀国。十年,魏国夺取了我国的鲁阳。十一年,肃王去世,没有儿子,他的弟弟熊良夫被扶立为

弟熊良夫,是为宣王[9]。

宣王六年,周天子贺秦献公。秦始复强,而三晋益大,魏惠王、齐威王尤强。三十年,秦封卫鞅于商,南侵楚。是年,宣王卒,子威王[10]熊商立。

君,这就是宣王。

宣王六年,周天子祝贺秦献公。秦国开始重新强盛,而三晋更加壮大,魏惠王、齐威王尤其强大。三十年,秦国把卫鞅封在商邑,向南侵犯楚国。这一年,宣王去世,儿子威王熊商继位。

注释 1 莒(jǔ):国名,在今山东莒县。 2 按:三家皆初立,魏、韩、赵列为诸侯在楚声王五年,后此二十二年。 3 声王:公元前407年—前402年在位。 4 悼王:公元前401年—前381年在位。 5 三晋:指魏、韩、赵。有时可能指其中一国。 6 周:《史记志疑》以为,此处应为“郑”,是。 7 子阳:郑国相。 8 肃王:公元前380年—前370年在位。 9 宣王:公元前369年—前340年在位。 10 威王:公元前339年—前329年在位。

威王六年,周显王致文武胙[1]于秦惠王。

七年,齐孟尝君父田婴欺楚[2],楚威王伐齐,败之于徐州,而令齐必逐田婴。田婴恐,张丑伪谓楚王曰:“王所以战胜于徐州者,田肦子[3]不用也。肦子者,有功于国,而百姓为之用。婴子弗善而用申纪。申纪者,大臣不附,

威王六年,周显王把祭祀周文王、武王的祭肉送给秦惠王。

七年,齐国孟尝君的父亲田婴欺侮楚国,楚威王攻打齐国,在徐州打败了齐国,而令齐国一定要驱逐田婴。田婴恐惧,门客张丑假装为楚国着想而对楚王说:“大王能够在徐州取得战争胜利,是因为田肦子没有被重用。肦子,有功于国家,百姓愿意为他出力。婴子对他不好,就用了申纪。申

百姓不为用,故王胜之也。今王逐婴子,婴子逐,盼子必用矣。复搏[4]其士卒以与王遇,必不便于王矣。”楚王因弗逐也。

十一年,威王卒,子怀王[5]熊槐立。魏闻楚丧,伐楚,取我陉山。

怀王元年,张仪始相秦惠王。四年,秦惠王初称王。六年,楚使柱国[6]昭阳将兵而攻魏,破之于襄陵,得八邑。又移兵而攻齐,齐王患之。陈轸适为秦使齐,齐王曰:“为之柰何?”陈轸曰:“王勿忧,请令罢之。”即往见昭阳军中,曰:“愿闻楚国之法,破军杀将者何以贵之?”昭阳曰:“其官为上柱国,封上爵执珪[7]。”陈轸曰:“其有贵于此者乎?”昭阳曰:“令尹。”陈轸曰:“今君已为令尹矣,此国冠之上[8]。

纪,大臣们不归附他,百姓不愿为他出力,所以大王就战胜了齐国。如今大王驱逐婴子,婴子被驱逐,盼子必定会得到任用。如果齐国再重整士卒与大王作战,一定会对大王不利。”楚王因此不要求驱逐田婴了。

十一年,威王去世,儿子怀王熊槐继位。魏国听说楚国有丧事,攻打楚国,夺取了我国陉山。

怀王元年,张仪开始做秦惠王的国相。四年,秦惠王开始称王。六年,楚国派柱国将军昭阳统兵进攻魏国,在襄陵打败了魏国,夺得八座城邑。又移兵去进攻齐国,齐王十分担心。陈轸恰好替秦国出使到齐国,齐王说:“怎么对付楚国?”陈轸说:“君王不要忧愁,请允许我去让它罢兵。”他随即前去军营中会见昭阳,说:“我想听听楚国的制度,怎么奖赏有破军杀将功劳的人而使他尊贵呢?”昭阳说:“让他官居上柱国,封给执珪的上等爵位。”陈轸说:“还有比这更尊贵的赏赐吗?”昭阳说:“就是令尹。”陈轸说:“如今您已经做了令尹,这是国家官位中最高的。请允许我打个比方。

臣请得譬之。人有遗其舍人一卮酒者[9],舍人相谓曰:‘数人饮此,不足以遍,请遂画地为蛇,蛇先成者独饮之。’一人曰:‘吾蛇先成。’举酒而起,曰:‘吾能为之足。’及其为之足,而后成人夺之酒而饮之,曰:‘蛇固无足,今为之足,是非蛇也。’今君相楚而攻魏,破军杀将,功莫大焉,冠之上不可以加矣。今又移兵而攻齐,攻齐胜之,官爵不加于此;攻之不胜,身死爵夺,有毁于楚:此为蛇为足之说也。不若引兵而去以德齐,此持满之术也。[10]”昭阳曰:“善。”引兵而去。燕、韩君初称王。秦使张仪与楚、齐、魏相会,盟齧桑。

有人赠送一杯酒给他的舍人们,舍人们商量说:‘几个人饮这一杯酒,不能让每个人都喝到,不如就在地上画蛇,先画成蛇的人单独饮这杯酒。’有一个人说:‘我先画成了蛇。’端起酒站起来又说:‘我还能替蛇添上脚。’等他给蛇画完了脚,后于他画成蛇的人把酒夺过去一饮而尽,说:‘蛇本来就没有脚,现在你替它画上脚,这就不是蛇了。’现在您做楚的国相来进攻魏国,破军杀将,没有什么功劳比这还大,但官位已是最高而不可能再升了。现在您又移兵来进攻齐国,进攻齐国胜利了,官职爵位不能比现在增加什么;进攻要是不能取胜,则会使自己死亡且爵位被夺,也毁坏了楚国的声誉:这等于说是画蛇添足。不如领兵离去施德于齐国,这是始终处于鼎盛的策略。”昭阳说:“很好。”就领兵回国了。燕、韩的国君开始称王。秦国派张仪和楚国、齐国、魏国相会,在齧桑订立盟约。

注释　1 文武胙:祭祀周文王、武王的祭肉。　2 欺楚:《史记集解》引徐广曰:“时楚已灭越而伐齐也。齐说越,令攻楚,故云齐欺楚。”　3 盼子:

田婴之同族。 4 搏:《战国策》作“整”,整顿。 5 怀王:公元前328年—前299年在位。 6 柱国:楚官名,也称上柱国,最高武官,地位仅次令尹。 7 执珪:爵位名,或称“上执珪”,为楚国最高爵位。 8 国冠之上:国家官位中最高的。《史记索隐》:“令尹乃尹中最尊,故以国为言,犹如卿子冠军然。” 9 遗(wèi):赠送。 卮(zhī):酒器。 10 德:施恩惠。 持满:谓处于最高的地位。

十一年,苏秦约从山东六国共攻秦,楚怀王为从长。[1] 至函谷关,秦出兵击六国,六国兵皆引而归,齐独后。[2] 十二年,齐湣王伐败赵、魏军,秦亦伐败韩[3],与齐争长。

十六年,秦欲伐齐,而楚与齐从亲[4],秦惠王患之,乃宣言张仪免相,使张仪南见楚王,谓楚王曰:“敝邑之王所甚说者无先大王,虽仪之所甚愿为门阑之厮者亦无先大王。[5] 敝邑之王所甚憎者无先齐王,虽仪之所甚憎者亦无先齐王。而大王和之,是以敝邑之王不得事王,而令仪亦不得为门阑

十一年,苏秦约崤山以东的六国合纵共同进攻秦国,楚怀王做纵长。到了函谷关,秦国出兵袭击六国,六国的军队都被率领回国了,齐军独自在最后。十二年,齐湣王进攻打败了赵国、魏国军队,秦国也进攻打败了韩国,和齐国争强。

十六年,秦国想攻打齐国,而楚国和齐国合纵亲善,秦惠王很担心,就扬言免去张仪的相位,派张仪南去见楚王,对楚王说:“敝国的君王最喜欢的人没有谁能超过大王,即使是我张仪最愿意为别人做看守门户这等贱役的也没有谁能超过大王。敝国的君王最憎恨的人没有谁能超过齐王,即使是我张仪最憎恨的人也没有谁能超过齐王。但是大王与他亲善友好,这使敝国君王不能侍奉大王,使我张仪也不能替您做看守门户的贱役。

之断也。王为仪闭关而绝齐，今使使者从仪西取故秦所分楚商於之地方六百里，如是则齐弱矣。[6]是北弱齐，西德于秦，私商於以为富，此一计而三利俱至也。”怀王大悦，乃置相玺于张仪，日与置酒，宣言“吾复得吾商於之地”。群臣皆贺，而陈轸独吊[7]。怀王曰：“何故？”陈轸对曰：“秦之所为重王者，以王之有齐也。今地未可得而齐交先绝，是楚孤也。夫秦又何重孤国哉，必轻楚矣。且先出地而后绝齐，则秦计不为。先绝齐而后责地，则必见欺于张仪。[8]见欺于张仪，则王必怨之。怨之，是西起秦患，北绝齐交。西起秦患，北绝齐交，则两国之兵必至。臣故吊。”楚王弗听，

您听我的意见封闭边境关塞断绝和齐国的交往，现在就可以派使者跟从张仪往西取得从前秦国从楚国割去的方圆六百里的商於地区，那么齐国就会削弱了。这样北边削弱了齐国，西边给秦国施加了恩惠，自己又享有了商於地区作为财富，这个计谋能得到三方面的好处。”怀王非常高兴，就置备了相印给张仪，日日给他置办酒宴，宣扬说“我重新得到了商於之地”。群臣都来道贺，只有陈轸独自悲伤。怀王说：“什么缘故？”陈轸回答说：“秦国这样看重大王的原因，是由于楚国与齐国亲善。如今土地还没有得到就先和齐国绝交，这样楚国就被孤立了。到时秦国又何必看重一个孤立的楚国呢，一定会轻视楚国。如果先让秦国交出土地而后楚国与齐国断交，那样秦国的计谋就不会成功。如果先和齐国绝交然后去求土地，就一定要被张仪欺骗。被张仪所欺骗，那么大王一定会怨恨秦国。一旦怨恨，西边会引发与秦国的兵祸，北边又断绝了与齐国的交好。在西边引发与秦国的兵祸，在北边断绝了与齐国的交好，那么韩、魏两国的军队一定会到来。我因此而悲伤。”楚王不听从，派一名将军往西

因使一将军西受封地。

去接受封地。

注释 1 从：通“纵”。《史记志疑》：“是时苏秦已死四年，约六国以伐秦者李兑也，《国策》甚明，此误，《古史》及《西溪丛语》已纠之。” 从长：六国合纵之长。 2 《史记志疑》：“与秦战者惟韩、赵，韩、赵破而四国不战引归，此非事实。” 3 败韩：当为“败韩、赵”，此缺“赵”字。 4 从亲：合纵亲善。 5 敝邑：谦称自己的国家。 说：通“悦”。 门阑：门框。 厮：厮役，指服贱役的人。 6 闭关：封闭边界的关塞。 商於(wū)：地区名，在今从陕西商洛市商州区到河南淅川县之间丹水北岸范围内，原为楚地，后属秦。 方：或指方圆，或指纵横。 7 吊：伤痛，怜悯。 8 责：责求，索取。 见：被。

张仪至秦，详[1]醉坠车，称病不出三月，地不可得[1]。楚王曰：“仪以吾绝齐为尚薄[2]邪？”乃使勇士宋遗北辱齐王。齐王大怒，折楚符[3]而合于秦。秦齐交合，张仪乃起朝，谓楚将军曰：“子何不受地？从某至某，广袤六里。”[4]楚将军曰：“臣之所以见命[5]者六百里，不闻六里。”即以归报怀王。怀王大怒，兴师将伐秦。陈轸又曰：“伐

张仪到了秦国，假装酒醉坠落在车下，称说有病三个月不出门，楚国无法得到土地。楚王说：“张仪会认为我和齐国绝交还不彻底吗？”就派勇士宋遗北上去辱骂齐王。齐王非常愤怒，折断楚国的符信而和秦国联合。秦国与齐国交好联合，张仪才起身上朝，对楚国将军说：“您为什么不接受土地？从某地到某地，长宽各六里。”楚国将军说：“我所接受的命令是接收六百里土地，没有听说是六里。”就把这一情况回去报告怀王。怀王非常愤怒，准备兴师攻打秦国。陈轸又说：“攻打秦国不是办法。不如借此赠送给

秦非计也。不如因赂之一名都，与之伐齐，是我亡于秦，取偿于齐也，吾国尚可全。[6]今王已绝于齐而责欺于秦，是吾合秦齐之交而来天下之兵也，国必大伤矣。”楚王不听，遂绝和于秦，发兵西攻秦。秦亦发兵击之。

它一个名都，和它一起攻打齐国，这样我国损失于秦国的，可以从齐国获得补偿，我国尚可保全。如今已经和齐国绝交而去责备秦国的欺骗之罪，这是我们要使秦齐交好而招天下的军队来攻打楚国，楚国一定会有很大损失呀。”楚王不听从，就和秦国绝交，出动军队向西进攻秦国。秦国也出动军队迎击。

注释　1 详：通“佯”，假装。　2 薄：不深刻，不彻底。　3 楚符：宋遗出使时所持的楚国符信。　4 交合：交好联合。　广袤(mào)：指土地面积。东西为“广”，南北为“袤”。　5 见命：接受命令。　6 赂(lù)：赠送。　亡：失去，损失。

十七年春，与秦战丹阳，秦大败我军，斩甲士八万，虏我大将军屈匄、裨将军[1]逢侯丑等七十余人，遂取汉中之郡。楚怀王大怒，乃悉国兵复袭秦，战于蓝田，大败楚军。韩、魏[2]闻楚之困，乃南袭楚，至于邓。楚闻，乃引兵归。

十七年春天，和秦国在丹阳开战，秦国把我军打得大败，斩杀甲士八万人，俘虏了我国的大将军屈匄、副将军逢侯丑等七十多人，夺取了汉中郡。楚怀王非常愤怒，就动员全部力量再次袭击秦国，两国在蓝田交战，秦国再次大败楚国。韩国、魏国听说楚国处于困迫境地，就向南袭击楚国，到达了邓邑。楚王听说了，就领兵返回。

十八年，秦使使约复与楚亲，分汉中之半以和

十八年，秦国派使者与楚国约定重新建立友好关系，要把汉中的

楚。楚王曰:“愿得张仪,不愿得地。”张仪闻之,请之楚。秦王曰:“楚且甘心于子,柰何?”张仪曰:“臣善其左右靳尚[3],靳尚又能得事于楚王幸姬郑袖,袖所言无不从者。且仪以前使负楚以商於之约,今秦楚大战,有恶,臣非面自谢楚不解。[4]且大王在,楚不宜敢取仪。诚杀仪以便国,臣之愿也。”仪遂使楚。

至,怀王不见,因而囚张仪,欲杀之。仪私于靳尚,靳尚为请怀王曰:“拘张仪,秦王必怒。天下见楚无秦,必轻王矣。”又谓夫人郑袖曰:“秦王甚爱张仪,而王欲杀之,今将以上庸之地六县赂楚,以美人聘楚王,以宫中善歌者为之媵。[5]楚王重地,秦女必贵,而夫人必斥矣。夫人不若言而出之。”郑袖

一半分给楚国来讲和。楚王说:“我只愿得到张仪,不想得到土地。”张仪听说了,请求去楚国。秦王说:“楚国正对你求之不得,怎么办?”张仪说:“我和楚王的亲信大臣靳尚友好,靳尚又能把楚王的宠姬郑袖侍奉得很好,郑袖所说的话楚王没有不听从的。而且张仪作为从前的使者违背了给楚国商於之地的约定,如今秦楚两国大战,有了仇恨,我不当面向楚国谢罪是不能化解的。而且有大王在,楚国应该不敢杀我。要是真的杀了我而有利于秦国,也是我的愿望。”于是张仪出使楚国。

张仪到了楚国,怀王不接见他,把他拘囚起来,想杀死他。张仪暗中勾结靳尚,靳尚替他请求怀王说:“拘禁张仪,秦王一定会发怒。天下见楚国没有了秦国的支持,一定要轻视您。”又对夫人郑袖说:“秦王特别喜爱张仪,而大王想杀了他,如今秦国要将上庸的六个县赠送给楚国,把美人许聘给楚王,还要用宫中善于歌舞的女子作为随嫁的人。楚王看重土地,秦国女子必定显贵,而夫人一定会受到排斥。夫人不如向怀王进言放了张仪。”郑袖最终去对

卒言张仪于王而出之。仪出，怀王因善遇仪，仪因说楚王以叛从约而与秦合亲，约婚姻。张仪已去，屈原使从齐来，谏王曰：“何不诛张仪？”怀王悔，使人追仪，弗及。是岁，秦惠王卒。

楚王说张仪的事而使张仪被释放。张仪被放出，怀王对他很友善，他借机游说楚王背叛合纵之约和秦国交好亲善，相约两国结为婚姻。张仪离去后，屈原从齐国出使回来，劝谏楚王说：“何不杀掉张仪？”怀王后悔，派人去追赶张仪，没有追到。这一年，秦惠王去世了。

注释 1 裨将军：副将军。 2 韩、魏：“魏”字衍。是年乃韩袭楚，无魏袭楚事（参见《史记志疑》）。 3 靳尚：楚怀王宠臣。 4 负：违背。 恶（wù）：憎恨，仇恨。 5 上庸之地六县：约当于今湖北西北部保康、房县、竹山、竹溪等地。 聘：许聘。 媵：随嫁。

二十年，齐湣王[1]欲为从长，恶楚之与秦合，乃使使遗楚王书曰：“寡人患楚之不察于尊名[2]也。今秦惠王死，武王立，张仪走魏，樗里疾、公孙衍用，而楚事秦。[3]夫樗里疾善乎韩，而公孙衍善乎魏；楚必事秦，韩、魏恐，必因二人求合于秦，则燕、赵亦宜事秦。四国争事秦，则楚为郡县[4]矣。王

二十年，齐湣王想当合纵长，不喜欢楚国和秦国联合，就派使者送一封信给楚王说：“我为楚国不曾考虑尊贵的名号而忧虑。如今秦惠王死去了，武王继位，张仪逃跑到魏国，樗里疾、公孙衍被任用，而楚国侍奉秦国。樗里疾和韩国友善，公孙衍和魏国友善；楚国一定要侍奉秦国，韩国、魏国就会恐惧，一定会通过这两个人而和秦国联合，那么燕国、赵国也应该会侍奉秦国。四国争着侍奉秦国，那么楚国就会成为秦国的一个郡县了。您何不和我齐

何不与寡人并力收韩、魏、燕、赵，与为从而尊周室，以案兵息民[5]？令于天下，莫敢不乐听，则王名成矣。王率诸侯并伐，破秦必矣。王取武关、蜀、汉之地，私吴、越之富而擅江海之利，韩、魏割上党，西薄函谷，则楚之强百万也。[6]且王欺于张仪，亡地汉中，兵锉蓝田，天下莫不代王怀怒。今乃欲先事秦！愿大王孰计之。"

心协力笼络韩国、魏国、燕国、赵国，和它们形成合纵来尊崇周王室，以此平息战乱，休养百姓呢？在天下发号施令，没有谁敢不听从，那么您的尊名就成就了。您率领诸侯并力讨伐，一定会攻破秦国。您取得武关、蜀、汉中的土地，私自享有吴国、越国的财富，独占江河湖海的利益，韩国、魏国割让出上党，西边迫近了函谷关，那么楚国将会比现在强大百万倍。况且您被张仪欺骗，丢失了汉中的土地，军队在蓝田受挫，天下没有人不替您感到愤怒。如今却想先去侍奉秦国！希望大王认真地考虑一下。"

注释　**1** 齐湣王：齐湣王元年，当楚怀王之二十九年。楚怀王二十年不当有"齐湣王"，时为齐宣王之十一年。　**2** 尊名：尊贵的名号。　**3** 张仪走魏：张仪死于楚怀王之十九年，即公元前310年，"走"当作"死"。　樗(chū)里疾：秦惠王异母弟，滑(gǔ)稽多智，秦人号曰"智囊"。　公孙衍：即犀首，姓公孙，名衍。战国时纵横家。　**4** 楚为郡县：指楚国会成为秦国的郡县。　**5** 案：通"按"。　息：休养。　**6** 汉：指汉中郡。　上党：指上党郡。　薄：迫近。

楚王业已欲和于秦，见齐王书，犹豫不决，下其议群臣。群臣或言和秦，

楚王已经想和秦国和好，看到了齐王的信，犹豫不决，下令群臣商议。群臣中有的人说要与秦国和好，

或曰听齐。昭睢[1]曰："王虽东取地于越，不足以刷耻；必且取地于秦，而后足以刷耻于诸侯。王不如深善齐、韩以重樗里疾，如是则王得韩、齐之重以求地矣。秦破韩宜阳，而韩犹复事秦者，以先王墓在平阳，而秦之武遂去之七十里，以故尤畏秦。[2]不然，秦攻三川，赵攻上党，楚攻河外，韩必亡。[3]楚之救韩，不能使韩不亡，然存韩者楚也。韩已得武遂于秦，以河山为塞，所报德莫如楚厚，臣以为其事王必疾。[4]齐之所信于韩者，以韩公子眛为齐相也。韩已得武遂于秦，王甚善之，使之以齐、韩重樗里疾，疾得齐、韩之重，其主弗敢弃疾也。今又益之以楚之重，樗里子必言秦，复与楚之

有的说要听从齐国。昭睢说："您即使在东边从越国夺取了土地，不足以洗刷掉耻辱；必须从秦国取得土地，才足以在诸侯面前洗刷耻辱。您不如和齐国、韩国深交并重视樗里疾，如果这样，那么您就可以借助韩国、齐国的威重来求得土地。秦国攻破韩国的宜阳，但韩国还得再次侍奉秦国，是由于他先王的陵墓在平阳，而秦国的武遂距离平阳只有七十里远，因此它特别害怕秦国。不这样的话，秦国进攻三川，赵国进攻上党，楚国进攻河外，韩国一定会灭亡。楚国去援救韩国，不能使韩国不灭亡，然而能保存韩国的是楚国。韩国已经从秦国得到武遂，用黄河、华山、崤山作为屏障，所要报答的恩德没有哪国有楚国的深厚，我认为他来侍奉您一定会很迅速。齐国之所以相信韩国，是由于韩国的公子眛做了齐的国相。韩国已经从秦国得到了武遂，您对它特别亲善，齐国、韩国推重樗里疾，樗里疾得到齐国、韩国的推重，他的主人就不敢抛弃樗里疾了。如今樗里疾又有了楚国的推重，他必定会说服秦国，交还从楚国侵占的土地。"当时怀王同意他的建议，最终不和

侵地矣。”于是怀王许之,竟不合秦,而合齐以善韩。

二十四年,倍齐而合秦。秦昭王初立,乃厚赂于楚。楚往迎妇[5]。二十五年,怀王入与秦昭王盟,约于黄棘。秦复与楚上庸。二十六年,齐、韩、魏为楚负其从亲而合于秦,三国共伐楚。楚使太子[6]入质于秦而请救。秦乃遣客卿通将兵救楚[7],三国引兵去。

二十七年,秦大夫有私与楚太子斗,楚太子杀之而亡归。二十八年,秦乃与齐、韩、魏共攻楚,杀楚将唐眜,取我重丘[8]而去。二十九年,秦复攻楚,大破楚,楚军死者二万,杀我将军景缺。怀王恐,乃使太子为质于齐以求平。

秦国联合,而联合齐国并和韩国亲善。

二十四年,楚国背离齐国而和秦国联合。秦昭王刚刚继位,就赠给楚国厚重的礼物。楚至秦迎亲。二十五年,怀王来到秦国和昭王结盟,在黄棘订立盟约。秦国重新归还楚国的上庸。二十六年,齐国、韩国、魏国因为楚国违背了和它们的合纵之约而和秦国联合,三国共同攻打楚国。楚国派太子到秦国做人质而请求救援。秦国就派遣客卿通统兵救援楚国,三国领兵离去了。

二十七年,秦国大夫有人私下和楚国太子殴斗,楚太子把他杀死就逃回来了。二十八年,秦国就和齐国、韩国、魏国共同进攻楚国,杀死楚将唐眜,夺取了我国的重丘然后离去。二十九年,秦国再次攻打楚国,大破楚军,楚国军队死亡的有两万人,杀死了我国将军景缺。怀王恐惧,就派太子到齐国做人质请求讲和。

注释 1 昭睢(jū):楚大夫,谋臣。 2 宜阳:韩邑名,在今河南宜阳县西。 平阳:韩邑名,在今山西临汾市西南。韩先都平阳,故有先王墓在此,后都宜阳。　武遂:时为秦地,当在距平阳七十里处。　3 三川:地区名,属韩,在今河南西部黄河以南,伊水以西的地带。　河外:春秋时晋人称黄河之北为河内,黄河之南为河外。此当指与楚国相邻的韩国南部地区。4 河山:河,指自北往南流的黄河,亦称"西河"。山,崤山、华山,在韩国西部。　塞:险要之地,屏障。　疾:迅速。　5 楚往迎妇:《史记志疑》:"《六国年表》云'秦来迎妇',《屈原传》云'秦昭王与楚婚',则是秦迎归于楚,非楚迎妇于秦也,此误楚迎秦女。前有楚宣王十三年,后有顷襄公七年,非怀王二十四年事也。"　6 太子:即其后继位的楚顷襄王熊横。　7 客卿:官名,指在本国为官的他国人。位同卿。　通:人名。　8 重丘:楚邑名,在今河南泌阳县东北。《史记志疑》:"诸处皆无取重丘之事,此妄也。"

三十年,秦复伐楚,取八城。秦昭王遗楚王书曰:"始寡人与王约为弟兄,盟于黄棘,太子为质,至欢也。太子陵杀寡人之重臣[1],不谢而亡去,寡人诚不胜怒,使兵侵君王之边。今闻君王乃令太子质于齐以求平。寡人与楚接境壤界,故为婚姻,所从相亲久矣。[2]而今秦楚不欢,则无以令诸侯。寡人愿与君王会武关,面相约,结盟而去,寡人之愿也。敢以

三十年,秦国又来攻打楚国,夺取了八座城邑。秦昭王送给楚王一封信说:"开始时我和您相约成为兄弟,在黄棘结盟,您的太子来做人质,是非常高兴的事。您的太子欺凌并杀害了我的重臣,没有谢罪就逃回国了,我实在压抑不住心头怒火,派兵侵犯了君王的边界。如今听说君王让太子到齐国做人质请求和解。我国和楚国边境相接,从前互为婚姻,相互亲善已经很久了。而秦楚两国关系不好,就无法去号令诸侯。我愿意和君王在武关会见,当面互相定约,结为盟国再离开,这是我的心愿。斗胆把这个想法告知您手下的侍从。"

闻下执事[3]。”

楚怀王见秦王书，患之。欲往，恐见欺；无往，恐秦怒。昭雎曰：“王毋行，而发兵自守耳。秦虎狼，不可信，有并诸侯之心。”怀王子子兰劝王行，曰：“柰何绝秦之欢心！”于是往会秦昭王。昭王诈令一将军伏兵武关，号为秦王。楚王至，则闭武关，遂与西至咸阳，朝章台，如蕃臣，不与亢礼。[4]楚怀王大怒，悔不用昭子言。秦因留楚王，要[5]以割巫、黔中之郡。楚王欲盟，秦欲先得地。楚王怒曰：“秦诈我，而又强要我以地！”不复许秦。秦因留之。

楚怀王看到秦王的信，忧虑起来。想前往，恐怕被欺骗；不前往，恐怕秦国发怒。昭雎说：“您不要前去，出动军队自我防御吧。秦国是个虎狼之国，不可相信，有并吞诸侯各国的打算。”怀王的儿子子兰劝怀王前行，说：“为什么要拒绝秦国的好意？”于是怀王便去会见秦昭王。昭王欺诈，命令一位将军在武关埋伏兵众，声称是秦王。怀王到达，秦王就令关闭武关，挟持怀王西行至咸阳，在章台朝见秦昭王，如同属臣一般，秦昭王不用平等的礼仪接待他。楚怀王非常生气，后悔没有采纳昭雎的意见。秦国趁机扣留楚王，要挟楚国割让巫郡、黔中郡。楚王想结盟，秦国想先得到土地。楚王生气地说：“秦国欺骗我，又强行拿割让土地来进行要挟！”不答应秦国的要求。秦国因此扣留了他。

注释　1 重臣：任重要职位的大臣。　2 接境壤界：即境界接壤。壤，地区，地域。　婚姻：《史记正义》：“婿之父为姻，妇之父为婚，妇之父母、婿之父母相谓为婚姻，两婿相谓为娅。”　3 下执事：指手下供使唤的侍从。客套语，不正面称呼对方，而是委婉地说，斗胆将此告诉您手下的侍从人员。 4 蕃臣:隶属国的君主。蕃,通“藩”,古代对外族的通称。 亢礼:以平等之礼相待。亢,通“抗”。 5 要(yāo):要挟。

楚大臣患之,乃相与谋曰:“吾王在秦不得还,要以割地,而太子为质于齐,齐、秦合谋,则楚无国矣。”乃欲立怀王子在国者。昭雎曰:“王与太子俱困于诸侯,而今又倍王命而立其庶子,不宜。”乃诈赴于齐,齐湣王谓其相曰:“不若留太子以求楚之淮北。”[1] 相曰:“不可,郢中立王,是吾抱空质[2]而行不义于天下也。”或曰:“不然。郢中立王,因与其新王市曰‘予我下东国,吾为王杀太子,不然,将与三国共立之’,然则东国必可得矣。[3]”齐王卒用其相计而归楚太子。[4] 太子横至,立为王,是为顷襄王[5]。乃告于秦曰:“赖社稷神灵,国

楚国大臣忧虑起来,就共同谋划说:“我国君王在秦国不能回来,秦国以割让土地要挟我们,但是太子在齐国做质子,如果齐国、秦国联合起来对付楚国,那么楚国就要亡国了。”于是想扶立怀王在国内的儿子。昭雎说:“君王和太子都被困在诸侯国,而今又违背君王的命令扶立庶子,不合适。”于是派人去齐国诈称怀王去世来报丧,齐湣王对国相说:“不如留住太子以求获得楚国的淮北地区。”国相说:“不可以,楚国国内若是立了其他人为王,这样我们就守着一个没用的人质而使天下人都知道我们做了不义的事。”有的人说:“不是这样。楚国国内若立了其他人为王,齐国可以借机和他的新国王进行交易说‘给我们下东国的土地,我替您杀了太子,不这样的话,我们将和秦、韩、魏三国共同扶立他’,这样,东国这片土地一定可以得到。”齐王最终采纳了国相的计谋,送回了楚国太子。太子横回到楚国,被立为王,这就是顷襄

有王矣。”

顷襄王横元年。秦要怀王不可得地，楚立王以应秦，秦昭王怒，发兵出武关攻楚，大败楚军，斩首五万，取析十五城而去。[6]二年，楚怀王亡逃归，秦觉之，遮楚道，怀王恐，乃从间[7]道走赵以求归。赵主父在代，其子惠王初立，行王事，恐，不敢入楚王。楚王欲走魏，秦追至，遂与秦使复之秦。怀王遂发病。顷襄王三年，怀王卒于秦，秦归其丧[8]于楚。楚人皆怜之，如悲亲戚。诸侯由是不直[9]秦。秦楚绝。

六年，秦使白起伐韩[10]于伊阙，大胜，斩首二十四万。秦乃遗楚王书曰：“楚倍秦，秦且率诸侯伐楚，争一旦之命。愿王之饬[11]士卒，得一乐战。”楚顷襄王患之，乃谋复与

王。于是楚国告诉秦国说：“仰赖楚国社稷神灵的护佑，楚国已经有新王了。”

顷襄王横元年。秦国要挟怀王却未得到土地，楚国又确立了新君来对付秦国，秦昭王发怒，发兵从武关出去进攻楚国，大败楚军，斩杀楚军五万，夺取了析邑等十五座城池后离去了。二年，楚怀王逃跑回国，秦国发觉了，拦住去楚国的大道，怀王恐惧，就抄偏僻小路跑到赵国请求把他送回国。赵国的主父在代地，他的儿子惠王刚刚继位，行使王权，害怕秦国，不敢送楚王回国。楚王想去魏国，秦人追上了他，于是他和秦国的使者又回到秦国。怀王生病了。顷襄王三年，怀王在秦国去世，秦国把他的尸柩送回楚国。楚国人都哀怜他，像死了父母兄弟一样悲伤。诸侯们因此认为秦国不正派。秦楚两国断绝了交往。

六年，秦国派白起在伊阙攻打韩国，大胜，斩杀韩军二十四万。秦国就送给楚王一封信说：“楚国背叛秦国，秦国将要率领诸侯攻打楚国，决一胜负。希望您整顿军队，痛快地打一仗。”楚顷襄王忧虑起来，就

秦平。七年,楚迎妇于秦,秦楚复平。

十一年,齐秦各自称为帝;月余,复归帝为王。

十四年,楚顷襄王与秦昭王好会于宛,结和亲。十五年,楚王与秦、三晋、燕共伐齐,取淮北。十六年,与秦昭王好会于鄢。其秋,复与秦王会穰。

谋划和秦国重新和好。七年,楚国到秦国去迎娶妻室,秦楚两国又和好了。

十一年,齐秦两国国君自称为帝;一个多月以后,他们又放弃帝号,仍然称王。

十四年,楚顷襄王和秦昭王在宛邑友好相会,结为婚姻。十五年,楚王和秦国、三晋、燕国共同攻打齐国,夺取了淮北地区。十六年,和秦昭王在鄢邑友好相会。这年秋天,再次和秦王在穰邑相会。

注释 1 诈赴于齐:诈言怀王死,讣告齐国。 淮北:淮水以北,楚泗水郡地。 2 空质:空废无用的人质。 3 市:交易,讨价。 下东国:即指上文之“淮北”,因在长江下游,又是楚东部国土,故称。亦如下文称“东国”。 三国:指秦、韩、魏。 4 归楚太子:《战国策·楚策》云,太子许齐东地五百里而归为王,然为王之后又以计复保全之。 5 顷襄王:公元前298年—前263年在位。 6 要:要挟。 应:对付。 7 间(jiàn)道:偏僻小路。 8 丧(sāng):尸柩。 9 直:正直,正派。 10 伐韩:当作“伐韩魏”。此处失书“魏”。 12 饬(chì):整顿。

十八年,楚人有好以弱弓微缴加归雁之上者[1],顷襄王闻,召而问之。对曰:“小臣之好射鶀雁、罗鸗,小

十八年,楚国有个喜好用弱弓细绳射北归之雁的人,顷襄王听说了,召唤他来询问。他回答说:“我喜好射小雁、野鸟,这是小弓箭的作用,哪里值得向大王讲述呢。况

矢之发也，何足为大王道也。[2] 且称楚之大，因大王之贤，所弋非直此也。[3] 昔者三王[4] 以弋道德，五霸以弋战国。故秦、魏、燕、赵者，鶀雁也；齐、鲁、韩、卫者，青首[5] 也；驺、费、郯、邳者，罗鸗也。外其余则不足射者。见鸟六双，以王何取？王何不以圣人为弓，以勇士为缴，时张而射之？此六双[6] 者，可得而囊载也。其乐非特朝昔[7] 之乐也，其获非特凫雁之实也。王朝张弓而射魏之大梁之南，加其右臂而径属之于韩，则中国之路绝而上蔡之郡坏矣。[8] 还射圉之东，解魏左肘而外击定陶，则魏之东外弃而大宋、方与二郡者举[9] 矣。且魏断二臂，颠越矣；膺击郯国，大梁可得而有也。[10] 王绩

且以楚国土地的广袤，凭借大王的贤明，所能获取的不只是这一点点哩。从前三王猎取的是道德的尊号，五霸猎取的是争斗的国家。所以秦、魏、燕、赵四国，像是小雁；齐、鲁、韩、卫四国，像是小野鸭；邹、费、郯、邳四国，像是野鸟。这以外的其余国家就不值得射取了。看见这六对小鸟，依您的想法该如何去射取呢？您何不用圣人做弓，拿勇士当绳，看准时机张弓而射呢？这六对小鸟，就可以用口袋装着运回去了。这其中的快乐不只是一朝一夕的快乐，这里面的收获不只是野鸭小鸟之类啊。您早晨张开弓去射魏都大梁的南部，射伤它的右臂而直接牵动到韩国，那么通往中原各国的道路断绝而上蔡郡一带就会自动瓦解了。转过身来射取圉邑的东部，分解魏国的左肘再向外射击定陶，那么魏国的东部就不得不放弃，而大宋、方与两个郡就可以攻占了。而且魏国被割断两条胳膊，就会倾倒坠落了；接着正面攻击郯国，大梁就可以占有了。您在兰台收起弓箭绳索，到达魏国的西河去饮马，平定了魏国都城大梁，这是射出第一箭的快乐。假若您对射猎确实喜好

缴兰台，饮马西河，定魏大梁，此一发之乐也。[11]若王之于弋诚好而不厌，则出宝弓，碆新缴，射噣鸟于东海，还盖长城以为防，朝射东莒，夕发浿丘，夜加即墨，顾据午道，则长城之东收而太山之北举矣。[12]西结境于赵而北达于燕，三国布翄[13]，则从不待约而可成也。北游目于燕之辽东[14]而南登望于越之会稽，此再发之乐也。若夫泗上十二诸侯，左萦而右拂之，可一旦而尽也。[15]今秦破韩以为长忧，得列城而不敢守也；伐魏而无功，击赵而顾病，则秦魏之勇力屈矣，楚之故地汉中、析、郦可得而复有也。[16]王出宝弓，碆新缴，涉鄳塞，而待秦之倦也，山东、河内可得而一也。[17]劳民

而不厌倦，就再拿出宝弓，在新丝绳上系上石制箭头，到东海去射取有钩喙的大鸟，转过身来加筑长城以为防线，早晨射取齐国东部的莒邑，晚上获取浿丘，深夜又得即墨，回头来占据西边南北大道，那么长城以东泰山以北就占为己有了。西边和赵国连接而北边到达了燕国，这样，楚、燕、赵三国地形如同张开的翅膀，那么合纵不用订约就可以形成了。再向北放眼游观燕国的辽东，并向南登高遥望越国的会稽山，这是射出第二箭的快乐。至于像泗水岸边的十二诸侯，一方面牵引拘系，一方面轻加击打，可以用一日的工夫将它们全部得到。如今秦国攻破了韩国却使其成为长久的忧患，得到众多的城池又不敢加以守御；攻打魏国没有成功，袭击赵国反而产生忧患，那么秦魏两国的勇力也就消耗殆尽了，楚国的旧地汉中、析邑、郦邑就可以重新占有了。您拿出宝弓，在新丝绳上系上石制箭头，涉足鄳塞，等待着秦国的疲倦，华山以东、黄河以北的广大领土就可得到而和楚国形成一个整体。慰劳民众，休养士兵，就可以坐北朝南号称帝王了。所以说秦国是只大鸟，背靠

休众,南面称王矣。[18]故曰秦为大鸟,负海内而处,东面而立,左臂据赵之西南,右臂傅楚鄢郢,膺击韩魏,垂头中国,处既形便,势有地利,奋翼鼓翄,方三千里,则秦未可得独招而夜射也。[19]”欲以激怒襄王,故对以此言。襄王因召与语,遂言曰:“夫先王为秦所欺而客死于外,怨莫大焉。今以匹夫有怨,尚有报万乘[20],白公、子胥是也。今楚之地方五千里,带甲百万,犹足以踊跃中野也,而坐受困,臣窃为大王弗取也。[21]”于是顷襄王遣使于诸侯,复为从,欲以伐秦。秦闻之,发兵来伐楚。

着内陆居处,面朝东方屹立,左边控制着赵国的西南,右边紧附着楚国的鄢郢,正面攻击韩国、魏国,伸长脖子想吞并中原,所处的地形既方便,进退的地势又有利,振奋羽翼,鼓动翅膀,纵横三千里,那么秦国是不可能单独制服而一夜之间射取的。”那人想用这番话来激怒襄王,所以这样应答。襄王因此召他来谈话,他就发表意见说:“先王被秦国欺侮死在外国,仇怨没有比这更大的。如今普通百姓有仇怨,尚且要向大国复仇,白公、伍子胥就是这样的。现在楚国地域纵横五千里,穿着胄甲的兵士有百万,足以在旷野之中显武耀威,但却坐而受困,我私下认为大王的行为不足取。”顷襄王派遣使者到诸侯各国,重新与各国合纵,想以此攻打秦国。秦国听说了,发兵来攻打楚国。

注释 1 缴(zhuó):系在箭上射鸟用的生丝绳。 归雁:北飞之雁。归雁难射,故射者为名手。 2 鶀(qí)雁:小雁。鶀,亦作“䳢”。 罗鸗(lóng):野鸟,小鸟。 3 称:衡量。 弋(yì):取。亦指用绳系在箭上射。 直:但,只。 4 三王:指夏禹、商汤、周文王。或说指商汤、周文王、周武王。 5 青首:小于雁的大凫(fú)。凫,水鸟,泛指野鸭。 6 六双:指上文的秦、魏至郯、邳等十二国。 7 昔:通“夕”。 8 径:直。 属(zhǔ):连接。 中国:中原诸国。 9 举:攻克,占领。 10 颠越:二字同义,坠落。 膺(yīng):攻击,抗击。 11 绀(zhēng)缴:收缩射鸟的丝绳。绀,屈曲,卷缩。 兰台:桓山之别名。在今江苏徐州市铜山区东北。 西河:当时魏国境内的一段黄河,在今河南濮阳市以下。 12 碆(bō):射鸟用的石制箭头。此用作动词。《史记集解》引徐广曰:“以石傅弋缴曰碆。碆音波。” 噣(zhòu)鸟:有钩喙的大鸟。这里比喻齐国。 东海:东方大海。 盖:覆。 东莒(jǔ):齐国东部的莒邑。 浿(pèi)丘:齐地名,在今山东博兴县东南。 即墨:齐邑名,在今山东平度市东南。 顾:反。 午道:一纵一横两条道路。此指齐国西部与赵国东部交界之处的大道。 举:攻克。《史记正义》:“言从济州长城东至海,太山之北,黄河之南,尽举收于楚。” 13 三国:指燕、赵、楚。 布翄(chì):张开翅膀。翄,同“翅”。 14 辽东:燕郡名,治所襄平,今辽阳市。 15 泗上十二诸侯:《史记会注考证》:“《张仪传》,张仪说楚王曰:‘举宋而东指,则泗上十二诸侯尽王之有也。’《索隐》云:‘边近泗水之侧。当战国之时,有十二诸侯,宋、鲁、邾、莒之比也。’” 萦(yíng):拘系。 拂:击打。 16 病:担忧,患苦。 屈(jué):竭,穷尽。 17 鄳(méng)塞:又称冥阨、黾隘。在今河南信阳市西南平靖关交界附近。 山东:指崤山以东的地区。 河内:指河南之黄河以北的地区。 18 劳:慰劳。 休:休养。 南面:坐北朝南,此意表示称帝。 19 负:背靠。 傅:通“附”,附着。 垂头:低下头,亦指伸长颈项。《史记索隐》:“垂头犹申颈也。言欲吞山东。” 20 万乘:万辆兵车。此指大国。 21 踊跃:耀武,争雄。 中野:原野之中。 按:此篇方苞以为“此真战国之文”,然不见于《战国策·楚策》。盖司马迁时尚有,而刘向整理时已遗佚。又或本无之,盖依《史记》补入。

楚欲与齐韩连和[1]伐秦,因欲图周。周王赧使

楚国想和齐国、韩国联合攻打秦国,借机也想图谋周王室。周王

武公谓楚相昭子曰:“三国以兵割周郊地以便输,而南器以尊楚,臣以为不然。[2] 夫弑共主,臣世君,大国不亲;以众胁寡,小国不附。[3] 大国不亲,小国不附,不可以致名实[4]。名实不得,不足以伤民。夫有图周之声,非所以为号也。”昭子曰:“乃图周则无之。虽然,周何故不可图也?”对曰:“军不五不攻,城不十不围。[5] 夫一周为二十晋[6],公之所知也。韩尝以二十万之众辱于晋之城下,锐士死,中士伤,而晋不拔。公之无百韩以图周,此天下之所知也。夫怨结于两周以塞驺鲁之心[7],交绝于齐,声失天下,其为事危矣。夫危两周以厚三川[8],方城之外必为韩弱

赧派武公对楚的国相昭雎说:“楚与齐、韩三国用兵割取周王室郊野的土地以便于运输,把周王室的宝器运往南方来尊崇楚国,我认为不对。弑杀天下共同的君主,把世代尊奉的君主当作自己的臣子,大国就不会亲近;凭借势众胁迫寡弱,小国也不会依附。大国不亲近,小国不顺服,就不能获得威名和实利。威名实利得不到,就不值得动武去伤害民众。有着图谋周王室的名声,就不能在天下发号施令。”昭雎说:“没有图谋周王室这回事。即使这样,周王室为什么不可以图谋呢?”武公回答说:“没有五倍于敌人的兵力就不要去进攻,没有十倍于敌人的兵力就不要去围城。一个周王室的力量相当于二十个晋国,您是知道的。韩国曾经让二十万的兵众在晋国城下受到困辱,精锐的将士死亡,普通的士兵受伤,但还是没有攻下晋国。您不可能拿出一百个韩国的力量来图谋周王室,这是天下人都知道的。和两周结下怨仇就堵塞了讲礼义的驺国、鲁国人的向楚之心,也会和齐国绝交,在天下丧失名声,这是很危险的事。危害两周来加强三川地区的势力,方城以外的楚国北部一定会被韩国削

矣。何以知其然也？西周之地，绝长补短，不过百里。名为天下共主，裂其地不足以肥国，得其众不足以劲兵。虽无攻之，名为弑君。然而好事之君，喜攻之臣，发号用兵，未尝不以周为终始。是何也？见祭器在焉，欲器之至而忘弑君之乱。今韩以器之在楚，臣恐天下以器[9]仇楚也。臣请譬之。夫虎肉臊，其兵利身，人犹攻之也。[10]若使泽中之麋蒙虎之皮，人之攻之必万于虎矣。裂楚之地，足以肥国；诎[11]楚之名，足以尊主。今子将以欲诛残天下之共主，居三代之传器，吞三翮六翼，以高世主，非贪而何？[12]《周书》曰'欲起无先'[13]，故器南则兵至矣。"于是楚计辍[14]不行。

弱。怎么知道会有这样的结局呢？西周的土地，截长补短，方圆不过百里。名义上那里是天下所宗的君主，分割其土地不足以使您的国家富庶，得到其民众不足以使您的军队强大。就算没有去进攻周王室，名义上还是弑杀君主。然而有好事的君王，喜欢有功绩的臣子，发布号令调动军队，未尝不是始终把周王室作为目标。这是什么原因呢？因为祭器在那里，只想把祭器运到自己国中却忘掉弑杀君王的祸患。如今韩国同意把祭器运往楚国，我害怕天下诸侯会因为祭器的事仇恨楚国。请让我打个比方。虎的肉腥臊，它的爪牙有利于防护自身，人还是要去攻击它。假若让泽野中的麋鹿蒙上老虎的皮，想攻击它的人一定会比攻击虎的多上万倍。分割楚国的土地，足以使国家富庶；贬黜楚国的名声，足以使君王尊贵。如今您将要凭私欲诛杀残害天下的共主，占有三代相传的宝器，独霸九鼎，以此傲视其他诸侯国君，这不是贪婪是什么？《周书》中说'要想兴起，不要占先'，所以宝器往南运，那么攻打楚国的军队就要来到了。"于是楚国的计划中止而没有实行。

注释 1 连和:联合协调。《史记志疑》:“《大事记》曰‘是时齐止余两城,为燕所围,何暇与楚连和伐秦,盖所载不能无小差也’。” 2 武公:周定王的曾孙,西周惠公之子。 便输:便利运输。 南器:将宝器南运。宝器,指九鼎。 3 共主、世君:《史记索隐》:“共主、世君,俱是周自谓也。共主,言周为天下共所宗主也;世君,言周室代代君于天下。” 亲:亲近。 附:归附,依附。 4 致:获得。 名:威名。 实:实利。 5 五、十:指军力对比有五倍、十倍。 6 一周为二十晋:《史记正义》:“言周王之国,其地虽小,诸侯尊之,故敌二十晋也。” 7 两周:时周分为东、西二周。 塞:堵塞。 心:指向往楚国之心。《史记索隐》:“驺鲁有礼义之国,今楚欲结怨两周而夺九鼎,是塞邹鲁之心。” 8 三川:此指韩国。三川,因其地有黄河、洛河、伊河而得名,时属韩。 9 器:祭器。此处前句语意不明,故中井积德疑“句有错误”。今仅强释之。 10 臊(sāo):腥臊,腥臭味。 兵:此指虎之爪牙。 11 诎:贬黜。诎,通“黜”。 12 居:占有。 三代之传器:此指九鼎。 三翮(lì)六翼:亦指九鼎。翮,同“鬲”。空足曰翮,鼎耳曰翼。 13 欲起无先:今本《尚书·周书》无此语,恐系佚文。 14 辍(chuò):中止,停止。

十九年,秦伐楚,楚军败,割上庸、汉北地予秦。二十年,秦将白起拔我西陵。二十一年,秦将白起遂拔我郢,烧先王墓夷陵[1]。楚襄王兵散,遂不复战,东北保于陈城[2]。二十二年,秦复拔我巫、黔中郡。

二十三年,襄王乃收东

十九年,秦国攻打楚国,楚军失败,把上庸、汉水北部地区割给秦国。二十年,秦将白起攻占我国西陵。二十一年,秦将白起又攻占我国郢都,在夷陵烧毁了先王的陵墓。楚襄王的军队溃散了,不能再应战,退到东北方的陈城自保。二十二年,秦国又攻占了我国的巫郡、黔中郡。

二十三年,襄王收集东部地

地兵,得十余万,复西取秦所拔我江旁十五邑以为郡,距秦。二十七年,使三万人助三晋伐燕[3]。复与秦平,而入太子为质于秦。楚使左徒[4]侍太子于秦。

三十六年,顷襄王病,太子亡归。秋,顷襄王卒,太子熊元代立,是为考烈王[5]。考烈王以左徒为令尹,封以吴,号春申君。

区的兵众,得到十多万人,又向西夺回了秦国攻占的长江边的十五座城邑设为郡,抗御秦国。二十七年,派三万人援助三晋攻打燕国。再次和秦国讲和,并送太子到秦国去做人质。楚国派左徒在秦国侍奉太子。

三十六年,顷襄王生病,太子逃回国。秋天,顷襄王去世,太子熊元继位,这就是考烈王。考烈王任命左徒做令尹,把他封在吴地,号为春申君。

注释 1 夷陵:楚先王墓所在地,在今湖北宜昌市东南。 2 陈城:原为陈之国都,在今河南淮阳县。 3《史记志疑》以为,伐燕是齐、韩、魏三国,不得言"三晋"。而救燕者楚也,不得言"助"伐燕。 4 左徒:官名,参与议论国事,接待宾客。此指春申君黄歇。 5 考烈王:公元前 262 年—前 238 年在位。

考烈王元年,纳州于秦以平。是时楚益弱。

六年,秦围邯郸,赵告急楚,楚遣将军景阳[1]救赵。七年,至新中[2]。秦兵去。十二年,秦昭王卒,楚王使春申君吊祠于秦。十六年,

考烈王元年,把州邑献给秦国以讲和。这时楚国更加衰弱了。

六年,秦国包围赵都邯郸,赵国向楚国告急,楚国派遣将军景阳援救赵国。七年,楚军来到新中。秦兵撤走了。十二年,秦昭王去世,楚王派春申君前往秦国吊唁祭祀。十六年,秦庄襄王去

秦庄襄王卒，秦王赵政立。二十二年，与诸侯共伐秦，不利而去。楚东徙都寿春，命曰郢。

二十五年，考烈王卒，子幽王[3]悍立。李园[4]杀春申君。

幽王三年，秦、魏伐楚。秦相吕不韦卒。九年，秦灭韩。十年，幽王卒，同母弟犹代立，是为哀王[5]。哀王立二月余，哀王庶兄负刍之徒袭杀哀王而立负刍[6]为王。是岁，秦虏赵王迁。

王负刍元年，燕太子丹使荆轲刺秦王。二年，秦使将军伐楚，大破楚军，亡十余城。三年，秦灭魏。四年，秦将王翦破我军于蕲，而杀将军项燕[7]。五年，秦将王翦、蒙武遂破楚国，虏楚王负刍，灭楚，为郡云。[8]

世，秦王赵政继位。二十二年，楚国和诸侯国一起攻打秦国，战事不利就撤离了。楚国向东迁都于寿春，命名为郢。

二十五年，考烈王去世，儿子幽王悍继位。李园杀了春申君。

幽王三年，秦国、魏国攻打楚国。秦相吕不韦去世。九年，秦国灭了韩国。十年，幽王去世，同母的弟弟犹代继位，这就是哀王。哀王继位两个多月，哀王庶兄负刍的党徒袭击杀死了哀王并扶立负刍为王。这一年，秦国俘虏了赵王迁。

王负刍元年，燕太子丹指使荆轲去刺杀秦王。二年，秦国派将军攻打楚国，大败楚军，楚国亡失了十多座城邑。三年，秦国灭掉了魏国。四年，秦将王翦在蕲邑打败我军，并杀了将军项燕。五年，秦将王翦、蒙武攻破了楚国，俘虏了楚王负刍，灭掉楚国，在其地设郡。

注释　1 景阳：人名。据《六国年表》及《春申君列传》，此次救赵者为春申君，非景阳。　2 新中：当为“宁新中”，此脱“宁”字，魏邑。秦庄襄王攻占后更名“安阳”。此地在今河南安阳市西南。 3 幽王：公元前237年—前228年在位。 4 李园：人名，考烈王妃兄，幽王舅父。李园杀春申君事，详见《春申君列传》。 5 哀王：公元前228年在位。 6 负刍：公元前227年—前223年在位。其末年，秦灭楚。 7 项燕：楚大将。项羽的祖父，其子有项梁。 8 蒙武：秦大将，蒙骜之子，蒙恬之父。与王翦共破楚，杀项燕。 为郡：《史记集解》引孙检曰“以楚地为三郡”。三郡当为会稽、九江、长沙三个郡。会稽郡置于秦灭楚后之次年，即公元前222年，九江、长沙二郡置于秦王政二十六年，即公元前221年“分天下以为三十六郡”时所置。

太史公曰：楚灵王方[1]会诸侯于申，诛齐庆封，作章华台，求周九鼎之时，志小天下；及饿死于申亥之家，为天下笑。操行之不得，悲夫！势[2]之于人也，可不慎与？弃疾以乱立，嬖淫[3]秦女，甚乎哉，几再亡国！

太史公说：当楚灵王在申邑与诸侯会盟，诛杀齐国庆封，建造章华台，向周王室求九鼎之时，藐视天下；等他饿死在申亥家中，被天下人耻笑。没有节操品行，真可悲呀！权势对一个人来说，能不慎重对待吗？弃疾由于内乱而继位，宠幸秦国女子，太过分了，几乎再度使国家灭亡！

注释 1 方：表示时间，相当于“正在”。 2 势：权势。 3 嬖(bì)淫：宠幸。嬖，宠爱。

# 史记卷四十一

## 越王句践世家第十一

原文

越王句践，其先禹之苗裔，而夏后帝少康之庶子也。[1]封于会稽，以奉守[2]禹之祀。文身断发，披草莱而邑焉。[3]后二十余世，至于允常[4]。允常之时，与吴王阖庐战而相怨伐[5]。允常卒，子句践立，是为越王。

元年，吴王阖庐闻允常死，乃兴师伐越。越王句践使死士挑战，三行，至吴陈，呼而自刭。[6]吴师观之，越因袭击吴师，吴师败于槜李[7]，射伤吴王阖庐。阖

译文

越王句践，其祖先是大禹的后代，就是夏后部族帝少康的庶出之子。他被封在会稽地区，以便供奉并守护夏禹的坟墓。他在身上刺上花纹，剪断头发，开辟荒芜之地建筑城邑而定居下来。又经过二十多代，到了允常。允常之时，开始和吴王阖庐交战相互结怨而进行攻伐。允常去世，儿子句践继位，这就是越王。

元年，吴王阖庐听说允常死去，就兴师攻打越国。越王句践派敢死之士挑战，三次行进，到了吴军阵前，大呼后自刎。吴国军士看呆了，越军借机袭击吴师，吴师在槜李战败，吴王阖庐被箭射伤了。阖庐临死时，告诫他儿子夫差说：

庐且死，告其子夫差曰："必毋忘越。"

三年，句践闻吴王夫差日夜勒兵[8]，且以报越，越欲先吴未发往伐之。范蠡谏曰："不可。臣闻兵者凶器也，战者逆德也，争者事之末也。[9]阴谋逆德，好用凶器，试身于所末，上帝禁之，行者不利。"越王曰："吾已决之矣。"遂兴师。吴王闻之，悉发精兵击越，败之夫椒。越王乃以余兵五千人保栖[10]于会稽。吴王追而围之。

"一定不要忘记向越国报仇。"

三年，句践听说吴王夫差日夜统兵训练，将要向越国报一箭之仇，越国想在吴国没有发兵之前主动出击。范蠡劝告说："不可以这么做。我听说武器是不祥之器，攻战是违背德义的行为，争夺是最下等的事情。暗中谋划背离德义，喜好动用杀人器具，亲自去做最下等的事，这是上帝所禁止的，这样行动的人绝对得不到好处。"越王说："我已经决定了。"就发动军队。吴王听说了，出动全部精锐士兵迎击越国，在夫椒打败了他。越王带领残余的五千士兵据守会稽山。吴王追击并包围了会稽山。

注释　1 句(gōu)践：亦作"勾践"，春秋末越国国君，公元前 496 年—前 465 年在位。句，"勾"之本字。　苗裔：后代子孙。　夏后：禹所在部族名。　帝少康：夏朝的第六代帝王。《史记正义》："《吴越春秋》云：'禹周行天下，还归大越，登茅山以朝四方群臣，封有功，爵有德，崩而葬焉。至少康，恐禹迹宗庙祭祀之绝，乃封其庶子于越，号曰无余。'贺循《会稽记》云：'少康，其少子号曰於越，越国之称始此。'《越绝记》云：'无余都，会稽山南故越城是也。'"　2 奉守：供奉守卫。　3 文身：即纹身，在身上刺花纹。文，同"纹"。　断发：剪断头发。　披草莱：开辟荒芜之地。披，开辟。　邑：筑城邑而居住。　4 允常：越王句践之父，越国的创始人。公元前 510 年—

前 497 年在位，正值周敬王之时。 5 相怨伐：互相因有仇怨而攻杀。 6 死士：敢死之士。 陈(zhèn)："阵"的古字。 自刭(jǐng)：自刎。 7 槜(zuì)李：地名，又作"醉李"，在今浙江绍兴市南。 8 勒兵：操练或训练军队。 9 兵：兵器，武器。 凶器：引起祸端的不祥之器。 逆德：背离德义。 争：争夺。 末：非根本的，次要的，下等的。 10 保栖：据守驻扎。

越王谓范蠡曰："以不听子，故至于此，为之柰何？"[1] 蠡对曰："持满者与天，定倾者与人，节事者以地。[2] 卑辞厚礼以遗之，不许，而身与之市。"[3] 句践曰："诺。"乃令大夫种行成于吴，膝行顿首曰："君王亡臣句践使陪臣种敢告下执事：句践请为臣，妻为妾。"[4] 吴王将许之。子胥[5] 言于吴王曰："天以越赐吴，勿许也。"种还，以报句践。句践欲杀妻子，燔宝器，触战以死。[6] 种止句践曰："夫吴太宰嚭贪，可诱以利，请间行言之。[7]"于是句践乃以

越王对范蠡说："因为没有听从您的劝告，所以落到这个地步，那该怎么办呢？"范蠡回答说："保守成业的人，由于懂得自然界盈而不溢的道理，所以上天会给予帮助；扶正倾危使国家安定的人，由于崇尚谦卑能约束自己，所以民众会齐心拥护；做事节制的人，能适时发挥地利节用财物，所以大地会厚加优待。言辞卑下并送以厚礼，如果吴王不答应，就把我们当货物出卖，去给他当奴仆。"句践说："好吧。"就命令大夫种到吴国去讲和，跪地前行，叩头而拜说："越国的亡国之臣句践派遣陪臣文种大胆地告知您属下执事的人：句践请求做您的奴仆，他的妻室做您的侍妾。"吴王准备答应他。伍子胥向吴王进言说："上天将越国赏赐给吴国，不要答应他。"文种回来，把这个情况报告句践。句践就想杀了妻妾

美女宝器令种间献吴太宰嚭。嚭受,乃见[8]大夫种于吴王。种顿首言曰:“愿大王赦句践之罪,尽入其宝器。不幸不赦,句践将尽杀其妻子,燔其宝器,悉五千人触战,必有当也。[9]”嚭因说吴王曰:“越以服为臣,若将赦之,此国之利也。”[10]吴王将许之。子胥进谏曰:“今不灭越,后必悔之。句践贤君,种、蠡良臣,若反国,将为乱。[11]”吴王弗听,卒赦越,罢兵而归。

子女,焚烧宝器,然后豁出性命去拼一死战。文种制止句践说:“吴国的太宰伯嚭非常贪财,可以拿财物去收买他,请允许我秘密前往与他交涉。”当时句践就让文种暗中把美女宝器献给太宰嚭。伯嚭接受了,就把大夫种引见给吴王。文种叩头说:“希望大王赦免句践的罪过,如此句践将献出他的全部宝器。假若不幸得不到赦免,句践将会杀死妻妾子女,焚烧宝器,出动五千战士拼命战斗,那时您也肯定会有相应的损失。”太宰嚭借机游说吴王说:“越王已经服服贴贴地当了臣子,假若将他赦免了,这对国家有利。”吴王将要答应越国之请。伍子胥上前劝告说:“如今不灭掉越国,以后一定会后悔的。句践是位贤能的国君,文种、范蠡是优秀的大臣,假若现在让他们回国,他们日后必将成为吴国的祸患。”吴王不听从,最终赦免了越国,罢兵回国了。

注释 1 子:指对方,你,敬称。 为之奈何:对此该怎么办。 2 持满:意即“持盈”,保守成业。满,盈。 与(yù)天:即天与。与,帮助。下文“与人”同此。 定倾:扶助倾危,使之安定。 节事:做事节制。 以地:即“与地”,意同“与天”“与人”。 3 遗(wèi):送。 身:自身。 与之市:前往侍奉,如同将自己视为货物一样卖出。市,交易、做买卖。 4 大夫种:姓文名种,楚国郢人。 行成:求和。 膝行:跪地前行。 顿首:头叩地而拜。 陪臣:此指诸侯国的臣子在其宗主国面前的谦称。 下执事:君王手下的办事人员。 5 子胥:即伍子胥,又名伍员。原为楚人,后避难奔吴,为吴国大臣。 6 燔(fán):焚烧。 触战:拼命死战。 7 太宰嚭(pǐ):即伯嚭,原为楚人,奔于吴,任太宰。 间行:微行,秘密出行。 8 见:推荐,引荐。 9 悉:全部。 当:抵当,相等。 10 说(shuì):游说、说服。 以:通“已”,已经。 11 反:同“返”。 乱:此意为将要兴国,与吴为敌。

句践之困会稽也,喟然叹曰:“吾终于此乎?”[1]种曰:“汤系夏台,文王囚羑里,晋重耳奔翟,齐小白奔莒,其卒王霸。[2]由是观之,何遽[3]不为福乎?”

吴既赦越,越王句践反国,乃苦身焦思,置胆于坐,坐卧即仰胆,饮食亦尝胆也,曰:“女忘会稽之耻邪?”[4]身自耕作,夫人自织,食不加肉,衣不重采,折节下贤人,厚遇宾客,振贫吊死,与百姓同其劳。[5]欲使范蠡治国政,蠡对曰:“兵甲之事,种不如蠡;填[6]抚国家,亲附百姓,蠡不如

句践被困在会稽山时,喟然叹息说:“我将终结在这里吗?”文种说:“商汤被拘羁在夏台,文王被囚禁在羑里,晋国重耳流亡到狄地,齐国小白逃奔到莒国,他们最终都称王称霸。从这些例子来看,今日的窘迫何尝不是好事呢?”

吴国赦免了越王后,越王句践返回国都,便吃苦耐劳,冥思苦想,将胆囊悬挂在座位之上,坐卧抬头都能看到胆囊,吃饭喝水时也要尝尝胆汁,他借此提醒自己说:“你忘记了会稽的耻辱吗?”他亲自耕作,他的夫人亲自织布,吃饭不吃两种菜肴,穿衣不穿两种颜色的衣服,放下架子,礼贤下士,用优厚的礼仪接待宾客,赈救贫者、吊唁死者,和百姓同劳苦。句践想让范蠡管理国家政事,范蠡回答说:“战争一类的事,文种不如范蠡;安定国家,使百姓亲近归附,范蠡不如文种。”于是句践将全部国家政事交托大夫文种主

种。”于是举国政属大夫种，而使范蠡与大夫柘稽行成，为质于吴。[7]二岁而吴归蠡。

持，而派范蠡和大夫柘稽去和吴国讲和，并留在吴国当人质。两年后吴国归还了范蠡。

注释　1 喟(kuì)然：叹息的样子。　终：终结，死。　2 系：拘囚。　夏台：亦称均台，夏朝监狱名。　齐小白：即后来的齐桓公。　3 何遽：亦作“何渠”，怎么。　4 胆：胆囊，亦名苦胆。　女：通“汝”，你。　本句前一个“坐”：同“座”，“座”之古字。　5 重(chóng)采：两种颜色的衣服。采，通“彩”。　折节：屈己下人，降低身份。　遇：礼遇、接待。　振：通“赈”。　吊：吊唁。《史记集解》引徐广曰：“吊，一作‘葬’。”按：依《国语·越语》所云“必哭泣葬埋之如其子”，当作“葬”。　6 填(zhèn)：通“镇”，安定。　7 举：全。　柘(zhè)稽：亦作诸稽郢，越国大夫。《史记志疑》：“《国语》《韩子》《越绝》《吴越春秋》皆言句践与范蠡亲身入臣于吴，三年遣归，《史》误也。”

句践自会稽归七年，拊循[1]其士民，欲用以报吴。大夫逢同[2]谏曰：“国新流亡，今乃复殷给，缮饰备利，吴必惧，惧则难必至。[3]且鸷鸟[4]之击也，必匿其形。今夫吴兵加齐、晋，怨深于楚、越，名高天下，实害周室，德少而功多，必淫自矜[5]。为

句践从会稽回国后七年，抚慰军士和民众，想动员他们来向吴国报仇。大夫逢同劝告说：“国家遭破败后，刚刚显出富强丰足之状，就整军治器，吴国一定会警觉；吴国一警觉，我们就会大祸临头了。猛禽如要出击，必定先隐匿身躯。如今吴国对齐国、晋国用兵，和楚国、越国结怨，在天下名声虽然显赫，但实际上危害到了周王室的权威，其德业少却功劳多，一定会放纵而自夸。为越国着想，

越计，莫若结齐，亲楚，附晋，以厚[6]吴。吴之志广[7]，必轻战。是我连其权，三国伐之，越承其弊，可克也。[8]”句践曰：“善。”

莫如结交齐国，亲近楚国，依附晋国，来奉承吴国。吴国野心勃勃，一定会愈加好战。这样我国利用他国的力量，让齐、楚、晋三国去攻打吴国，越国乘着吴国困乏的时候进攻它，就可以获胜。”句践说：“好”。

注释　1 拊循：即抚循，抚慰，安抚。　2 逢同：姓逢(páng)，名同，越国大夫。　3 流亡：流离败亡。　殷给(jǐ)：富强丰足。　缮饰：修整军备。　备利：充实利器。　4 鸷鸟：泛指猛禽一类。　5 淫：放纵。　自矜：自夸，自负。　6 厚：优待，重视。此处有奉承、讨好之义。　7 志广：此指野心勃勃，欲望无穷。　8 权：权势，此指力量。　弊：困乏、疲惫。

居二年，吴王将伐齐。子胥谏曰：“未可。臣闻句践食不重味[1]，与百姓同苦乐。此人不死，必为国患。吴有越，腹心之疾，齐与吴，疥瘲[2]也。愿王释齐先越。”吴王弗听，遂伐齐，败之艾陵，虏齐高、国[3]以归。让[4]子胥。子胥曰：“王毋喜！”王怒，子胥欲自杀，王闻而止之。越大夫种曰：“臣观吴王政骄

过了两年，吴王准备攻打齐国。伍子胥进谏说：“不可。我听说句践吃饭不吃两种菜肴，和百姓同甘共苦。这个人不死，一定会成为吴国的祸患。吴国有了越国，就等于有了心腹疾病，齐国对于吴国，只是疥癣一样的小毛病。希望大王放弃进攻齐国而先去攻打越国。”吴王不听从，就去攻打齐国，在艾陵打败了齐国，俘虏了齐国的高无丕、国书回来了。吴王以此责备伍子胥。伍子胥说：“大王不要高兴得太早了！”吴王大怒，伍子胥想自杀，吴王听说后就制止他。越国大夫种说：“我看吴王当政已经很骄横了，不知尝

矣，请试尝之贷粟，以卜[5]其事。”请贷，吴王欲与，子胥谏勿与，王遂与之，越乃私喜。[6]子胥言曰：“王不听谏，后三年吴其墟[7]乎！”太宰嚭闻之，乃数与子胥争越议，因谗子胥曰：“伍员貌忠而实忍人，其父兄不顾，安能顾王？[8]王前欲伐齐，员强谏，已而有功，用是[9]反怨王。王不备伍员，员必为乱。”与逢同共谋，谗之王。王始不从，乃使子胥于齐，闻其托子于鲍氏[10]，王乃大怒，曰：“伍员果欺寡人，欲反！”使人赐子胥属镂[11]剑以自杀。子胥大笑曰：“我令而父霸，我又立若，若初欲分吴国半予我，我不受，已，今若反以谗诛我。[12]嗟乎，嗟乎，一人固不能独立[13]！”报使者曰：“必取吾眼置吴东门，以观越兵

试着向他借粮，来估量一下其内部情况。”越国向吴国借粮，吴王想借给它，伍子胥劝告说不要给借，吴王最终还是借给了，越国就暗自高兴。伍子胥私下对人说：“大王不听劝告，三年以后吴国将要变成废墟啦！”太宰嚭听说了，就多次和伍子胥争论对付越国的策略，借机在吴王面前说伍子胥的坏话：“伍员表面上忠诚，但实际上待人残忍，他对父兄的生死都不顾及，怎么能顾及大王？大王前次想去攻打齐国，伍员强行进谏，随后有了战功，因此反而怨恨大王。大王不防备伍员，伍员一定会作乱。”他和逢同一起密谋，在吴王面前说伍子胥的坏话。吴王开始不听，后来他派伍子胥出使齐国，听说伍子胥把自己的儿子托付给鲍牧，这才大为恼怒，说：“伍员果真欺骗我，想要造反！”吴王派人把属镂剑赐给伍子胥让他自杀。伍子胥大笑着说：“我让你父亲称霸，又扶立了你，你当初想把吴国的一半分给我，我不接受，如今你反过来听信小人的诬陷要诛杀我。唉，唉，你一个人没有依靠怎么立国！”他对吴王派来的使者说：“我死后，一定

入也！[14]”于是吴任嚭政。

居三年，句践召范蠡曰：“吴已杀子胥，导谀者众，可乎？”[15]对曰：“未可。”

要取出我的眼珠放在吴国都城的东门上，让我观看越兵进城！”伍子胥死后，吴国任用太宰嚭主持国政。

过了三年，句践召范蠡来说：“吴国已经杀了伍子胥，如今吴王周围阿谀的人非常多，可以出兵攻打他吗？”范蠡回答说：“不可。”

注释　1 重(chóng)味：两种菜肴。　2 疥癣(jiè xiǎn)：本指皮肤病，此指小的隐患。癣，同“癣”。　3 高、国：齐国的两大家族，此指高无丕、国书。据《左传·哀公十一年》，艾陵之战，吴虏国子，由鲁将其首级归还给齐，并未虏高子。　4 让：指责，责难。　5 卜：估量，猜测。　6 遂：最终。　私：暗自。　7 墟：变成废墟，即国家灭亡。　8 忍人：残忍之人。　父兄不顾：即不顾父兄，此事指伍员只身逃出，而其父伍奢、其兄伍尚被楚杀害。　9 用是：因此。　10 鲍氏：齐国一大家族。此指伍员将其子伍丰托付给齐国大夫鲍牧。　11 属(zhǔ)镂：亦名属庐、独鹿，剑名。　12 令：让、叫。　而父：你的父亲，指夫差之父阖庐。　若：你，指吴王夫差。　13 独立：不依靠他人而自立。　14“必取吾眼”句：《史记索隐》引《国语》：“云吴王愠曰‘孤不使大夫得见’，乃盛以鸱夷，投之于江也。”《史记志疑》以为“抉目非实事”。　15 居三年：当作“居二年”。　导谀：逢迎献媚。

至明年春，吴王北会诸侯于黄池，吴国精兵从王，惟独老弱与太子留守。[1]句践复问范蠡，蠡曰：“可矣。”乃发习流二千人，教士四万

到了第二年春天，吴王北上在黄池会盟诸侯，吴国的精锐部队跟随着国君，唯独让一些老弱残兵和太子留守都城。句践再次询问范蠡，范蠡说：“可以了。”越王就出动

人,君子六千人,诸御千人,伐吴。[2]吴师败,遂杀吴太子。吴告急于王,王方会诸侯于黄池,惧天下闻之,乃秘之[3]。吴王已盟黄池,乃使人厚礼以请成[4]越。越自度亦未能灭吴,乃与吴平。[5]

熟悉水性的军士二千人,训练有素的士兵四万人,亲近或受过恩惠的将士六千人,各个军中的事务官员一千人,去攻打吴国。吴国军队大败,吴国太子被杀。吴国向吴王告急,吴王正在黄池与诸侯会盟,害怕天下人知道此事,就秘而不宣。吴王在黄池会盟以后,就派人带厚礼去向越国请和。越国自己估计还不能灭亡吴国,就同意与吴国讲和。

注释 1 春:《春秋左传》云,吴王北会诸侯在夏。 太子:夫差之子,名友。 2 习流:熟悉水性的兵士,即水师。 教士:训练有素的士兵。 君子:此指与王亲近的有志行之士。 诸御:职掌军中各种事务之官。 3 秘之:密而不宣。 4 成:讲和。 5 度(duó):估量。 平:讲和、媾和。

其后四年,越复伐吴,吴士民罢弊,轻锐尽死于齐、晋。[1]而越大破吴,因而留围之三年,吴师败,越遂复栖[2]吴王于姑苏之山。吴王使公孙雄肉袒膝行而前,请成越王曰:“孤臣夫差敢布腹心,异日尝得罪于会稽,夫差不敢逆命,得与

四年后,越国又攻打吴国,吴国士民疲惫不堪,精兵锐卒都死在和齐国、晋国的交战中。因而越国大败吴国,且留下来围困了吴国三年,吴军战败,越国于是又迫使吴王居于姑苏山上。吴王派公孙雄袒露上身跪着前来,对越王哀求说:“孤立无援的臣子夫差冒昧地向您表露真心诚意,从前我在会稽得罪了您,您提出请求,我不敢违抗命令而与您讲和,使您得以归国。如今君王抬起玉趾

君王成以归。今君王举玉趾而诛孤臣，孤臣惟命是听，意者亦欲如会稽之赦孤臣之罪乎？”[3]句践不忍，欲许之。范蠡曰：“会稽之事，天以越赐吴，吴不取。今天以吴赐越，越其可逆天乎？且夫君王蚤朝晏罢[4]，非为吴邪？谋之二十二年，一旦[5]而弃之，可乎？且夫天与弗取，反受其咎。‘伐柯者其则不远’，君忘会稽之厄乎？[6]”句践曰：“吾欲听子言，吾不忍其使者。”范蠡乃鼓进兵，曰：“王已属政于执事，使者去，不者且得罪。[7]”吴使者泣而去。句践怜之，乃使人谓吴王曰：“吾置王甬东，君[8]百家。”吴王谢曰：“吾老矣，不能事[9]君王！”遂自杀。乃蔽其面，曰：“吾无面以见子胥也！”越王乃葬吴王而诛太宰嚭。

而来诛杀我这孤立无援之臣，孤臣只有听从您的命令，但我还是希望也能像会稽之时那样赦免孤臣的罪过呢？”句践于心不忍，想答应他。范蠡说：“会稽被困之时，上天把越国赐给吴国，吴国不夺取。今天上天要把吴国赐给越国，越国难道可以违背天意吗？而且君王总是早早上朝，很晚才罢朝，不是为了吴国吗？我们谋划了二十二年才有今天的结果，怎么可以一下子把它抛弃呢？上天给的东西而不要，日后要受到惩罚的。‘用斧头砍伐木头做斧柄，斧柄的样子就在你身边’，您忘记了会稽被围的苦难了吗？”句践说：“我想听从您的建议，但我不忍心驳回他们的哀求。”范蠡击鼓进兵，说：“大王已把处理政事的大权嘱托给我，吴国使者赶快离去，否则将会得罪于你。”吴国使者哭泣着离去。句践可怜他，就派人对吴王说：“我把您安置在甬东，封一百家由您管理。”吴王辞谢说：“我老了，不能侍奉君王！”就自杀了。死前，他用布蒙住脸，说：“我没有脸面去见伍子胥！”越王安葬了吴王并诛杀了太宰嚭。

注释 1 罢弊:疲惫,困苦贫乏。罢,通“疲”。 轻锐:精锐之士,即精兵锐卒。 2 栖:居住,停留。 3 公孙雄:吴国大夫。 肉袒(tǎn):脱去上衣,裸露肢体,表示谢罪。 布:公布、宣告。 腹心:衷心,诚意。 举:抬。 玉趾:敬词,犹言贵步。 意者:选择连词,还是。 4 蚤朝:早早上朝。蚤,通“早”。 晏罢:很晚退朝。晏,晚。 5 一旦:一时之间,忽然。 6 伐柯者其则不远:《诗经·豳风·伐柯》有“伐柯伐柯,其则不远”一句。柯,斧柄。则,准则,榜样。 厄:苦难,困穷。 7 属(zhǔ)政:托付政事。 执事:此指范蠡自己。 不:同“否”。 且得罪:客套语,将要得罪于你。《史记集解》引虞翻曰:“我为子得罪。”又一说为,将要使你得罪。《史记索隐》:“虞翻注盖依《国语》之文,今望此文,谓使者宜速去,不且得罪于越,义亦通。” 8 君:掌管,统治。 9 事:侍奉。

句践已平吴,乃以兵北渡淮,与齐、晋诸侯会于徐州,致贡[1]于周。周元王使人赐句践胙,命为伯。[2]句践已去,渡淮南,以淮上地与楚,归吴所侵宋地于宋,与鲁泗东方百里。[3]当是时,越兵横行于江、淮东,诸侯毕贺,号称霸王[4]。

范蠡遂去,自齐遗大夫种书曰:“蜚鸟尽,良弓藏;狡兔死,走狗烹。越王为人长颈鸟喙,可与共患难,不

句践已经平定吴国,就领兵向北渡过淮水,在徐州和齐国、晋国诸侯相会,进献贡品给周王室。周元王派人赐给句践祭肉,策命他做霸主。句践已经离去,渡过淮水南下,把淮河流域地区给予楚国,把吴国侵占的宋国土地归还宋国,把泗水东岸方圆百里的地方给鲁国。这时,越兵横行长江、淮水以东,诸侯都来恭贺,越王号称霸王。

范蠡离开越国,从齐国送给大夫种一封信说:“飞鸟已经射尽,良弓就要收藏;狡兔全都死了,猎犬要被烹食。越王长了个长脖子

可与共乐。子何不去？”[5]种见书，称病不朝。人或谗种且作乱，越王乃赐种剑，曰：“子教寡人伐吴七术，寡人用其三而败吴，其四在子，子为我从先王试之。[6]”种遂自杀。

鸟喙嘴，这种人可与他共度患难，不可和他共享安乐。您何不离去？”文种看到信，称说有病不上朝。有人诋毁文种说他将要作乱，越王就赐给文种一把剑，说：“您教会我攻打吴国的七种谋略，我只用了其中三种就打败了吴国，还有四种在您手里，您替我到已死去的君王面前去试用一下。”文种于是自杀了。

注释　**1** 致贡：进献贡品。　**2** 周元王：姓仁名姬，从春秋时期进入战国时期的第一位周朝君王，前476（一说475）年—前469年在位。　胙(zuò)：祭祀用的肉。　伯：诸侯之长。　**3** 淮上地：淮河流域地区。《史记集解》引《楚世家》曰：“越灭吴，而不能正江、淮北。楚东侵，广地至泗上。”　泗东：指今江苏、山东邻近的泗水以东地区。　方：方圆。　**4** 号称霸王：此可知《史记》以齐桓公、晋文公、秦缪公、楚庄王、越王句践为春秋五霸。至于宋襄公，只是说他“修行仁义，欲为盟主”，而实际的业绩是没有达到应有要求的。《史记索隐》：“越在蛮夷，少康之后，地远国小，春秋之初未通上国，国史既微，略无世系，故《纪年》称为‘於粤子’。据此文，句践平吴之后，周元王始命为伯，后遂僭而称王也。”　**5** 遗(wèi)：送。　蜚：通“飞”。　走狗：猎犬。　鸟喙(huì)：鸟类的嘴，此比喻越王嘴尖似鸟。　**6** 七术：七种方法、谋略。所称七术，《越绝书》《吴越春秋》作“九术”。《史记正义》引《越绝书》云：“九术：一曰尊天事鬼；二曰重财币以遗其君；三曰贵籴粟藁以空其邦；四曰遗之好美以荧其志；五曰遗之巧匠，使起宫室高台，以尽其财，以疲其力；六曰贵其谀臣，使之易伐；七曰强其谏臣，使之自杀；八曰邦家富而备器利；九曰坚甲利兵以承其弊。”　先王：死去的君王。

句践卒，子王鼫[1]与立。王鼫与卒，子王不寿[2]立。王不寿卒，子王翁[3]立。王翁卒，子王翳[4]立。王翳卒，子王之侯[5]立。王之侯卒，子王无彊[6]立。

句践去世，儿子王鼫与继位。王鼫与去世，儿子王不寿继位。王不寿去世，儿子王翁继位。王翁去世，儿子王翳继位。王翳去世，儿子王之侯继位。王之侯去世，儿子王无彊继位。

注释 1 王鼫(shí)与：即鹿郢，越语谓为“鼫与”。《史记索隐》引《竹书纪年》云：“晋出公十年十一月，於粤子句践卒，是为菼执。”公元前464年—前459年在位。 2 王不寿：公元前458年—前449年在位。 3 王翁：即王朱句(勾)，公元前448年—前412年在位。 4 王翳(yì)：公元前411年—前377年在位。依《竹书纪年》，王翳卒太子王诸咎立，公元前376年在位。越人杀诸咎，其子王错枝立，公元前375年在位。明年，越大夫立王无余之。 5 王之侯：盖即“王无余之”，公元前374年—前363年在位。其后有王无颛，公元前362年—前355年在位。 6 王无彊：盖即“王无颛”之后，其在位末年，楚灭越。《史记索隐》以为无余之后颛立，无颛后无彊立。以无彊为无颛之弟。越之世系，莫可详究。

王无彊时，越兴师北伐齐，西伐楚，与中国[1]争强。当楚威王之时，越北伐齐，齐威王使人说越王曰：“越不伐楚，大不王，小不伯。图越之所为

越王无彊时，兴师北上攻打齐国，向西攻打楚国，与中原各国争强斗胜。当时正值楚威王在位，越国北上攻打齐国，齐威王派人游说越王说：“越国不去攻打楚国，大的方面说，不能称王统一天下；小的方面说，不能称霸。我估量越国之所以不去攻打楚国，是由于没有得到晋国的支持。韩国、魏国本来就不会攻打

不伐楚者，为不得晋也。韩、魏固不攻楚。韩之攻楚，覆其军，杀其将，则叶、阳翟危；魏亦覆其军，杀其将，则陈、上蔡不安。故二晋之事越也，不至于覆军杀将，马汗之力不效。所重于得晋者何也？"[2]越王曰："所求于晋者，不至顿刃[3]接兵，而况于攻城围邑乎？愿魏以聚大梁之下，愿齐之试兵南阳、莒地，以聚常、郯之境，则方城之外不南，淮、泗之间不东。[4]商、於、析、郦、宗胡之地，夏路以左，不足以备秦，江南、泗上不足以待越矣。[5]则齐、秦、韩、魏得志于楚也，是二晋不战而分地，不耕而获之。不此之为，而顿刃于河山之间以为齐秦用，所待者如此其失计，柰何其以此王也！[6]"齐使者曰："幸也越之不亡也！吾

楚国。韩国要是进攻楚国，必将全军覆没，将领被杀，而且叶和阳翟两地就危险了；魏国进攻楚国也会如此，全军覆没，将领被杀，而且陈和上蔡两地就不安全了。所以韩、魏二晋侍奉越国，是为了不至于全军覆没、将领被杀，它们不会为越国效汗马之力的。您这样看重得到晋国的支持是为什么呢？"越王说："我并不要求晋国出兵作战，又怎么会让晋国去围攻楚国的城邑呢？我只希望魏国把兵力聚集在大梁城下，希望齐国用兵于南阳和莒地，驻军于常、郯二邑一带的边境，那么方城以外的楚军不会南下，淮、泗二水之间的楚军不会往东。商、於、析、郦、宗胡等邑，都在楚国通往诸夏之路的左侧，其兵力不足以防备秦国，江南、泗上一带的兵力也就不足以对付越国。如此，齐国、秦国、韩国、魏国都从楚国得到了好处，韩魏二国不战就分得了土地，不耕就能有所收获。可韩魏不这样谋划，而要在黄河、华山之间互相交战而被齐国、秦国所利用，它们做事如此失策，怎么还有资格在天下称王呢？"齐国使者

不贵其用智之如目，见豪毛而不见其睫也[7]。今王知晋之失计，而不自知越之过，是目论也。王所待于晋者，非其马汗之力也，又非可与合军连和[8]也，将待之以分楚众也。今楚众已分，何待于晋？”越王曰：“柰何？”曰：“楚三大夫张九军，北围曲沃、於中，以至无假之关者三千七百里，景翠之军北聚鲁、齐、南阳，分有大此者乎？[9]且王之所求者，斗晋楚[10]也；晋楚不斗，越兵不起，是知二五而不知十也。此时不攻楚，臣以是知越大不王，小不伯。复雠、庞、长沙，楚之粟也；[11]竟泽陵[12]，楚之材也。越窥兵通无假之关，此四邑者不上贡事于郢矣。[13]臣闻之，图王不王，其敝[14]可

说：“越国没有被灭亡完全是侥幸！聪明智慧若像眼睛那样能看清毫毛而看不见自己的睫毛，那是不值得称道的。如今您知道晋国的失策，却不知越国自身的过错，这就与眼睛看东西的道理一致。您并不期待晋国为您尽汗马之力，更不要求与它联合，而只是想让它分散楚国的兵众。如今楚国的兵力已经分散，何必还对晋国有所期待？”越王说：“那该怎么办？”齐国使者说：“楚国的三个大夫分兵九路，北面围困曲沃、於中，一直到达无假关，战线有三千七百里长，景翠率领的军队往北聚屯在鲁国、齐国、韩国的南阳，兵力分散还有比这严重的吗？况且您所希望的，是让晋楚二国相斗；晋国、楚国不相斗，越兵就不能出动，这就如只知道二五而不知道一十。您现在不抓住时机进攻楚国，因此我认为越国既不能称王天下，也不可称霸天下。再说，雠、庞、长沙等地，是楚国产粮食的区域；竟陵泽，是楚国产木材的地方。越国进兵占据无假关，这四个地方就无法给楚国郢城进贡了。我听说，目的是图谋称王，即使没能称王，至少还可以称霸。若称霸也不能实现，那就是您

以伯。然而不伯者，王道失也。故愿大王之转攻楚也。”

根本没有走对路。所以希望大王赶紧去进攻楚国。”

注释 1 中国:中原地区，此指中原各诸侯国。 2 楚威王:楚国国君，前339年—前329年在位。 齐威王:齐国国君，即田因齐，前356年—前320年在位。 王(wàng):称王，统一天下。 伯(bà):通“霸”，称霸。 图:计度(duó)，度量，估量。 晋:时晋已分为韩、赵、魏三家。此处实指韩、魏。 3 顿刃:使刀刃钝，意指刀枪相见。顿，通“钝”。 4 南阳:当时齐国南部一地名，在莒之西。 常:《史记索隐》云:“常，邑名，盖田文所封邑。”孟尝君封于薛，盖常属薛，在薛之东南。常在当时齐国南部。 方城之外不南:意指楚国方城之兵不敢南伐越也。 不东:不敢向东进发。 5 夏路以左:《史记索隐》引刘氏云:“楚适诸夏，路出方城，人向北行，以西为左，故云夏路以左。”意即通向中原各国道路之左边。泛指楚国西北部一带。 不足以备秦:是说商、於、析、郦四邑，其地徒众少，不足备秦出自崤、武二关之道的进击。 江南、泗上:此泛指楚与越相邻之地区，约在今安徽、江苏交接处。 6 不此之为:不为此。 河山:河指黄河，山指华山。 王(wàng):称王。 7 豪:通“毫”。 睫:睫毛。 8 连和:连横，结成同盟。 9 张:铺开、布置。 九军:多路部队。 无假之关:即无假关，在今湖南湘阴北。 三千七百里:《史记正义》:“言从曲沃，於中西至汉中、巴、巫、黔中千余里，皆备秦、晋也。” 景翠:楚国大夫。 南阳:地区名，时属韩。在今河南南阳市西南部。 10 斗晋楚:使晋、楚两国相斗。 11 复:此指再则，再说。 雠:当为犨(犫)之误，楚邑名，在今河南平顶山市西南。 庞:邑名，在今湖南衡阳市东。 12 竟泽陵:当为竟陵泽，古楚七泽之一，在今湖北潜江市西北。 13 窥兵:此指进兵。 郢:此代指楚。 14 敝:坏，败。此指最坏的结果。

于是越遂释齐而伐楚。楚威王兴兵而伐之，大败越，杀王无彊，尽取故吴地至浙江[1]，北破齐于徐州。而越以此散，诸族子争立，或为王，或为君，滨于江南海上，服朝于楚。[2]

后七世，至闽君[3]摇，佐诸侯平秦。汉高帝复以摇为越王，以奉越后。东越[4]、闽君，皆其后也。

范蠡事越王句践，既苦身勠力，与句践深谋二十余年，竟灭吴，报会稽之耻，北渡兵于淮以临齐、晋，号令中国，以尊周室，句践以霸，而范蠡称上将军。[5]还反[6]国，范蠡以为大名之下，难以久居，且句践为人可与同患，难与处安，为书辞句践曰："臣闻主忧臣劳，主辱臣死。昔者君王辱于会稽，

于是越国就放弃攻打齐国而去进攻楚国。楚威王兴兵来讨伐，把越国打得大败，杀了越王无彊，夺取了以前吴国的全部地盘和浙江一带，又北上在徐州攻破了齐国。而越国因此就瓦解了，各个族子都争着要继位，有的称王，有的称君，活动于江南海岸一带，臣服于楚国，并向其纳贡。

又过了七代，到了闽君摇时，辅助诸侯灭亡了秦朝。汉高帝又封摇为越王，来承续越国的祭祀。东越、闽君，都是越国的后代。

范蠡辅佐越王句践，劳神苦心，竭尽全力为句践谋划了二十多年，终于使越国灭亡了吴国，报了会稽受困的耻辱，向北领兵渡过淮水临视齐国、晋国，对中原各国发号施令，尊崇周王室，句践成为天下霸主，而范蠡也成为越国上将军。回到国内，范蠡认为盛名之下，难以长留，而且句践的为人，是可以和他共患难，很难和他享安乐，于是就写信向句践告辞说："我听说君主忧虑，臣子就该劳苦；君主受辱，臣子就该死难。从前君王在会稽受辱，我之所以没有死去，是为了报仇雪耻。如

所以不死，为此事也。今既以雪耻，臣请从会稽之诛。[7]”句践曰：“孤将与子分国而有之。不然，将加诛于子。”范蠡曰：“君行令，臣行意。”乃装其轻宝珠玉，自与其私徒属乘舟浮海以行，终不反。于是句践表会稽山以为范蠡奉邑[8]。

今已经雪洗耻辱，我请求接受会稽受辱时应得的死罪。”句践说：“我将把国家分给你一半。如果你不听从，我将惩罚你。”范蠡说：“君主可以颁行命令，臣子也可以按自己的意愿行事。”就收拾起他的轻便珍宝和珠玉，与其仆从亲信一起乘船渡海离去，再也没有返回。于是句践划出会稽山作为范蠡的封地。

注释 1 浙江：即今钱塘江。 2 滨：靠近、接近。此意指其活动范围。 服朝：臣服朝拜。 3 闽君：越王句践的后代，姓驺，名摇。 4 东越：古代越人的一支，相传为越王句践的后裔，居今福建一带。 5 苦身：使自身劳苦。 戮(lù)力：并力、合力。 竟：终于。 临：视也，在上视下。 上将军：官名，最高军事指挥。 6 反：同“返”。 7 既以：已经。以，通“已”。 臣请从会稽之诛：臣请求接受因您受会稽之辱而应得到的罪过。诛，惩罚，罪过。 8 奉邑：供给俸禄之地。《国语》云“乃环会稽三百里以为范蠡之地”，不言奉邑事。又《越绝书》言封范蠡之子于苦竹城。《吴越春秋》言封范蠡妻子百里之地。

范蠡浮海出齐，变姓名，自谓鸱夷子皮[1]，耕于海畔，苦身戮力，父子治产。居无几何，致产数十万。[2]齐人闻其贤，以为相。范

范蠡渡海来到齐国，变换姓名，自己称作鸱夷子皮，在海滨耕种，父子一起辛勤劳作，从事生产。过了没有多久，家产达到十万钱。齐国人听说他贤能，任命他做相国。范蠡喟然叹息说：“住在家里

蠡喟然叹曰:“居家则致千金,居官则至卿相,此布衣之极也。久受尊名,不祥。”乃归相印,尽散其财,以分与知友乡党,而怀其重宝,间行以去,止于陶,以为此天下之中,交易有无之路通,为生可以致富矣。[3]于是自谓陶朱公。复约要父子耕畜,废居,候时转物,逐什一之利。[4]居无何,则致资累巨万[5]。天下称陶朱公。

能招致千金财产,出外做官能达到卿相地位,这是一个普通平民生活的顶峰。长久享受尊贵名号,不会吉祥。”他就归还相印,把财产全都布散出去,用来分给知己友人和乡亲邻里,只怀揣着贵重宝器,悄悄离去,定居在陶地,此地处在天下的中心地带,进行商业活动非常便利,在这里做生意是可以发家致富的。于是他自称陶朱公。又约定父子都要耕作畜牧,囤积居奇,等候时机买卖货物,以追逐十分之一的利润。过了没有多久,又累积了上亿的资财。天下人都称道陶朱公。

注释　1 鸱(chī)夷子皮:鸱,传说中似猫头鹰一类的怪鸟。鸱夷,用革做成的一种盛酒器,外形似鸱,故名。范蠡变名易姓自称为鸱夷子皮。2 几何:多少日子。　致:达到,求得。　3 与:给予。　乡党:乡里。　间行:悄悄出走。　为生:此指做生意。　4 废居:囤积居奇,贱买贵卖。　候时:等候时机。　转物:买卖货物。　逐:追逐。　5 累:累积。　巨万:万万,上亿。极言其多。

朱公居陶,生少子。少子及壮,而朱公中男[1]杀人,囚于楚。朱公曰:“杀人而死,职[2]也。然吾

朱公居住在陶邑,生下了小儿子。小儿子到了壮年,而朱公的二儿子杀了人,囚禁在楚国。朱公说:“杀人偿命,是应尽之责。然而我听

闻千金之子不死于市。[3]”告其少子往视之。乃装黄金千溢，置褐器中，载以一牛车。[4]且遣其少子，朱公长男固请欲行，朱公不听。长男曰：“家有长子曰家督，今弟有罪，大人不遣，乃遣少弟，是吾不肖。[5]”欲自杀。其母为言曰：“今遣少子，未必能生中子也，而先空亡长男，奈何？[6]”朱公不得已而遣长子，为一封书遗故所善庄生[7]。曰：“至则进千金于庄生所，听其所为，慎无与争事。[8]”长男既行，亦自私赍[9]数百金。

说有钱人家的子弟不会死于闹市。”于是准备让他的小儿子前往探视。他让小儿子装上千镒黄金，放置在褐色器具中，用一辆牛车载着前行。当朱公的小儿子即将启行时，朱公的长子坚决请求让他前往，朱公不听从。长子说：“长子是家中一切事务的督理，如今弟弟有罪，父亲不派遣我，而派遣小弟弟，这是说明我没有出息。”长子想要自杀。他母亲也帮着他说：“如今派遣小儿子，未必能让二儿子活下来，反而使长子白白地死去，怎么行呢？”朱公不得已就派遣长子，写了一封信让长子带去交给他的故友庄生。朱公还嘱咐说：“到了楚国就把千金送到庄生家中，任凭他处置，千万不要和他争执。”长子于是启行，自己私下也带了数百金。

注释　1 中男：二儿子，或次子。下文之“长男”，即长子。　2 职：职分，职责，应尽的本分。　3 千金之子：指富贵人家的子弟。　市：闹市，集市。　4 溢(yì)：通“镒”，古代重量单位，二十两为一镒。一说二十四两为一镒。　褐器：褐色器具。褐，黄黑色，褐器装，表示贫贱，以免引人注意。　5 家督：督理家政之人。　不肖：没出息，没有才能。　6 生：使……生。　空亡：白白地失去。　7 遗(wèi)：送。　故所善：过去要好的朋友。　8 进：进献。　所：所居之处。　听：任凭。　争事：

争执生事。 9 赍(jī):带着。

至楚,庄生家负郭,披藜藋到门,居甚贫。[1]然长男发书进千金,如其父言。庄生曰:"可疾去矣,慎毋留![2]即弟出,勿问所以然。"长男既去,不过庄生而私留,以其私赍献遗楚国贵人用事者。[3]

庄生虽居穷阎,然以廉直闻于国,自楚王以下皆师尊之。[4]及朱公进金,非有意受也,欲以成事后复归之以为信耳。故金至,谓其妇曰:"此朱公之金。有如病不宿诫[5],后复归,勿动。"而朱公长男不知其意,以为殊无短长[6]也。

朱公的长子到了楚国找到庄生家,他家靠着外城,拨开野草才能到达门口,家境非常贫寒。然而长子还是拿出书信进上千金,像他父亲交代的那样。庄生说:"你可以赶快离开,千万不要留在这里!即使你弟弟从监牢中出来,切勿询问是怎么出来的。"长子离开庄生家,并没有走,他留在楚都,将他私人带去的礼物进献给楚国那些当权的贵族。

庄生虽然居住在贫穷里巷,但是以刚廉正直而闻名国内,楚王以下的人都像对待老师一样尊敬他。等到朱公让儿子进献黄金给他,他不是有意要收受,想在事成以后再退回去以示讲信用而已。所以黄金一送到,他就叮嘱妻子说:"这是朱公的黄金。他突然送来,我们以后要归还给他,不要动用。"但是朱公的长子不明白他的用意,认为庄生对他的弟弟的死生没有办法。

注释 1 负郭:靠着外城。郭,外城。 披:拨开。 藜藋(diào):"藋"疑误写,应为"藿(huò)"。藜藿,古时贫者所食野菜,此指野草。 2 疾:赶快。 去:离开。 慎:表示告诫,相当于"千万"。 3 过:拜访、探望。 用事:执事,当权。 4 闾:里巷。 廉直:清廉正直。 师尊:此指像对待老师那样尊重庄生。 5 有如病不宿诫:就如要生病了不会提前告知。表示突然。宿,提前,早先。诫,告诫,告诉。 6 短长:死与生。

庄生间时入见楚王,言"某星宿某,此则害于楚"。[1]楚王素[2]信庄生,曰:"今为柰何?"庄生曰:"独以德为[3]可以除之。"楚王曰:"生[4]休矣,寡人将行之。"王乃使使者封三钱之府[5]。楚贵人惊告朱公长男曰:"王且赦[6]。"曰:"何以也?"曰:"每王且赦,常封三钱之府。昨暮王使使封之。"朱公长男以为赦,弟固当出也,重千金虚弃庄生,无所为也,乃复见庄生。[7]庄生惊曰:"若不去邪?"长男曰:"固未也。初为事弟,弟今议自赦,故辞生去。"庄生知其意欲复得其金,曰:"若自入室取金。"长男即自入室取金持去,独

庄生选择合适的时机入宫进见楚王,谈到"某颗星停留在某一星区,这会对楚国有祸害"。楚王一向信任庄生,说:"现在该怎么办?"庄生说:"只有做好事可以免除灾害。"楚王说:"您去休息吧,我将按您说的去办。"楚王就派使者去命令把库房封起来。楚国的一位贵族惊奇地告诉了朱公的长子说:"国王将要大赦了。"朱公的长子问:"你是怎么知道的?"那人说:"国王每次将要赦免,常常要封府库。昨天晚上国王又派使者将府库封起来了。"朱公的大儿子认为既然大赦,他弟弟自然就应当出狱了,因此把一千金白白地送给庄生,就完全没必要了,于是又去见庄生。庄生吃惊地说:"你没有离去呀?"长子说:"本来就没有走。当初为弟弟的事来,如今楚国商议大赦,弟弟自然会出狱,所以来向先生辞行而去。"庄生知道他的意思是想重新要回那些黄金,就说:"你自己进屋里去拿黄金。"长子随即自己进入室中拿了黄金走了,还

自欢幸。

独自感到高兴。

注释 1 间时:适当之时机。 宿:停留。 2 素:平素、一向。 3 德为:为德、办好事。 4 生:指庄生。生为对人的尊称,相当于"先生"。 5 三钱之府:储存三钱(金、银、铜)之库房。 6 王且赦:《史记集解》:"王且赦,常封三钱之府者,钱币至重,虑人或逆知有赦,盗窃之,所以封钱府,备盗窃也。" 7 重:爱惜,舍不得。 虚弃:白白地舍去,此处指白送给。 无所为:即所为无(意义)。

庄生羞为儿子所卖[1],乃入见楚王曰:"臣前言某星事,王言欲以修德报之。今臣出,道路皆言陶之富人朱公之子杀人囚楚,其家多持金钱赂王左右,故王非能恤楚国而赦,乃以朱公子故也。[2]"楚王大怒曰:"寡人虽不德[3]耳,柰何以朱公之子故而施惠乎!"令论杀[4]朱公子。明日遂下赦令。朱公长男竟持其弟丧归。[5]

至,其母及邑人尽哀之,唯朱公独笑,曰:"吾固知必杀其弟也!彼非不

庄生为被晚辈所出卖而感到羞耻,就入宫进见楚王说:"我前次谈到某颗星的事情,君王说到要用修养德行来报答上天。如今我外出,道路上的人都说起陶邑的富人朱公的儿子杀了人囚禁在楚国,他家里人带着金钱贿赂了您身边的人,所以君王并不是为了能够体恤楚国而大赦的,而是为了赦免朱公的儿子。"楚王大发脾气说:"就算我无德,怎么会因为朱公的儿子而大赦呢!"楚王命令判处朱公儿子死刑。第二天才下达大赦的命令。最终朱公的长子只好带着弟弟的灵柩回家了。

到了家里,他母亲和里邑的人全都很哀伤,唯独朱公一个人在笑,说:"我早就料到老大去一定会

爱其弟，顾有所不能忍者也[6]。是少与我俱，见苦，为生难，故重弃财。[7]至如少弟者，生而见我富，乘坚驱良逐狡兔，岂知财所从来，故轻弃之，非所惜吝。前日吾所为欲遣少子，固为其能弃财故也。而长者不能，故卒以杀其弟，事之理也，无足悲者。吾日夜固以望其丧之来也。"

故范蠡三徙，成名于天下，非苟去而已，所止必成名。[8]卒老死于陶，故世传曰陶朱公。

断送他弟弟的性命！他并非不喜欢弟弟，但不忍心花去这些黄金。这孩子从小和我一起生活，经受过贫苦，认为维持生计很难，所以很看重钱财。至于他的小弟弟，一生下来看到的就是我很富有，只知道驾着坚车骑着良马去追逐狡兔，根本不知道钱财是从哪里来的，所以能轻易地抛弃，毫不吝惜。当初我之所以想要派小儿子，就是因为他舍得花钱的缘故。但长子不能这样做，所以导致他弟弟被处死，这是定数，不值得悲伤。我早就等着他的灵柩到来了。"

范蠡三次迁徙，闻名于天下，他不是草率地迁徙，每到一个地方，一定会成名。范蠡最后老死在陶邑，所以世人称他为陶朱公。

注释　1 羞：耻辱。　儿子：小辈，晚辈。　2 非……乃……：并不是……是……。　恤：体恤。　3 不德：无德。　4 论杀：判处死刑。　5 竟：最终。　丧：灵柩。《史记志疑》引陈大令曰："救中子杀人一节，必好事者为之，非实也。徇儿女子之言而致中男于死为不仁，以褊悻之庄生而托以爱子为不智，岂具霸越沼吴之识，竟失算若是乎！庄生之不廉不直无足为友，更弗论已，前贤亦尝论之。"　6 顾：但。　忍：忍心。　7 是：指长男。　见苦：受过苦。见，受。　为生：维持生计。　8 三徙：三次迁移。范蠡本楚宛三户人，一徙至越，再徙往齐，三徙居陶。　苟：草率。

太史公曰：禹之功大矣，渐九川，定九州，至于今诸夏艾安。[1]及苗裔句践，苦身焦思，终灭强吴，北观兵[2]中国，以尊周室，号称霸王。句践可不谓贤哉！盖有禹之遗烈焉。[3]范蠡三迁，皆有荣名，名垂[4]后世。臣主若此，欲毋显，得乎！[5]

太史公说：禹的功劳很大，疏导九条大河，安定九州大地，一直到今日中原地区都享受其恩泽而安居乐业。到了他的后代句践，吃苦耐劳，冥思苦想，终于灭亡了强大的吴国，北上中原显示军威，尊崇周王室，号称霸王。难道句践不算贤能吗？在他身上大概还有禹的遗德。范蠡三次迁徙，迁到哪里都有显赫的名声，其英名流传到后世。有这样的臣子和君主，想让其不显名，可能吗？

注释　1 渐：导引疏通。　诸夏：泛指中国。　艾安：太平，安定。艾，通“乂(yì)”，治理，安定。　2 观兵：检阅军队以显示军威。　3 盖：连词，连接上一句，表示原因。　遗烈：前人遗留之业绩。烈，功绩，功业。　4 垂：流传。　5 臣主：即指句践和范蠡二人。　显：高贵，显赫；显扬，显名。　得：语气助词，表示能够、可以。

# 史记卷四十二

## 郑世家第十二

原文

郑桓公友者，周厉王少子而宣王庶弟也。[1]宣王立二十二年，友初封于郑[2]。封三十三岁[3]，百姓皆便爱之。幽王以为司徒[4]。和集周民，周民皆说，河雒之间，人便思之。[5]为司徒一岁，幽王以褒后故，王室治多邪，诸侯或畔之。于是桓公问太史伯曰："王室多故[6]，予安逃死乎？"太史伯对曰："独雒之东土，河济之南可居。"公曰："何以？"对曰："地近虢、郐，

译文

郑桓公名友，是周厉王的小儿子和周宣王的同母兄弟。宣王继位的二十二年，友被封在郑邑。受封三十三年，百姓皆感到安适而拥戴他。周幽王任命他为司徒。他使周朝百姓和睦而安定，百姓都很高兴，黄河、雒水一带的人们也怀念他。郑桓公做了一年司徒，幽王因为王后褒姒的缘故，王室的政治颇多弊端，有的诸侯背叛了幽王。这时桓公就问周太史伯说："王室灾难深重，我如何逃脱死亡呢？"太史伯回答说："唯独雒水东边的土地，黄河、济水的南面可以安居。"桓公说："为什么？"太史伯回答说："那个地方靠近虢国、郐国，虢国、郐国的君主贪婪而喜好财利，百姓不归附他们。如今您做了司

虢、郐之君贪而好利，百姓不附。[7] 今公为司徒，民皆爱公，公诚请居之，虢、郐之君见公方用事，轻分公地。公诚居之，虢、郐之民皆公之民也。”公曰：“吾欲南之江上[8]，何如？”对曰：“昔祝融为高辛氏火正[9]，其功大矣，而其于周未有兴者，楚其后也。周衰，楚必兴。兴，非郑之利也。”公曰：“吾欲居西方，何如？”对曰：“其民贪而好利，难久居。”公曰：“周衰，何国兴者？”对曰：“齐、秦、晋、楚乎？夫齐，姜姓，伯夷之后也，伯夷佐尧典礼。秦，嬴姓，伯翳之后也，伯翳佐舜怀柔百物。及楚之先，皆尝有功于天下。而周武王克纣后，成王封叔虞于唐，其地阻险，以此有德。与周衰，并亦必兴矣。”桓公曰：

徒，民众都喜爱您，您若是真的请求居住在那里，虢国、郐国的君主看到您正主持政事，就会轻易地分给您土地。您若是真居住在那里，虢国、郐国的民众就都是您的民众了。”桓公说：“我想往南到长江岸边去，怎么样？”太史伯回答说：“从前祝融做了帝喾管火的官，他的功劳很大，但他的后代在周朝时没有发迹的人，楚国是他的后代。周室衰微，楚国必定兴盛起来。楚国兴盛，对郑国绝对没有好处。”桓公说：“我想居住在西方，怎么样？”太史伯回答说：“那里的民众贪婪而喜好财利，很难长久居住。”桓公说：“周室衰落，哪个国家将会兴盛？”太史伯回答说：“齐国、秦国、晋国、楚国吧？齐国，是姜姓国家，是伯夷的后代，伯夷辅佐尧帝掌管礼仪。秦国，是嬴姓国家，是伯翳的后代，伯翳辅佐帝舜用文德感化了许多部落。他们和楚国的祖先，都曾经对天下建有大功。而周武王战胜商纣王以后，成王把叔虞封在唐邑，那里地势险要，而叔虞又施行德政。加之周王室衰微，这几个国家一定会兴盛起来。”桓公说：“好。”于是急速禀报幽王，往东把他

"善。"于是卒言王，东徙其民雒东，而虢、郐果献十邑，竟国之。[10]

的民众迁徙到雒水东边，而虢国、郐国果然献给他十座城邑，他终于建立了郑国。

二岁，犬戎杀幽王于骊山下，并杀桓公。郑人共立其子掘突，是为武公[11]。

二年，犬戎部族在骊山下杀死了幽王，同时杀了桓公。郑国人共同扶立他的儿子掘突，这就是武公。

注释 1 郑桓公：公元前806年—前771年在位。 庶弟：当依《十二诸侯年表》作"母弟"，《汉书·地理志》亦作"母弟"，是。母弟，同母之弟。 2 郑：春秋时诸侯国名，初封之郑，在今陕西渭南市华州区东。后郑武公徙都于新郑，在今河南新郑市。 3 封三十三岁：即公元前774年，周幽王之八年。 4 司徒：官名。掌管国家的土地和人民。官司籍田，负责征发徒役。 5 和集：和睦安定。集，通"辑"，和睦，安定。 便(pián)思：此指人们生活安适而怀念郑桓公。便，安适。 6 故：变故，灾难。 7 虢(guó)：国名，姬姓，周文王弟虢叔所封，此指东虢。在今河南荥阳市东北。 郐(kuài)：国名，妘(yún)姓，在今河南新密市东南。 贪而好利：《国语·郑语》云"虢叔恃势，郐仲恃险，皆有骄侈，又加之以贪冒"，即是。 8 之：往。 江上：长江岸边地区。 9 高辛氏：即帝喾。 火正：掌火之官。 10 卒：通"猝"，急速。 十邑：《史记集解》引虞翻曰："十邑谓虢、郐、鄢、蔽、补、丹、依、畴、历、莘也。" 竟：终于。 11 武公：公元前770年—前744年在位。其始年为春秋时期之开端。

武公十年，娶申[1]侯女为夫人，曰武姜。生太子寤生[2]，生之难，及生，夫人弗爱。后生少子叔段，段生易，

武公十年，娶了申侯的女儿做夫人，名叫武姜。武姜生了太子寤生，寤生在出生时难产，等到生下后，夫人不喜欢他。后来武

夫人爱之。二十七年，武公疾。夫人请公，欲立段为太子，公弗听。是岁，武公卒，寤生立，是为庄公[3]。

庄公元年，封弟段于京，号太叔[4]。祭仲曰："京大于国，非所以封庶也。"[5]庄公曰："武姜欲之，我弗敢夺[6]也。"段至京，缮治甲兵[7]，与其母武姜谋袭郑。二十二年，段果袭郑，武姜为内应。庄公发兵伐段，段走。伐京，京人畔段，段出走鄢[8]。鄢溃，段出奔共[9]。于是庄公迁其母武姜于城颍，誓言曰："不至黄泉[10]，毋相见也。"居岁余，已悔思母。颍谷之考叔[11]有献于公，公赐食。考叔曰："臣有母，请君食赐臣母。"庄公曰："我甚思母，恶负盟，柰何？"考叔曰："穿地至黄泉，则相见矣。"于是遂从之，见母。

姜生了小儿子叔段，叔段出生时比较容易，夫人喜爱他。二十七年，武公生病。夫人向武公请求，想立叔段做太子，武公没有听从。这一年，武公去世，寤生继位，这就是庄公。

庄公元年，把弟弟叔段封在京邑，称号叫太叔。祭仲说："京邑比国都还大，不宜封给庶子。"庄公说："武姜想这样做，我不敢反对。"叔段到了京邑，整顿军备，和他母亲武姜合谋袭击郑国国都。二十二年，叔段果然袭击郑都，武姜做内应。庄公出动军队讨伐叔段，叔段逃跑了。接着庄公攻打京邑，京邑人背叛叔段，叔段跑到了鄢国。鄢国的百姓溃散了，叔段逃奔共国。于是庄公把他母亲武姜迁徙到城颍，发誓说："不到黄泉，相互就不见面了。"过了一年多，庄公后悔，想念母亲。颍谷边地的官员考叔献了礼品给庄公，庄公赏他吃饭。考叔说："我有个母亲，请您赐给我母亲一些食物。"庄公说："我特别想念母亲，又害怕违背誓言，怎么办？"考叔说："开掘地土到达黄泉，不就可以互相见面啦。"于是庄公就照着考叔说的去做，见到了母亲。

注释 1 申:国名,伯夷之后,姜姓,后为楚所灭。故城在今河南南阳市北。 2 寤生:难产。寤,通“啎”,逆。逆生,为足先出。因难产而生,故取名“寤生”。 3 庄公:公元前743年—前701年在位。 4 太叔:《左传》作“京城大叔”。 5 祭(zhài)仲:字仲,名足,郑大夫,食邑于祭,在今河南郑州市东北。 京:京城。 国:国都。 庶:庶子。此处指嫡长子以外的儿子,即叔段。 6 夺:犹夺志,即强迫其改变意愿或志向。 7 缮治甲兵:整顿军备。缮,修补。治,整理。甲兵,武器。 8 鄢:本国名,妘姓,为郑武公所灭,在今河南鄢陵县西北。 9 共(gōng):国名,在今河南辉县东北,后为卫兼并,成其别邑。 10 黄泉:地下之泉。及黄泉,指死。 11 考叔:人名,时为颍谷封人。封人,镇守边疆之地方长官。

二十四年,宋缪公卒,公子冯奔郑。郑侵周地,取禾[1]。二十五年,卫州吁弑其君桓公自立,与宋伐郑,以冯故也。二十七年,始[2]朝周桓王。桓王怒其取禾,弗礼也。二十九年,庄公怒周弗礼,与鲁易祊、许田[3]。三十三年,宋杀孔父。三十七年,庄公不朝周,周桓王率陈、蔡、虢、卫伐郑。[4]庄公与祭仲、高渠弥发兵自救,王师大败。[5]祝聸[6]射中王臂。

二十四年,宋穆公去世,公子冯出奔到郑国。郑国侵占周王室的土地,又割走了禾。二十五年,卫国州吁弑杀他的国君桓公而自立为君,和宋国一起来攻打郑国,是因为公子冯的缘故。二十七年,郑庄公第一次朝见周桓王。桓王为郑国割走了禾而生气,对他不以礼接待。二十九年,庄公为周王对他不以礼相待而生气,用祊邑来和鲁国的许田交换。三十三年,宋国杀了孔父。三十七年,庄公不去朝见周王,周桓王带领陈国、蔡国、虢国、卫国的军队来讨伐郑国。庄公和祭仲、高渠弥出动兵众自救,周王带领的军队大败。祝聸射中了周桓王的臂膀。

祝聸请从之，郑伯止之，曰："犯长且难之，况敢陵天子乎？"[7]乃止。夜令祭仲问王疾。

祝聸请求追击，郑伯制止他，说："冒犯长者尚且要遭到责难，怎么敢凌辱天子呢？"于是收了兵。夜晚派祭仲去慰问周桓王的伤病。

注释 1 禾：此为稷类谷物之专名。《史记索隐》："隐三年《左传》'郑武公、庄公为平王卿士。王贰于虢，及王崩，周人将畀虢公政。夏四月，郑祭足帅师取温之麦，秋，又取周之禾'是。" 2 始：《史记索隐》引杜预曰："桓王即位，周郑交恶，至是始朝，故言始也。"《左传》又曰："周桓公言于王曰'我周之东迁，晋郑焉依。善郑以劝来者，犹惧不蔇，况不礼焉，郑不来矣'。" 3 祊(bēng)：邑名，在今山东费县东。 许田：以田近许而名。许，国名，姜姓，在今河南许昌市东南。战国初为楚所灭。此田在其南。《史记索隐》："许田，近许之田，鲁朝宿之邑。祊者，郑所受助祭太山之汤沐邑。郑以天子不能巡守，故以祊易许田，各从其近。" 4《春秋·桓公五年》云："秋，蔡人、卫人、陈人从王伐郑。"杨伯峻《春秋左传注》云："春秋一代，天子亲征，只此一役。" 5 高渠弥：郑大夫。 王师：天子的军队。 6 祝聸：郑大夫。《左传》作"祝聃"。 7 从：追逐，追随。 陵：凌辱，欺侮。

三十八年，北戎伐齐，齐使求救，郑遣太子忽将兵救齐。齐釐公欲妻之，忽谢曰："我小国，非齐敌[1]也。"时祭仲与俱，劝使取之，曰："君多内宠，太子无大援将不立，三公

三十八年，北戎攻打齐国，齐国的使者来请求救援，郑国派太子忽统领军队援救齐国。齐釐公把女儿嫁给他，忽辞谢说："我们是小国家，地位不能和齐国对等。"这时祭仲同他一起在齐国，劝说他娶齐女，说："君主有很多宠姬，太子要是没有强大的援助力量将不能继位，其他三

子皆君也。"所谓三公子者,太子忽,其弟突,次弟子亹也。[2]

四十三年,郑庄公卒。初,祭仲甚有宠于庄公,庄公使为卿;公使娶邓女,生太子忽,故祭仲立之,是为昭公。

庄公又娶宋雍氏[3]女,生厉公突。雍氏有宠于宋。宋庄公闻祭仲之立忽,乃使人诱召祭仲而执之,曰:"不立突,将死。"亦执突以求赂[4]焉。祭仲许宋,与宋盟。以突归,立之。昭公忽闻祭仲以宋要立其弟突,九月丁亥,忽出奔卫。[5]己亥,突至郑,立,是为厉公。[6]

位公子都可能会成为君主的。"祭仲所说的三位公子,就是太子忽,他的弟弟突,次弟子亹。

四十三年,郑庄公去世。当初,祭仲甚得庄公的宠幸,庄公任命他为卿;庄公派他去迎娶邓国女子,生了太子忽,所以祭仲扶立他,这就是昭公。

庄公又娶了宋国雍氏的女子,生了厉公突。雍氏在宋国很受宠。宋庄公听说祭仲扶立了忽,就派人诱召祭仲来而把他拘执起来,说:"不立突,将要杀死你。"同时也把突拘执起来向他索取财物。祭仲答应了宋国,和宋国订立盟约。于是祭仲把突带回国,扶立了他。昭公忽听说祭仲屈服宋国的要挟扶立了他的弟弟突,九月丁亥日,出国逃奔到卫国。己亥日,突回到郑国继位,这就是厉公。

注释 1 敌:对等。 2 三公子:《史记索隐》曰:"杜预不数太子,以子突、子亹、子仪为三,盖得之。" 亹:音 wěi。 3 雍氏:宋大夫,姞姓,相传为黄帝之孙。为宋正卿,故下文言"有宠于宋"。 4 赂:财物。 5 要:要挟。 丁亥:十三日。 6 己亥:二十五日。 厉公:公元前700年—前697年在位,后又于公元前679年—前673年复位。

厉公四年，祭仲专[1]国政。厉公患之，阴使其婿雍纠[2]欲杀祭仲。纠妻，祭仲女也，知之，谓其母曰："父与夫孰亲？"母曰："父一而已，人尽夫也。"女乃告祭仲，祭仲反杀雍纠，戮之于市。厉公无柰祭仲何，怒纠曰："谋及妇人[3]，死固宜哉！"夏，厉公出居边邑栎[4]。祭仲迎昭公忽，六月乙亥，复入郑，即位。[5]

秋，郑厉公突因栎人杀其大夫单伯，遂居之。[6]诸侯闻厉公出奔，伐郑，弗克而去。宋颇[7]予厉公兵，自守于栎，郑以故亦不伐栎。

昭公二年。自昭公为太子时，父庄公欲以高渠弥为卿，太子忽恶[8]之，庄公弗听，卒用渠弥为卿。及昭公即位，惧其杀己，

厉公四年，祭仲把持国家政事。厉公忧虑这一点，暗中派祭仲的女婿雍纠去杀祭仲。雍纠的妻子，就是祭仲的女儿，知道了这回事，对她母亲说："父亲和丈夫比较哪个最亲？"母亲说："父亲只有一个，人人都可以成为丈夫。"女儿就把情况告诉祭仲，祭仲反过来杀了雍纠，并在街市上陈尸示众。厉公对祭仲没有办法，对雍纠发怒说："和妇人谋划，死得活该！"夏天，厉公逃出国都居住在边境大邑栎城。祭仲把昭公忽迎回国，六月乙亥日，昭公重新回到郑国，就国君之位。

秋天，郑厉公突借用栎邑人杀了栎大夫单伯，就居住在那里。诸侯们听说厉公从国都逃出，就攻打郑国，没有取得胜利就离去了。宋国给了厉公很多兵员，厉公在栎邑自我守御，郑昭公由于这个缘故也不攻打栎邑。

昭公二年。在昭公做太子的时候，父亲庄公就想任命高渠弥做卿，太子忽中伤他，庄公不听从，最终任用高渠弥做了卿。等到昭公即位，高渠弥害怕昭公杀了自己，冬天十月二十二日，和昭公外出打猎，在郊

冬十月辛卯，渠弥与昭公出猎，射杀昭公于野。祭仲与渠弥不敢入厉公，乃更立昭公弟子亹为君，是为子亹也，无谥号。[9]

野射杀了昭公。祭仲和高渠弥不敢把厉公接回国都，就改立昭公的弟弟子亹做国君，这就是子亹，他没有谥号。

注释 1 专：专擅，把持。 2 雍纠：郑大夫。 3 谋及妇人：指“与妇女谋划”。 4 栎(lì)：邑名，在今河南禹州市。此即郑得十邑之“历”，为郑之大邑。 5 昭公：公元前696年—前695年在位。 乙亥：二十二日。 6 栎人：《春秋左传注》以为“《经》《传》称人者，皆指国君或大夫”。 单伯：郑守栎大夫，《左传》作“檀伯”，《史记志疑》以为亹、单古通。 遂居之：《左传·昭公十一年》云：“郑公城栎而置子元焉，使昭公不立。”子元即厉公，则栎本厉公旧邑。（参见《春秋左传注》） 7 颇：甚、多。 8 恶(wù)：中伤。 9 子亹：公元前694年在位。 谥(shì)号：人死后依人一生行为给予的褒贬称号，多用于帝王，如此篇所云厉公、昭公之“厉”“昭”即是，亦用于其他重要人物。

子亹元年七月，齐襄公会诸侯于首止，郑子亹往会，高渠弥相，从，祭仲称疾不行。[1]所以然者，子亹自齐襄公为公子之时，尝会斗，相仇，及会诸侯，祭仲请子亹无行。子亹曰：“齐强，而厉公居栎，即不往，是率诸侯伐我，内厉

子亹元年七月，齐襄公在首止和诸侯相会，郑子亹前往与会，高渠弥做助手，跟着前往，祭仲假称有病未同行。之所以要这样做，是因为子亹在齐襄公做公子的时候，二人曾经争斗过，互相结仇，等到会盟诸侯，祭仲请求子亹不要前往。子亹说：“齐国强大，而厉公居住在栎邑，如果不前往，这会使得他率领诸侯来攻打我国，送厉公回国都。我不

公。我不如往，往何遽[2]必辱，且又何至是！”卒行。于是祭仲恐齐并杀之，故称疾。子亹至，不谢齐侯，齐侯怒，遂伏甲而杀子亹。高渠弥亡归，归与祭仲谋，召子亹弟公子婴[3]于陈而立之，是为郑子。是岁，齐襄公使彭生醉拉杀鲁桓公。

郑子八年，齐人管至父等作乱，弑其君襄公。十二年，宋人长万弑其君湣公。郑祭仲死。

十四年，故郑亡厉公突在栎者使人诱劫郑大夫甫假[4]，要以求入。假曰：“舍我，我为君杀郑子而入君。”厉公与盟，乃舍之。六月甲子，假杀郑子及其二子而迎厉公突，突自栎复入即位。

初，内蛇与外蛇斗于郑南门中，内蛇死。居六

如前往，前往怎么一定会受到侮辱，而且又何至于到达这个地步！”结果高渠弥还是跟着前往。当时祭仲恐怕齐国把他也杀了，所以假称有病不去。子亹到了，没有向齐侯谢罪，齐侯发怒，就埋伏下士兵杀了子亹。高渠弥逃回了郑国，回国后和祭仲谋划，从陈国召子亹的弟弟公子婴来而扶立他，这就是郑子。这一年，齐襄公让彭生把鲁桓公灌醉酒后用车拉着杀死了。

郑子八年，齐国人管至父等发动叛乱，弑杀了他的国君襄公。十二年，宋国人长万弑杀了他的国君湣公。郑国祭仲死去。

十四年，从前郑国逃亡在栎邑的厉公突派人诱骗劫持了郑国大夫甫假，要挟他帮助自己回国。甫假说：“放了我，我替您杀了郑子并接您回国。”厉公和他订立盟约，就放了他。六月二十日，甫假杀了郑子和他的两个儿子而迎回了厉公突，突从栎邑重新进入国都即位。

当初，城内的一条蛇和城外的一条蛇在郑国都城的南门中间相斗，城内的蛇死了。过了六年，厉公果然重新进入国都。进都城后责备他伯父原

年，厉公果复入。入而让其伯父原[5]曰："我亡国外居，伯父无意入我，亦甚矣。"原曰："事君无二心，人臣之职也。原知罪矣。"遂自杀。厉公于是谓甫假曰："子之事君有二心矣。"遂诛之。假曰："重德不报[6]，诚然哉！"

繁说："我逃亡在国外居住，伯父毫无接我回来的意思，也太过分了。"原繁说："侍奉国君不能存二心，这是做臣子的职分。原繁知道罪过了。"就自杀而死。厉公于是对甫假说："您侍奉国君存有二心。"就把他诛杀了。甫假说："深厚的恩德无法报答，确实是这样呀！"

注释 1 首止：卫地，近郑，在今河南睢县东南。 相：辅佐，助手。2 何遽：怎么。 3 公子婴：即子仪。公元前693—前680年在位。因为无谥号，故称"郑子"。 4 甫假(xiá)：《左传》作"傅瑕"。 5 原：《左传》作"原繁"。 6 重德不报：深厚的恩德无法报答。厚德，此指甫假杀郑子而迎厉公复位。

厉公突后元年，齐桓公始霸。

五年，燕、卫与周惠王弟颓伐王，王出奔温[1]，立弟颓为王。六年，惠王告急郑，厉公发兵击周王子颓，弗胜，于是与周惠王归，王居于栎。七年春，郑厉公与虢叔袭杀王子颓而入惠王于周。

厉公突后元年，齐桓公开始称霸。

五年，燕国、卫国和周惠王的弟弟颓攻打周王，周惠王逃出京城奔往温邑，就扶立这个弟弟颓做王。六年，惠王向郑国告急，厉公出动军队攻击周王室的王子颓，没有获胜，于是把周惠王带回来，让惠王住在栎邑。七年春天，郑厉公和虢叔袭击并杀死了王子颓而把惠王送回周的京城。

秋，厉公卒，子文公踕立。[2]厉公初立四岁，亡居栎，居栎十七岁，复入，立七岁，与亡凡二十八年[3]。

文公十七年，齐桓公以兵破蔡，遂伐楚，至召陵。

二十四年，文公之贱妾曰燕姞，梦天与之兰，曰："余为伯儵。余，尔祖也。以是为而子，兰有国香。"[3]以梦告文公，文公幸[4]之，而予之草兰为符。遂生子，名曰兰。

三十六年，晋公子重耳过，文公弗礼。文公弟叔詹曰："重耳贤，且又同姓，穷而过君，不可无礼。"文公曰："诸侯亡公子过者多矣，安能尽礼之！"詹曰："君如弗礼，遂杀之；弗杀，使即反国，为郑忧矣。"文公弗听。

秋天，厉公去世，儿子文公踕继位。厉公刚刚继位四年，逃亡居住在栎邑，他在栎邑住了十七年，重新进入都城，又在位七年，连同逃亡在外的时间一起计算，总共是二十八年。

文公十七年，齐桓公率领军队攻破蔡国，乘势攻打楚国，一直打到了召陵。

二十四年，文公的一个名叫燕姞的贱妾，梦见天帝给了她兰花，说："我是伯儵。我，是你的祖先。将这兰花做你的儿子，兰花在一国里是最香的。"燕姞把做梦的事告诉文公，文公便和她同房了，并给了她兰草作为凭证。她就生下了一个儿子，取名叫兰。

三十六年，晋国公子重耳路过郑国，文公没有以礼相待。文公的弟弟叔詹说："重耳贤能，而且又同是姬姓，窘困流亡经过大王这里，不可不以礼相待。"文公说："诸侯国的流亡公子路过的人很多，怎么能都以礼相待！"叔詹说："大王如果不能以礼相待，就杀了他；如果让他返回晋国，那他将成为郑国的祸患。"文公不听从。

注释 1温:邑名,今河南温县西南。《史记志疑》:"颓乃庄王子,僖王弟,惠王叔父,此误。王不奔温。" 2秋:当作"夏",《春秋》载,厉公卒于五月。 文公:公元前672—628年在位。 3伯儵(yóu):传说中黄帝之后裔,为南燕之开国国君。 国香:《春秋左传注》:"谓其香甲于一国也。"即在一国之中最香。后多称兰草为"国香"。 4幸:帝王宠爱,此指行房事。

三十七年春,晋公子重耳反国,立,是为文公。秋,郑入滑,滑听命,已而反与卫,于是郑伐滑。[1]周襄王使伯犕请滑。[2]郑文公怨惠王之亡在栎,而文公父厉公入之,而惠王不赐厉公爵禄[3],又怨襄王之与卫滑,故不听襄王请而囚伯犕。王怒,与翟人伐郑,弗克[4]。冬,翟攻伐襄王,襄王出奔郑,郑文公居王于氾[5]。三十八年,晋文公入襄王成周。

三十七年春天,晋国公子重耳返回晋国,继位,这就是文公。秋天,郑国侵入滑国,滑国投降,不久又亲附卫国,于是郑国攻打滑国。周襄王派伯犕去为滑国说情。郑文公怨恨惠王逃亡在栎邑,而文公的父亲厉公送他回到周王室,但是惠王没有给厉公赏赐爵禄,又怨恨襄王和卫国、滑国亲近友好,所以不听襄王的说情,还把伯犕囚禁起来。襄王大怒,和翟人攻打郑国,没有获胜。冬天,翟族进击攻打襄王,襄王逃出京城奔往郑国,郑文公让襄王居住在氾邑。三十八年,晋文公把襄王送回成周。

注释 1 郑入滑:事在郑文公三十三年,此连及追叙之。郑入滑后回师,滑即与卫交好,故是年夏天郑伐滑。 与:交好。 2 伯犕(fú):周大夫,《左传》及《周本纪》作"伯服"。 请滑:为滑请命,劝郑莫伐。 3 爵禄:《史记索隐》:"此言爵禄,与《左氏》说异。《左传》云'郑伯享王,王以后之鞶鉴与之。虢公请器,王予之爵'。则爵酒器,是太史公与丘明说别也。"

4 弗克:《左传·僖公二十四年》作“夏狄伐郑,取栎”,与此所记微异。
5 氾(fàn):郑邑名,在今河南襄城县南。

四十一年,助楚击晋。自晋文公之过无礼,故背晋助楚。四十三年,晋文公与秦穆公共围郑,讨其助楚攻晋者[1],及文公过时之无礼也。

初,郑文公有三夫人,宠子五人,皆以罪蚤死。公怒,溉[2]逐群公子。子兰奔晋,从晋文公围郑。时兰事晋文公甚谨,爱幸之,乃私[3]于晋,以求入郑为太子。晋于是欲得叔詹为僇。[4]郑文公恐,不敢谓叔詹言。詹闻,言于郑君曰:“臣谓君,君不听臣,晋卒为患。然晋所以围郑,以詹。詹死而赦郑国,詹之愿也。”乃自杀[5]。郑人以詹尸与晋。晋文公曰:“必欲一见郑君,辱之

四十一年,郑国帮助楚国进击晋国。因为晋文公当年路过郑国而郑国未对他以礼相待,所以郑国背离晋国帮助楚国。四十三年,晋文公和秦穆公一起包围了郑国,讨伐他帮助楚国进攻晋国,以及在文公路过时候的无礼行为。

当初,郑文公有三个夫人,生下了五个宠爱的儿子,都因为犯罪而早死。文公发怒,就把所有的公子全都驱逐了。子兰逃奔到晋国,跟从晋文公来包围郑国。当时子兰侍奉晋文公非常恭谨,晋文公也宠爱他,他就在晋国暗中活动,以求能回郑国做太子。晋国这时想要抓获叔詹把他杀掉。郑文公害怕,不敢对叔詹说。叔詹听说了,告诉郑君说:“我对您说过,您不听我的,晋国终于成为祸患。然而晋国要包围郑国的原因,是由于我叔詹,我死而能使郑国免除祸患,这是我的心愿。”就自杀了。郑国人把叔詹的尸首给了晋国。晋文公说:“一定要见一下郑君,羞辱他一番后再离去。”郑国

而去。"郑人患之,乃使人私于秦曰:"破郑益晋,非秦之利也。"秦兵罢。晋文公欲入兰为太子,以告郑。郑大夫石癸[6]曰:"吾闻姞姓乃后稷之元妃,其后当有兴者。子兰母,其后也。且夫人子尽已死,余庶子无如兰贤。今围急,晋以为请,利孰大焉!"遂许晋,与盟,而卒立子兰为太子,晋兵乃罢去。

四十五年,文公卒,子兰立,是为缪公[7]。

人担心起来,就派人私下对秦国说:"攻破郑国增强了晋国的力量,不是秦国的利益所在。"秦兵撤去了。晋文公想送回子兰做太子,把这个意思告诉郑国。郑国大夫石癸说:"吾听说姞姓的女儿是后稷的元配,她的后代应当有兴盛的人。子兰的母亲,是她的后代。而且夫人的儿子都已经死了,其余的庶子没有哪个像子兰那样贤能。如今郑国被围,晋国提出这样的要求,没有比这更好的事情了!"就答应了晋国,和晋订下盟约,最终立子兰做了太子,晋兵就解除包围离去了。

四十五年,文公去世,子兰继位,这就是缪公。

注释 1 讨其助楚攻晋者:《史记志疑》以为"者"字衍。 2 溉(jì):尽。《史记集解·五帝本纪》引徐广曰:"古'既'字作水旁。" 3 私:暗中活动。 4 叔詹:亦作"叔瞻",文公弟。 僇:通"戮",杀。 5 乃自杀:《史记志疑·晋世家》:"《国语》,文公围郑曰'予我詹而师还。郑以詹与晋,詹有辞,乃弗杀,礼而归之。郑以詹为将军'。则瞻未尝自杀,晋亦无欲得郑君语也。此及《郑世家》并妄。" 6 石癸:人名,字甲父。参与其事者,尚有侯宣多、孔将钮。 7 缪公:即穆公,公元前 627 年—前 606 年在位。

缪公元年春,秦缪公使三将[1]将兵欲袭郑,至

缪公元年春天,秦穆公派三位将军领兵想偷袭郑国,到了滑国,遇

滑，逢郑贾人弦高诈以十二牛劳军，故秦兵不至而还，晋败之于崤。初，往年郑文公之卒也，郑司城缯贺以郑情卖之[2]，秦兵故来。三年，郑发兵从晋伐秦，败秦兵于汪。[3]

往年[4]楚太子商臣弑其父成王代立。二十一年，与宋华元伐郑[5]。华元杀羊食士，不与其御羊斟，怒以驰郑，郑囚华元。宋赎华元，元亦亡去。晋使赵穿[6]以兵伐郑。

二十二年，郑缪公卒，子夷立，是为灵公[7]。

见了郑国商人弦高谎称用十二头牛来慰劳秦军，所以秦兵没有到郑国就回去了，晋国在崤山击败了秦军。起初，在郑文公去年去世的时候，郑国的一位司城官缯贺把郑国的情报出卖给秦国，秦兵因此来偷袭。三年，郑国出动军队跟着晋国攻打秦国，在汪邑打败了秦兵。

缪公二年楚国太子商臣弑杀父亲成王继位。二十一年，郑国公子归生接受楚国命令攻打宋国，俘虏了宋国华元。华元杀羊犒赏士卒，没有给他的驾车人羊斟吃羊肉，羊斟一怒之下驾着车驱驰到郑国军队中，郑国囚禁了华元。宋国来赎华元，华元已经逃走了。晋国派赵盾领兵攻打郑国。

二十二年，郑缪公去世，儿子夷继位，这就是灵公。

注释　1 三将：即孟明视，西乞术、白乙丙。三人败于崤后为晋所俘。 2 缯贺以郑情卖之：《左传·僖公三十二年》作“杞子自郑使告于秦”，杞子为秦人。与此处异。 3《史记志疑》：“晋败秦彭衙，取秦汪邑，两事也，此误合为一。” 4 往年：缪公之二年。 5 与宋华元伐郑：《史记志疑》：“宣二年《传》郑公子归生受命于楚伐宋，宋华元，乐吕御之而获，非宋伐郑也。‘与’字尤谬。” 6 赵穿：当作“赵盾”。 7 灵公：公元前605年在位。

灵公元年春，楚献鼋[1]于灵公。子家、子公将朝灵公，子公之食指动，谓子家[2]曰："佗日指动，必食异物。"及入，见灵公进鼋羹。子公笑曰："果然！"灵公问其笑故，具告灵公。灵公召之，独弗予羹。子公怒，染其指，尝之而出。[3]公怒，欲杀子公。子公与子家谋先[4]。夏，弑灵公。郑人欲立灵公弟去疾，去疾让曰："必以贤，则去疾不肖；必以顺，则公子坚长。[5]"坚者，灵公庶弟，去疾之兄也。于是乃立子坚，是为襄公[6]。

襄公立，将尽去缪氏[7]。缪氏者，杀灵公子公之族家也。去疾曰："必去缪氏，我将去之。"乃止。皆以为大夫。

灵公元年春天，楚国把绿团鱼献给灵公。子家、子公将要朝见灵公，子公的食指颤动，对子家说："前些日子只要我的食指颤动，一定会吃到不寻常的食物。"等到进入王宫，看到灵公进食团鱼汤。子公笑着说："果真是这样！"灵公问他笑的原因，他就将实情告诉了灵公。灵公召他进食，唯独不给他团鱼汤。子公生气了，用食指在鼎中沾上团鱼汤，尝了一下就出去了。灵公发怒，想杀掉子公。子公和子家先行发难。夏天，他们弑杀了灵公。郑国人想扶立灵公的弟弟去疾，去疾推让说："论贤能，我去疾是不肖的；论年龄，公子坚最长。"公子坚，是灵公的庶弟，去疾的哥哥。于是就扶立子坚，这就是襄公。

襄公继位，将要把缪氏家的人都加以驱逐。缪氏，是指杀害灵公的子公这一家族。去疾说："若一定要驱逐缪氏家的人，那我将离开郑国。"于是襄公才停止。让他们都做了大夫。

注释　1 鼋(yuán)：动物名，亦称"绿团鱼"，俗称"癞头鼋"。　2 子家、子公：二人均郑大夫。子家，即公子归生；子公，即公子宋。　3 染其指：

将食指在鼋羹中蘸一下。　尝:品尝。　4 谋先:先于灵公发难。　5 以贤:论贤,以贤而论。　以顺:论长少,以长少而论。　6 襄公:公元前 604 年—前 587 年在位。　7 缪氏:当为穆公之诸子,襄公之众兄弟,似非仅如下文之"子公之族家"。

襄公元年,楚怒郑受宋赂纵华元,伐郑。郑背楚,与晋亲。五年,楚复伐郑,晋来救之。六年,子家卒,国人复逐其族,以其弑灵公也。七年,郑与晋盟鄢陵[1]。八年,楚庄王以郑与晋盟,来伐,围郑三月,郑以城降楚。楚王入自皇门,郑襄公肉袒掔羊以迎[2],曰:"孤不能事边邑,使君王怀怒以及弊[3]邑,孤之罪也。敢不惟命是听。君王迁之江南[4],及以赐诸侯,亦惟命是听。若君王不忘厉、宣王,桓、武公,哀不忍绝其社稷,锡不毛之地,使复得改事君王,孤之愿也,然非所敢望也。[5]敢布腹

襄公元年,楚国为郑国接受宋国的贿赂放走了华元而生气,攻打郑国。郑国背叛楚国,和晋国亲善。五年,楚国再次攻打郑国,晋国前来援救。六年,子家去世,郑国人再次驱逐他的家族,是因为他弑杀了灵公。七年,郑国和晋国在鄢陵会盟。八年,楚庄王因为郑国与晋国会盟,前来讨伐,包围郑都三个月,郑国交出都城投降楚国。楚王从皇门进城,郑襄公袒露上体左手牵羊加以迎接,说:"我不能在边邑侍奉好您,使得大王怀着愤怒来到敝国国都,这是我的罪过。怎敢不听从您的命令。大王要把我流放到海滨,或者把我赐给诸侯国,我也唯命是听。假若大王没有忘记周厉王、宣王,郑桓公、武公,哀怜而不忍心灭亡他们的国家,就赐给我一些不毛之地,让我能够悔改罪过再侍奉大王,这是我的愿望,然而这不是我所敢企求的。我斗胆说出真心话,只听从您的命令。"庄王因此退却

心，惟命是听。”庄王为却三十里而后舍[6]。楚群臣曰：“自郢至此，士大夫亦久劳矣。今得国舍[7]之，何如？”庄王曰：“所为伐，伐不服也。今已服，尚何求乎？”卒去。晋闻楚之伐郑，发兵救郑。其来持两端[8]，故迟，比至河，楚兵已去。晋将率[9]或欲渡，或欲还，卒渡河。庄王闻，还击晋。郑反助楚，大破晋军于河上。十年，晋来伐郑，以其反晋而亲楚也。

三十里后扎营。楚国的群臣说：“从郢都到这里来，士大夫们已经长时间劳苦了。如今得到别人的国家又放弃，为什么？”庄王说：“之所以要来讨伐，是讨伐它的不顺服。如今它已经顺服了，还有什么要求呢？”最终撤走了。晋国听说楚国讨伐郑国，出动军队来救郑国。晋国来前持骑墙态度，所以行动迟缓，等到晋国到达黄河岸边，楚兵已经撤走了。晋国的将帅有的想渡河，有的想回国，最后还是渡过了黄河。庄王听说了，又回头来攻击晋国。郑国反过来帮助楚国，在黄河上大破晋军。十年，晋国来讨伐郑国，是因为郑国反叛晋国而亲近楚国。

注释　1 鄢陵：郑邑名，在今河南鄢陵县西北。《史记志疑》：“宣十一《经》《传》是郑与楚盟辰陵，又徼事于晋，此误。”按：辰陵，陈地，在今河南淮阳县西。　2 肉袒：去衣露体，表示惶恐。　掔(qiān)：通“牵”。肉袒牵羊，表示臣服。　3 弊：通“敝”，谦词。　4 江南：据杨伯峻《春秋左传注》，此指海滨。　5 厉、宣王：周厉王、宣王。　桓、武公：郑桓公、武公。郑桓公是周厉王之子，郑国出自桓公。周宣王封桓公，郑受封立国之始。武公为桓公之子。　锡：赐。　不毛：土地贫瘠，不生五谷。　6 舍(shè)：驻扎，宿营。　7 舍：放弃。　8 两端：游移于两者之间的态度，即骑墙态度。　9 将率：即“将帅”。

十一年，楚庄王伐宋，宋告急于晋。晋景公欲发兵救宋，伯宗[1]谏晋君曰："天方开楚，未可伐也。"乃求壮士，得霍人解扬，字子虎，诓[2]楚，令宋毋降。过郑，郑与楚亲，乃执解扬而献楚。楚王厚赐与约，使反其言，令宋趣降，三要乃许。[3]于是楚登解扬楼车[4]，令呼宋。遂负楚约而致其晋君命曰："晋方悉国兵以救宋，宋虽急，慎毋降楚，晋兵今至矣！"楚庄王大怒，将杀之。解扬曰："君能制命为义，臣能承命为信。[5]受吾君命以出，有死无陨[6]。"庄王曰："若之许我，已而背之，其信安在？"解扬曰："所以许王，欲以成吾君命也。"将死，顾谓楚军曰："为人臣无忘尽忠得死者！"楚王诸弟

十一年，楚庄王攻打宋国，宋国向晋国告急。晋景公想发兵去援救宋国，伯宗劝谏晋君说："上天正在赞助楚国，不可以去攻打它。"于是寻求一名壮士，得到了霍地人解扬，字子虎，让他去欺骗楚国，让宋国不要投降。解扬经过郑国，由于郑国和楚国亲善，郑国就把他拘执起来献给楚国。楚国赏给厚重的财物和他订约，让他违反晋君的命令，让宋国迅速投降，多次要挟他才答应。于是楚国让解扬登上楼车，让他对宋国呼喊。解扬呼喊中违背和楚国的约定而传达晋君的命令说："晋国正在发动全部兵力来救宋国，宋国即使危急，也千万不要投降楚国，晋兵马上就要到了！"楚庄王非常恼怒，准备杀了他。解扬说："国君能够制定和发布命令是义，臣子能够接受和贯彻命令是信。我接受我国国君的命令出国，宁可一死也不能放弃国君的命令。"庄王说："你已经答应了我，随后又背弃了约定，你的信用在哪里呢？"解扬说："之所以要答应您，就是想借以完成我的君王交给我的命令。"临死之时，解扬回过头来对楚军说："做人臣的不要

皆谏王赦之，于是赦解扬使归。晋爵[7]之为上卿。

十八年，襄公卒，子悼公濆立[8]。

忘记尽忠而死的人！”楚王的诸位弟弟都劝说楚王赦免他，楚王于是赦免了解扬，让他回国。晋国授予他上卿的官爵。

十八年，襄公去世，儿子悼公濆继位。

注释 1 伯宗：人名，晋大夫孙伯纠之子。 2 诓(kuāng)：欺骗。 3 趣(cù)：急速，赶快。 三：代指多次。 要(yāo)：要挟。 4 楼车：较高而可以望见敌方的兵车。 5 制命：制定和发布命令。 义：合理，当然。 承命：接受并贯彻命令。承，奉行。 6 陨：《史记正义》：“有死亦不陨坠晋君命也。” 7 爵：授予官爵。《春秋左传注》：“晋爵之为上卿，恐无是事。若解扬果为晋上卿，必再见于《传》文，而嗣后则解扬不再见。” 8 悼公：公元前586年—前585年在位。 濆：《左传》作“费”。

悼公元年，鄦公恶郑于楚，悼公使弟睔于楚自讼。[1]讼不直[2]，楚囚睔。于是郑悼公来与晋平，遂亲。睔私于楚子反，子反言归睔于郑。

二年，楚伐郑，晋兵来救。是岁，悼公卒，立其弟睔，是为成公[3]。

成公三年，楚共王曰“郑成公孤有德焉”，使人来与盟。成公私[4]与盟。秋，

悼公元年，鄦公到楚国中伤郑国，悼公派弟弟睔到楚国与之争辩。睔没有取胜，楚国把睔囚禁起来。于是郑悼公来到晋国讲和，两国友好起来。睔和楚国子反有私交，子反向楚王说情把睔放回郑国。

二年，楚国讨伐郑国，晋兵前来援救。这一年，悼公去世，确立他的弟弟睔为君，这就是成公。

成公三年，楚共王说“对郑成公来说，我是有恩德的”，派人来和

成公朝晋，晋曰“郑私平于楚”，执之。使栾书[5]伐郑。

他结盟。成公暗中和楚国结了盟。秋天，成公去朝见晋国，晋国说“郑国暗中和楚国讲和”，把他拘执起来。晋国派栾书攻打郑国。

四年春，郑患晋围，公子如乃立成公庶兄繻为君[6]。其四月，晋闻郑立君，乃归成公。郑人闻成公归，亦杀君繻，迎成公。晋兵去。

四年春天，郑国忧虑晋国的包围，公子如就扶立成公的庶兄繻为国君。这年四月，晋国听说郑国又立了国君，就送回成公。郑国人听说成公回国了，也杀掉了国君繻，迎接成公。晋国军队离去。

十年，背晋盟，盟于楚。晋厉公怒，发兵伐郑。楚共王救郑。晋楚战鄢陵，楚兵败，晋射伤楚共王目，俱罢而去。

十年，郑国背叛和晋国的盟约，和楚国结盟。晋厉公大怒，出动军队攻打郑国。楚共王来援救郑国。晋楚两国在鄢陵交战，楚国军队战败，晋国射伤了楚共王的眼睛，两国都撤军离去了。

十三年，晋悼公伐郑，兵于洧上。郑城守，晋亦去。

十三年，晋悼公攻打郑国，驻军在洧水岸边。郑国据城防守，晋兵也就离去了。

十四年，成公卒，子恽立。是为釐公[7]。

十四年，成公去世，儿子恽继位。这就是釐公。

注释　1 鄦(xǔ)：许国古名，在今河南许昌市东。鄦公，即许灵公。前一年，楚国子反救郑，郑伯和许男二人在子反面前争是非曲直，子反不能决，故今年都到楚国争论。　恶(wù)：诋毁。　睔(gǔn)：人名，后为郑成公。　讼：争论是非。　2 不直：不伸。《左传》作“不胜”，记事亦略异。

3 成公:公元前 584 年—前 571 年在位。 4 私:私下、暗中。 5 栾书:晋执政大臣。 6 公子如:即公子班。 繻(rú,又读 xū):人名,郑襄公子,成公庶兄。三月立为君,四月被杀。 7 釐公:《左传》名"髠顽",公元前 570 年—前 566 年在位。

釐公五年,郑相子驷朝釐公,釐公不礼。子驷怒,使厨人药杀釐公,赴[1]诸侯曰釐公暴病卒。立釐公子嘉,嘉时年五岁,是为简公[2]。

简公元年,诸公子谋欲诛相子驷,子驷觉之,反尽诛诸公子[3]。二年,晋伐郑,郑与盟,晋去。冬,又与楚盟。子驷畏诛,故两亲晋、楚。三年,相子驷欲自立为君,公子子孔使尉止杀相子驷而代之。[4]子孔又欲自立。子产[5]曰:"子驷为不可,诛之,今又效之,是乱无时息也。"于是子孔从之而相郑简公。

四年,晋怒郑与楚盟,伐郑,郑与盟。楚共王救郑,

釐公五年,郑国国相子驷朝见釐公,釐公不以礼对待。子驷很生气,让厨师用毒药毒死了釐公,给诸侯报丧说釐公得暴病去世了。于是扶立釐公的儿子嘉,嘉当时年仅五岁,这就是简公。

简公元年,众公子谋划诛杀国相子驷,子驷发觉了,反过来把众公子全都诛杀了。二年,晋国攻打郑国,郑国和它结盟,晋军离去。冬天,又和楚国结盟。子驷害怕诛杀,所以对晋、楚两国都亲善。三年,国相子驷想自立为君,公子子孔派尉止杀了国相子驷而替代他做国相。子孔又想自立为君。子产说:"子驷不可以自立为君,你诛杀了他,如今又效法他,这样郑国的内乱就会没有止息的时候了。"于是子孔听了子产的话而做了郑简公的国相。

四年,晋国为郑国和楚国结盟而生气,攻打郑国,郑国和他结盟。

败晋兵。简公欲与晋平，楚又囚郑使者。

十二年，简公怒相子孔专国权，诛之，而以子产为卿[6]。十九年，简公如晋请卫君还，而封子产以六邑。子产让，受其三邑[7]。

二十二年，吴使延陵季子于郑，见子产如旧交，谓子产曰："郑之执政者侈，难将至，政将及子。子为政，必以礼；不然，郑将败。"[8]子产厚遇[9]季子。

二十三年，诸公子争宠相杀，又欲杀子产。公子[10]或谏曰："子产仁人，郑所以存者子产也，勿杀！"乃止。

楚共王援救郑国，打败了晋兵。简公想和晋国讲和，楚国又囚禁了郑国的使者。

十二年，简公为国相子孔专断国家权力而生气，把他诛杀了，任命子产做卿。十九年，简公到晋国去请求让卫君回国，并封赏给子产六座城邑。子产推让，接受了其中的三座城邑。

二十二年，吴国派延陵季子到郑国，见到子产像老相识一样，对子产说："郑国执政的人骄横奢侈，祸难将会临头，政权将会交到您手上。您主持政事，一定要依照礼仪；不这样的话，郑国将会败亡。"子产用隆重的礼仪款待季子。

二十三年，众公子争夺宠幸互相残杀，又想杀掉子产。有的公子进言说："子产是仁德之人，郑国之所以能保存下去是因为有子产，不要杀他！"这才停止。

注释　**1** 赴：讣告，报丧。按：釐公亦曾不礼郑穆公之子子罕、子丰。《左传》载，盟诸侯"及鄵，子驷使贼夜弑僖公，而以虐疾赴于诸侯"。瘧疾，古本作"虐疾"，犹言暴疾。釐公从晋，子驷从楚，意不相得。　**2** 简公：公元前565年—前530年在位。　**3** 诸公子：指子狐、子熙、子侯、子丁等。**4** "三年"之记事与《左传》异。依《左传》，时子驷专大政，子产之父子国为司马，子耳为司空，子孔为司徒。 尉止：人名，郑国大夫。尉氏，狱官，以官为氏，邑于尉氏县，今河南开封市南。 5 子产：人名，即公孙侨，子国之子。春秋时郑国有名的政治家。 6 子产为卿：《左传》载，“郑人使子展当国，子西听政，立子产为卿”。子产、子西“率国人伐之，杀子孔”。当国，为专大政。其次为听政，即与闻政事而不能专（参见《春秋左传注》）。7 受其三邑：据《左传·襄公二十七年》，郑卿之次序为子展、伯有、子西、子产、子大叔、二子石（印段、公孙段）。子产位在四。依礼，凡赏赐各以二数递减。时赐子展八邑，故子产只受三邑。 8 如旧交：《左传》作“如旧相识”。 执政：指伯有。 侈：《左传·襄公三十年》云“伯有汰侈”。汰，骄傲。 9 遇：待，款待。 10 公子：此指子皮。伯有死，子皮为知政，后以子产贤，故让之。

二十五年，郑使子产于晋，问平公疾。平公曰：“卜而曰实沈、台骀为祟[1]，史官莫知，敢问？”对曰：“高辛氏有二子，长曰阏伯，季曰实沈，居旷林，不相能也，日操干戈以相征伐。[2]后帝弗臧，迁阏伯于商丘，主辰，商人是因，故辰为商星。[3]迁实沈于大夏，主参，唐人是因，服事夏、商，其季世曰唐

二十五年，郑国派子产到晋国，问候平公的疾病。平公说：“占卜以后说是实沈、台骀作怪，史官不知道他们的来历，冒昧地请问他们是什么神？”子产回答说：“高辛氏有两个儿子，长子叫阏伯，次子叫实沈，住在大森林中，两人不和睦，经常操起武器互相攻伐。尧帝认为他们品德不善，把阏伯迁到商丘，主持祭祀心宿，在商人的故地而建立国家，所以心宿就是商星。把实沈迁到大夏，主持祭祀参宿，在陶唐后人的故地而建立国家，子孙们服侍夏朝、商朝，最末一代国君为唐叔虞。当武王之夫人邑姜正怀着大叔的时候，武王梦见天帝对自己说：‘我

叔虞。[4]当武王邑姜方娠大叔，梦帝谓己：'余命而子曰虞，乃与之唐，属之参而蕃育其子孙。'[5]及生有文[6]在其掌曰'虞'，遂以命之。及成王灭唐而国[7]大叔焉。故参为晋星[8]。由是观之，则实沈，参神也。昔金天氏有裔子曰昧，为玄冥师，生允格、台骀。[9]台骀能业其官，宣汾、洮，障大泽，以处太原。[10]帝用嘉之，国之汾川。[11]沈、姒、蓐、黄实守其祀[12]。今晋主汾川而灭之。[13]由是观之，则台骀，汾、洮神也。然是二者不害君身。山川之神，则水旱之灾禜之；日月星辰之神，则雪霜风雨不时禜之；若君疾，饮食哀乐女色所生也。[14]"平公及叔向曰："善，博物[15]君子也！"厚为之礼于子产。

给你的儿子取名叫虞，就给他唐这块地，委托他祭祀参宿并在这里繁殖养育他的子孙。'等到孩子生下来，有个'虞'字在手掌上，就用此字给他命名。等到成王灭了唐而后就把大叔封在这里。所以参宿就是晋星。这样看来，实沈是参宿之神。从前金天氏有个远子叫昧，做水官长，生下了允格、台骀。台骀能继承昧的官职，疏通了汾水、洮水，筑堤挡住台骀泽，让人们住在汾水流域的高平地带。颛顼帝嘉奖他，就把他封在汾水流域。沈、姒、蓐、黄四小国实际上都奉守他的祭祀。如今晋国成了汾水流域的主宰，把这四国都灭了。这样看来，台骀就是汾、洮二水之神。然而这两位神灵不会危害您的身体。山川的神灵，遇到水旱的时候要对它举行祈祷消灾的祭祀；日月星辰的神灵，在遇到雪霜风雨出现不合时令的时候要对它举行祈祷消灾的祭祀；像您这样的疾病，是饮食哀乐女色不调所造成的。"平公和叔向说："好，真是个通晓众物的君子！"将丰厚的礼物送给了子产。

注释 1 祟(suì):鬼神作怪而祸人。 2 阏伯:传说中之人名。 旷:大。旷林,《文选注》引作“旷野”。 不相能:即不相得,不和睦。 3 后帝:尧。 臧:善。 辰:大火。心宿有星三颗,心宿二为赤色一等星,因名大火,亦代指心宿,又名商星。 商人:《史记集解》引服虔曰:“商人,契之先,汤之始祖相土封阏伯之故地,因其故国而代之。” 4 大夏:服虔以为“在汾浍之间”;杜预以为在“今晋阳县”,即今山西太原市。 参(shēn):参宿。在星七颗,前三星为明亮而接近的参宿三星。它为实沈的标志星。 唐人:唐地之人。《史记集解》引贾逵曰:“唐人谓陶唐氏之胤刘累事夏孔甲,封于大夏,因实沈之国,子孙服事夏、商也。” 唐叔虞:晋之先人。详见《晋世家》。 5 邑姜:武王之后,齐太公之女。 娠(shēn):怀胎,怀孕。 大叔:指唐叔虞。 帝:天帝。 已:指武王。 命:名。即给取名。 而:同“尔”,你。 蕃育:繁殖养育。 6 文:字。掌纹形成的字。 7 国:《左传》作“封”,封而立国。 8 参为晋星:《史记集解》引贾逵曰:“晋主祀参,参为晋星。”晋,叔虞之子父燮父以唐南有晋水,改曰晋侯,故国名为晋。
9 金天氏:黄帝有二子,一玄嚣,二昌意。昌意生高阳,高阳即帝颛顼。玄嚣即青阳,亦即少昊,是帝喾的祖父。相传黄帝殁后,青阳曾继位,以金德王,故号金天氏。 裔子:后代子孙。 玄冥:水官。 10 业:事业,谓能继其业也。 宣:疏通。 汾:水名。流经山西中部,入黄河。 洮(táo):水名。在今山西绛县西南,合于涑水。 障:筑堤防。 大泽:指台骀泽,在今山西太原市南。 太原:指汾水流域一带的高平地区。
11 帝:此指帝颛顼。 用:因而,以是。 汾川:汾水流域。 12 沈、姒、蓐、黄:四国均为台骀的后代,全在晋国境内。 13 主汾川:成了汾水流域之主。 灭之:灭亡了四国。 14 禜(yǒng,又读 yíng):古代祈祷消灾的祭祀。 不时:不合时令。 15 博物:通晓各种事物。

二十七年夏,郑简公朝晋。冬,畏楚灵王之强,又朝

二十七年夏天,郑简公朝见晋国。冬天,畏惧楚灵王的

楚，子产从。二十八年，郑君病，使子产会诸侯，与楚灵王盟于申，诛齐庆封。[1]

三十六年，简公卒，子定公[2]宁立。秋[3]，定公朝晋昭公。

定公元年，楚公子弃疾弑其君灵王而自立，为平王。欲行德诸侯，归灵王所侵郑地于郑。[4]

四年，晋昭公卒，其六卿强，公室卑。子产谓韩宣子曰："为政必以德，毋忘所以立[5]。"

六年，郑火，公欲禳[6]之。子产曰："不如修德。"

八年，楚太子建来奔。十年，太子建与晋谋袭郑。郑杀建，建子胜奔吴。

十一年，定公如晋。晋与郑谋，诛周乱臣，入敬王于周。[7]

十三年，定公卒，子献公虿[8]立。献公十三年卒，

强横，又去朝见楚国，子产随从。二十八年，郑君生病，派子产去会盟诸侯，与楚灵王在申地会盟，诛杀了齐国庆封。

三十六年，简公去世，儿子定公宁继位。秋天，定公朝见晋昭公。

定公元年，楚国公子弃疾弑杀了楚灵王自立，这就是平王。他想给诸侯施加恩惠，就把灵王所侵占的郑国土地归还给郑国。

四年，晋昭公去世，晋国的六卿强大起来，公室卑弱。子产对韩宣子说："为政一定要依靠德行，不要忘记治理国家的根本。"

六年，郑国发生火灾，定公想用祭祀消灾。子产说："不如修德来消灾。"

八年，楚国太子建前来投奔。十年，太子建和晋国谋划袭击郑国。郑国杀建，建的儿子胜奔往吴国。

十一年，定公前往晋国。晋国和郑国谋划，诛杀周王室作乱的臣子，把敬王送回到周的京城。

十三年，定公去世，儿子献公虿继位。献公十三年去世，儿子

子声公[9]胜立。当是时，晋六卿强，侵夺郑，郑遂弱。

声公胜继位。这时，晋国的六卿强大起来，侵夺郑国的土地，郑国就日渐衰弱了。

注释 1 郑君病，使子产会诸侯：《春秋·昭公四年》言郑伯会于申，《左传》且作“郑伯先待于申”，无因病使子产会诸侯之事。 诛齐庆封：详见《楚世家》。六月会于申，八月诛庆封。 2 定公：公元前 529 年—前 514 年在位。 3 秋：当依《左传》作“夏”。 4 行德：施恩惠。 归灵王所侵郑地：据《左传》，平王遣枝如子躬聘郑，且致犨、栎之田，枝如子躬违命而未致，故不可言“归”。 5 所以立：治理国家的条件，即为“依礼以定其位”。 6 禳(ráng)：祭祷消灾。 7 《史记索隐》：“王避弟子朝之乱出居狄泉，在昭二十三年；至二十六年，晋、郑入之。《经》曰‘天王入于成周’是也。” 按：定公如晋在其十二年，入敬王于周在其十四年，此误。 8 献公虿(chài)：公元前 513 年—前 501 年在位。 9 声公：公元前 500 年—前 463 年在位，其二十六年，即公元前 475 年为战国时期之始。

声公五年，郑相子产卒[1]，郑人皆哭泣，悲之如亡亲戚。子产者，郑成公少子也。[2]为人仁爱人，事君忠厚。[3]孔子尝过郑，与子产如兄弟云。及闻子产死，孔子为泣曰：“古之遗爱也！”[4]

声公五年，郑国国相子产去世，郑国人都哭泣，悲伤得如同自己的亲人死了一般。子产，是郑成公的小儿子。他为人仁义爱人，侍奉国君忠诚厚道。孔子曾经路过郑国，和子产亲密得如同兄弟一般。等到听说子产去世，孔子流着眼泪说：“子产的仁爱有古人之遗风！”

八年，晋范、中行氏反晋，告急于郑，郑救之。晋伐郑，败郑军于铁。

八年，晋国范氏、中行氏反叛晋的公室，晋国向郑国告急，

十四年，宋景公灭曹。二十年，齐田常弑其君简公，而常相于齐。二十二年，楚惠王灭陈[5]。孔子卒。

三十六年，晋知伯伐郑，取九邑。[6]

三十七年，声公卒，子哀公易立。[7]

哀公八年，郑人弑哀公而立声公弟丑，是为共公[8]。

共公二年，三晋灭知伯。三十一年，共公卒，子幽公[9]已立。

幽公元年，韩武子伐郑，杀幽公。郑人立幽公弟骀，是为繻公。[10]

繻公十五年，韩景侯伐郑，取雍丘。郑城京。十六年，郑伐韩，败韩兵于负黍。二十年，韩、赵、魏列为诸侯。二十三年，郑围韩之阳翟。

二十五年，郑君[11]杀其相子阳。二十七年，子阳之党共弑繻公骀而立幽公弟

郑国去援救。晋国攻打郑国，在铁地把郑军打败。

十四年，宋景公灭了曹国。二十年，齐国田常弑杀了国君简公，而田常做了齐国国相。二十二年，楚惠王灭了陈国。孔子去世。

三十六年，晋国知伯攻打郑国，夺取了九座城邑。

三十七年，声公去世，儿子哀公易继位。

哀公八年，郑国人弑杀哀公而扶立声公的弟弟丑，这就是共公。

共公二年，晋国韩、赵、魏三家灭了知伯。三十一年，共公去世，儿子幽公已继位。

幽公元年，韩武子攻打郑国，杀了幽公。郑国人扶立幽公的弟弟骀，这就是繻公。

繻公十五年，韩景侯攻打郑国，夺取了雍丘。郑国修筑京邑的城池。十六年，郑国攻打韩国，在负黍打败韩国军队。二十年，韩国、赵国、魏国已置于诸侯的行列之中。二十三年，郑国围困韩国的阳翟。

二十五年，郑君杀了他的国

乙为君，是为郑君。郑君乙立二年，郑负黍反，复归韩。十一年，韩伐郑，取阳城。

二十一年，韩哀侯灭郑，并其国。

相子阳。二十七年，子阳的党徒共同弑杀繻公骀而扶立幽公的弟弟乙做国君，这就是郑君。郑君乙继位二年，郑国的负黍反叛，又归属韩国。十一年，韩国攻打郑国，夺取了阳城。

二十一年，韩哀侯灭亡了郑国，吞并了郑国的土地。

注释 **1** 子产卒：《左传·昭公二十年》载："郑子产有疾……疾数月而卒。"据此，则知子产卒于郑定公八年。其死至声公五年，已有二十六年。此及《年表》均不确。 **2** 子产、成公：子产，子国之子，穆公之孙。成公，亦穆公之孙。故二人为堂兄弟。子产非成公之少子。 **3** 仁爱人：行仁道而爱人。"仁者爱人"，爱人就是"仁"的本质内容。 忠厚：忠诚厚道。 **4** 泣：眼泪。 古之遗爱：《经义述闻》云："爱即仁也，谓子产之仁爱，有古人之遗风。" **5** 楚惠王灭陈：事在声公二十四年。 **6**《史记志疑》：《左传》事在三十三年，而无取九邑之文。 **7** 三十七：当作"三十八"。 哀公：公元前 462 年—前 455 年在位。 **8** 共公：公元前 454 年—前 424 年在位。 **9** 幽公：公元前 423 年在位。 **10** 弟：当依《年表》作"子"。 繻公：公元前 422 年—前 396 年在位。 **11** 郑君：《史记集解》引徐广云："一本云'立幽公弟乙阳(《史记志疑》以为"阳"字衍)为君，是为康公'。《六国年表》云'立幽公子骀'，又以郑君阳为郑康公乙。班固云：'郑康公乙为韩所灭。"郑康公，公元前 395 年—前 375 年在位。

太史公曰：语有之，"以权利合者，权利尽而交疏"，甫瑕是也。[1]甫瑕虽以劫杀郑子内厉

太史公说：有句这样的话"以权势与利益结交的人，权势与利益没有了，彼此的关系也就疏远了"，甫瑕就是这样的人。甫瑕虽然通过劫持杀害

公,厉公终背而杀之,此与晋之里克何异?守节如荀息,身死而不能存奚齐。变所从来[2],亦多故矣!

郑子公子婴而把厉公从栎邑迎回都城,厉公最终还是背弃盟约而诛杀了他,这和晋国的里克有什么不同?就算像荀息那样恪守气节,牺牲自己却也不能保住奚齐。变故的产生及其发展,也是有多方面原因的!

注释 1 权利:权势与利益。 交:交往,彼此间的关系。 2 所从来:指变故的产生及其发展的过程。